普通高等学校知识产权专业系列教材
总主编　吴汉东

知识产权信息检索与利用

主　编　肖冬梅
副主编　方舟之　隆　瑾　彭文波　刘　妍

中国人民大学出版社
·北京·

本书受湘潭大学精品教材项目资助。以本书为教材的“知识产权信息检索与利用”课程获批 2020 年湖南省一流本科课程，2021 年由湖南省教育厅推荐申报国家一流本科课程。

作者简介

肖冬梅（1970— ），女，湖南洞口人。湘潭大学知识产权学院院长，二级教授、博士生导师。先后获法学学士、管理学硕士和博士学位，中国社会科学院法学研究所法学博士后，美国华盛顿大学法学院访问学者。2009 年入选第二批国家“百千万知识产权人才工程”百名高层次人才培养人选，2011 年入选首批国家“知识产权专家库”，2012 年入选首批全国专利信息领军人才、全国知识产权领军人才。先后获评全国知识产权人才工作先进个人、国家知识产权战略实施工作先进个人等。兼任湖南省第十三届人大常委会立法工作咨询专家、湖南省政法系统智能化协同创新研究院副院长、第十一届湖南省政协委员、湖南省专利分析评估中心执行主任、湖南省法学会知识产权法学研究会会长。近十年来，主持并完成国家社科基金项目 3 项（其中重点项目 2 项）。负责的课程“我们身边的知识产权”获批国家一流本科课程。牵头申报的教学研究成果先后于 2016 年、2019 年两次荣获湖南省教学成果奖一等奖。独著 2 部，在《光明日报》《红旗文稿》《法律科学》等报刊发表学术论文 60 余篇，其中 CSSCI 来源期刊论文 50 余篇。

方舟之（1987— ），男，湖南武冈人。法学博士，湘潭大学知识产权学院讲师、硕士生导师。入选国家知识产权局首批全国专利信息实务人才，兼任湖南省法学会知识产权法学研究会理事。2006—2016 年先后获得化学工程与工艺学士、法学硕士和法学博士学位。2015 年赴美国华盛顿大学法学院交流访学。2016 年 9 月参加工作，入职湘潭大学法学院/知识产权学院，主要从事知识产权法教学和研究工作，研究方向为知识产权法、互联网相关的科学技术社会（STS）交叉领域。现主持国家社科基金青年项目 1 项，参加国家社科基金重点项目 2 项，主讲国家一流本科课程 1 门、省级精品课程 2 门。

隆瑾（1987— ），女，江西宜春人。法学博士，湘潭大学知识产权学院讲师、硕士生导师。入选国家知识产权局首批全国专利信息实务人才，兼任湖南省法学会知识产权法学研究会理事，持有专利代理人资格证书和法律职业资格证书。主要从事知识产权，尤其是专利制度及信息利用方向的教学和研究工作，多次参与行业领域的专利分析项目、招商引资的知识产权评议项目、专利布局分析项目等，为知识产权管理部门、高新园区、各类中小微企业提供知识产权咨询报告。

彭文波（1990— ），男，四川峨眉人。律师、专利代理师、专利分析师。2013 年毕业于湘潭大学机械工程学院和法学院，获工学、法学双学士，免试保送至湘潭大学知识产权学院，2016 年获法律硕士学位，自 2019 年 9 月起进入华中科技大学攻读知识产权管理与战略博士学位。2015 年年底至 2019 年 8 月在北京集佳知识产权代理有限公司长沙分公司、长沙思博达律师事务所从事知识产权实务，擅长专利挖掘、专利撰写、专利信息与无效分析、专利侵权风险分析（FTO）和专利维权诉讼，撰写专利、答复审查意见 300 余件。作为项目经理主持过数十项企业知识产权咨询项目，参与远大集团、五新隧装、航天凯天环保等公司的专利维权诉讼，为中国中车、中国铁建、中民筑友等企业提供知识产权管理咨询服务。独立运营微信公众号“老彭侃知产”。

刘妍（1996— ），女，湖南岳阳人。湘潭大学法学硕士，武汉大学博士研究生。持有法律职业资格证书、专利代理师资格证书。主编集刊《湘江青年法学》第五卷，在《信息资源管理学报》等期刊上发表论文 2 篇。主要研究方向为知识产权、数据法学。

总 序

当前，我国正在深入推进知识产权强国建设，知识产权人才作为建设知识产权强国最基本、最核心、最关键的要素日益受到高度重视。近年来，我国相继发布了《深入实施国家知识产权战略行动计划（2014—2020年）》《关于新形势下加快知识产权强国建设的若干意见》《国家创新驱动发展战略纲要》《“十三五”国家知识产权保护和运用规划》《知识产权人才“十三五”规划》等重要政策文件，对我国知识产权人才培养提出了新的要求。

知识产权作为一门独立的学科，有自己独特的研究对象，有自己特有的基本范畴、理念、原理、命题等所构成的知识体系；知识产权作为一种特定的专业，有自己特殊的人才培养目标，也有自己特定的人才培养规格。结合知识产权的学科特点，知识产权人才培养应当符合以下三个基本定位。

首先，知识产权人才应当是复合型人才。知识产权归属于法学，但与管理学、经济学、技术科学等有着交叉和融合，因此知识产权人才应当具备多学科的知识背景。他们除了掌握法学的基础知识外，还应当能够理解文、理、工、医、管等学科的基本原理和前沿动态，成为懂法律、懂科技、懂经济、懂管理的复合型人才。

其次，知识产权人才应当以应用型人才为主。知识产权是一门实践性极强的学科，无论是知识产权的确权与保护，还是知识产权的管理与运营，都是实践性工作。立法、司法机关，行政管理部门，公司企业，中介服务机构等实务部门对知识产权人才有着广泛的需求。

最后，知识产权人才应当是高端型人才。知识产权跨学科的特点，意味着单一的本科学历根本无法实现知识产权专业的目标要求，要使知识产权人才有较高的起点、较广博的知识，双学士、硕士、博士、博士后等高学历人才应当成为今后知识产权人才培养的主流。

知识产权人才培养是我国高校中最年轻、最有生命力的事业。但从总体上看，当前高校知识产权人才培养在复合型师资、培养方案、课程设置、实验条件等方面存在的诸多困难与问题，导致我国知识产权人才数量和能力素质与上述目标定位还存在一定差距，特别是高层次和实务型知识产权人才严重缺乏。因此，要以知识产权人才培养定位为目标，提升知识产权人才培养的软硬件条件，实现知识产权人才培养工作的科学化、体系化和制度化，为知识产权强国建设提供坚实的智力支撑。

本套系列教材正是基于上述背景由序者约请知识产权领域有专长、有影响的一批学者撰写的。该系列教材共9本，分别为《知识产权总论》《著作权法》《专利法》《商标法》《反不正当竞争法》《知识产权管理》《知识产权信息检索与利用》《知识产权的国际保护》《技术转移法》。

从学科背景上看，该系列教材涵盖了法学、管理学、情报学、技术科学等不同学科知识，符合“知识产权人才应当是复合型人才”的要求；从课程设置上看，该系列教材注重知识产权诉讼、专利文书撰写、专利检索分析等知识产权实务技能的培养，符合“知识产权人才应当以应用型人才为主”的要求；从适用对象上看，该系列教材既可作为高校知识产权专业本科生和研究生的课程教学教材，也可作为企事业单位知识产权高级法务人员和管理人员的参考教材，符合“知识产权人才应当是高端型人才”的要求。我们希望通过该套教材的出版发行，总结出我国复合型、应用型、高端型知识产权人才培养的先进经验，以期为加快知识产权强国建设贡献力量。

是为序。

中南财经政法大学文澜资深教授、博士生导师　吴汉东

2020年3月

前 言

在知识产权强国建设的背景下，知识产权信息，尤其是其中的专利信息的检索与分析利用，对于知识产权专业学生提升核心技能不可或缺，对于理工科专业学生汲取创新养料也十分重要。本书围绕理论、工具、方法三个关键词，解构知识产权文献，解密知识产权信息获取利器，挖掘核心竞争情报。全书内容包括四大知识板块，即专利信息检索与分析、商标信息检索、版权信息检索以及其他知识产权信息检索。本书的特色在于紧贴现实需求，注重知识产权规则的运用与经典案例的解析，主要面向知识产权专业学生，也适合理工科专业学生、研发人员和科研管理人员学习。

通过对本书的学习，学生可以掌握知识产权信息的基本知识和知识产权信息检索的基本原理，了解常用知识产权信息检索工具、数据库的特点并学会其使用方法，培养良好的知识产权信息素养，具备自我知识更新能力，懂得如何快速获取知识产权信息，增强对知识产权竞争情报的挖掘与运用能力。

本书由肖冬梅提出大纲和统稿，由肖冬梅、方舟之、隆瑾、彭文波和刘妍撰写，具体分工为：导言，第 1、6、7、8 章由肖冬梅执笔；第 2 章由方舟之执笔；第 3 章由隆瑾执笔；第 5 章由彭文波执笔；第 4 章由刘妍、肖冬梅、方舟之、隆瑾共同完成。

本书在写作过程中参考了国内外大量相关研究成果，在此，谨向这些成果的作者致以诚挚的谢意！本书在写作过程中也得到诸多国内知识产权同人的大力支持，获得 47 所院校近 3 万名选修该门课程慕课的学员的热情鼓励，中国人民大学出版社的编辑为本书的出版付出了辛勤的劳动，提出了诸多宝贵的修改意见，在此谨致谢忱！

由于编者学识方面的局限，加上时间仓促，本书错漏之处在所难免，敬请专家和读者批评指正！

肖冬梅

2021 年 8 月 9 日于湘潭

目 录

导　言

创新是发展的本质，知识产权是创新的成果。解密知识产权的创造、保护、管理和运用，离不开知识产权信息检索与利用。这种检索和利用不仅贯穿于所有知识产权活动的全过程，也涉及与知识产权所有客体相关的法律文件与法律适用所产生的各类衍生信息。

世界上第一部专利法于1474年在威尼斯共和国诞生。但第一部具有现代专利法雏形的专利法当数1623年制定的英国《垄断法》，该法虽然宣告“一切垄断非法”，但却将发明垄断视为例外。世界上第一部版权法是1709年由英国议会颁布的《安娜女王法令》，该法明确了作者是著作权的拥有者以及在固定期限内保护出版著作的原则，该原则延续至今，依然是当今版权法的一项核心原则。1804年法国颁布的《拿破仑法典》第一次肯定了商标权。

与上述知识产权制度相伴而生的是专利文献、版权作品和商标文件（见图0.1）。随着知识产权制度在各主要国家得到确立和实施，产生了浩如烟海的知识产权信息。迄今为止全球已经有数以亿计的专利文献，其不仅数量巨大，而且内容广博。

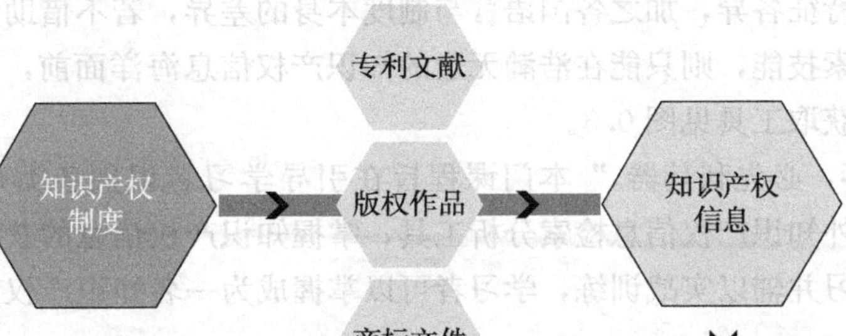

图0.1　与知识产权制度相伴而生的知识产权信息

知识产权信息蕴含着核心的竞争情报，对于其中最为丰富也最为复杂的专利文献而言，世界知识产权组织披露的统计数据足以显示其重要性（见图0.2）：最新技术资料的90％～95％首先反映在专利文献上，因而善用专利文献可以缩短60％的科研时间，节省40％的研发费用。

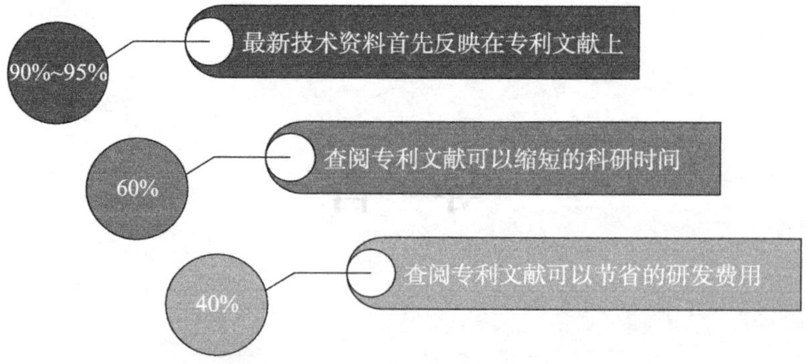

图 0.2　利用专利文献的三大重要性

无独有偶，美国亦有研究报告指出："不重视专利信息，凭空构思，只有 1%～3%的方案能够成功。"其背后的缘由在于：任何技术创新都是有继承性的，正所谓"在巨人的肩膀上，能站得更高，看得更远"。

集技术信息、法律信息、经济信息于一体的专利文献，不只对技术创新意义非凡，从而影响我们的生活，其在专利诉讼与市场竞争中也是制胜法宝。第一，从专利文献涵盖范围来看，它覆盖了绝大多数的技术领域，几乎涉及人类生活的各个方面。第二，从专利文献的内容来看，它不仅记录发明创造的内容，展示发明的实施效果，同时还揭示每项专利技术的保护范围，记载着专利的权利归属、生效时间与地域范围等法律信息。在专利侵权、无效诉讼之中，在先专利技术文件往往是证据。第三，专利的物理空间分布与技术领域分布决定了相应产品、服务的目标市场和竞争力，对专利文献所承载的经济信息进行挖掘，能高效获取让市场主体出奇制胜的竞争情报。

知识产权主要有专利权、版权与商标权等，与之相对应，知识产权信息主要包括专利文献、版权作品和商标文件等。各类知识产权的授予机构和获得方式迥异，因而知识产权信息来源多样、特征各异，加之各国语言与制度本身的差异，若不借助专业工具，没有掌握相关规则和检索技能，则只能在浩瀚无边的知识产权信息海洋面前，望洋兴叹。知识产权信息类别及其获取工具见图 0.3。

"工欲善其事，必先利其器。"本门课程旨在引导学习者识别各类知识产权信息的来源，驾驭好国内外知识产权信息检索分析工具，掌握知识产权信息的获取与利用技巧。通过对本课程的学习并辅以实战训练，学习者可以掌握成为一名知识产权专业人才不可或缺的技能。

鉴于本门课程涉猎甚广，难以面面俱到，故只能以需求为导向。前五章从基础知识、检索原理、分析方法、检索工具和实战案例五个方面，浓墨重彩地讲授利用率最高的专利信息的检索与利用，因为专利制度体系最为庞杂，专利信息最为丰富，专利信息检索分析工具最为成熟多样；第 6 章至第 8 章讲授商标信息、版权信息和其他知识产权信息的检索与利用。本课程各章安排见图 0.4。

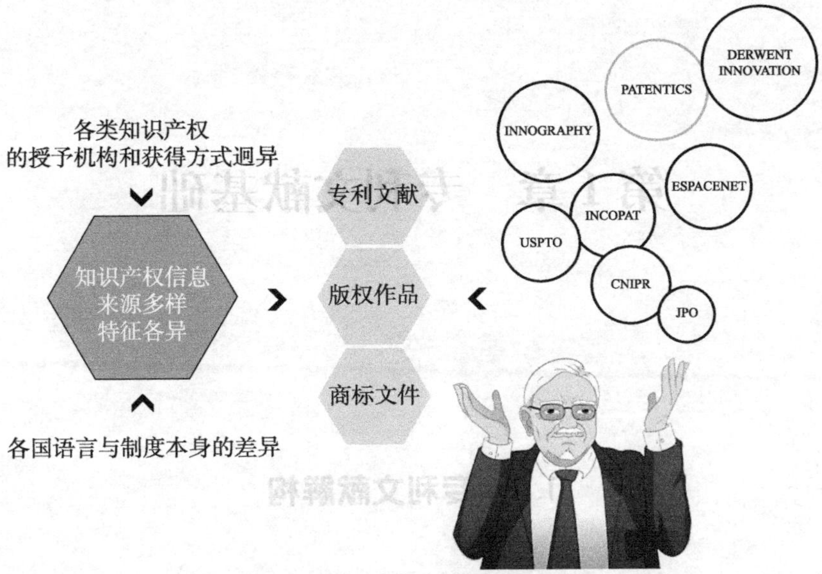

图 0.3 知识产权信息类别及其获取工具

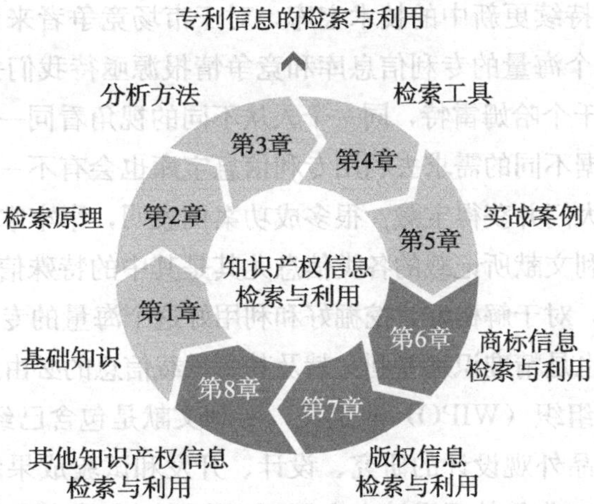

图 0.4 课程章节安排

第 1 章　专利文献基础

1.1　专利文献解构

迄今为止，全球已经有上亿篇专利文献，而且当今世界平均每 10 秒钟就产生一件专利申请，每 20 秒钟就出版一份专利文献。专利文献涵盖了绝大多数的技术领域，对于研发人员来说，这是一个持续更新中的技术宝库，对于市场竞争者来说，这是一个源源不断的核心竞争情报源。这个海量的专利信息库和竞争情报源亟待我们去深度挖掘和利用。

一千个读者就有一千个哈姆雷特，同一个人从不同的视角看同一座山，也能看到完全不同的风景，不同的人根据不同的需求去利用专利信息宝库也会有不一样的发现。我们能否打开专利信息这个宝库的大门并获得宝藏？很多成功案例表明，牢牢掌握专利法律基础知识和基本规则，精准识别专利文献所记载的各类信息尤其是其中的特殊信息，娴熟运用专业的专利信息检索与分析工具，对于解构好、挖掘好和利用好这个海量的专利信息宝库，都是必不可少的。解构专利文献也是精准识别专利文献及其所承载信息的必由之路。

根据世界知识产权组织（WIPO）的定义，专利文献是包含已经申请或被确认为发现、发明、实用新型和工业品外观设计的研究、设计、开发和试验成果的有关资料，以及保护发明人、专利所有人及工业品外观设计和实用新型注册证书持有人权利的有关资料的已出版或未出版的文件（或其摘要）的总称。对这个定义可做三方面的解读：(1) 专利文献载明的内容是专利申请或被批准为专利的发明创造；(2) 专利文献是关于申请或批准为专利的发明创造的资料；(3) 并非所有的专利文献都会公开出版，其中有些会公开出版，有些则只是为了存档或供复制用。用通俗一点的表达，专利文献是指实行专利制度的国家及国际专利组织在审批专利过程当中产生的官方文件及其出版物的总称。公开出版的专利文献包括：(1) 各种专利说明书；(2) 专利公报、文摘、索引；(3) 上述文献的电子出版物。[①]

专利说明书一般由五个部分组成，即扉页、权利要求书、说明书、附图和检索报告。专利说明书的扉页记载了专利文献的基本信息，这些基本信息是指：专利申请时间、申请号码、申请人、专利权人、发明人、发明名称、发明简要介绍及主图（并非所有专利都有

---

① 国家知识产权局专利局专利文献部．专利文献与信息检索．北京：知识产权出版社，2013：1.

图，没有图的专利就只有前面几项）、发明所属技术领域的分类号、公布与授权时间、文献号和出版专利文献的国家机构。扉页是专利说明书中信息最集中的部分。专利说明书中最重要的是权利要求书，这是专利文献中限定专利保护范围的文件部分，在所有权利要求中至少有一项独立权利要求，可以有多项从属权利要求。说明书则清楚完整地描述发明创造的技术内容。附图是对说明书文字部分的补充。各个国家对说明书中发明描述的规定大体是相同的，从图 1.1 这个中国专利说明书，我们可以看到说明书中所包含的技术领域、背景技术、发明内容、附图和实施例。

专利说明书所记载的专利信息的内涵，简而言之即 5W，是指 who，when，where，what，which。即：谁，什么时候，在哪里，就什么技术，提出了哪些权利要求？通过研究一篇具体的专利文献，可以发现："谁"主要涉及两类主体，即申请人与发明人；"什么时候"涉及申请日、公开日、优先权日等；"在哪里"涉及申请国和指定国；"什么技术"则体现在 IPC 分类号、发明名称、摘要等部分当中；"哪些权利要求"则由独立权利要求和从属权利要求所表达。从法律角度来分析，专利说明书主要涉及权属、时效、技术边界和地域范围。专利说明书中的权属信息主要有申请人、权利要求、法律状态与发明人，时效信息包括申请日、公开日、优先权日等，技术领域信息包含在 IPC 分类号、发明名称、摘要、附图、实施例之中，地域范围信息包括国省代码和地址。专利说明书记载的专利信息见表 1.1。

表 1.1　专利说明书记载的专利信息内涵

权属	时效	技术领域	地域范围
申请人	申请日	IPC 分类号	国省代码
权利要求	公开日	发明名称	地址
法律状态	优先权日	摘要、附图	
发明人	……	实施例	
……		……	

不是所有国家都公开检索报告，它是专利审查员通过对现有技术信息进行检索，找到最接近的现有技术对比文件，向专利申请人以及公众展示检索结果的一种文献。附有检索报告的都是申请公布说明书，检索报告是以表格式的报告书的形式出版的。这是一类十分宝贵的专利审查过程文件。检索报告中所公布的现有技术对比文件及审查员所标的"X""Y""E"等类型标志，在专利实务中颇具价值，譬如在侵权证据检索、无效证据检索中，往往能提供重要的线索甚至成为直接证据。

专利公报是各个国家专利行政机构报道最新发明创造的专利申请的公开、公告和专利授权情况以及专利局业务活动和专利著录事项变更信息的定期连续出版物。专利公报通常以著录项目、发明文摘、权利要求三者单一或组合形式报道新的发明创造，因而分为题录型、文摘型、权利要求型三类。因为是定期连续出版物，所以专利公报的特点在于报道比较及时，法律信息准确且丰富。通过专利公报可以了解专利授权的最新情况，也可以进行专利文献的追溯检索，还可以掌握各项法律事务变更信息。专利公报示例见图 1.2。

CN 108615903 A　　说　明　书　　1/6 页

基于吡啶基四嗪环聚合物的氧还原催化剂及其制备方法和用途

技术领域

[0001] 本发明涉及一种氧还原催化剂的制备方法,具体涉及一种吡啶基四嗪环聚合物基氮掺杂碳催化剂及其制备方法,属于燃料电池科学技术领域。

背景技术

[0002] 传统能源消耗的增加和环境污染的加剧为目前急需解决的一个问题,而燃料电池(Fuell Cell,FC)是一种环境友好且高效的新能源装置,它的主要作用是把化学能转化为电能,是一种比较绿色的能源装置,被公认为是取代传统能源的最佳选择。

[0003] 燃料电池可以直接把化学能转换为电能,没有燃烧的过程,不受卡诺循环(Carnot cycle)限制,能量转换效率高且绿色环保,其开发利用日益受到重视。燃料电池负极氧化还原反应(ORR)是最重要的电催化反应之一,因其动力学过程缓慢,很大程度上影响了燃料电池效率及其实际应用。而且目前商用的Pt或Pt基ORR催化剂因价格昂贵、稳定性和抗甲醇性差等问题严重制约了燃料电池的商业化发展。从燃料电池的商业化应用和长远发展来看,根本的出路还是应该大力开发价格低廉,资源丰富,催化活性强,稳定性高的非贵金属和不含金属ORR催化剂。杂原子掺杂碳催化剂被认为具有替代Pt及Pt基催化剂的发展前景,因此也得到了广泛的关注和研究。其中,氮掺杂碳催化剂具有相对更优的催化性能,最具发展潜力和应用价值。氮掺杂碳催化剂可分为两大类:一是过渡金属氮掺杂碳催化剂(M-N-C);二是不含金属(metal-free)的氮掺杂碳(N/C)催化剂。相比M-N-C催化剂,不含金属的NC催化剂成本更加低廉但活性不足,若能有效提高N/C催化剂的活性,甚至超过一般的M-N-C催化剂,将具有很好的实际应用价值。

[0004] 不含金属的N/C催化剂的制备方法主要有三种:原位掺杂法、后掺杂法和直接热解法。原位掺杂法主要利用气相沉淀法(CVD),在碳骨架形成的过程中同步掺杂N原子,该方法掺杂氮元素的含量较高,但成本较高、实验条件苛刻,无法批量生产。后掺杂法是先通过对碳基前驱体(如碳纳米管、生物质、石墨烯)进行预处理,再与氮源前驱体高温热解掺入N原子。该法所用的碳源前驱体和氮源前驱体难以混合均匀,相容性较差。高温热解后,氮源前驱体烧结,无法形成活性位点。直接热解法是通过直接热解含N前驱体制备N/C催化剂,该法无需另外添加碳基材料,相对前两种更加简单,并有效的解决了多种前驱体难以混合均匀的问题,有利于生成活性位点,提高催化活性。

[0005] 原位掺杂法和后掺杂法制备氧还原催化剂存在制备方法复杂、制备工艺条件难以控制等缺陷,不利于催化剂的产业化制备,因此,发展价格低廉、制备工艺简单、活性高、稳定性强的ORR催化剂具有重要意义。

发明内容

[0006] 针对现有技术的不足,本发明提供一种价格低廉、合成方法简单、稳定性高的一种基于吡啶基四嗪环聚合物的氧还原催化剂及其制备方法,本发明所用的含吡啶基四嗪环和

4

CN 108615903 A　　说　明　书　　2/6 页

三聚氯氰来制备N/C催化剂无需另外添加碳源,,可通过简单热处理制备出性能优异的ORR催化剂。

[0007] 尽管关于N/C催化剂活性位点的结构和催化机理还没有一个统一观点,但普遍认为吡啶-N和石墨-N具有ORR活性。考虑到前驱体含有吡啶基团有利于生成更多的吡啶-N,前驱体含有三嗪环有利于生成更多的石墨-N,我们以富含吡啶和三嗪环的聚合物网络为单一前驱体制备不含金属的N/C催化剂。首先通过3,6-二-4-吡啶基-1,2,4,5-四嗪(DPT)与三聚氯氰发生亲核取代反应,使DPT季铵化从而合成含吡啶基四嗪环聚合物网络,聚合物通过高温热解得到不含金属的N/C催化剂。该催化剂具有高比表面积、活性位点分布均匀且暴露,在碱性介质中具有优异的ORR催化性能、抗甲醇渗透和稳定性。

[0008] 根据本发明提供的第一种实施方案,提供一种基于吡啶基四嗪环聚合物的氧还原催化剂。

[0009] 一种基于吡啶基四嗪环聚合物的氧还原催化剂,该氧还原催化剂是通过以下制备方法所制备的:首先将3,6-二-4-吡啶基-1,2,4,5-四嗪(DPT)与三聚氯氰通过亲核取代反应,制备获得含吡啶基四嗪环的聚合物网络;然后再将含吡啶基四嗪环的聚合物网络进行热解,得到基于吡啶基四嗪环聚合物的氧还原催化剂。

[0010] 在本发明中,所述取代反应为:将3,6-二-4-吡啶基-1,2,4,5-四嗪(DPT)溶于有机溶剂的溶液与将三聚氯氰溶于有机溶剂的溶液混合,在加热的条件下进行反应。

[0011] 在本发明中,所述热解为将含吡啶基四嗪环的聚合物网络在惰性氛围下加热,进行热解。

[0012] 作为优选,本发明所得基于吡啶基四嗪环聚合物的氧还原催化剂具有200-800m^2g^{-1},优选为250m^2g^{-1}至700m^2g^{-1},更优选为300m^2g^{-1}至600m^2g^{-1}的BET比表面积。

[0013] 根据本发明提供的第二种实施方案,提供一种制备基于吡啶基四嗪环聚合物的氧还原催化剂的方法

[0014] 一种制备基于吡啶基四嗪环聚合物的氧还原催化剂的方法或制备第一种实施方案中所述的氧还原催化剂的方法,该方法包括以下步骤:

[0015] (1)取代反应:将3,6-二-4-吡啶基-1,2,4,5-四嗪(DPT)和三聚氯氰混合,加热,反应一段时间后冷却,过滤,干燥;得到含吡啶基四嗪环的聚合物网络;

[0016] (2)热解:将步骤(1)得到的含吡啶基四嗪环的聚合物网络加热,进行热解;得到基于吡啶基四嗪环聚合物的氧还原催化剂。

[0017] 作为优选,该方法还包括:

[0018] 步骤(3):将步骤(2)得到的基于吡啶基四嗪环聚合物的氧还原催化剂进行洗涤,然后干燥,再进行热解;获得高活性基于吡啶基四嗪环聚合物的氧还原催化剂。

[0019] 作为优选,步骤(1)具体为:将3,6-二-4-吡啶基-1,2,4,5-四嗪(DPT)溶于有机溶剂I,形成溶液A;将三聚氯氰溶于有机溶剂II,形成溶液B;将溶液A和溶液B混合;在100-180℃的温度下回流反应1-12h(优选为在110-160℃的温度下回流反应3-10h,更优选为在120-150℃的温度下回流反应4-6h);冷却至室温,过滤,采用有机溶剂III洗涤,真空干燥,得到含吡啶基四嗪环的聚合物网络。

[0020] 作为优选,步骤(2)具体为:将步骤(1)得到的含吡啶基四嗪环的聚合物网络置于管式炉中,在惰性气体的氛围下,于700-1200℃的温度下热解0.5-6h(优选为于750-1100℃

5

CN 108615903 A　　说　明　书　　5/6 页

[0042] 图3为本发明实施例2制备的含吡啶基四嗪环聚合物基氮掺杂碳材料氧还原催化剂(DPT-900)的LSV曲线。

[0043] 图4为本发明实施例2制备的含吡啶基四嗪环聚合物基氮掺杂碳材料氧还原催化剂(DPT-900)的稳定性测试的计时电流曲线。

[0044] 图5为本发明实施例2制备的含吡啶基四嗪环聚合物基氮掺杂碳材料氧还原催化剂(DPT-900)的抗甲醇测试的计时电流曲线。

具体实施方式

[0045] 下面通过实施例对本发明进行具体的描述,有必要在此指出的是以下实例只用于对本发明进一步说明,不能理解为对本发明保护范围的限制,该领域的技术人员可以根据上述发明内容对本发明作出一些非本质的改进和调整。

[0046] 本发明提供一种基于吡啶基四嗪环聚合物的氧还原催化剂。

[0047] 一种基于吡啶基四嗪环聚合物的氧还原催化剂,该氧还原催化剂是通过以下制备方法所制备的:首先将3,6-二-4-吡啶基-1,2,4,5-四嗪(DPT)与三聚氯氰通过亲核取代反应,制备获得含吡啶基四嗪环的聚合物网络;然后再将含吡啶基四嗪环的聚合物网络进行热解,得到基于吡啶基四嗪环聚合物的氧还原催化剂。

[0048] 在本发明中,所述取代反应为:将3,6-二-4-吡啶基-1,2,4,5-四嗪(DPT)溶于有机溶剂的溶液与将三聚氯氰溶于有机溶剂的溶液混合,在加热的条件下进行反应。

[0049] 在本发明中,所述热解为将含吡啶基四嗪环的聚合物网络在惰性氛围下加热,进行热解。作为优选,本发明所得基于吡啶基四嗪环聚合物的氧还原催化剂具有200-800m^2g^{-1},优选为250m^2g^{-1}至700m^2g^{-1},更优选为300m^2g^{-1}至600m^2g^{-1}的BET比表面积。

[0050] 实施例1

[0051] 一种制备基于吡啶基四嗪环聚合物的氧还原催化剂的方法或制备第一种实施方案中所述的氧还原催化剂的方法,该方法包括以下步骤:

[0052] (1)取代反应:将0.4562g的3,6-二-4-吡啶基-1,2,4,5-四嗪(DPT)溶于250mL N甲基吡咯烷酮中,形成溶液A;将0.2399g的三聚氯氰溶于50mL甲苯中,形成溶液B;将溶液A和溶液B混合;在130℃的温度下回流反应5h;冷却至室温,过滤,采用二氯甲烷和丙酮溶剂洗涤数次,真空干燥,得到含吡啶基四嗪环的聚合物网络,172mg,收率2.4%;

[0053] (2)热解:将100mg步骤(1)得到的含吡啶基四嗪环的聚合物网络置于管式炉中,在氮气的氛围下,于900℃的温度下热解2h;得到基于吡啶基四嗪环聚合物的氧还原催化剂,15mg,成碳率为15%。

[0054] 实施例2

[0055] 一种制备基于吡啶基四嗪环聚合物的氧还原催化剂的方法或制备第一种实施方案中所述的氧还原催化剂的方法,该方法包括以下步骤:

[0056] (1)取代反应:将0.4562g的3,6-二-4-吡啶基-1,2,4,5-四嗪(DPT)溶于250mL N甲基吡咯烷酮中,形成溶液A;将0.2399g的三聚氯氰溶于50mL甲苯中,形成溶液B;将溶液A和溶液B混合;在130℃的温度下回流反应5h;冷却至室温,过滤,采用二氯甲烷和丙酮溶剂洗涤数次,真空干燥,得到含吡啶基四嗪环的聚合物网络,172mg,收率2.4%;

[0057] (2)热解:将100mg步骤(1)得到的含吡啶基四嗪环的聚合物网络置于管式炉中,在

8

CN 108615903 A　　说　明　书　附　图　　1/3 页

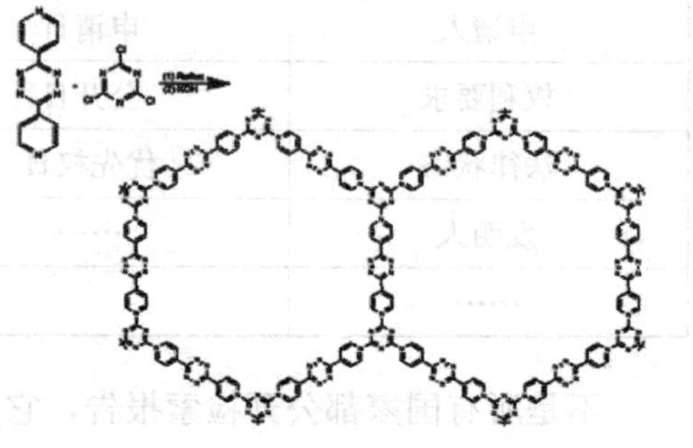

图1

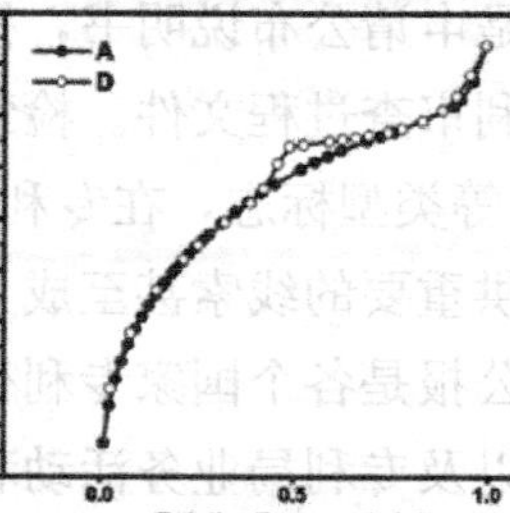

图2

10

图 1.1　中国专利说明书

目 录

发明专利申请公布 ………………………………… 2
国际专利申请公布 ………………………………… 1071
发明专利权授予 ………………………………… 1331
宣告专利权部分无效审查结论公告 ………………… 1549
发明保密专利 ………………………………… 1550
1. 保密专利专利权授予 ………………………… 1550
2. 保密专利的解密
发明专利事务 ………………………………… 1551
1. 实质审查的生效 ………………………… 1551
2. 专利局对专利申请实质审查的决定
3. 发明专利申请公布后的驳回 ………………… 1601
4. 发明专利申请公布后的撤回 ………………… 1608
5. 发明专利申请公布后的视为撤回 ……………… 1608
6. 专利权的视为放弃 ………………………… 1623
7. 专利权的无效宣告 ………………………… 1624
8. 专利权的终止 ………………………… 1624
9. 专利申请或者专利权的恢复 ………………… 1628
10. 专利申请权、专利权的转移 ………………… 1628
11. 专利实施的强制许可
12. 实施许可合同的备案
13. 专利权、申请权的质押、保全及解除 ………… 1652
14. 著录事项变更
15. 专利权人的姓名或者名称、地址的变更 ………… 1652

图 1.2 专利公报示例

1.2 专利文献种类代码

在上一节中通过5W解构了专利信息的内涵，接下来介绍专利信息的外部表达。专利文献属于一类半结构化文献，其外部表达呈现高度的规范化和标准化，主要体现在专利文献的种类标识、专利编号、著录项目等方面。首先介绍专利文献种类及代码。

对不同客体提供专利保护，由此产生了不同种类的专利文献。目前多数国家法律都保护发明、实用新型和外观设计，但美国不保护实用新型，却保护植物专利。此外，采用不同的审查制度和审批程序也会产生不同类别的专利文献，如采用登记制、初步审查制、半审查制、完全审查制或早期公开延迟审查制，都有相对应的过程文件产生。完全审查制直接产生授权文件，没有申请公开的文件。早期公开延迟审查制则不仅会产生授权文件，还会有申请公开文件、审查公告文件等。不同类型的说明书就需要有不同的代码来进行区分。

虽然世界知识产权组织的《ST.16用于标识不同种类专利文献的推荐标准代码》只是一个推荐性标准，但当今世界各国的专利文献几乎都采用了这个标准的代码。ST.16标准的第1组一般用于发明专利文献，根据所处审查的阶段分A、B、C三个公布级；第2组用于实用新型文献，分U、Y、Z三个公布级；第3组是用于药物专利（M）、植物专利（P）和外观设计（S）等特殊系列的专利文献；第4组是用于未被第1～3组所涵盖，或由专利申请衍生或与之相关的特殊类型文献。一般采用上述的单个字母或由单个字母加一位阿拉伯数字，来标识相对应的专利文献类型（见图 1.3）。①

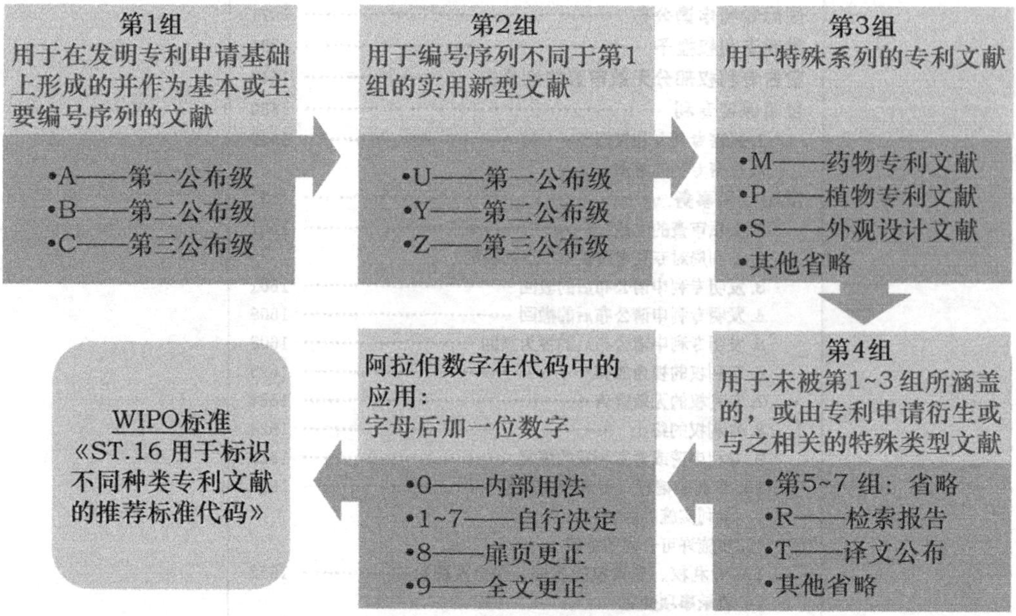

图 1.3　专利说明书种类及代码

接下来我们以中国、美国、日本、欧洲的专利文献代码为例，来认识不同国家/地区之间的专利文献种类及代码的异同。

1. 中国专利说明书种类及代码

中国自 1985 年实施《专利法》，开始受理专利申请，专利说明书种类与代码随专利审批程序的变化而变化，大致可以分为 3 个阶段。第一个阶段即 1985—1992 年，此时发明专利申请说明书的代码为 A，发明专利申请审定说明书的代码为 B，实用新型专利申请说明书的代码为 U，外观设计专利申请公告代码为 C（见表 1.2）。该阶段的特点在于专利授权前尚有异议程序，为减少重复出版，对上述授权的三种专利——B、U、C 类专利，一般不再出版专利说明书。若经异议或无效程序，对发明专利申请审定说明书或实用新型专利申请说明书修改较大，才出版相应的经修改后的发明专利说明书或实用新型专利说明书。

表 1.2　中国 1985—1992 年专利说明书种类及代码

专利说明书种类	对应代码
发明专利申请说明书	A
发明专利申请审定说明书	B
实用新型专利申请说明书	U
外观设计专利申请公告	C

① 中华人民共和国国家知识产权局．专利文献著录项目与情报分析．[2020-03-31]. http://www.docin.com/p-16420244.html.

第二个阶段即1993—2010年。1993年开始实施1992年修订的《专利法》，此次修法取消了授权前的异议程序，专利说明书出现新的类型。这一阶段发明专利申请文件都用A标识，授权文件则都用B来标识，发明专利权部分无效宣告文件的代码为C。实用新型专利文献种类标识代码有U和Y两类，实用新型专利说明书的代码为U，实用新型专利权部分无效宣告文献代码为Y。外观设计专利文献种类标识代码全部为S（见表1.3）。

表1.3 中国1993—2010年专利说明书种类及代码

专利说明书种类	对应代码
发明专利申请文件	A
发明专利授权文件	B
发明专利权部分无效宣告文件	C1～C7
实用新型专利说明书	U
实用新型专利权部分无效宣告文献	Y1～Y7
外观设计专利文献	S
外观设计专利权部分无效宣告的公告	S1～S7

第三个阶段即2010年4月至今。在此阶段，按照国家知识产权局2004年7月1日起实施的《专利文献种类标识代码标准》出版各种类型专利说明书单行本，同时各类说明书扉页的著录项目及出版格式也做了相应调整，发明专利申请单行本用A标识，发明、实用新型和外观设计三类授权专利的单行本分别用B、U、S来标识（见表1.4）。字母后数字8意味着扉页更正，如A8、B8、U8、S8分别指上述专利说明书扉页再版的文本；字母后数字9意味着全文更正，如A9、B9、U9、S9分别指上述专利说明书全文再版的文本。

表1.4 中国2010年4月至今专利说明书种类及代码

专利说明书种类	对应代码
发明专利申请（单行本）	A
发明授权专利（单行本）	B
实用新型授权专利（单行本）	U
外观设计授权专利（单行本）	S

2. 美国专利说明书种类及代码

自2001年1月2日起，美国出版的专利说明书开始全面采用世界知识产权组织的专利文献标准《ST.16用于标识不同种类专利文献的推荐标准代码》，以2001年1月2日为分水岭，可以看出美国专利文献类型识别代码的先后变化（见表1.5）。2001年后美国专利申请公开文件种类代码为A1、A2、A9，专利文件种类代码为B1（未经申请公开）和B2（经申请公开）；再版专利文件为E；再审查证书代码为C1、C2、C3；植物专利申请公开文件代码为P1，植物专利文件种类代码为P2（未经申请公开）和P3（经申请公开）；设计专利代码为S。此外，美国1968年开始还设置了发明注册制度，因此在美国专利公报中有相应的防卫性公告栏目出现，1985年起改名为“依法注册的发明”，防卫性公告代码为 T，依法登记的发明代码为 H，二者不需审查也不授予专利权，起到技术公开的作用，以防后续研发出的相同技术方案提出专利申请，使先发明人受到限制。美国 2001 年后专利说明书种类及代码见表 1.6。

表 1.5　美国 2001 年前后专利说明书种类及代码

2001 年前代码	文献类型	2001 年 1 月 2 日以后代码
A	专利	用 B1、B2 代替
P	植物品种专利	用 P2、P3 代替
B1、B2、B3	再审查证书	用 C1、C2、C3 代替

表 1.6　美国 2001 年之后专利说明书种类及代码

文献类型识别代码	文献类型	说明
A1	专利申请公开	授权前公开
A2	专利申请公开（再公开）	授权前公开
A9	专利申请公开（修正）	授权前公开
B1	专利	授权前未曾公开
B2	专利	授权前公开
C1、C2、C3	再审查证书	原来使用的代码 B1、B2 现用于授权专利
E	再版专利	无变化
H	依法登记的发明	无变化
P1	植物专利申请公开	授权前公开
P2	植物专利	授权前未曾公开
P3	植物专利	授权前公开
P4	植物专利申请公开（再公开）	授权前公开
P9	植物专利申请公开（修正）	授权前公开
S	设计专利	无变化

3. 日本专利说明书种类及代码

日本 1970 年前专利审查采用完全审查制，1970 年之后开始采用提前公开延迟审查制。1971 年之前日本出版的说明书有 4 类，即专利公告说明书、专利说明书、实用新型公告说明书和注册实用新型说明书，这 4 类说明书的代码依次为 B、C、Y、Z。

1971 年后出版的说明书出现了新的类型，说明书类型代码也发生了变化。专利申请公开说明书、国际申请说明书日文译本的代码都为 A，日本国际申请的再公开文件代码为 A1。1995 年日本取消公告制，改授权前异议为授权后异议，1996 年前的专利公告说明书和 1996 年后的专利说明书的代码都为 B2；实用新型申请公开说明书和注册实用新型说明书的代码都为 U，实用新型国际申请说明书日文译本的代码为 U1，实用新型公告说明书、实用新型注册说明书的代码都为 Y2；外观设计说明书的代码为 S（见表 1.7）。

表 1.7 日本 1996 年后专利说明书种类及代码

专利说明书种类	对应中文表达	对应代码
特許公報（经实审尚未授权）	专利公告说明书	B2
特許公報（经实审授权）	专利说明书	B2
公開実用新案公報（未实审未授注册证书）	实用新型申请公开说明书	U
公開実用新案公報	注册实用新型说明书	U
公表実用新案公報	实用新型国际申请说明书日文译本	U1
実用新案公報（经实审尚未授予注册证书）	实用新型公告说明书	Y2
実用新案登録公報（经实审授予注册证书）	实用新型注册说明书	Y2
意匠公報	外观设计说明书	S

4. 欧洲专利说明书种类及代码

欧洲专利与上述三个主权国家的专利不一样。欧洲专利不是哪一个主权国家授予的专利，它是唯一由非主权国家授予的一类专利。欧盟与其他地区不同，它有统一的专利制度和专利局，进行专利审查和授权。从 1978 年至今，欧洲专利申请说明书代码一直为 A1、A2、A3、A4、A8、A9，都是未经实质性审查尚未授予专利权的过程文件。A1、A2 和 A3 用来区分是否附检索报告以及是否单独出版，A4 是指对国际申请检索报告所做的补充检索报告，A8 是更正了扉页的专利申请说明书，A9 是全文再版的专利申请说明书（见表 1.8）。同一申请再次公布沿用原申请公开序号，如：EP963989A1 和 EP963989A4。

自 1980 年至今，欧洲专利说明书的代码为 B1、B2、B3、B8、B9，都是经过实质性审查的授权文本，其间的区别主要是有无修改以及更正的程度。C8、C9 分别是指经实质性审查授予第二次专利权修改的说明书扉页和说明书。专利授权公布沿用原申请公开序号，同一专利再次公布沿用原申请公开序号。

表 1.8 欧洲专利申请说明书种类及代码

专利申请说明书种类	对应代码
附有检索报告的专利申请说明书	A1
未附检索报告的专利申请说明书	A2
单独出版的检索报告	A3
对国际申请检索报告所做的补充检索报告	A4
扉页更正的专利申请说明书	A8
全文再版的专利申请说明书	A9

在不同的国家和地区，在同一时期阶段产生的专利文献代码会有差异，在同一个国家和地区的不同时间段，采用的代码也会有差异，这些差异都是因为制度差异和变化。专利文献代码的差异与制度变迁几近同步，可见专利文献打着时代的烙印。

值得注意的是，虽然不同国家的专利文献代码尚有差异，但是大多用 A 代表经审查尚未授予专利权的状态，用B代表经实质审查授予专利权的状态，这表明各主要国家与国际组织的选择已经趋同。

1.3 专利编号

掌握主要国家各种专利申请和专利说明书所使用的特定专利编号，能准确按照专利变化找到特定引用的专利文献。本节将介绍专利编号种类、编号规则。

1. 专利编号种类

专利编号可分为申请号和文献号两类。申请号是指各工业产权局在受理专利申请时编制的序号。文献号是指各工业产权局在公布专利文献或授权、注册、登记时为每件专利文件编制的序号。申请号包括一般申请号、临时申请号、优先申请号、分案申请号、继续或部分继续申请号、增补或再公告专利申请号和复审或再审查请求号等。文献号包括公开号、申请公开号、申请公布号、申请公告号、展出号、审定公告号、授权公告号、专利号、注册号和登记号等。

2. 专利编号规则

申请文件编号大多数国家依据的是《专利、补充保护证书、工业设计及集成电路布图设计申请的编号建议》，有按年编号、连续编号两种方式。按年编号即申请号由年代和当年申请序号组成。年代表示方式有公元年、本国纪年和特定数字表示三种，中国专利申请文件编号采用公元年，日本采用本国纪年，1995 年前德国则采用特定数字表示。连续编号即申请号由连续编排的序号组成，有按总顺序编号和多年循环编号两种。苏联按总顺序编号，如 3276099/29-12；美国按多年循环编号，如 06/463217 表示第 6 个循环的第 463217 号。

国别代码和文献种类代码不构成文献号的组成部分，文献号是由一组单纯的阿拉伯数字来表示的，但在专利文献上国别代码和文献种类代码要和阿拉伯数字一起连用。文献号有连续编号、按年编号和沿用申请号三种编号方式。如美国专利文献号采用连续编号，从 1836 年第 1 号排起；日本专利文献号采用按年编号，每年从第 1 号排起；德国专利文献号沿用申请号。

3. 主要国家与国际组织专利编号

(1) 中国专利编号。

根据变化情况，中国专利编号可分为 5 个阶段。① 第一阶段（1985—1988 年）几乎都采用“一号制”，各种标识号码都以申请号作为主体号码，再以文献种类标识代码标识各种文献标号（见表 1.9）。以 88100001 为例，前两位数字“88”表示受理专利申请的年份（1988），第三位数字“1”表示专利申请的种类（“1”是指发明，“2”表示实用新型，“3”表示外观设计），后五位数字“00001”表示当年申请顺序号。这种编号的优点是方便查阅、易于检索，其局限在于：专利审查过程中的撤回、驳回、修改或补正，使申请文件不

① 汤才祥．正确理解“专利号”．电子知识产权，2004 (7)：30-32.

可能全部公开或按申请号的顺序依次公开，导致号码不连贯，从而造成文献的缺号和跳号现象。

表 1.9　中国 1985—1988 年专利编号

种类	申请号	公开号	公告号	审定号	专利号
发明	88100001	CN88100001A		CN88100001B	ZL 88100001
实用新型	88210369		CN88210369U		ZL 88210369
外观设计	88300457		CN88300457S		ZL 88300457

第二阶段（1989—1992 年）的编号特点首先体现在，三种专利申请号由 8 位升至 9 位，如 89103229.2，增加小数点后面的计算机校验码，其他含义不变。其次，所有专利说明书文献号均由 7 位数字组成，按各自流水号序列顺排，逐年累计。根据中华人民共和国专利局公告（第二十一号）《中国专利文献编号系统方案》的规定，自 1989 年 1 月 1 日起，中国专利文献将使用新的编号系统，即在专利公报和专利说明书中新增按流水顺序编排的公开号、公告号和审定号。并在第 6 条规定："发明专利申请公开时，初始号从 1030001A 起始；实用新型专利申请公告时，初始号从 2030001U 起始；外观设计专利申请公告时，初始号从 3003001S 起始；发明专利申请审定公告时，初始号从 1003001B 起始。"由于申请公开与审定公告的初始号不一致，在这个时间段，不管是发明、实用新型，还是外观设计，其申请公开文本上的公开号与授权文本上的审定号数字部分都不一致。申请号和专利号却是相同的（见表 1.10）。

表 1.10　中国 1989—1992 年专利编号

种类	申请号	公开号	公告号	审定号	专利号
发明	89100002.X	CN1044155A		CN1014821B	ZL 89100002.X
实用新型	89200001.5		CN2043111U		ZL 89200001.5
外观设计	89300001.9		CN3005104S		ZL 89300001.9

第三阶段（1993 年—2004 年 6 月 30 日），由于取消了专利异议期，该阶段和第二阶段的主要区别是种类代码发生了变化。此外，1994 年中国加入《专利合作条约》(PCT)，1995 年 4 月开始公布进入中国国家阶段的国际申请，因而中国专利文献编号体系随之又发生了新变化（见表 1.11）。指定中国的 PCT 国际申请进入中国国家阶段的申请号的第三位数字（1998 年前是第四位数字）表示国际申请的种类，"8"表示发明专利，"9"表示实用新型。

表 1.11　中国 1993 年—2004 年 6 月 30 日专利编号

种类	申请号	公开号	授权公告号	专利号
发明专利	93100001.7	CN 1089067 A	CN 1033297 C	ZL 93100001.7
进入中国国家阶段的 PCT 发明专利	94190008.8	CN 1101484 A	CN 1044447 C	ZL 94190008.8

续前表

种类	申请号	公开号	授权公告号	专利号
实用新型专利	93200001.0		CN 2144896 Y	ZL 93200001.0
进入中国国家阶段的 PCT 实用新型专利	94290001.4		CN 2402101 Y	ZL 94290001.4
外观设计专利	93300001.4		CN 3021827 D	ZL 93300001.4

第四阶段（2003 年 10 月 1 日至今），为了回应专利申请量的急剧增长，专利申请号升位，开始启用包括校验位在内的 13 位（其中的当年申请的顺序号部分有 7 位数字）的新专利申请号及其专利号，第六位至第十二位数字（共 7 位数字）表示当年申请的顺序号（见表 1.12）。

表 1.12　中国 2003 年 10 月 1 日至今专利申请号

申请种类	申请号
发明专利申请	200410000001.4
进入中国国家阶段的 PCT 发明专利申请	200480000001.0
实用新型专利申请	200420000001.9
进入中国国家阶段的 PCT 实用新型专利申请	200490000001.3
外观设计专利申请	200430000001.5

第五阶段（2007 年 7 月和 8 月至今），专利文献号升至 9 位（见表 1.13）。[①]

表 1.13　中国 2007 年 7 月和 8 月至今专利文献号

专利文献种类	号码种类	号码升位日期	号码升位卷期号	升位起始号
发明专利申请公布说明书	申请公布号	2007－07－18	23 卷 29 期	CN 100998275 A
发明专利说明书	授权公告号	2007－08－29	23 卷 35 期	CN 100333628 C
实用新型专利说明书	授权公告号	2007－08－29	23 卷 35 期	CN 200938735 Y
外观设计专利（单行本）	授权公告号	2007－08－29	23 卷 35 期	CN 300683009 D

（2）美国专利编号。

美国的专利编号是连续编号，每一轮号码满了之后再跳入下一轮。10/169453 代表着在美国的专利编号里面第十轮的第 169453 号，“/”前面是轮号，后面是顺序号。公开号用四位数的年度及“/”后面再加顺序号表示。专利号直接用顺序号，再审公告和再版专利号用 RE 后面加顺序号表示。所以美国的专利编号，有申请号、公开号、专利号和再版专利号（见图 1.4）。

① 汤才祥．中国专利文献的编号体系．[2020－03－31]．http：//www.360doc.com/content/11/0729/13/206294_136518668.shtml.

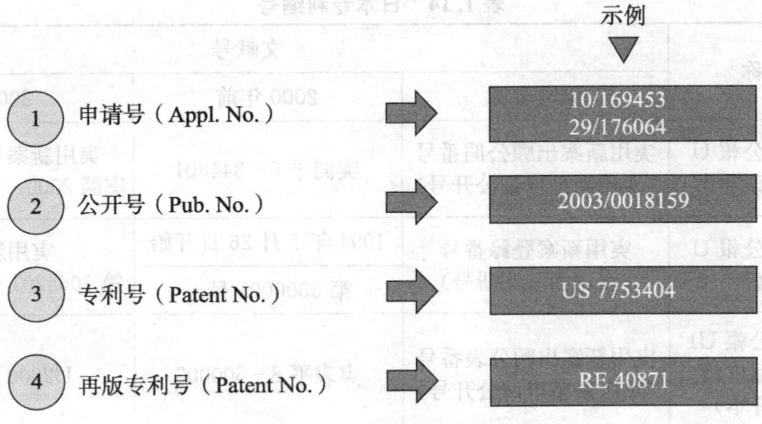

图 1.4 美国专利编号示例

（3）日本专利编号。

日本的发明、实用新型与意匠（外观设计）这三种专利的申请号都有固定格式，按年编排。其中，第一个字表示专利申请的种类："特"表示专利，"实"表示实用新型，"意"表示意匠（外观设计）。第二个字对应所处的程序，如"願"表示在"申请"阶段。第三个字和"-"前的数字组合是用日本纪年表示申请年代。自 2000 年后申请年代改为公元年，其他含义不变。

日本发明专利说明书文献号的特点主要体现在：公开号、公告号与申请号一样有固定格式，即种类＋公布方式＋年代＋当年序号，按年编排；区别在于第二个字，即公布方式，"開"表示"公开"，"表"表示"再公开"，"公"表示"公告"；2000 年之后年代开始按公元年来编排；字母"P"表示专利。国际申请日文译本的公开号每年从 500001 开始编排，日本国际申请的再公开号沿用国际申请公开号。特许明细书的专利号从 1 号开始按大流水号顺排，1950 年后不再出版这种专利说明书。1965 年开始出版的特许公报的专利号则是从 2500001 开始顺排。

实用新型说明书的公开号、公告号也是按年编排，格式固定，即种类＋公布方式＋年代＋当年序号，种类中的第一个字为"实"即指"实用新型"；国际申请日文译本公开号每年从 500001 开始编排，2000 年后按公元年编排；字母"U"表示实用新型。注册实用新型说明书的注册号，从 1 号开始按大流水号顺排，1950 年后不再出版这种专利说明书，但授予注册证书时给予注册号，并继续沿用此序号接排，直到 1994 年实用新型改为登记制，此后提出的新申请形式合格即授予注册证书，因此 1994 年 7 月出版的注册实用新型说明书注册号是从 3000001 开始顺排。1994 年前的老实用新型申请继续按早期公开延迟审查程序出版，由于取消了公告程序，实审合格即授予注册证，因而 1996 年 6 月之后出版的实用新型注册说明书的注册号从 2500001 开始顺排。日本的外观设计注册号从第 1 号开始顺排（见表 1.14）。

表 1.14　日本专利编号

说明书名称	文献号		
	编号名称	2000 年前	2000 年后
公開実用新案公報 U （实用新型公开说明书）	実用新案出願公開番号 （实用新型申请公开号）	実開平 5－344801	実用新案出願公開番号 実開 2000－1（U2000－1A）
登録実用新案公報 U （注册实用新型说明书）	実用新案登録番号 （实用新型注册号）	1994 年 7 月 26 日开始 第 3000001 号～	実用新案登録 第 3064201 号（U3064201）
公表実用新案公報 U1 （实用新型国际申请 说明书日文译本）	実用新案出願公表番号 （实用新型申请公开号）	実表平 8－500003	U2000－600001U
実用新案公報 Y2 （实用新型公告说明书）	実用新案出願公告番号 （实用新型申请公告号）	1996 年 3 月 29 日为止 実公平 8－34772	
実用新案登録公報 Y2 （实用新型注册说明书）	実用新案登録番号 （实用新型注册号）	1996 年 6 月 5 日开始 第 2500001 号～	実用新案登録 第 2602201 号 （U2602201U）
登録実用新案明細書 Z （注册实用新型说明书， 1905—1950 年）	実用新案登録番号 （实用新型注册号）	1－406203，1950 年以后的注册号继续沿此序列编排。1994 年新申请的注册号从 3000001 号开始，1994 年前申请的注册号从 2500001 号开始	
意匠公報 S （外观设计公报）	意匠登録番号 （外观设计注册号）	自 1 号开始顺排	

（4）欧洲专利编号。

欧洲专利的申请号没有国别地区代码，而是由纯阿拉伯数字组成，一般是由八位数字加一位数字校验码组成。但其申请公布号、授权公告号的组成与申请号不同，二者都是由区域代码 EP＋顺序号＋文献类型代码组成，如申请号为 99969463.1 的进入欧洲阶段的 PCT 专利的申请公布号为 EP 1123452 A1，授权公告号为 EP 1123452 B1。申请公布号与授权公告号只有最后的文献类型代码不同（见表 1.15）。

表 1.15　欧洲专利编号

种类	申请号	申请公布号	授权公告号
欧洲专利申请	01101330.7	EP 1225633 A1	
进入欧洲阶段的 PCT 专利申请	98938886.3	EP 963989 A1 EP 963989 A4	
	99969463.1	EP 1123452 A1	EP 1123452 B1

（5）国际专利申请编号。

国际专利申请编号为“PCT/（指定的国家）”。如果是欧洲，“/”后面是 EP；如果是中国，“/”后面是 CN。所有通过 PCT 申请公开的专利的公开号都用 WO 表示，WO 不是一个世界专利，只是一个通过 PCT 的申请，需要指定主权国家后方能获得授权专利。

WO 编号只是表示一种公开的状态。WO 的专利是一种没有授权的中间文件，只是一个公开号不是专利号。通过国际专利申请，是更简便、更经济的申请途径，而真正的授权还是要向各个主权国家申请，只有这样才可能获得授权从而获得保护。国际专利申请编号示例见图 1.5。

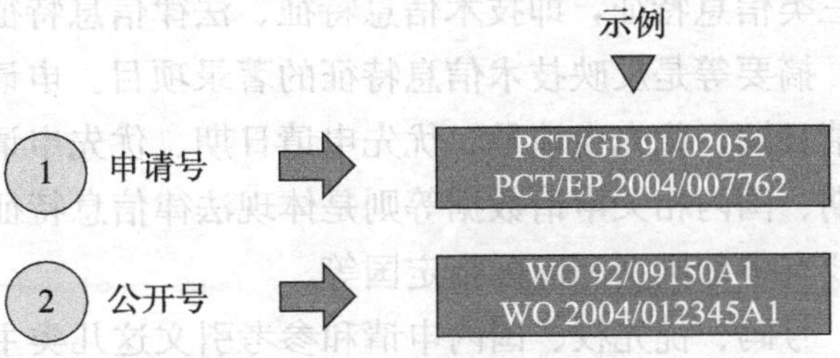

图 1.5　国际专利申请编号示例

1.4　专利文献著录项目

专利说明书晦涩、抽象，有些长达几十页、上百页，还涉及多种文字，难以阅读。正是因为专利为市场而生的特点，专利具有一定的技术门槛、制度壁垒、语言障碍，甚至还有不少市场主体穿着多个马甲来申请专利。要快速读懂专利说明书，需要熟练掌握专利著录项目及代码。读懂专利说明书无异于找到了解密庞大的专利信息系统的密钥。

著录项目是各个专利局为揭示专利申请或其他工业产权保护种类申请的技术、法律、经济信息特征以及可供进行综合分析的信息线索而编制的款目。INID 代码是国际认可的著录项目数据识别代码（Internationally agreed Numbers for the Identification of (bibliographic) Data）的缩略语。这种代码用圆圈或括号内两位阿拉伯数字表示，如（10）（20）（30）（40）（70），INID 代码几乎已经是全球通用的表达专利文献特征的著录项目的统一代码。INID 代码主要出现在专利说明书的扉页和专利公报当中。在专利说明书中 INID 代码主要在扉页上出现。我们随手拿一篇中国专利文献、美国专利文献、日本专利文献、欧洲专利文献和德国专利文献进行比对，不难看出，每一个专利说明书扉页上出现的 INID 代码几乎是相同的。即便有语言文字的障碍，只要我们了解每一个 INID 代码及其所对应的含义，便能快速锁定各专利文献中我们想要的各种信息。

要理解 INID 代码所对应的著录项目的含义，有必要先了解 WIPO 先后通过的两个标准，即《ST. 9 关于专利及补充保护证书的著录数据的建议》和《ST. 80 关于工业品外观设计著录项目数据》，ST. 9 是用来标注发明和实用新型专利文献著录项目的，ST. 80 则是用来标注外观设计文献著录项目的。比对这两个标准里的 INID 代码，不难发现二者的异同：（10）（20）（30）（40）（70）这几个大项对应的内容大体一致，都是有关文献标识、申请数据、优先权数据、公知日期和当事人数据的，但（50）（60）（80）等大项则各自体现了发明专利与外观设计的不同。譬如 ST. 9 里的（50）这一大项是指技术信息，ST. 80 里的（50）则是指其他信息；ST. 9 与 ST. 80 里的（80）各自对应的是不同的国际公约的数据识别，这正是两种不同专利因保护客体、审查程序、适用国际公约不同而体现在说明书上所表征信息的区别。此外，我国对 WIPO 标准 ST.9 涉及发明和实用新型的 INID 代码和 ST.80 涉及外观设计的 INID 代码的相同规定兼收并蓄，制定了中华人民共和国知识产权行业标准（ZC0009－2012）《专利文献著录项目标准》。

著录项目反映了三类信息特征，即技术信息特征、法律信息特征和经济信息特征。发明名称、专利分类号、摘要等是反映技术信息特征的著录项目。申请人、发明人、专利权人、专利申请号、申请日期、优先申请号、优先申请日期、优先申请国家、文献号、专利或专利申请的公布日期、国内相关申请数据等则是体现法律信息特征的著录项目。经济信息特征的著录项目主要有申请国别和国际指定国等。

接下来介绍日期、号码、优先权、国内申请和参考引文这几类主要的著录项目。日期（20）项下的 INID 代码有：（22）申请日，（32）优先申请日，（40）使公众获悉的日期，（85）按照 PCT 第 23 条（1）或第 40 条（1）进入国家阶段的日期。我们来看一个中国的发明专利说明书的扉页（见图 1.6），通过锁定上述几个著录项的代码，我们可以快速得到该专利的申请审批流程图：该专利的优先权日（2001 年 8 月 28 日最先在日本提出申请）、国际申请日（2002 年 8 月 15 日）、国际公布日（2003 年 3 月 13 日）、进入国家阶段日期（2004 年 4 月 8 日）和授权公告日（2008 年 1 月 9 日）。

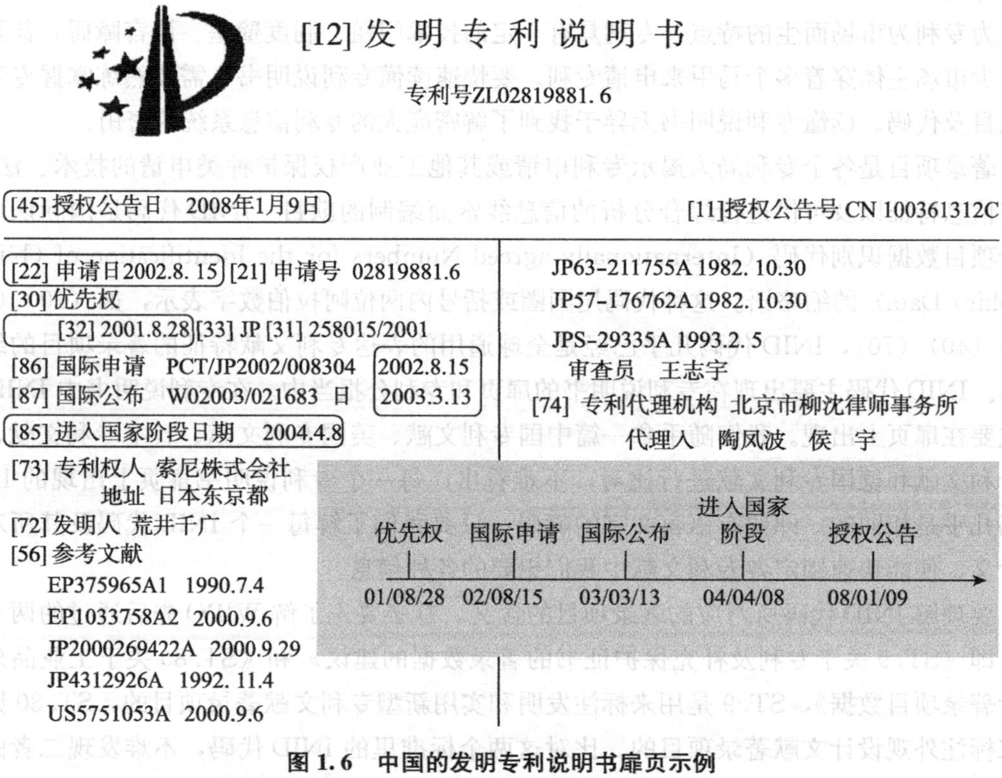
[12] 发明专利说明书

专利号ZL02819881.6

[45] 授权公告日 2008年1月9日

[11] 授权公告号 CN 100361312C

[22] 申请日 2002.8.15 [21] 申请号 02819881.6
[30] 优先权
[32] 2001.8.28 [33] JP [31] 258015/2001
[86] 国际申请 PCT/JP2002/008304 2002.8.15
[87] 国际公布 W02003/021683 日 2003.3.13
[85] 进入国家阶段日期 2004.4.8
[73] 专利权人 索尼株式会社
地址 日本东京都
[72] 发明人 荒井千广
[56] 参考文献
EP375965A1 1990.7.4
EP1033758A2 2000.9.6
JP2000269422A 2000.9.29
JP4312926A 1992.11.4
US5751053A 2000.9.6

JP63-211755A 1982.10.30
JP57-176762A 1982.10.30
JPS-29335A 1993.2.5
审查员 王志宇
[74] 专利代理机构 北京市柳沈律师事务所
代理人 陶凤波 侯 宇

图 1.6 中国的发明专利说明书扉页示例

号码（10）项下的 INID 代码有：（11）文献号，（21）申请号，（31）优先权号，（60）国内相关专利申请数据，（80）（90）国际公约（不包括《巴黎公约》）的数据识别，以及补充保护证书法律事项的数据标识。例如申请号为 200480040146.3 的中国发明专利申请公布说明书（见图1.7），通过寻找上述几个号码著录项目，可以迅速得到该专利的本国申请号、本国公开号，该专利的国际申请号和公布号，以及该申请的6个优先权号。这些与该专利密切相关的各类号码，可以帮助我们对该技术方案及其保护时间和范围进行多维解读。

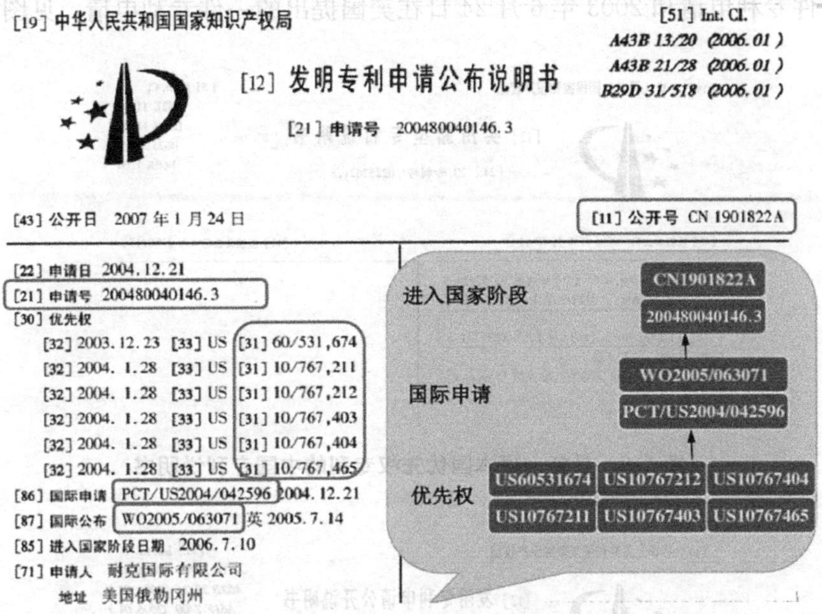

图1.7 申请号为200480040146.3的中国发明专利申请公布说明书

再看专利号为5508738的美国发明专利说明书（见图1.8），从（21）项可知本专利的申请号（401821），从（63）项可以解读出与本专利密切相关的多个分案专利的信息，可见本案是经过多次分案的结果。

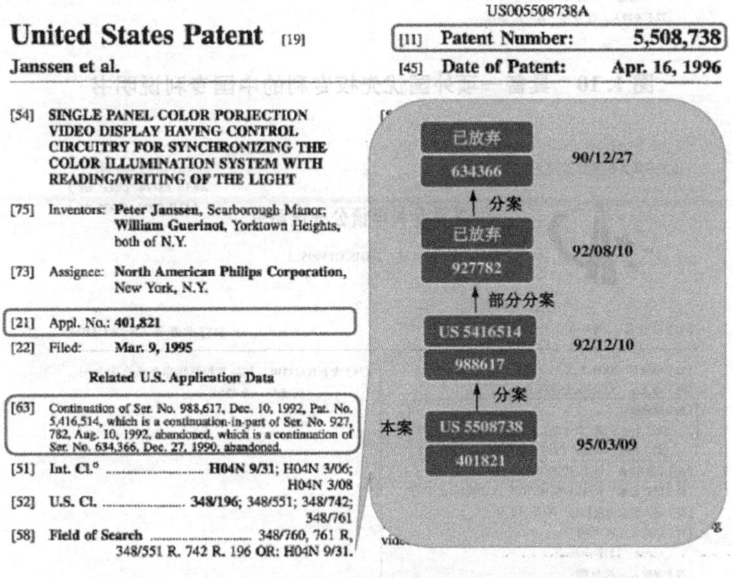

图1.8 专利号为5508738的美国发明专利说明书

优先权（30）项是一个非常重要的著录项目。从三件中国专利说明书的（30）项，可以看到完全不同的三种优先权的情形：第一件专利有一项本国优先权（2000 年 6 月 6 日提出中国专利申请，见图 1.9），第二件专利有一项外国优先权（2004 年 7 月 16 日在美国提出的一件专利申请，见图 1.10），第三件专利有多国优先权（分别是 2003 年 6 月 9 日在日本提出的一件专利申请和 2003 年 6 月 24 日在美国提出的一件专利申请，见图 1.11）。

[19] 中华人民共和国国家知识产权局

[51] Int. Cl⁷
B62K 11/00
B62K 11/02
B62J 25/00
B60K 1/04

[12] 实用新型专利说明书

[21] ZL 专利号　02252621.8

[45] 授权公告日　2005 年 5 月 18 日

[11] 授权公告号　CN 2700215Y

[22] 申请日　2001.6.6　[21] 申请号　02252621.8
分案原申请号　01221371.3
[30] 优先权
[32] 2000. 6. 6　[33] CN　[31] 00116354. X
[73] 专利权人　吴正德
地址　200042 上海市长宁支路 55 弄乙支弄 1 号
[72] 设计人　吴正德

图 1.9　具备一项本国优先权专利的中国专利说明书

[19] 中华人民共和国国家知识产权局

[51] Int. Cl.
A63H 33/00 (2006.01)
A63B 23/16 (2006.01)
A61F 7/00 (2006.01)
A61H 23/00 (2006.01)

[12] 发明专利申请公开说明书

[21] 申请号　200510008054.3

[43] 公开日　2006 年 1 月 18 日

[11] 公开号　CN 1721020A

[22] 申请日　2005.2.6
[21] 申请号　200510008054.3
[30] 优先权
[32] 2004. 7.16　[33] US　[31] 60/588,650
[71] 申请人　坦格尔公司
地址　美国加利福尼亚州
[72] 发明人　理查德·E·扎维兹

[74] 专利代理机构　上海智信专利代理有限公司
代理人　缪利明

图 1.10　具备一项外国优先权专利的中国专利说明书

[19] 中华人民共和国国家知识产权局

[51] Int. Cl.
A43B 13/14 (2006.01)
A43B 5/00 (2006.01)

[12] 发明专利申请公开说明书

[21] 申请号　200480015995.3

[43] 公开日　2006 年 7 月 12 日

[11] 公开号　CN 1802110A

[22] 申请日　2004.6.8
[21] 申请号　200480015995.3
[30] 优先权
[32] 2003. 6. 9　[33] JP　[31] 196136/2003
[32] 2003. 6.24　[33] US　[31] 10/603,494
[86] 国际申请　PCT/JP2004/008310 2004.6.8
[87] 国际公布　WO2004/107898 日 2004.12.16
[85] 进入国家阶段日期　2005.12.9
[71] 申请人　刘卓麟
地址　日本茨城县
[72] 发明人　刘卓麟

[74] 专利代理机构　上海专利商标事务所有限公司
代理人　方晓虹

图 1.11　具备多国优先权专利的中国专利说明书

国内申请（60）项的内容很丰富，以几件美国专利为例，感受一下（60）项揭示的信息含量。图 1.12 所示的发明专利说明书的（60）项表明申请号为 NO. 08/713539 的专利是一个在 1995 年 10 月 18 日提出的美国临时申请（60）。

US005916285A

United States Patent [19]
Alofs et al.

[11] Patent Number: 5,916,285
[45] Date of Patent: Jun. 29, 1999

[54] METHOD AND APPARATUS FOR SENSING FORWARD, REVERSE AND LATERAL MOTION OF A DRIVERLESS VEHICLE

[75] Inventors: Cornell W. Alofs; Ronald R. Drenth, both of Petoskey, Mich.

[73] Assignee: Jervis B. Webb Company, Farmington Hills, Mich.

[21] Appl. No.: 08/713,539

[22] Filed: Sep. 13, 1996

Related U.S. Application Data

[60] Provisional application No. 60/005,540, Oct. 18, 1995.

[51] Int. Cl.⁶ B60B 33/00
[52] U.S. Cl. 701/23; 701/26; 701/41
[58] Field of Search 701/23, 26, 41, 701/42, 1; 180/168, 415, 402, 446; 33/203.18

[56] References Cited

U.S. PATENT DOCUMENTS

5,058,023 10/1991 Kozikaro 701/217
5,175,415 12/1992 Guest 33/700
5,218,556 6/1993 Dale, Jr. 364/528
5,364,113 11/1994 Goertzen 280/81.6

FOREIGN PATENT DOCUMENTS

0556689 8/1993 European Pat. Off. .
0576070 12/1993 European Pat. Off. .
2158965 5/1984 United Kingdom .
2158965 11/1985 United Kingdom .

Primary Examiner—Tan Q. Nguyen
Attorney, Agent, or Firm—Dickinson Wright PLLC

[57] ABSTRACT

[60] Provisional application No. 60,005,540, Oct.18,1995.

position of the vehicle by taking into account substantially all movement of the vehicle along the surface upon which

图 1.12　申请号为 NO. 08/713539 的美国发明专利说明书

专利申请号为 NO. 637919 的美国申请（见图 1.13）是一个分案申请（62），本案是 NO. 251560 的分案申请，NO. 251560 是 NO. 908691 的分案申请，NO. 908691 是 NO. 621486 的分案申请，NO. 621486 是 NO. 618793 和 NO. 602609 的部分继续申请，NO. 602609 是 NO. 545174 的部分继续申请。

专利申请号为 NO. 410821 的美国申请（见图 1.14）是一个继续申请（63），本案是 NO. 988617 的继续申请，NO. 988617 是 NO. 927782 的部分继续申请，NO. 927782 是 NO. 634366 的继续申请。

专利申请号为 NO. 87034 的美国申请（见图 1.15）是一个再版申请（64）。

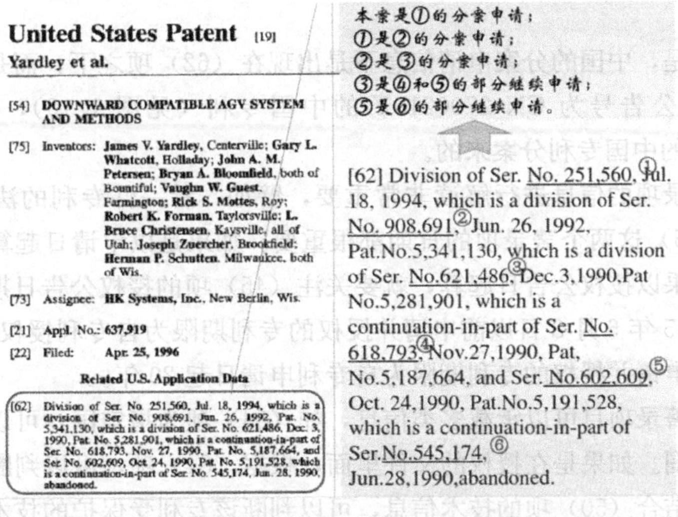
United States Patent [19]
Yardley et al.

[54] DOWNWARD COMPATIBLE AGV SYSTEM AND METHODS

[75] Inventors: James V. Yardley, Centerville; Gary L. Whatcott, Holladay; John A. M. Petersen; Bryan A. Bloomfield, both of Bountiful; Vaughn W. Guest, Farmington; Rick S. Mottes, Roy; Robert K. Forman, Taylorsville; L. Bruce Christensen, Kaysville, all of Utah; Joseph Zuercher, Brookfield; Herman P. Schutten, Milwaukee, both of Wis.

[73] Assignee: HK Systems, Inc., New Berlin, Wis.

[21] Appl. No.: 637,919

[22] Filed: Apr. 25, 1996

Related U.S. Application Data

[62] Division of Ser. No. 251,560, Jul. 18, 1994, which is a division of Ser. No. 908,691, Jun. 26, 1992, Pat. No. 5,341,130, which is a division of Ser. No. 621,486, Dec. 3, 1990, Pat. No. 5,281,901, which is a continuation-in-part of Ser. No. 618,793, Nov. 27, 1990, Pat. No. 5,187,664, and Ser. No. 602,609, Oct. 24, 1990, Pat. No. 5,191,528, which is a continuation-in-part of Ser. No. 545,174, Jun. 28, 1990, abandoned.

本案是①的分案申请；
①是②的分案申请；
②是③的分案申请；
③是④和⑤的部分继续申请；
⑤是⑥的部分继续申请。

[62] Division of Ser. No. 251,560,① Jul. 18, 1994, which is a division of Ser. No. 908,691,② Jun. 26, 1992, Pat.No.5,341,130, which is a division of Ser. No.621,486,③ Dec.3,1990,Pat No.5,281,901, which is a continuation-in-part of Ser. No. 618,793,④ Nov.27,1990, Pat, No.5,187,664, and Ser. No.602,609,⑤ Oct. 24,1990, Pat.No.5,191,528, which is a continuation-in-part of Ser.No.545,174,⑥ Jun.28,1990,abandoned.

图 1.13　专利申请号为 NO. 637919 的美国发明专利说明书

图 1.14　专利申请号为 NO. 410821 的美国发明专利说明书

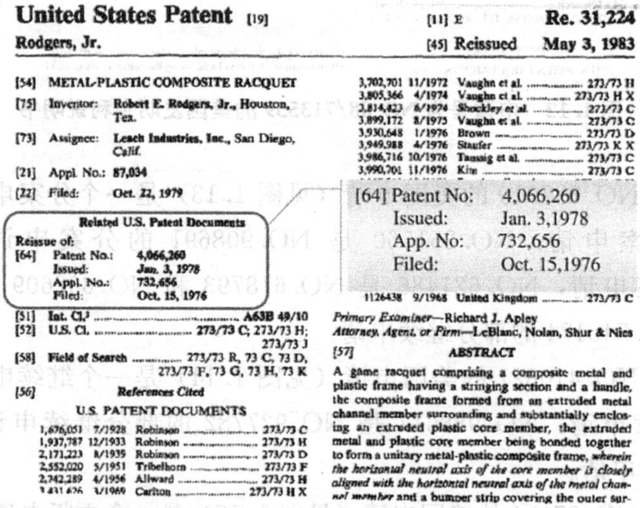

图 1.15　专利申请号为 NO. 87034 的美国发明专利说明书

值得注意的是，中国的分案申请信息不是出现在（62）项之下，而是在（30）项予以反映，譬如授权公告号为 CN 2700215Y 的中国专利（见图 1.16），就是从申请号为 CN 01221371.3 的中国专利分案来的。

结合不同著录项的信息进行解读非常重要，譬如，看一件专利的法律状态和保护期限，（22）和（45）这两个著录项的日期都很重要。如果是以申请日起算，要看（22）项的申请日期。如果以授权公告日起算，就要关注（45）项的授权公告日期。例如，根据美国的专利法，1995 年 6 月 8 日以前申请并授权的专利期限为自专利授权日起 17 年，1995 年 6 月 8 日以后申请并授权的专利期限为自专利申请日起 20 年。

当然同一个著录项目可以承载多类信息，如（84）项为指定国，可以根据它来判断专利技术保护的范围。如果是在授权的文件里面，根据（84）项，可以判断获得该专利受保护的物理空间；结合（50）项的技术信息，可以判断该专利受保护的技术边界；再结合日期代码（22）（45），就可以获悉该专利技术受保护的时空范围。

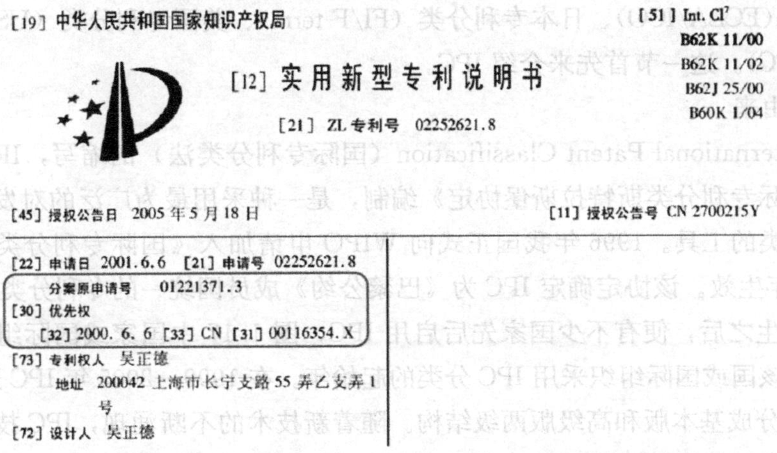

[19] 中华人民共和国国家知识产权局

[51] Int. Cl[7]
B62K 11/00
B62K 11/02
B62J 25/00
B60K 1/04

[12] 实用新型专利说明书

[21] ZL 专利号　02252621.8

[45] 授权公告日　2005年5月18日

[11] 授权公告号　CN 2700215Y

[22] 申请日　2001.6.6　[21] 申请号　02252621.8
分案原申请号　01221371.3
[30] 优先权
[32] 2000. 6. 6　[33] CN　[31] 00116354. X
[73] 专利权人　吴正德
地址　200042 上海市长宁支路 55 弄乙支弄 1 号
[72] 设计人　吴正德

图 1.16　授权公告号为 CN 2700215Y 的中国专利

这些阿拉伯数字代码可能很抽象，但熟能生巧。经常利用，用心解析，达到娴熟运用的程度之后，阅读和利用专利文献的效率就会大大提高，做出的解读会更加准确。

1.5　专利分类体系

1.5.1　专利分类体系——IPC

1. 为什么需要对专利进行分类

2019年年中，全国人民似乎都在关注垃圾分类。因为自2019年7月1日起《上海市生活垃圾管理条例》正式实施，生活垃圾按照可回收物、有害垃圾、湿垃圾、干垃圾的标准进行分类。垃圾分类从上海开始扩展到全国46个城市试点。中国为什么要进行垃圾分类呢？因为拥有世界最多人口的中国不可避免地是一个垃圾生产大国。长期以来由于不进行垃圾分类，垃圾处理问题颇大，为此也付出了沉重的环境和健康代价。其实，专利文献分类也具有同样的迫切性。其原因在于：专利文献浩如烟海，目前全世界有约一亿四千万件专利文献，每年增加约200万件，海量的杂乱无章的专利文献对于研发人员来说意味着学术生命将会被无奈耗费。也许你会说，可以通过关键词检索。这的确是个办法，但以自然语言为基础的关键词检索，虽然简便，但其局限也是难以克服的。譬如检索词变化多样、一义多词、一词多义都是漏检和误检的重要原因，加之关键词往往指向模糊，检索结果多而杂，同时还受限于语种，这些都在一定程度上影响了专利文献的利用。为解决这些问题，专利分类应运而生。相比于关键词检索，分类检索是以统一的分类体系为基础，具有同一主题一种标识、指向具体、检索结果少而精、通用于各种语言等方面的优点。可以说，专利分类是高质量专利检索的起点，熟练掌握分类号的用途可以让专利检索与分析事半功倍。

目前全球由官方发布并被采用的主要有如下五大专利分类体系：国际专利分类（IPC）、欧洲专利分类（ECLA/ICO）、日本专利分类（FI/F-term）、美国专利分类（USPC）和合作专利分类（CPC）。这一节首先来介绍 IPC。

2. IPC 的由来

IPC 是 International Patent Classification（国际专利分类法）的缩写，IPC 根据 1971 年签订的《国际专利分类斯特拉斯堡协定》编制，是一种采用最为广泛的对发明专利和实用新型进行分类的工具。1996 年我国正式向 WIPO 申请加入《国际专利分类斯特拉斯堡协定》，1997 年生效。该协定确定 IPC 为《巴黎公约》成员国统一的专利分类法。①

自 IPC 诞生之后，便有不少国家先后启用 IPC，图 1.17 中国家或国际组织名称后括号中的年份即该国或国际组织采用 IPC 分类的起始年。在 1999—2005 年 IPC 进行了改革，第 8 版 IPC 被分成基本版和高级版两级结构。随着新技术的不断涌现，IPC 技术主题的分类位置必须适应新技术的发展要求，因此需要不断更新。改革后高级版每三个月修订一次，因此随着时间推移，IPC 分类表有多个版本，不同时期的专利文献采用的 IPC 版本会有不同。目前各主要国家的专利说明书的扉页（51）项都印有 IPC 分类号。高级版表示发明信息的分类号，采用黑斜体印刷；基本版表示附加信息的分类号，采用普通字体印刷。图 1.18 是一个 IPC 的示例。

西班牙（1967）	匈牙利（1970）	韩国（1979）
瑞典（1967）	波兰（1970）	墨西哥（1980）
英国（1967）	罗马尼亚（1970）	非洲知识产权组织（OAPI）（1981）
芬兰（1968）	德国（1971）	朝鲜（1983）
丹麦（1968）	瑞士（1971）	新西兰（1983）
挪威（1968）	菲律宾（1972）	中国（1985）
爱尔兰（1969）	保加利亚（1973）	非洲地区工业产权组织（ARIPO）（1985）
美国（1969）	埃及（1974）	马来西亚（1985）
奥地利（1969）	印度（1975）	俄罗斯（1991）（苏联 1970）
法国（1969）	日本（1975）	印度尼西亚（1992）
以色列（1969）	加拿大（1977）	斯洛文尼亚（1993）
荷兰（1969）	欧洲专利局（1978）	捷克（1993）
澳大利亚（1970）	世界知识产权组织（WIPO）（1978）	斯洛伐克（1993）

图 1.17 各国家或国际组织采用 IPC 的起始年

3. IPC 分类表的编排和等级结构

从内容设置来看，IPC 包括了与发明创造有关的全部技术领域，其将不同的技术领域概括分成 8 个部，每一个部定为一个分册，分别用英文大写字母 A、B、C、D、E、F、G、H 表示。IPC 分类体系采用等级式结构，由高至低依次排列。IPC 把与发明创造有关的全部技术领域按不同的技术范围设置成部、大类、小类、大组或小组，按由大到小的递

① 李超凡．各种分类体系在专利文献检索中的应用．[2020 - 03 - 18]. https://www.docin.com/p-1837464470.html.

使用高级版分类表时，应在每个 IPC 分类号后面的圆括号内标明此高级版分类号创建或主要修订的时间版本号（年、月）。

例如：

Int.Cl.(2006)
B28B 5/00 (2006.01)
B28B 1/29
(2007.04)
H05B 3/10

其中，高级版表示发明信息的，采用黑斜体；基本版表示附加信息的，采用普通字体。

图 1.18 IPC 示例

降顺序排列。一个完整的分类号一般为 5 级结构，由部、大类、小类、大组或小组构成，例如：A61K 36/00。分类号后的方括号内的数字（［2］-［8］）表示所采用的 IPC 的修订版次，方括号内的时间如［2006.01］表示该版 IPC 的修订年月。图 1.19 是一个 IPC 分类表的编排示例。

A61K 36/00

部	A 生活
大类	A61 医学或兽医学；卫生学
小类	A61K 医用、牙科用或梳妆用的配制品
大组	A61K 36/00 含有来自藻类、苔藓、真菌或植物或其派生物，例如传统草药的未确定结构的药物制剂 ［8］
小组（一点组）	A61K 36/06 · 真菌类，如酵母 ［8］
二点组	A61K 36/07 · · 担子菌门，如隐球菌属 ［8］
三点组	A61K 36/074 · · · 灵芝属 ［8］

分类号后的方括号内的数字（[2]-[8]）表示所采用的IPC的修订版次，方括号内的时间如[2006.01]表示该版IPC的修订年月。

图 1.19 IPC 分类表的编排

需要注意的是，小组之间还有等级之分，小组间的等级结构是由圆点数来确定的，圆点越多等级越低，小组的技术主题范围是由它与它前面级别比它高的组共同确定的。譬如 5/00 这个大组之下的几个小组并不是同一层级，而是分为三个层级，5/02、5/08 与 5/12 同为一点组，5/04、5/10 同为二点组，5/06 却是三点组，一点组包含二点组，二点组包含三点组，图 1.20 显示了 IPC 分类表的等级结构。在实务中这些不同层级的小组容易被误认为是同一层级，在进行技术领域的 IPC 小组统计时，人们往往忽略有从属关系的 IPC 小组，对所有的 IPC 小组单独计数，未归并同一技术主题的文献，从而出现错误甚至可能闹出笑话。例如：小明同学检索听诊器的专利，结果得到 A61B 7/02 专利 1 167 件，A61B 7/04 专利 820 件，那么怎么来理解这个检索结果呢？此时，小明同学需要了解同属一个大组之下的这两个 IPC 小组是属于并列关系的同一层级的点组，还是属于不同层级且有从属关系的点组。在国家知识产权局官网的“文献服务”栏目下的“知识园地”中，找到《国际专利分类表（2021 版）》，下载 A 部文件，打开文件发现在“A61B 7/00 听诊仪器”大组之下，有两个小组：一点组 A61B 7/02（听诊器）和二点组 A61B 7/04（电听诊器）。可见小明检索到的 A61B 7/04 是从属于 A61B 7/02 的，这意味着听诊器专利将二者归并，而不是分别统计，因为电听诊器也是听诊器中的一类。

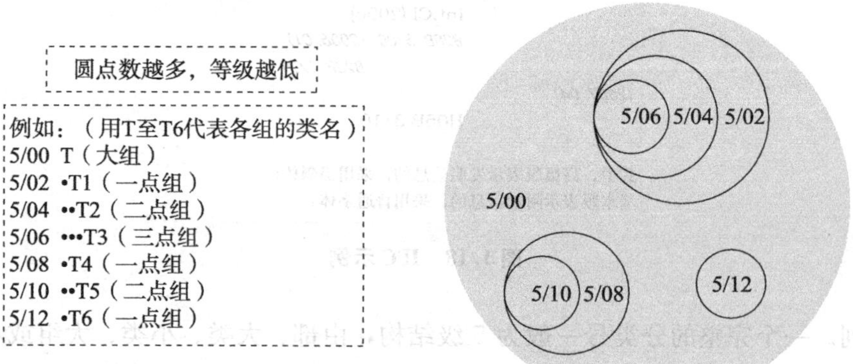

图 1.20　IPC 分类表的等级结构

4. IPC 分类表的其他信息

除了上述的 IPC 分类号及其对应的类名，IPC 分类表中还有三类其他信息，即信息性内容、附注和参见、混合系统与引得码。

第一类“其他信息”是信息性内容，包括部的目录、索引和导引标题。IPC 的部的目录与图书目录类似，为便于查找提供了该部所包含的各技术主题分类位置的大类与小类的页码信息。索引是针对某些分部、大类和小类给出的。索引的作用也主要是为了便于使用者查找，通过对该分部、大类或小类的内容进行信息概要，指出各技术主题在该分部、大类或小类中的分类位置。为便于查找有关技术主题的分类位置，当许多连续的大组都与同一个技术主题有关时，通常在第一个大组前加上一个“导引标题”，并在其下画一条线。如图 1.21 所示，在 A01B 3/00 大组前的导引标题——“犁”，其包括的主题范围一直延伸到下一个导引标题之前的各个组；而 A01B 51/00 大组前的导引标题——“一般农业机械或农具的部件、零件或附件”，其所包括的主题范围一直延伸到用一条水平线划分的之前的各个组。

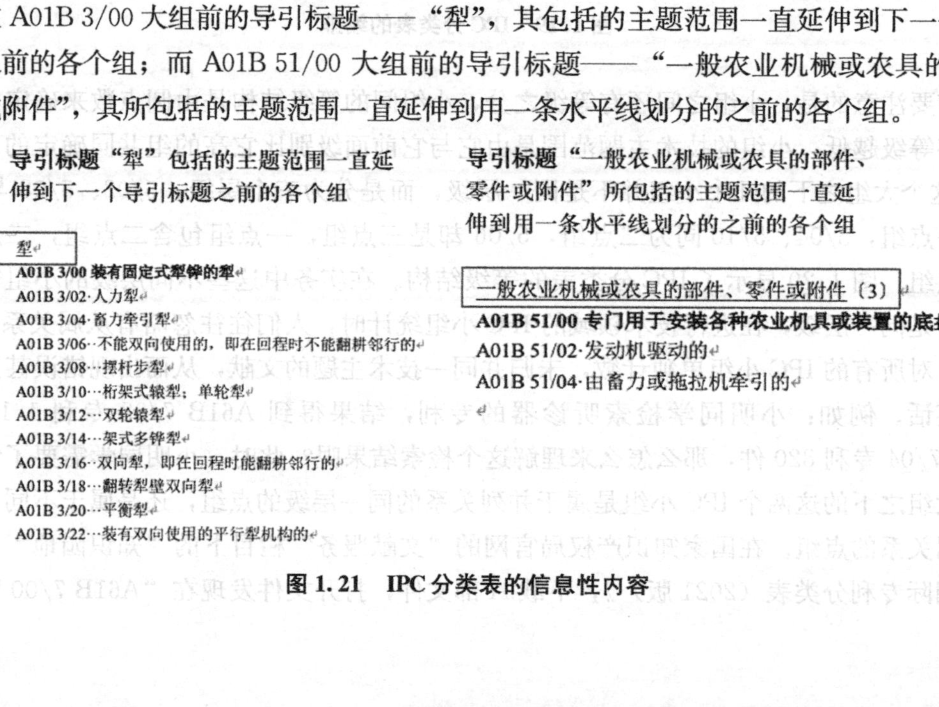

图 1.21　IPC 分类表的信息性内容

第二类“其他信息”是附注和参见，这是影响分类位置范围的内容。附注设置在部、分部、大类、小类、组和导引标题的某些位置。附注只适用于相关的位置和它们的细分位置，并且高于相抵触的一般导引。如C部类下面的附注是这样规定的：“非金属：H（氢），B（硼），Si（硅）……”而C08F小类类目下的附注1却规定：“本小类中，硼或硅作为金属。”前者将硼、硅归入了非金属，后者把硼、硅归为金属，这明显前后矛盾。此时IPC的规定是应该适用特殊排除一般的规则，即C08F小类类名下的附注1高于C部类名下的附注，此时应把硼或硅作为金属。

IPC的大类、小类、大组或小组的类名，导引标题或附注，可以包括一个涉及分类表另一位置的在括号中的短语，这样的短语称为参见。参见的作用有三个方面：一是限制范围，二是指示优先，三是指引作用。

第三类“其他信息”是混合系统与引得码。发明的技术主题可以是方法、产品或设备，IPC根据其特征用线性展开的方式进行编排。但在某些分类位置的技术主题范围仍然很宽，造成这些分类位置文献数量过多，致使检索困难。有的技术主题涉及制品、材料、加工方法等多种技术特征，如果从多种特征的多个角度对文献进行限定，就能有效缩小检索文献的范围，使最后检索到的文献量减至最少。基于这种考虑，IPC分类表就引入了“多维”分类思想，因而就有了引得码分类号的混合系统。混合系统提供了与发明技术主题相适应的分类号和与这些分类号相联系的引得码。引得码表示的是分类号所表示的信息之外的信息，由在小类号之后用冒号（:）分开的两个数字组成，类似于一个分类号，其与分类号的区别在于引得码用冒号（:）代替了分类号的斜线（/），例如：B23K101：06。[①]

图1.22是一个IPC其他信息的示例。

5. IPC分类的原则、规则与方法

（1）IPC分类遵循便于检索原则和整体分类原则两大原则。便于检索原则是指IPC把同样的技术主题归在同一分类位置上，该位置是对应的技术主题最有可能被检索到的位置。整体分类原则体现为IPC试图确保与某发明实质上相关的任一技术主题都尽可能作为一个整体来进行分类，而非将其各个组成部分进行分别分类。

（2）IPC分类遵循功能分类、应用分类和最后位置规则。

功能分类规则是指在发明技术主题涉及本质特征或功能特征时，就按其功能进行分类。如果技术主题涉及一种或几种特殊领域的应用，但这些应用并未构成该技术主题的本质技术特征，则尽可能地按功能进行分类。如果技术主题的本质技术特征既与本身特性或功能有关，又与其特殊应用或其对较大系统中的特定应用或组合有关，则尽可能地既按功能进行分类，又按应用进行分类。

应用分类规则是指若发明技术主题的技术特征只是为了专门的特殊用途或目的，则只需按应用来进行分类。

当一个发明的技术主题可以分在分类表中的两个或更多的等级相同或具有相同圆点数的分类位置时，就按“最后位置规则”来分类。也就是说，此类技术主题只应分在相同等级或相同圆点数的最后出现的一个分类位置上。

① 国家知识产权局专利局专利文献部．专利文献与信息检索．北京：知识产权出版社，2013：39.

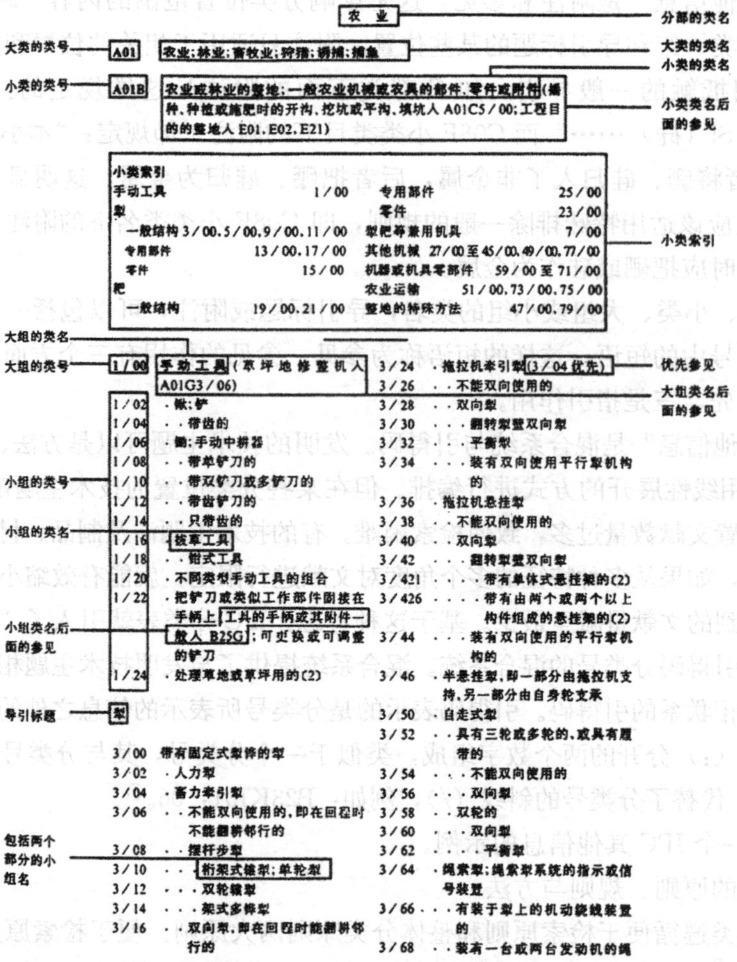

图 1.22 IPC 其他信息示例

(3) IPC 分类的方法。

1) 确定发明技术主题的发明信息、附加信息。发明信息是指在权利要求书中所定义的技术信息，附加信息则是指在专利说明书中载明却未被写入权利要求中，但对检索有意义的内容。

2) 分类步骤：首先，确定发明的技术主题；其次，结合 IPC 分类系统的设置原则、编排方法、等级结构进行逐级分类；最后，确定合适的分类号，先确定相关的部，然后确定大类和小类，再确定大组或小组。

3) 发明信息的表示方法：技术主题的发明信息有两种表示方法，第一种方法是只用分类号来表示，第二种方法是既用分类号又用引得码来表示。附加信息用分类号、引得码表示，或者用分类号和引得码二者共同来表示。一般是将最能贴切地反映发明技术主题的发明信息的分类号列于首位，称为主分类号。次之的发明信息分类号列于主分类号之后，称为副分类号。

已知关键词，想查找其所对应的 IPC 分类位置，可登录 WIPO 官方网站（见图 1.23），选择“国际分类”栏目，点击“关键词索引”（catchword index）。点击关键词列表中的相应关键词，便可得到其对应的分类号。如图 1.24 所示，输入列表左边的关键词，就能检索到列表右边的有关“肉”的多个 IPC 分类号。

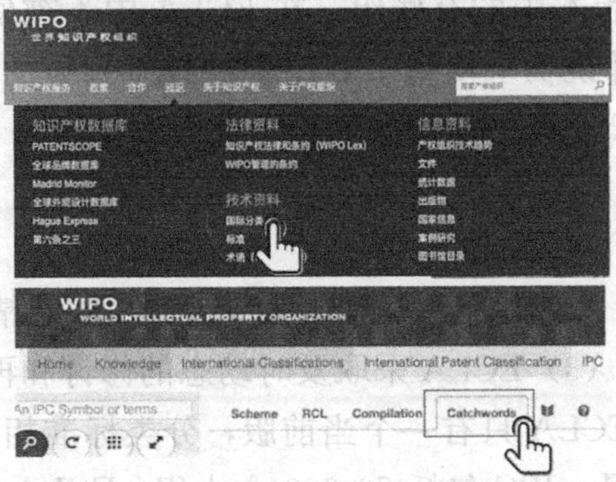

图 1.23　世界知识产权组织官方网站

cooking MEAT	A47J 27/00 ,A47J 33/00 ,A47J 37/00
forks for holding MEAT for carving	A47J 43/28
investigating MEAT	G01N 33/12
knives for carving MEAT	B26B 3/00
MEAT covers	A47G 19/26 ,A47J 39/02
MEAT extracts	A23L 1/313
MEAT preparations	A23L 1/31
MEAT safes	A47B 71/00
MEAT skewers	A47J 43/28
preserving MEAT	A23B 4/00
processing of MEAT	A22C

图 1.24　有关“肉”的多个 IPC 分类号

1.5.2　专利分类体系——ECLA、USPC、CPC

除在世界各国广泛应用的 IPC 分类体系之外，在全球影响颇大的还有 ECLA、USPC、CPC 这三种关联甚密的专利分类体系。[①]

一、欧洲专利分类体系/引得码（European Classification System/Indexing Codes，ECLA /ICO）

欧洲专利分类体系（ECLA）事实上是欧洲专利局（EPO）在 IPC 的基础上，通过进一步细分所得到的一个分类体系。此外，欧洲专利局还有一个针对 ECLA 的标引系统，名为 Indexing Codes（ICO)，这是一个用来标引附加信息的分类体系。

ECLA 主要被下述 14 个国家、国际组织和地区所采用，进行专利文献分类：欧洲专利局（EP)、世界知识产权组织（WO)、德国（DE)、法国（FR)、英国（GB)、亚太地区（AP)、奥地利（AT)、澳大利亚（AU)、比利时（BE)、加拿大（CA)、卢森堡（LU)、荷兰（NL)、非洲知识产权组织（OA)、美国（US)，目前累计逾 2 800 万件专利文献采用 ECLA 进行分类。不过，欧洲专利局已于 2013 年 1 月开始采用 CPC，停止使用 ECLA。还需注意的是，由于欧洲专利局并未对所有国家的文献采用 ECLA 进行分类，当专利文献属于未进行 ECLA 分类的国家的文献时，采用 ECLA 分类号进行检索会出现漏检。

1. ECLA 分类号的构成

ECLA 的分类原则是以 IPC 为基础的，分类位置的编排设置与 IPC 基本相同，ECLA 的 8 个部与 IPC 完全一样，ECLA 的类名、类号、参见、附注、分类规则、分类方法等都可引用 IPC 的相关定义。

由于 ECLA 分类号事实上是对 IPC 分类号的进一步细分，因此 ECLA 分类号的构成

① 李超凡．各种分类体系在专利文献检索中的应用．[2020 - 03 - 18]. https：//www.docin.com/p-1837464470.html.

一般为 IPC＋字母一数字一字母……，例如，G01N33/50D2B。不过，有少量 ECLA 分类号和 IPC 分类号是完全相同的，如 G01N33/531。此外，值得注意的是，ECLA 还有组合式分类号，如 C08K5/20＋L25。当然，在 IPC 版本中的有些组，在 ECLA 中不被使用，此时 ECLA 在小类类目后会提醒使用者注意，并说明未使用 IPC 组别的技术领域的分类位置。也有在 IPC 版本中已不使用的组，却在 ECLA 中使用的情形，此时在 ECLA 组的文字中会标出停用的组在 IPC 中出现的版次。

2. ECLA 的特点

与 IPC 相比，ECLA 具有如下特点：(1) ECLA 比 IPC 更细致，分类更精准。(2) ECLA分类覆盖专利说明书的全部技术主题。(3) ECLA 采取及时动态的修订和再分，若新增小组，立即进行相关文献的调整。(4) ECLA 只有一个当前版，分类标准相对统一。(5) ECLA 的小组数量远超 IPC 的小组数量，IPC 包括 70 000 个小组，ECLA 包括 132 200 个小组。

二、美国专利分类法（US Patent Classification，USPC）

1831 年美国首次颁布 USPC，该分类法将不同的技术领域分成 16 个组。100 多年以来，USPC 一直供美国专利商标局（USPTO）内部使用，USPTO 根据 USPC 编排分类检索文档，供审查检索使用。直到 1969 年 1 月 7 日，USPTO 在其出版的专利说明书及公报上标注与本国专利分类相对应的国际专利分类号。USPC 的优点是比较完整，类目详细，缺点是十分复杂，为了便于准确地确定分类号，除分类表以外，USPTO 还编制了与之对应的专利分类表定义、分类表索引及分类表修正页。

USPC 的分类原则是以功能分类为主，其分类号采用两级结构，即大类和小类两个等级，其形式为“大类号/小类号”，例如，604/367。其中的小类是对大类的进一步细分。各类号之间的分类等级和上下位关系，必须通过查看详细的分类表才能理解。

USPC 的构成，主要包括分类表、专利分类表定义、分类表索引、分类表修正页等。

USPC 有三个特点：(1) 具有详细的专利分类表定义，对所有分类目录都进行注解。(2) 具有非正式小类，美国专利商标局的审查员有权对分类表中自己所管辖的小类进行临时性细分。(3) 标准相对统一。

USPC 只对美国专利文献进行分类，且不以 IPC 为基础，故其自成体系、比较独特，各类号之间的分类等级和上下位关系并不像 IPC 那样一目了然，所以掌握起来也有一定的困难，检索的文献也仅限于美国专利文献。

三、合作专利分类体系（Cooperative Patent Classification，CPC）

1. CPC 的由来

IPC、ECLA、USPC 等多个分类体系的存在，造成不同国家或地区对专利文献的分类标准不统一，这就使通过分类号进行检索，面临的选择变得更加复杂。使用者只有熟悉各个专利分类体系，才能对专利文献进行有效的检索，这无疑增加了检索的成本。为了在世界范围内建立一个统一的分类体系，并继承已有分类体系的优点，2010 年 10 月 25 日欧洲专利局和美国专利商标局签署了合作协议，同意在 IPC 分类基础上合作创建并实施合作专利分类体系（Cooperative Patent Classification，CPC），并于 2012 年 10 月 1 日发布了 CPC 架构。2013 年 1 月，EPO 启用 CPC，停止使用 ECLA/ICO。为了方便使用者查询 CPC，

EPO推出了全新的CPC分类号在线查询系统，美国则自2015年开始停用USPC分类，只采用CPC分类。韩国知识产权局（KIPO）与美国专利商标局于2013年6月共同宣布实施CPC分类试点项目。中国国家知识产权局自2016年1月起，对所有技术领域的专利文献使用CPC分类。至此，IP 5局有4局都采用了CPC进行专利分类。①

2. CPC的构成

CPC分类号主要源于ECLA分类号，当然，除了之前的ECLA组，CPC还吸纳了EPO所有ICO索引码和大多数关键词。这些关键词在成为CPC分类号之前被转化为有效的ECLA/ICO分类号。此外，CPC的有些分类号是源于USPC的，如商业方法的进一步细分和USPC分类里独有的类别和点组，都被CPC所吸收。

由于ECLA原本就是在IPC基础上的细分，所以CPC主体部分采用了与IPC相同的分层结构（见图1.25），包括5个主要层级，由高至低，分别是部、大类、小类、大组或小组。分类号的命名规则如下：部采用A、B、C、D、E、F、G、H和Y这9个字母表示，大类采用两位十进制数字表示，小类采用A～Z中的任意一个字母表示，大组和小组中“/”前面的部分采用一位以上的十进制数字表示，“/”后面的部分采用6位以内的十进制序列表示。此外，小组还可以进一步细分为1点组、2点组等，在分类表中小组的层级通过分类号和类名之间的点数来表示，点数越多意味着层级越低。

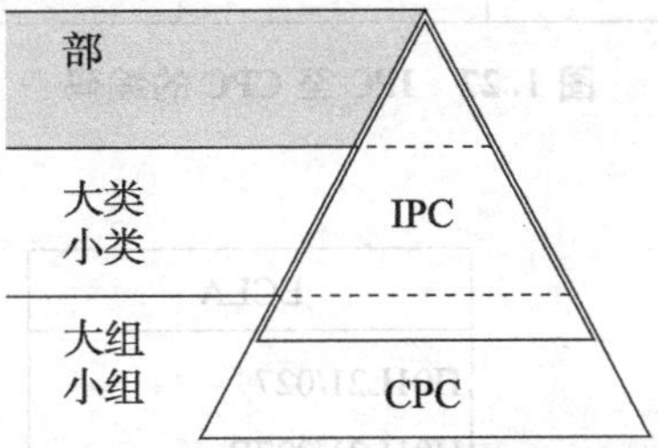

图1.25 IPC与CPC的层级对比

CPC分类表共分9个部，分别是A、B、C、D、E、F、G、H和Y部，各部对应的主题名称见图1.26。其中A、B、C、D、E、F、G、H部与IPC的A、B、C、D、E、F、G、H部相同，Y部是CPC新增的一个部，用于容纳新技术和跨领域技术等，其中Y10S小类加入了USPC交叉索引（XRACs）的内容。

CPC编码规则如下。

（1）IPC至CPC的编码。一般都直接映射，有些甚至被直接保留，如IPC的H01L21/285、H01L21/288在CPC中并无变化（见图1.27）。

（2）ECLA至CPC的编码。其规则是将ECLA分类号中的“/”之后的字母数字组合全部改为数字。如ECLA中的H01L21/027B2在CPC中以H01L21/02718表示（见图1.28）。

① 白林林，祝忠明. 合作专利分类体系（CPC）与国际专利分类体系（IPC）的映射分析. 知识管理论坛，2017，2（5）：398-405.

分类号	类名
A 部	人类生活必需
B 部	作业；运输
C 部	化学；冶金
D 部	纺织；造纸
E 部	固定建筑物
F 部	机械工程；照明；加热；武器；爆破
G 部	物理
H 部	电学
Y 部	新发展技术；跨领域技术；USPC 交叉索引和摘要

图 1.26 CPC 各部对应的主题名称

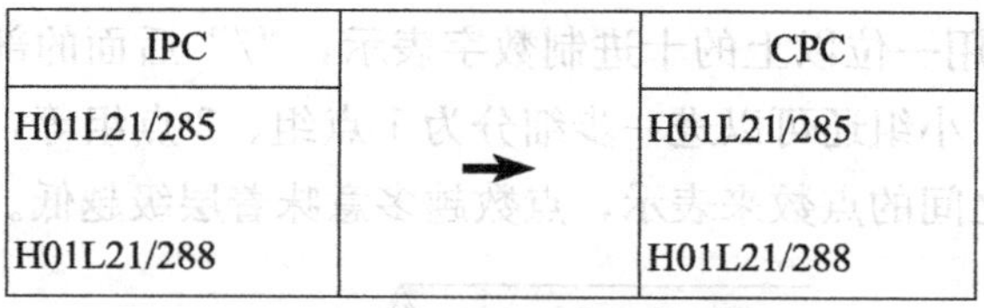

图 1.27 IPC 至 CPC 的编码

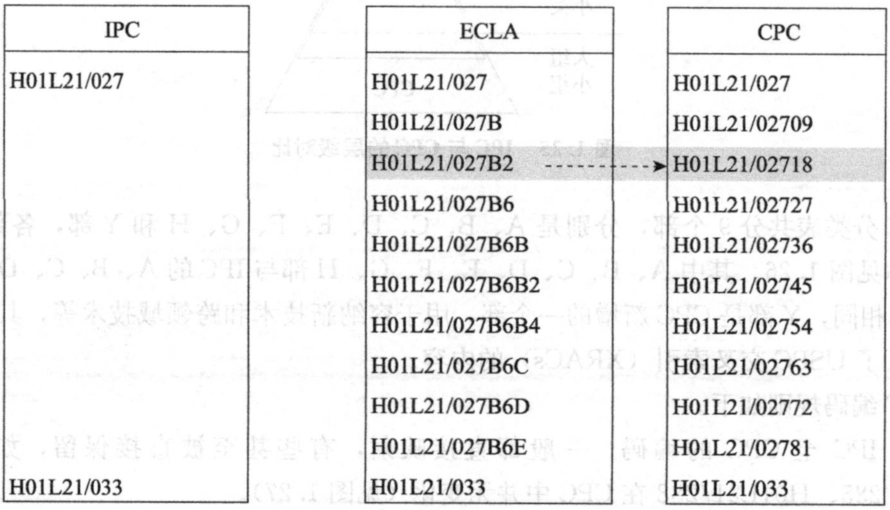

图 1.28 ECLA 至 CPC 的编码

（3）ICO 至 CPC 的编码。ICO 包括了三种类型，即镜像 ICO、细分 ICO 和不相关的 ICO。对于镜像和细分 ICO 的编码，其经过了如图 1.29 所示的中间状态，将镜像和细分 ICO 分类号中的 ICO 部符号“T”转换为与之对应的 ECLA 部符号“H”，再将中间状态依据图 1.29 所示的编码规则映射为最终的 CPC 编码。

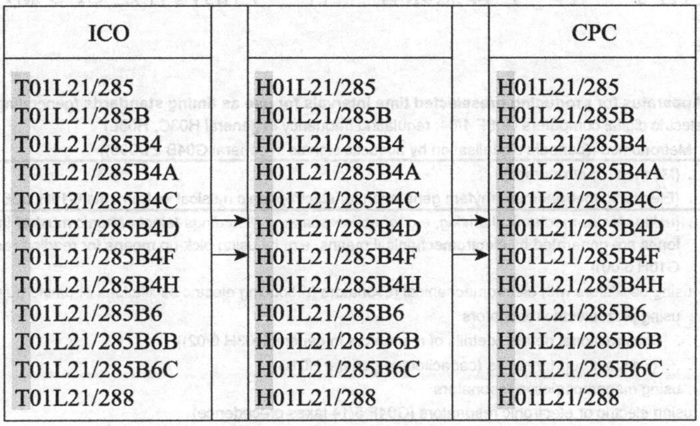

图 1.29　镜像和细分 ICO 至 CPC 的编码

对于不相关的 ICO 分类号，其被映射为 CPC 2000 系列，编码规则是：首先将 ICO 的大组号码＋2000，“/”之后的字母数字组合部分修改为数字，得到中间编码值；其次，对于中间编码值按照 ICO 与 ECLA 的映射规则对部名进行修改，如将“T”修改为“H”；最终形成不相关的 ICO 对应的 CPC 编码（见图 1.30）。

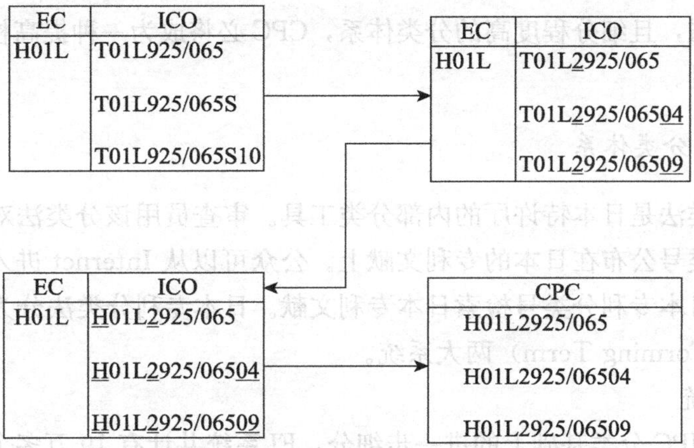

图 1.30　不相关的 ICO 至 CPC 的编码

这些 2000 系列的符号是 CPC 的索引码，与 IPC 的索引码相似，也是用来对附加信息进行分类的。

CPC 的 Y 部是新增的，是为了满足无法用 A、B、C、D、E、F、G、H 部对新兴发展技术、跨领域技术进行分类的需求。目前在 Y 部的第二层级上分为 3 个大类，即 Y02 气候变化减缓技术、Y04 对其他领域有影响的信息通信技术、Y10 被美国专利分类号覆盖的技术主题，在 Y 部的第三层上划分了 9 个小类，在 Y 部的第四层则设了 340 个大组，在小组上其分类深度达到了 11 级。

CPC 使用大括弧｛文本｝来标识在 IPC 中不存在的组的标题，或者增加到原 IPC 组且之前在 ECLA 中以［N：文本］备注标题的 CPC 专用文本，如 G06F1/00 和 G06F1/

0255 的标题中均包含了“{}”，即意味着“{}”内的内容是 CPC 新增的。CPC 新增内容如图 1.31 所示。

G04F 5/00	**Apparatus for producing preselected time intervals for use as timing standards** (generating clock signals for electric digital computers G06F 1/04; regulating frequency in general H03C, H03L)
G04F 5/02	. Metronomes {(periodic signalisation by acoustic signals in general G04B 21/005)}
G04F 5/022	. . {Mechanic metronomes}
G04F 5/025	. . {Electronic metronomes (rhytem generation for electrophonic musical instruments G10H 1/36)}
G04F 5/027	. . {using electro-mechanical driving, e.g. of optical scanned recordings (electrophonic musical instruments in which tones are generated by electromechanical means, e.g. by using pick-up means for reading recorded waves G10H 3/00)}
G04F 5/04	. using oscillators with electromechanical resonators {producing electric oscillations or timing pulses}
G04F 5/06	. . using piezoelectric resonators
G04F 5/063	. . . {Constructional details (details of resonators in general H03H 9/02)}
G04F 5/066	. . . . {Trimmer condensators (capacitors in general H01G)}
G04F 5/08	. . using magnetostrictive resonators
G04F 5/10	. using electric or electronic resonators (G04F 5/14 takes precedence)
G04F 5/12	. using fluidic devices
G04F 5/14	. using atomic clocks
G04F 5/145	. . {using Coherent Population Trapping}
G04F 5/16	. using pulses produced by radioisotopes
G04F 7/00	**Apparatus for measuring unknown time intervals by mechanical means**
G04F 7/02	. by measuring the distance of fall or the final velocity of a falling body
G04F 7/04	. using a mechanical oscillator

图 1.31　CPC 新增内容示例

综上所述，CPC 分类体系是对 IPC 的细分和扩展，综合了 ECLA 和 IPC 的分类优点。作为一种兼容性强，且细分程度高的分类体系，CPC 必将成为一种提高检索效率、优化审查质量的高效工具。

1.5.3　日本专利分类体系

日本专利分类法是日本特许厅的内部分类工具。审查员用该分类法对专利申请分类或检索，也将其分类号公布在日本的专利文献上。公众可以从 Internet 进入日本特许厅的数字图书馆，通过日本专利分类号检索日本专利文献。日本专利分类法分为 FI（File Index）和 F-term（File Forming Term）两大系统。

1. FI 分类系统

FI 分类是在 IPC 分类基础上的进一步细分，FI 系统共计有 19 万多个细分类（其中包括 IPC 小组大致有 6.9 万个，在 IPC 基础上的内部细分类的数量超过了 12 万个）。

FI 分类号的构成如下：

细分号——IPC 小组下的细分类，由三位数字组成。如图 1.32 所示，B31B　100　301 的后三位数字 301 为细分号。

文档细分号——将 IPC 的某些小组细分或对细分号的再次细分的分类号称为文档细分号，文档细分号用一个英文字母表示。如图 1.33 所示，A21D　53/02　B 的最后一个字母“B”为文档细分号。

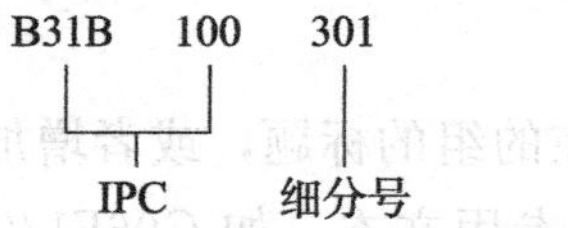

图 1.32　日本专利文献的细分号

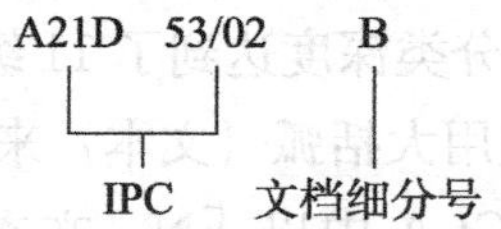

图 1.33　日本专利文献的文档细分号

方面分类号——是指从技术主题的不同技术特征出发，在 IPC 小组下以不同角度继续细分得到的分类号，方面分类号由三个英文字母组成（与 IPC 混合系统中的引得码相似）。如，A61K　31/70　ABD 的后三位字母“ABD”就是方面分类号。

FI 分类号在日本专利文献上的表示如图 1. 34 中的（51）项所呈现。

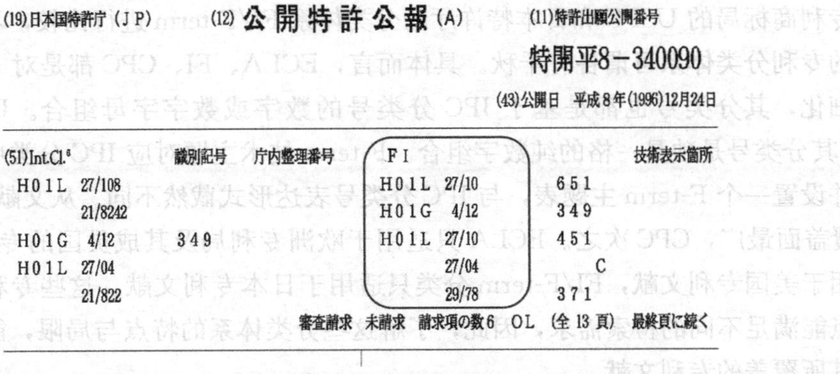
(19)日本国特許庁（JP）　(12)公開特許公報(A)　(11)特許出願公開番号

特開平8-340090

(43)公開日　平成8年(1996)12月24日

(51)Int.Cl.⁶	識別記号	庁内整理番号	FI	技術表示箇所
H01L 27/108			H01L 27/10	651
21/8242			H01G 4/12	349
H01G 4/12	349		H01L 27/10	451
H01L 27/04			27/04	C
21/822			29/78	371

審査請求　未請求　請求項の数6　OL（全 13 頁）　最終頁に続く

图 1. 34　日本专利文献

2. F-term 分类系统

F-term 是专门用于计算机检索的分类系统，是从技术主题的多个角度考虑类目划分，也从多个角度限定需检索的文献量，例如，从技术主题的多个技术观点，如用途、结构、材料、方法等进行划分。至今 F-term 已归类 2 900 个左右的技术主题范围。这些技术主题与 IPC 分类中相同的技术领域相对应，并设置主题属于 F-term 的组，称之为F-term 主题表。

F-term 分类号由 5 位字符主题码（theme code）＋2 位字母观点符（viewpoint）＋2 位数字位符（figure）构成。其中 5 位字符主题码表征技术领域，2 位字母观点符表征发明的材料、方法、结构等，最后的 2 位数字位符是对观点符所表征的技术特征的进一步细化。

如图 1. 35 所示，5K067/AA34 就是由主题码（5K067）＋观点符（AA）＋位符（34）构成的。

从这个 F-term 主题表示例可以看到，“AA”就是观点符，表示应用，“34”位符表示有关的具体应用。

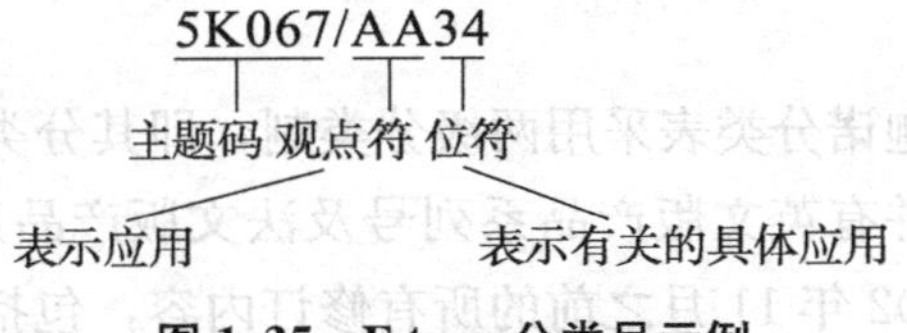

图 1. 35　F-term 分类号示例

F-term 的应用是从专利文献中取出有关的词语输入计算机系统中，等到检索时再输入 F-term 检索词进行检索，这样就会命中所需文献信息。

F-term 分类的特点主要体现为，具有非常多的分类号，有时甚至多达四五十个。与其他分类系统的最大区别是，F-term 会从尽可能多的角度给出分类号，针对文献标引的冗余特性，大大加强了检出文献的可能性。多角度标引事实上也回应了对文献不同角度进行揭示的需求。

F-term 不仅从文献的整体考虑给出分类号，而且根据文献的细节也给出分类号。用某些分类号来代替关键词，避免了关键词的不足，减少了漏检。

通过以上对国际专利分类体系 IPC、合作分类体系 CPC，以及欧洲专利局的 ECLA、美国专利商标局的 USPC 和日本特许厅的分类体系 FI/F-term 进行比较，不难发现，这些官方的专利分类体系可谓各有千秋。具体而言，ECLA、FI、CPC 都是对 IPC 的进一步扩展和细化，其分类号也都是基于 IPC 分类号的数字或数字字母组合。USPC 不是基于 IPC，其分类号是独具一格的纯数字组合。F-term 技术主题对应 IPC 分类中相同的技术领域，并设置一个 F-term 主题表，与 IPC 分类号表达形式截然不同。从文献覆盖范围来看，IPC 覆盖面最广，CPC 次之。ECLA 只适用于欧洲专利局及其成员国的专利文献，USPC 只适用于美国专利文献，FI/F-term 分类只适用于日本专利文献。这些专利分类体系不同的特点能满足不同的检索需求，因此，了解这些分类体系的特点与局限，能更好地检索和利用其所覆盖的专利文献。

1.5.4 工业品外观设计分类法

1. 国际外观设计分类法

《建立工业品外观设计国际分类协定》是在 1968 年 10 月 8 日举行的《巴黎公约》成员国外交会上获准通过的，由于此次会议在瑞士洛迦诺举行，因此该协定也被称为《洛迦诺协定》。该协定于 1971 年正式生效，国际外观设计分类体系由此建立。

《洛迦诺协定》旨在对《巴黎公约》成员保护的外观设计，在分类管理上进行统一的规范管理，以便于分类定题查找，更有效地利用外观设计文献。因此也可避免在国际交换外观设计文献时，因各国分类体系不同，而带来重新分类的问题。根据《洛迦诺协定》，洛迦诺联盟国家的工业产权局必须在其所公布的外观设计保存或注册的官方文件上，载明该国际外观设计的分类号。

国际外观设计分类表有英文和法文两种文本出版，两种文本权威性相同。《洛迦诺协定》规定，分类表的正式版本还可以用其他文种出版，如中文版的国际外观设计分类表。在我国国家知识产权局官网的“文献服务”栏目下的“知识园地”中，可以在“标准与分类”下的“国际外观设计分类”项下找到《国际外观设计分类表》（第 13 版）的中英文版。

从编排结构来看，洛迦诺分类表采用两级分类制，即其分类号由大类和小类组成，用阿拉伯数字按顺序编排，并有英文版产品系列号及法文版产品系列号。《国际外观设计分类表》（第 13 版）收录 2002 年 11 月之前的所有修订内容，包括 32 个大类和 219 个小类，产品目录表包含 6 831 个具体项，分两部分：第一部分为单独依字母顺序排列而不考虑所属类别的全部产品列表；第二部分则列出按小类分开的全部商品。

1996 年中国加入《洛迦诺协定》，自此采用洛迦诺分类法对外观设计专利申请进行分类，并将分类号标示在公告的外观设计专利文献上。洛迦诺分类号的构成如下：大类号、小类号、英文版产品系列号。如图 1.36 所示，“电话机”的分类号是 14—03—T0115，其中："14"表示大类号，对应的类名为录音通讯或信息再现设备；"03"表示小类号，其所对应的类名为通讯设备和无线电放大器；"T0115"表示在此小类下的英文版产品系列号，其所对应的类名为电话机。

"电话机"分类号：

14—03—T0115

14	大类号，类名：录音通讯或信息再现设备
03	小类号，类名：通讯设备和无线电放大器
T0115	在此小类下的英文版产品系列号，类名：电话机

图 1.36　洛迦诺分类号示例

不同国家在采用洛迦诺分类法进行外观设计专利分类时，在分类号的表示方法上略有不同。例如：法国、捷克、挪威、日本、美国只用大类号和小类号表示，如电话机的分类号只用 14—03 表示。但有的则在大类号和小类号后面跟上其对应的英文版产品系列号的一个英文字母，例如：澳大利亚电话机的分类号为 14—03T。

目前奥地利、澳大利亚、瑞士、捷克、德国、法国、英国、日本、挪威、俄罗斯、泰国都采用洛迦诺分类号标注在外观设计专利文献上。美国、日本两国的外观设计文献分别于 1997、1998 年开始采用洛迦诺分类号，但同时还标注本国的外观设计分类号。

2. 美国外观设计分类法

美国于 1842 年通过了一项对工业品外观设计保护的专利法案，成为其专利制度的一个重要组成部分。美国在 1997 年 5 月 6 日之前只采用本国的外观设计分类号（US. C1）进行标引，在此之后，既采用美国外观设计分类号，又采用洛迦诺分类号。

根据美国专利法的规定，要授予外观设计专利，美国专利商标局需要对申请进行形式审查和实质审查。因此，能有一个科学地对海量外观设计专利文献进行分门别类的外观设计分类法显得尤为重要，这样可以方便审查员有效地检索外观设计专利文献。

(1) 美国外观设计分类法的编排。

美国专利法规定，可获专利权的外观设计必须具有装饰性，具有该物品或其构成部分的外观设计的功能性，外观设计分类法正是基于这种思想，将具有相同功能的外观设计主题分在同一个类目里。譬如，不管座椅是用于家庭，还是工作场所、车辆中，座椅的外观设计专利文献都应该归类到大类 D6（家具）中。对具有相同功能的外观设计可根据其是否具有特殊的功能特征、有特色的装饰性外观或表面形状等，再进行进一步的细分。

美国外观设计分类法有 33 个大类，对应不同的主题。其 33 个大类的排列顺序与洛迦诺分类法类似，如图 1.37 所示。

D1	食用的产品
D2	服装和服饰用品
D3	旅行用品，个人物品和贮藏箱或携带物品
D4	刷子
D5	纺织品或纸，按码出售的织物；片材类
D6	家具

图 1.37　美国外观设计分类法举例

每一个大类又被分成若干个小类，以便对外观设计特定的类型进行有效的检索。小类的主题范围从属于特定的功能、特殊的功能特征或有特色的装饰性外观和形状。

（2）美国外观设计分类法中附注的特点。

在美国外观设计分类法中，附注是用来澄清、阐明每一个大类的技术主题所包含的范围的，在每一个大类的前面都有附注，当分类或检索时，必须考虑附注的内容。

例如：大类 D10 包含了测量、测试或信号仪器，设置了钟的位置。然而在 D10 的附注中，载明了与收音机或电视机结合的钟的外观设计专利应归入 D14，包含在录音、通讯或信息再现仪器这一大类中。附注还进一步指出与标示或显示设备结合的外观设计专利应归入 D20，即销售和广告设备这一大类。

3. 日本外观设计分类法（意匠分类法）

日本外观设计分类法（意匠分类法）是专门对日本的外观设计（意匠）进行归类的工具。洛迦诺分类法在日本于 1998 年 4 月启用，日本除了将洛迦诺分类号标注在外观设计（意匠）文献上，同时还沿用本国的外观设计分类法（意匠分类法）。

日本外观设计分类法（意匠分类法）主要的设置思想是根据物品的用途进行分类，必要时还考虑产品的功能特征，若有必要进行进一步细分时，则根据产品的外形进行继续分类。

意匠是日本专利辞典中的一个独有的表达，与中文的“创意”含义接近。在日本，技术含量和工艺水平达不到专利保护水平的新发明、新创造、新设计，都可以被认为是意匠。如圆珠笔、火柴盒的外形，或是墨汁的配方，在技术含量和工艺水平都达不到专利技术的水平时，属于外形或者单项简单创意，或属于个人某项不大的诀窍，一经申请，都可被认定是意匠，属于知识产权范围，受到法律保护。因此，日本专利制度中的意匠涵盖的范围十分广泛。

日本外观设计分类法（意匠分类法）的编排结构依次为：部、大类、小类、特征分类，共四级（见图 1.38）。

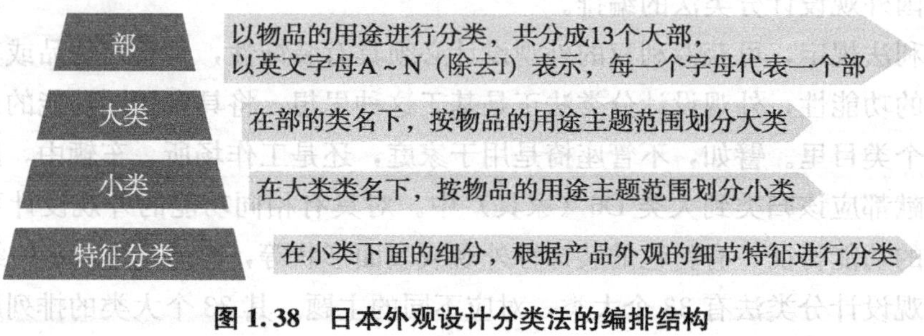

图 1.38 日本外观设计分类法的编排结构

第一层是部，部是以物品的用途进行分类。日本外观设计分类法分为 13 个大部，用英文大写字母来表示，从 A 到 N（除去 I），每一个字母对应一个部。第二层是大类，是在部之下按物品的用途主题范围进行划分。第三层是小类，在大类之下，也是按物品的用途主题范围进行划分。第四层是特征分类，是在小类之下的进一步细分，分类依据是产品外观的细节特征。

日本外观设计（意匠）分类号的构成有三部分，即英文大写字母＋阿拉伯数字＋英文大写字母。第一部分是英文大写字母 A～N（除去 I）中的任意一个，表示部；第二部分的阿拉伯数字从 1 到 6 位不等，第 1 位数字代表大类，其后的数字代表小类，大类与小类间的横杠可省略。第三部分的英文大写字母表示 D-term，其中电子界面设计用 W 标记，位数从 0 到 3 位不等。图 1.39 中的这个外观设计（意匠）的分类号中的“M”是部，“2”是大类号，“12345”是小类号，“ABC”是特征分类号。

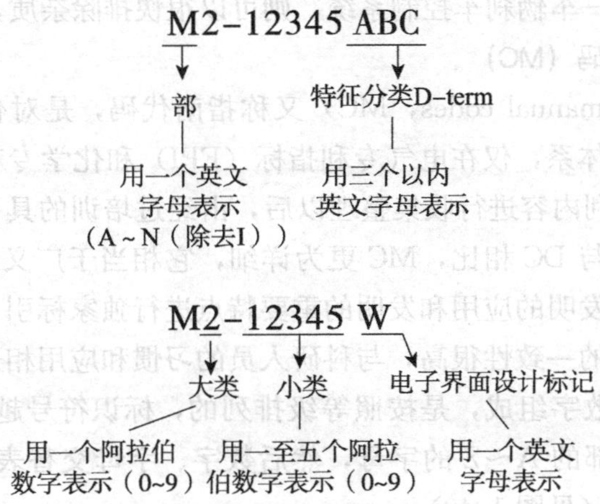

图 1.39 日本外观设计分类法示例

综上所述，国际外观设计分类法、美国外观设计分类法和日本外观设计分类法（意匠分类法），三者在分类依据与编排结构上特点各异。国际外观设计分类法依据功能进行分类，分类表的编排结构采用大类和小类两级分类制。美国外观设计分类表根据不同的主题分成 33 个大类，这些大类的排列顺序与国际外观设计分类法相似。日本外观设计分类法是专门针对日本的外观设计（意匠）进行分类的工具，其主要的设置思想是根据物品的用途进行分类，其编排结构分部、大类、小类、特征分类共四级。

1.5.5 德温特专利分类法

前文中介绍的专利分类法都是由官方发布并启用的，这些分类号直接印在专利文献上。接下来要介绍的专利分类法可以说是民间的分类法，由专业的数据库推出，是旨在推动专利文献的高质量检索和高效利用的分类工具，最有代表性的是德温特分类（DC）和其手工代码（MC）。

一、德温特分类（DC）

DC 是一个从应用性角度进行编制的分类体系，其将全部技术分为化学（chemical）、工程（engineering）和电子电气（electronic and electrical）3 个领域，每个领域之下又进一步分为部（sections），在部的基础上又继续细分为小类（class）。

DC 的特点是：专业性强，一致性强，适用于多个检索系统，覆盖了 40 多个主要国家 80%以上的专利文献。DC 分类号的表达形式由一个字母（表示部）＋两位数字（表示小类）构成，例如“H02：操作装置—包括蒸馏、吸附和溶剂萃取”。

在专利情报检索中 DC 分类系统有很好的应用，因为自然语言常常有一词多义的现象，输入一个关键词，往往会查到上万条记录，其中混杂了大量不相关的条目。这时若有一个统一完整的分类系统帮助限定词义的范围，就会提高检索的准确度和效率。比如：汽车抗抱死系统（antilock braking systems）的缩写ABS，也是化合物丙烯腈-丁二烯-苯乙烯（acrylonitrile-butadiene-styrene）的缩写，单单用缩写ABS检索有关抗抱死系统技术的文献，会有不少有关化合物丙烯腈-丁二烯-苯乙烯的文献，但如果利用关键词ABS结合DC分类代码Q18——车辆刹车控制系统，则可以很快排除杂质，快速优化检索结果。

二、德温特手工代码（MC）

德温特手工代码（manual codes，MC）又称指南代码，是对化学、电子电气等领域文献的等级分类和标引体系，仅在电气专利指标（EPI）和化学专利指标（CPI）中收录。MC是德温特公司将专利内容进行收集整理以后，由经过培训的具备分类领域专业知识的分类人员统一给定的。与DC相比，MC更为详细，它相当于广义的叙词表。MC根据专利文献的文摘和全文对发明的应用和发明的重要特点进行独家标引，大大提高了检索的全面性和准确性，且标引的一致性很高，与科研人员的习惯和应用相适应。

MC由一组字母和数字组成，是按照等级排列的，标识符号越多，技术范围越专指。MC的格式首先是表示部的A～Z的字母，然后数字、字母交替表示不同的等级，例如，T07-D01车辆导航系统（见图1.40）。

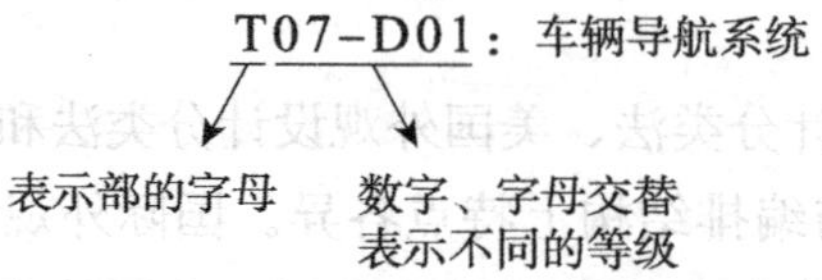

图1.40　德温特手工代码（MC）示例

DC和MC的关系如下。

（1）MC和DC分类的细分程度不同。

MC和DC都是对世界专利索引（WPI）中各个部的进一步细分，但DC的分类比较粗，仅分到小类，如T07（traffic control system），而MC则是更精确的分类，由一组字母和数字交替排列组成，例如T07-A01（measuring speed of traffic，includes measurement of average speed）。

（2）MC和DC设计的技术领域不同。

DC涉及化学的A-Q1-Q7部和电子电气的S-X部，而MC仅涉及化学的A-N部、工程的Q1-Q2、Q5-Q6部和电子电气的S-X部。

（3）MC并不是对所有的DC的进一步细分。

MC和DC均是对部的细分，相同字母代表的部的技术内容也基本相同，而且有的MC确实是对DC的进一步细分，例如T07（DC）和T07-A01A（MC）。

另外，有的MC和DC可能含有相同的部的名称和数字，但含义却不同。此外，有的同一专利的MC和DC并不在同一个部。严格来说，MC并不是对DC的进一步细分，二者没有必然的联系。

MC的优点是：（1）部分MC比IPC和ECLA分类更为细化；（2）利用MC标引的准

确性和一致性不容易漏检美国专利文献；（3）利用MC检索可避免IPC版本变化所产生的漏检。

虽然MC具有上述优点，但使用时还应该注意MC也具有局限性。例如，检索依赖于手工代码手册，检索者需要熟悉MC体系；检索局限于WPI数据库中收录的专利文献；某些领域的分类不如IPC细化。

例如，如果要检索一种录像机，特别要查找一种装置，在录像机上可以根据用户眼睛凝视的方向自动对物体定位（自动聚焦），用关键词很难准确全面表达该检索主题。譬如，用如下关键词加截词符来表达，再采用布尔逻辑式进行组配：

(camera? And video?) Or camcorder

Focus? Or autofocus? Or view? Or rangefinder? Eye? Direction?

事实上这种技术主题是很难用关键词表达到位的，但若能利用德温特手工代码W04-M01D2C和S05-D01C5A，对检索主题的表达准确度会得到很大的改善，检索效果大大提升。

W04-M01D2C对应的技术主题是：所有与录像机测距和聚焦有关的记录。S05-D01C5A对应的技术主题是：（包含非医疗用物体的电子或电气测量）可用于检测依靠飞行员眼睛运动以控制飞机的方面的记录。

德温特手工代码事实上相当于一个广义的同义词表，其将具有相似含义的不同词语归入一个单一的代码。如图1.41所示，3G的德温特手工代码是W02-C03C1G，也就是说无论专利文献用什么样的词来表达3G这一技术主题，甚至并没有出现任何与3G这一技术主题相关的词，只要涉及3G某一个方面的研究，如数据压缩、打包、传输等，德温特专利数据库就会给专利文献相同的手工代码W02-C03C1G。因此，只需要用这样一个代码进行检索，就可以很容易地几乎查全3G方面的专利文献，而不用去考虑各种复杂的主题词组合。

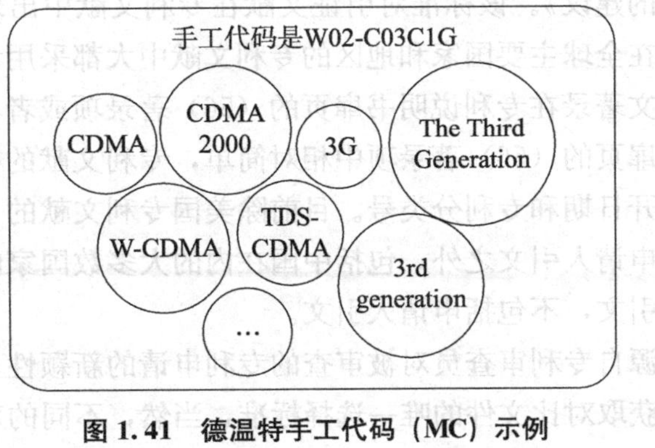

图1.41 德温特手工代码（MC）示例

掌握了专利分类工具，无疑已经站在高质量专利检索的起点，在检索操作过程中关键是要准确选择分类号。在实践中提取和确定分类号一般有以下6种方法：一是根据分类表确定分类号；二是用关键词进行初步的检索，根据检索结果确定（统计）分类号；三是通过专利族确定分类号；四是通过对照表确定分类号；五是通过关键词索引确定分类号；六是通过引证和被引证文献确定分类号。

1.6 专利引文

1. 何谓专利引文

专利引文是指在专利文件中列出的与本专利申请相关的其他文献。专利引文既可以是专利文献，也可以是非专利文献，非专利文献包含科技期刊、论文著作、会议文件等。施引专利与被引文献之间确定的技术相关性，源于科学技术固有的继承性。技术进步往往是一个渐进的过程，马克·A. 莱姆利（Mark A. Lemley）在追溯专利发明的历史时曾指出："所谓创新，不仅仅是人们瞬间想到的发明创造，还必须结合后来的渐进式改进。即便是最伟大的发明也遵循这一定律。"人类有了专利制度以来，这种技术的渐进式的改进就被客观地记载在专利文献中，专利引文恰恰是联系这些渐进式改进成果的纽带。专利引文是庞大复杂的专利文献体系中固有的结构脉络，专利引文是专利文献中难得的能连接不同时空、不同主体的一类重要的结构化信息。①

2. 专利引文的类别与标引

根据引用目的和施引主体不同，专利引文可分为引用参考文献和审查对比文件，前者由专利申请人、发明人或其代理人提供，后者则由专利审查员提供。由于施引主体完全不同的立场和引用动机，这两类专利引文所承载的信息和实有的功能事实上很不相同。专利审查员引文的产生，源于专利法对实质授权条件的规定，对某件专利申请是否授予专利权，需要审查员对被审查的技术进行以新颖性、创造性为主的评判。这种评判需要参照物，而这个参照物在各国专利法中被称为"对比文件"，专利审查员引文就是这么来的。

为使专利文献中的引证文献标识标准化，WIPO 2001 年通过了《ST. 14 在专利文献中列入引证参考文献的建议》。该标准对引证文献在专利文献中出现的优选位置、表示方式等提出建议。目前在全球主要国家和地区的专利文献中大都采用该标准来标注引证参考文献：专利审查员引文著录在专利说明书扉页的（56）著录项或者在检索报告中体现。专利文献在专利说明书扉页的（56）著录项中相对简单，专利文献的标识一般包括国别、文献号、文献类别、公开日期和专利分类号。目前除美国专利文献的（56）著录项中既列明审查员引文，又列明申请人引文之外，包括中国在内的大多数国家的专利文献的（56）著录项中只包括审查员引文，不包括申请人引文。

专利审查员引文源自专利审查员对被审查的专利申请的新颖性、创造性的判断，技术相关性是专利审查员获取对比文件的唯一选择标准，当然，不同的对比文件与专利申请的相关程度有差异。根据 WIPO 的 ST. 14 标准，不同的字母表示对比文件与被审查的专利申请的不同相关程度，由此，审查员引文有了更细的分类。

专利审查员使用表 1.16 中的字母来标识对比文件与在审专利申请的相关程度，往往会将其记载在检索报告中。这类标识对于专利文献的利用意义重大，因为专利文献内容晦涩难懂，要判断两篇专利文献之间是否相关不仅需要花费很长时间，而且还存在技术壁

---

① 肖冬梅，陈颖．专利审查员引文的特征与价值．图书情报工作，2015（19）：6－14.

垒，因此，经过专利法培训并有相关领域技术背景的审查员判别并标识了代表相关程度的字母，对于专利信息利用者具有重要的参考价值。一般来说，如果对比文件都是A类文件，说明没有影响在审专利新颖性和创造性的现有技术，若申请文件没有撰写瑕疵，该专利申请则会获批授权。若出现了X、Y类文件，则在审专利的原权利要求可能很难获得支持。表1.17中只有A类对比文件的专利申请CN100344263C获得了授权，其他三个专利申请都因有X类文件而被驳回、视为撤回或缩小权利要求范围。

表1.16 不同技术相关性程度的对比文件所对应的字母与含义

标识对比文件的字母	含义
X	该对比文件单独影响被审查的专利申请的新颖性、创造性
Y	该对比文件与其他对比文件组合后影响被审查的专利申请的创造性
A	背景技术文件，反映部分技术特征或有关现有技术
R	同日申请的同样的发明创造
E	抵触申请
P	该对比文件在目标专利申请日与优先权日之间公开，或者导致需要核实优先权

表1.17 不同类型对比文件及其审查结果示例

专利或专利申请公布	审查员引用的对比文件	导致结果
CN100344263C	CN1306865A（A）	授权
	CN1340330A（A）	
	US6332894B1（A）	
	US6248110B1（A）	
US20040210297A1 审查检索报告	US4488549A（A）	最终驳回，申请人放弃本申请，修改权利要求，提出继续申请
	US5514137A（A）	
	US5549679A（X）	
	US6110211A（A）	
US20060235425A1 审查检索报告	US5549679A（X）	申请人未答复非最终驳回，视为撤回
	US6371645B1（A）	
EP1495730A1 EP1495730B1	US6402784B1（X）（A）	权利要求修改；缩小权利要求范围后授权

与标准规范的专利审查员引文形成鲜明对比的是，发明人参考文献往往在专利说明书原文中。混杂在专利说明书正文之中的发明人引文，施引主体来源广泛复杂，往往未经训练，引与不引，如何引，相对随意，没有统一的标注范式，采集起来非常困难。发明人引文的不规范有其制度根源，依据我国《专利法》第36条的规定，申请人在请求实质审查之时，应当披露与其发明有关的参考资料，但该条并没有规定任何有约束力的法律后果。所以我国专利说明书技术背景部分现有技术的描述非常随意，有些只是提到引文的标题，有些甚至根本没有引文，只是描述现有技术的特征。日本在2002年修订的《日本特许法》

中规定了专利申请人的现有技术披露义务，但仅规定专利申请人在专利说明书中披露现有技术文献的标题，对发明人的披露义务的规定远不及美国严格。

美国专利单行本扉页的著录项（56）中的专利引文既包括审查对比文件也包括发明人参考引文，这两类引文混合在一起，按照美国本国专利文献、外国专利文献、非专利参考文献的顺序编排。美国专利商标局自 2001 年 1 月开始在授权专利扉页的著录项（56）中用是否加"＊"号来区分专利审查员引文和发明人参考引文。

在中国专利文献扉页上的（56）著录项中列出的只有审查员引用的对比文献，没有申请人引用的参考文献。发明人引用的参考文献，以文字描述的方式写入说明书部分的"背景技术"中。这意味着中国专利文献的结构化信息中只包括审查对比文件，不包括发明人引文。目前数据库中提供检索并可通过引文数据库进行引文分析的中国专利引文往往只有审查对比文件；发明人参考引文只出现在非结构化信息中，数据库不对这类信息提供检索，因此不便于对这类信息进行引文分析。[①]

3. 专利引文检索

如何查找专利引文呢？目前有不少专利数据库都有专门的引文检索字段和引文分析功能。甚至有专门的引文数据库。譬如在美国专利商标局专利检索系统中，直接输入专利号，就可以查到专利号对应的专利全文，打开全文文本显示中的引文数据，可以看到该专利所引用的文献和引用该专利的文献。点击 References Cited，显示该专利引用的在先专利文献，点击 References By，检索出该专利在其他美国专利文献中被引用的情况。通常引用该专利的文献，我们称之为后引，该专利所引用的文献，我们称之为前引。

4. 专利引文的价值

（1）利用专利引文扩大获取相关技术信息的范围。通过引文检索可以跟踪与某一个技术领域密切相关的技术。大多数专利引文是由审查员给出的，审查员本身熟知本领域的技术，且能够检索世界范围内的主要文献。

（2）研究专利引文的被引程度从而确定核心技术。被高频引用的专利意味着其受关注的程度高，与其有确定的技术相关性、受其影响的专利申请多。但仅凭专利被引频次的高低是很难测量某专利技术是否先进、领先的，还需要综合考虑更多相关指标。单个指标无法表征多样的、复杂的内涵。

（3）研究专利技术相互引用能揭示技术发展阶段与竞争态势。对特定领域的专利引证活动进行考察，可以看出某个技术领域的来龙去脉和发展轨迹，也可以初步勾勒出该领域的竞争态势图。

（4）研究专利引文与其所有者之间的关系，发现专利主体的技术实力与主体间的竞争关系。专利引用频次反映特定技术领域的宏观竞争态势，专利被引率和自引率可用来测量企业之间的竞争态势，统计专利引用频次可以在一定程度上锁定竞争对手或合作伙伴。专利引文耦合强度的计算能有效反映企业与企业之间技术相似的程度。

---

① 肖冬梅，陈颖．专利审查员引文的特征与价值．图书情报工作，2015（19）：6－14.

1.7 专利族与同族专利

由于专利权的地域性，同一项发明必须向不同国家提出申请，才能得到多国保护，因此，内容基本相同的申请在不同国家形成了不同版本的说明书，这也意味着当前的专利信息系统中内容重复的专利的生成是有制度根源的，这就是专利族和同族专利产生的原因。何为专利族？何为同族专利？

要了解专利族和同族专利，首先要理解一个概念——优先权。专利法上的优先权有两种，一种是国内优先权，另一种是国际优先权。国内优先权又被称为“本国优先权”，是指申请人自发明或者实用新型在中国第一次提出专利申请之日起十二个月内，或者自外观设计在中国第一次提出专利申请之日起六个月内，又向国务院专利行政部门就相同主题提出专利申请的，可以享有优先权。国际优先权又被称为“外国优先权”，是指专利申请人自发明或者实用新型在外国第一次提出专利申请之日起十二个月内，或者自外观设计在外国第一次提出专利申请之日起六个月内，又在中国就相同主题提出专利申请的，依照该外国同中国签订的协议或者共同参加的国际条约，或者依照相互承认优先权的原则，可以享有优先权。[①]

专利族的概念与优先权的规定密切相关。由至少一个共同优先权联系的一组专利文献，称一个专利族（patent family）。在同一专利族中的每件专利文献，被称作专利族成员（patent family members），同一专利族中的每件专利互为同族专利。基本专利是指在同一专利族中最早提出申请（最早优先权）的那个专利文献。

1883年《巴黎公约》缔结以后，专利族随之产生。《巴黎公约》规定了成员国之间原申请国专利申请的优先权，在别国申请专利的时候，出具原申请国优先权证明，申请日就可以以最早的申请日为准。在专利文献上优先权信息记载在（30）字段，其下的（31）（32）（33）对应的都是优先权的数据内容。

以申请人ITT公司的发明名称为“导线连接装置”的专利为例，这个发明最早于1985年在美国申请专利，后又在日本、德国、法国申请了专利。最早的是美国专利，这四个专利互为同族专利。同族专利里面有一个基本专利，还有相同专利和相关专利。同一个技术没有做任何的改动分别在不同国家申请的专利为相同专利。最早的专利为基本专利。如果有一些变化，则为相关专利。继续申请、部分继续申请、再版专利、增补专利、分案申请、再审查专利、非公约同族专利皆为相关专利。因为有相关专利，对于专利族的理解变得复杂起来。

世界知识产权组织的《工业产权信息与文献手册》将专利族分为如下六种：简单专利族（simple patent family）、复杂专利族（complex patent family）、扩展专利族（extended patent family）、人为专利族（artificial patent family）、内部专利族（domestic patent family）、本国专利族（national patent family）。除简单专利族以外，其他几类专利族都与相关专利有关。

① 吴汉东．知识产权法．5版．北京：法律出版社，2014：218-230.

简单专利族指一组同族专利中的所有专利都以共同的一个或共同的几个专利申请为优先权。在 EPO 的专利检索系统 Espacenet 检索到一个专利之后，在其同族专利著录项“also published as”之后所列的就是简单同族专利。

复杂专利族是指一组同族专利中的专利至少共同具有一个专利申请为优先权。我们可以通过一个典型案例来理解复杂同族专利。例如，飞利浦公司的一个名为“数字传送系统、用于该传送系统的发射机和接收机及通过记录装置形式的发射机获得的记录载体”发明创造的专利族，其同族专利包括：1989 年第一次在荷兰提出的专利申请，以及历经 12 年，先后在欧洲专利局（指定奥地利、比利时、瑞士、德国、丹麦、西班牙、法国、英国、希腊、意大利、列支敦士登、卢森堡、荷兰、瑞典）等 38 个国家（地区）和组织提出的 149 项已被公开的专利申请和已被批准的专利。其中 1989 年 6 月 2 日在荷兰提出的 8901402 号专利申请和 1990 年 2 月 13 日在荷兰进一步提出的 9000338 号专利申请成为其他专利申请或专利的优先权。①

我们可以根据复杂同族专利的定义来分析表 1.18 中这个专利族是否具有复杂同族的特征。为了直观呈现，我们把 NL8901402 称为优先权 1，用 P1 来表示；把 NL9000338 称为优先权 2，用 P2 来表示。

表 1.18　复杂同族专利

<table>
<tr><th>序号</th><th>同族专利</th><th>联系要素</th></tr>
<tr><td>1</td><td>NL9000338A</td><td>P1</td></tr>
<tr><td>2</td><td>US5323396A</td><td rowspan="5">P1+P2</td></tr>
<tr><td>3</td><td>EP402973B1</td></tr>
<tr><td>4</td><td>JP3012849B2</td></tr>
<tr><td>5</td><td>CN1031090C</td></tr>
<tr><td>6</td><td>AU641654B</td></tr>
</table>

由表 1.18 可知，NL9000338A 有 1 项优先权，即 P1；US5323396A、EP402973B1、JP3012849B2、CN1031090C、AU641654B 均有 2 项优先权，即 P1 和 P2。这些专利申请和专利至少共同拥有一项优先权，即 P1。从表中列出的专利申请和专利的联系要素来看，这 6 个专利组成的专利族具备复杂同族专利的特征。

扩展专利族是指在同一专利族中，每个专利申请或专利，不论其有几项优先权，至少与另外一个专利申请或专利共同拥有一项优先权，如表 1.19 所示。

表 1.19　扩展专利族

序号	同族专利	联系要素
第一行	NL9000338A	P1
第二行	US5323396A EP402973B1	P1+P2

① 吴泉洲，刘小青．浅析同族专利的复杂性．专利文献研究，2002 (3).

续前表

序号	同族专利	联系要素
第二行	JP3012849B2 CN1031090C AU641654B	P1+P2
第三行	EP949763A2	P2

由表1.19可知，扩展专利族成员之间可能没有共同的优先权，如第一行的NL9000338A和第三行的EP949763A2之间就没有共同的优先权。联系这组同族专利的要素发生了变化，NL9000338A、US5323396A、EP402973B1、JP3012849B2、CN1031090C、AU641654B共同拥有一项优先权，即P1；而US5323396A、EP402973B1、JP3012849B2、CN1031090C、AU641654B、EP949763A2共同拥有一项优先权，即P2。从表1.19列出的专利申请和专利的联系要素来看，这组专利具备扩展同族专利的特征。

本国专利族是指因为增补、继续、部分继续、分案申请等事务而产生的由一个国家出版的一组专利文献。值得注意的是，本国专利族并不包括同一专利申请在不同审批阶段出版的专利文献。

用D作为分案申请的原申请代码，用C作为继续或部分继续申请的原申请代码，按在同一国家提出申请的时间顺序给每一项专利申请编排出序号，用代码D或C加上序号来表达每件专利申请或专利的联系要素。下面来分析飞利浦公司专利族中的一组欧洲专利申请或专利（见表1.20）。

表1.20 本国同族专利

同族专利（分案申请）	优先权	原申请代码
EP599824B1 EP599825B1	P1+P2	EP402973B1
EP660540B1 EP708533B1 EP751520A2	P1+P2	EP599824B1 EP599825B1
EP949763A2	P2	

从表1.20可以看出，拥有P1和P2共同优先权的EP599824B1和EP599825B1均为EP402973B1的分案申请；而拥有P1和P2共同优先权的EP660540B1、EP708533B1、EP751520A2和仅拥有P2优先权的EP949763A2均为EP599824B1、EP599825B1的分案申请。分案申请成为这组欧洲专利申请和专利联系的要素，从而使其具有了本国同族专利的特征。

欧洲专利局的Espacenet专利检索系统提供同族专利的检索，搜索的时候点击著录项中的FAMILY. LIST，就会出现同族专利的列表。

仿专利族也被称为智能专利族、技术性专利族或人为专利族，是指内容基本相同，但并非以共同的一个或几个专利申请为优先权，而是通过智能调查归类组成的一组由不同国家出版的专利文献。

表 1.21 中所列专利 EP599824B1 有两个优先权 NL8901402 和 NL9000338，而 US6289308B1 没有优先权，但经调查发现它们的确应该同属一个专利族，因为二者的分案申请和继续申请的原申请有共同的优先权。可见，维系它们同族关系的要素不是优先权，而是各自国内的分案申请和继续申请的关系。

表 1.21 仿专利族

同族专利	优先权	联系要素
EP599824B1	NL8901402 NL9000338	维系二者同族关系的要素不是优先权，而是各自国内的分案申请和继续申请关系，以及分案申请和继续申请的原申请拥有共同的优先权。
US6289308B1	无	

第2章　专利检索基础

2.1　专利检索原理

2.1.1　专利检索系统原理

专利检索基础部分重点介绍专利检索原理与典型应用，包括面向技术比对的对比文件检索和面向专利分析的技术主题检索。

此前已介绍专利文献基础知识，包括什么是专利文献、什么是专利文献的著录项目、专利分类号以及专利文献内部和外部各种信息的表达等。本节将把此前所述的知识利用起来。

专利检索系统，有时也被称为专利数据库。与其他数据库一样，专利数据库也是一个有序化的信息资源结合体。专利检索系统的工作原理如图 2.1 所示。

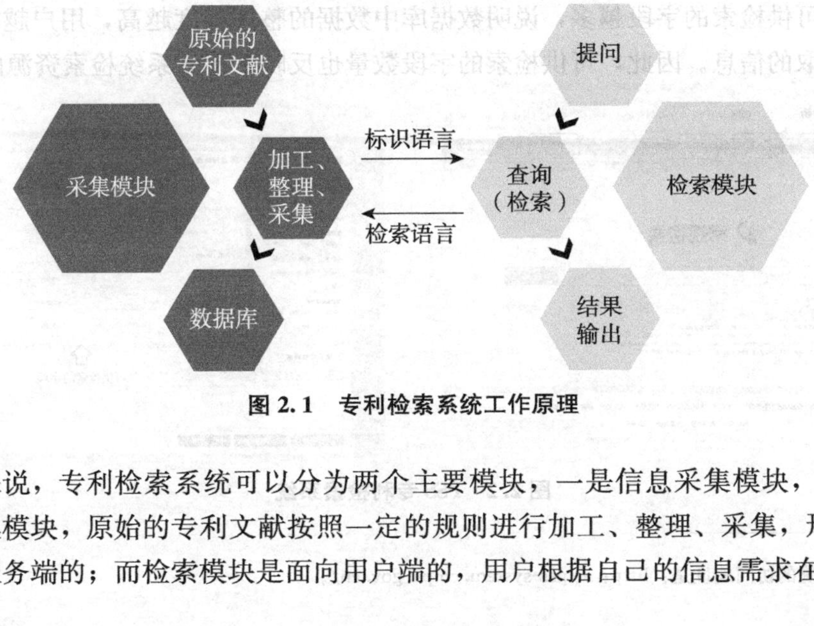

图 2.1　专利检索系统工作原理

简单来说，专利检索系统可以分为两个主要模块，一是信息采集模块，二是检索模块。在采集模块，原始的专利文献按照一定的规则进行加工、整理、采集，形成数据库，这是面向服务端的；而检索模块是面向用户端的，用户根据自己的信息需求在终端按照一定的检索规则进行提问，系统将用户的提问转化为机器可以识别的语言，在数据库中进行查询（检索），并将结果输出给终端用户。

因此，通俗地说，检索这一过程就是向运行数据库的机器提问的过程，要想得到满意的答案就需要满足一定的条件。第一，提问中查询的内容在数据库中必须要有，若数据库中没有则不可能查询到结果。使用一个检索系统之前，首先要了解该系统包含哪些数据资源。第二，提问查询的语言必须要遵循一定的规则和逻辑，必须是数据库能够识别的语言，这也就是本章要解读的检索表达的逻辑和方式。

当然，现在的专利检索系统远不只是提供一个可查询的数据库这么简单，越来越多的专利检索系统朝着集检索、分析、管理于一体的系统工具进化。如今随着人工智能的进一步发展，检索工具也有智能化的趋势。智能化的特点在于对检索语言要求的弱化，以往检索人员要经过严格培训，写检索式就像写软件代码一样严格，而现在一些商业检索工具提供的语义检索功能可以做到直接用自然语言进行检索，使检索的便捷性大大提高。但这并不表示它就可以替代传统的检索方式了，语义检索好比智能卡片机，而手工检索就像操作烦琐的单反相机。卡片机很方便，一个按键就能拍出质量不错的照片，但是想要拍出质量上乘的专业照片，恐怕还得用笨重复杂的单反相机。

接下来通过一个简单的例子来使读者直观了解专利检索系统。本例用到的检索系统是国家知识产权局的 PSS 系统。[①] 登录国家知识产权局网站，点击“专利检索”栏目可进入系统，如图 2.2 所示。

PSS 系统是一个在线专利检索系统，登录后进行简单注册就能够使用大部分功能。进入 PSS 系统首页，可看到“常规检索”四个大字，下方有一个可以键入文字等信息的简洁提问框，类似于百度和谷歌的搜索界面。除常规检索外，在页面上方还有高级检索、导航检索、命令行检索等选项，实际上这些并不是 PSS 系统的特有功能，目前绝大部分专利检索系统均能够提供这三种检索入口。高级检索页面设置了很多提问框，如申请号、公开号、发明名称、申请人、摘要、权利要求、说明书等。一般来说，我们将这些称为可供检索的字段。可供检索的字段越多，说明数据库中数据的整理程度越高，用户越能够精确地得到想要获取的信息。因此，可供检索的字段数量也反映了检索系统检索资源的情况。

图 2.2 PSS 专利检索系统

---

① PSS 系统的访问地址是：http：//pss-system. cnipa. gov. cn/。

2.1.2 检索资源

在执行检索之前，对检索系统中的检索资源进行了解非常重要，这决定是否可以通过该检索系统获得我们想要的信息。

在一般情况下，检索资源是指检索工具涵盖的专利文献范围。专利文献具有地域性、时间性，到目前为止，世界范围内有文献索引记录的专利数量已经超过 1 亿 2 000 万件，该数据尚不包括那些年代较为久远的专利。并不是所有的检索系统都全部拥有这些数据，也并不是所有的这些数据所链接的专利文献都有全文可供检索。

若一个中国投资人响应“一带一路”建设的号召，准备在东南亚国家印度尼西亚投资建设一个塑料模具加工厂，在这之前，厂家必须要考虑建厂后生产销售的产品可能存在的专利侵权风险，于是，专利检索必不可少。厂家需要知道在印度尼西亚这个国家已经授权或者即将授权的专利中，有哪些是关于塑料模具技术的，工厂即将实施的技术是否会落入他人专利的保护范围内。因此，厂家不仅需要找到这些专利，而且还要尽可能获得这些专利的全文内容及法律状态。上一小节我们简单介绍了国家知识产权局的 PSS 系统，本小节来检验用 PSS 系统能否实现这个目标。

打开 PSS 系统，在首页下方可以看到一个“数据收录范围”的点击项，点击进入可以发现，这里记载了 PSS 系统收录的地域范围、各地区专利数据的时间范围，以及数据更新的频率和时间（见图 2.3）。除中国的专利数据之外，其他国家的专利数据的收录都有一至两个月的滞后期，这表明，最近一个月的国外专利数据在 PSS 系统中可能检索不到。

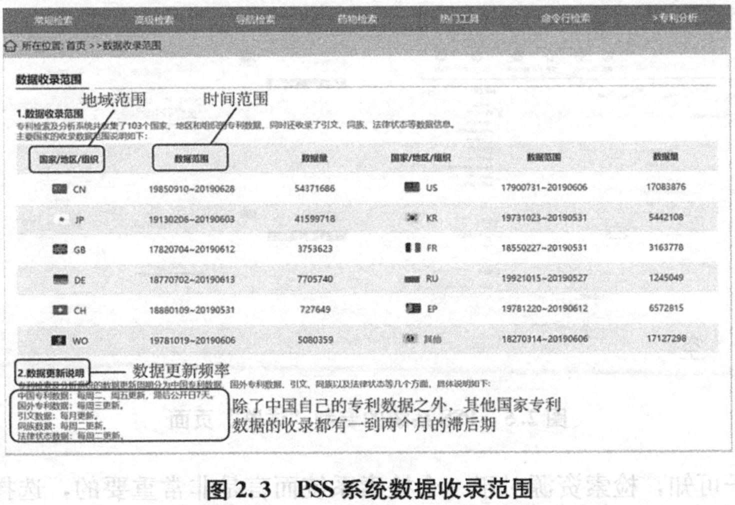

图 2.3 PSS 系统数据收录范围

在一般情况下，任何检索系统都会在“帮助”或者页面的某个位置披露该系统收录的数据范围。在 PSS 系统中可以看到，印度尼西亚并没有明确出现在名单中。但是，在页面右下角有一个“其他”，印度尼西亚会不会包括在这个“其他”国家中呢？转到高级检索，高级检索页面左侧展示了可以筛选的检索地域范围，最下面有一个省略号，可供进一步选择。在弹出的复选框中有“印度尼西亚”的选项（见图 2.4）。

这是否意味着用 PSS 系统可以解决我们的问题？继续进一步检验，可通过限定申请日期，将检索的范围限定为申请日在今日之前。理论上，所有申请日在这一日期之前的印度尼西亚专利都应该被检索出来。生成检索式之后，点击检索，可以很快得到检索结果。从图 2.4 中可以看到，总共检索到 15 008 条专利数据（检索截止日期：2019 年 7 月 23 日）。但问题在于，这些专利的标题均无法显示，不禁令人担忧是否 PSS 系统没有收录印度尼西亚专利的全文数据甚至连文献摘要数据也没有。

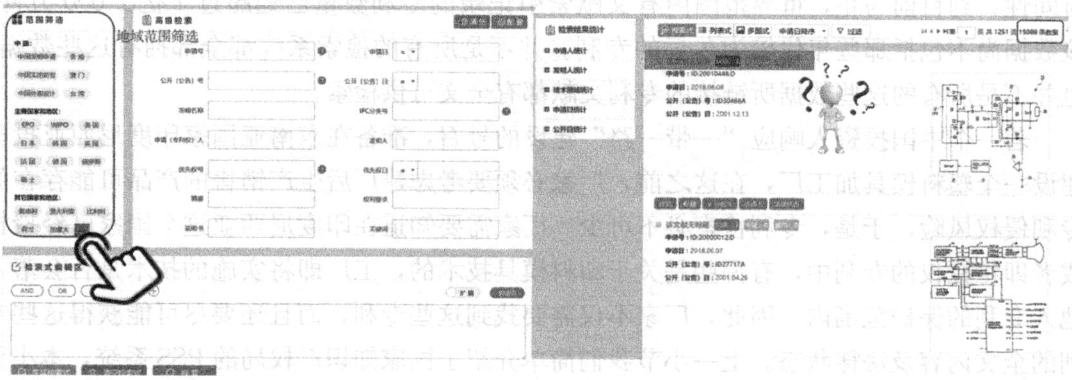

图 2.4　PSS 系统的地域数据收录范围

继续点开检索结果页面的第一个专利的“详览”页面（见图 2.5），发现除了最基本的文献号和日期信息，其他著录项目内容数据皆为空，摘要也是空的，仅有一个摘要附图。点击全文文本和全文图像，发现也是空的。所以 PSS 系统显然不能帮助解决上述投资人的问题。

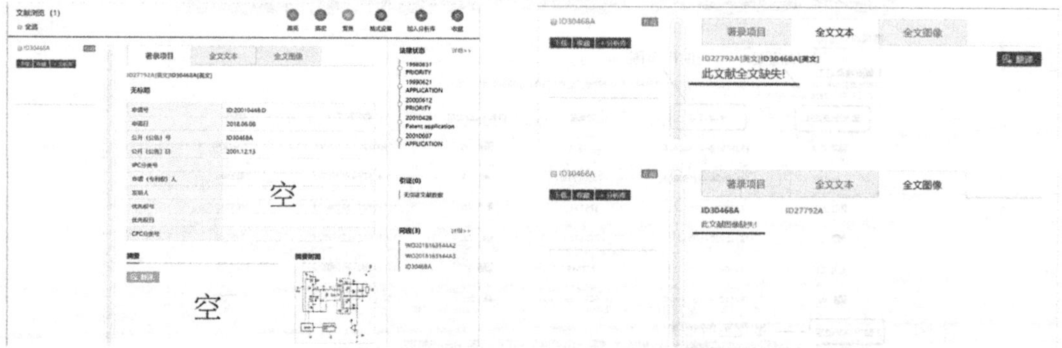

图 2.5　PSS 系统的专利“详览”页面

从这个例子可知，检索资源对于一个检索系统而言是非常重要的，选择一个检索系统的第一步往往就是看该系统的数据库中是否有我们想要的内容。不仅如此，我们不能只看该系统的数据收录说明，还需要进一步用实践去验证数据收录的详细程度，以此来判断该检索系统是否可用。以上例子并不能说明国家知识产权局的 PSS 系统不好或完全不能用，事实也并非如此。PSS 系统还比较新，有进一步完善的空间，总体来说，在中文环境下免费的系统里面，PSS 系统收录的数据算是比较全面的。

目前，全世界专利数据最全面的要数欧洲专利局的 Espacenet 系统，它拥有超过 40 年的历史，其前身是 INPADOC，即国际专利文献中心。由于其与全世界绝大多数国家保持着专利文献传递合作，因此它是收录跨国专利数据最广的数据库。从2009年起，Espacenet系统开始收录中国专利数据，从2011年起收录日本专利数据，从2014年11月起收录韩国专利数据。[①] 自此，包括全世界最大的五个知识产权局的数据在内，它收录了超过100个国家1亿1 000万条的数据。[②] 通过Espacenet系统，可以查询到上述例子中印度尼西亚专利的全文数据，不仅包含权利要求书、说明书，还包含同族专利信息。

虽然欧洲专利局的Espacenet系统十分全面，但并不意味着任何专利检索都可以由它进行。虽然欧洲专利局的系统数据覆盖面广，但是其数据更新并非最快。一般来说，本国专利行政部门的数据库提供的本国数据往往是最新而且最准确的，欧洲专利局的数据需要经由各国传递，因此会有一个滞后期，同时数据在传递过程中难免会有一些损失，在匹配上可能存在一些错误。欧洲专利局曾经发生过较大规模的错误，在Espacenet系统中很多美国和欧洲的专利原文匹配错误，一个美国专利的原文居然是一个毫不相关的中文数据，这种情况在提供专利数据的国家一般不会出现。因此，检索中文专利，毫无疑问中国国家知识产权局的数据库是最佳选择，而检索美国专利，美国专利商标局的数据库便是最佳选择之一。

2.1.3 检索目的和检索类型

专利检索是一项强大的技能，能够从海量的专利文献中获得有相当价值的情报信息。毫不夸张地说，一个现代化的企业，尤其是生产企业，从它诞生到发展壮大，甚至到消亡，都需要用到专利检索。根据检索目的不同，习惯上可以将专利检索分成不同的类型。

那么，一个企业在从初创到发展壮大的过程中为何要用到专利检索？专利检索又能帮助企业解决哪些问题？

在企业筹备阶段或者投资论证阶段，或是在企业研发立项前，需要对即将投入研发的技术项目进行技术主题检索。将某一个技术类别的现有专利通过专利检索全部找出来，可以知晓在现有技术中是否有人已经对该技术项目进行了充分研究，是否已经没有进一步研究的空间，是否很难在这个技术领域中分一杯羹。这一检索步骤，可以防止将宝贵的资金投入重复研发，避免陷入技术红海之中。

企业创立后，总会研发一些创新成果来作为核心竞争力。此时，就很可能涉及专利申请。申请专利需要成本，对于小的初创企业而言，专利申请的代理费并不便宜，有时不靠谱的代理机构还有可能把事情办砸，该保护的部分没保护，反而将该保护的部分写到说明书中公开了，损失可就不是一点儿专利代理费和申请费这么简单。于是，就需要用到可专利性检索。企业在申请专利之前，如果进行可专利性检索，即通过检索出最接近的现有技术并进行对比，就可以发现哪些技术方案是有新颖性和创造性的，又有哪些技术方案虽然别人已经保护，但可以做一些规避设计，从而变得有新颖性和创造性。可专利性检索，可

---

① European Patent Office. Patent Information News. [2019-08-21]. http://documents.epo.org/projects/babylon/eponet.nsf/0/26119727DA986026C1258315003E0D7B/$File/patent_information_news_0318_en.pdf.

② European Patent Office. Coverage of the EPO's legal status database (INPADOC) on a world map. [2019-08-21]. http://documents.epo.org/projects/babylon/eponet.nsf/0/814E140F2AAAE1ECC1258345005BC6D7/$File/Coverage_of_EPO_legal_status_database_(INPADOC)_map_en.pdf.

以保障企业的专利质量和申请成功率，防止企业有限的经费付诸东流。

企业各方面筹备完毕，投入生产，在产品上市或者出口前，防止侵权检索是必不可少的。这方面有不少血淋淋的教训。不少中国厂商高高兴兴地带着自己的最新产品去国外参展，刚把展台布置好，国外的海关就来扣押展品了，理由是专利侵权。我们知道，展览行为在很多情况下属于一种许诺销售行为，是被专利权所控制的。防止侵权检索，有时又被称为自由实施检索，即在生产、销售或新技术应用等开始之前，为防止侵犯他人的专利权、避免发生专利纠纷而进行的专利信息检索。更进一步说，就是要判断自己实施的技术是否会落入他人专利权的保护范围，但前提是需要知道他人有哪些专利，此时就要用到防止侵权检索。因为专利权具有地域性，因此这种类型的检索，往往是检索技术实施地和产品销售或出口目标国的专利。

企业作为被告陷入专利侵权诉讼时，通常会援引现有技术进行抗辩或者启动专利无效检索来“脱离战场”。无论是现有技术抗辩，还是专利无效程序，都需要有足够的现有技术证据来支持，此时，通过专利检索能够尽可能地找到这些对比文件。

企业在专利检索的帮助下，经历了研发和诉讼的考验，生存了下来，但是，很快就会发现，竞争对手是如此强大，需要不懈追赶和超越才能够在市场中站稳。此时，专利检索之专利权人检索能够助其一臂之力。通过经常性、周期性地对某一竞争对手申请专利的活动进行跟踪，检索他们最新申请的专利、专利申请的过程文档以及相关法律状态信息，能够窥探竞争对手的研发方向、主要的研发团队、专利申请过程中的瑕疵等等。甚至还可以向专利审查部门提交公众意见，阻碍竞争对手取得专利授权。不得不说，专利检索简直是企业情报部门必备的技能。

企业发展到一定阶段，需要对资源进行优化配置，可能需要用收购或者并购来补充企业的短板。此时，必然会涉及知识产权交易，判断收购对象的知识产权是否物有所值，需要进行法律状态的检索和技术先进性的判断。通过法律状态检索，可以全面了解并购对象专利的生命周期状况，了解哪些是失效专利、哪些是老年专利、哪些是还没取得授权而且授权前景不佳的专利，以此作为收购价格谈判的证据和筹码，帮助企业选择正确的收购对象。我国企业在刚开始“走出去”的那些年，没少“受骗”，主要原因就是没有进行充分的专利检索。

综上所述，专利检索大有用途。根据检索目的的不同，可分出不同类型的检索，诸如技术主题检索、可专利性检索、防止侵权检索、自由实施检索、专利无效检索、专利权人检索、法律状态检索等。实际上，这些检索涉及的基本操作和原理基本相通。以检索对象来分类，专利检索只有两类，一是面向新颖性和创造性评价的对比文件检索，二是面向专利分析的技术主题（集合）检索，上述根据检索目的不同而分类的七八种检索类型都可以归入这两类中。

2.1.4　检索要素

很多读者虽然没有做过太多专利检索，但是经常使用百度、谷歌等搜索引擎。要找某明星的八卦，能立马想到在搜索框输入他的名字来查询；想到某一事件，可能会输入事件的名称、地点或者主人公来查询。在百度等常规的搜索引擎中检索信息似乎没有什么难度，这一方面得益于其搜索功能的强大，另一方面是因为人们在长期使用中已经积累了相当多的经验。当然最重要的是因为人们不着急，找娱乐八卦我们有大把的时间，因此很少有人会想到将这些经验总结出来，或者将其理论化，使得检索更快捷和精准，但检索人员应该去思考它，总结它。

在检索八卦或新闻信息中用到的诸如事件的名称、地点、主人公名字等，我们称其为“检索要素”。所谓检索要素，通俗地说，就是能够反映目标信息特点的关键索引要素，它可以是某一两个关键词，也可能是某一种符号，总之通过它能够找到相关的信息且避开那些不相关的信息。假设我们想找“球星乔丹打篮球的视频”，这便是我们想要寻找的目标信息。很容易判断，单独用“乔丹”作为关键词比只用“球星”二字做关键词检索出来的结果离我们想要得到的结果近得多。可见，在这一个例子里，“乔丹”两个字是一个更好的检索要素。

这一节我们并非来学习如何检索娱乐新闻，而是要来了解专利检索的检索要素，事实上二者有一些共通的逻辑。专利检索的对象既不是新闻，也不是娱乐八卦，它往往是一些格式固定、语言呆板、看似无聊的技术方案。

某投资人有一项爱好，喝可乐的时候喜欢吃爆米花，但是一只手拿着爆米花，另一只手拿着可乐并不是很方便，因为这样就没有手能够空出来刷手机了。投资人想，是不是能够有一种食品杯，使得一只手既能拿饮料又能拿爆米花，这样，便可空出一只手来刷手机。但是，这位投资人并没有技术开发能力，他想看看有没有人申请了这样的专利，如果有，他愿意买下该专利，于是他找到了专业的检索人员。

按照一般的检索思路，可能马上要考虑检索要素的问题，首先，这种东西一般叫饮食杯或者食品杯，能不能就用“既能装饮料又能装食品的饮食杯”来检索呢？实操发现，这是不能够检索出结果的。实际上，根据专利检索系统原理，除智能语义检索功能之外，在数据库中，专利提问式检索必须精确匹配才能命中结果。这意味着某一条专利文献中必须有“既能装饮料又能装食品的饮食杯”这14个字，且字与字之间的顺序不能调换，只有这样才会命中。其次，尝试一下进一步缩句，将检索语句缩小到“饮食杯”这个词上，可命中16条结果（见图2.6）。于是我们发现了一个规律：字越少，越精简，命中的结果越多。假设仅用“杯”这一个字进行检索，可命中28万多条结果（见图2.7）。

如果用数学上的集合概念来观察专利数据，会发现专利数据库本身就是一个大的数据集合，每限定一个条件，就是在这个大的集合中取一个小的集合。因此，包含“杯”这个字的专利数据集合肯定要比包含“饮食杯”的专利数据集合大，且后者的这个集合要被包含在前者这个数据集合中。

因此，我们所说的检索要素，可以被视为缩小集合范围的条件或者要素，限定的条件和要素越多，得到的集合越小。如果想要精确寻找到某一条专利或者某一个小的专利集合，选择的限定条件和要素就非常重要。

一般来说，专利检索要素有很多种类，“食品杯”“饮食杯”这些都属于关键词类的检索要素。专利分类号也是常用的检索要素，它能够帮助我们精准地缩小目标集合的范围。除此之外，凡是能够用来对集合范围进行进一步限定的要素，都可以被视为检索要素，诸如申请人名称、各种日期信息（如申请日、公开日）、地区信息等。我们还可以通过限定

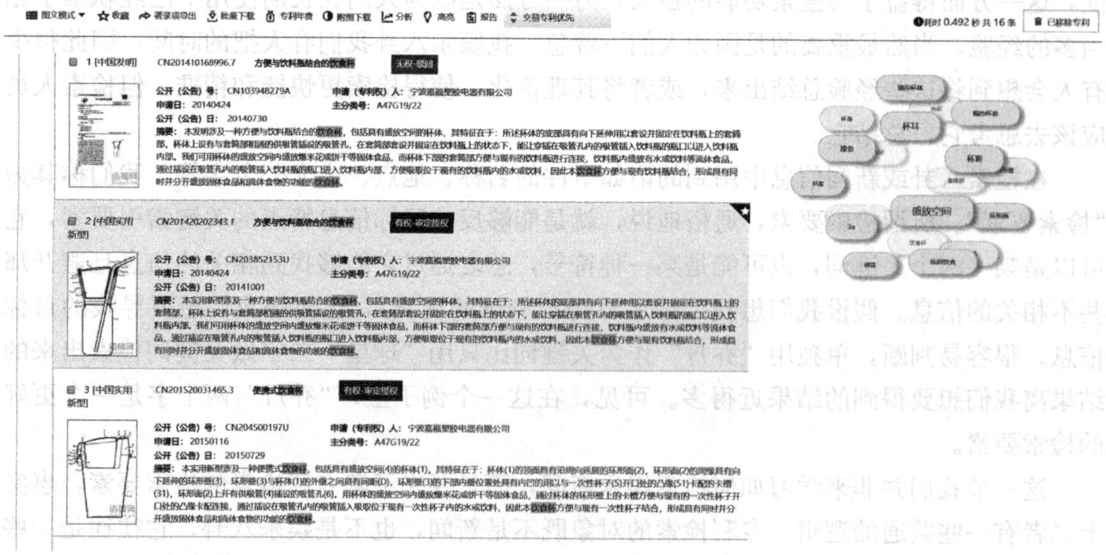

图 2.6 检索结果（1）

注：检索页面来自佰腾专利检索平台：https：//www.baiten.cn。

图 2.7 检索结果（2）

注：检索页面来自佰腾专利检索平台：https：//www.baiten.cn。

关键词出现的位置来进行检索，如必须在专利标题中出现某一个词语才能命中，这也是检索要素的一种限定方式。

因此，在 PSS 系统或者其他系统中，系统能够提供的每一个检索字段都能被称为检索要素。

回到上文中投资人的任务，该任务比较简单，用一个关键词“饮食杯”就能很快命中 16 条结果，一一浏览便可发现，在这 16 条中有一个专利正好完全满足投资人的要求（见图 2.8、图 2.9）。

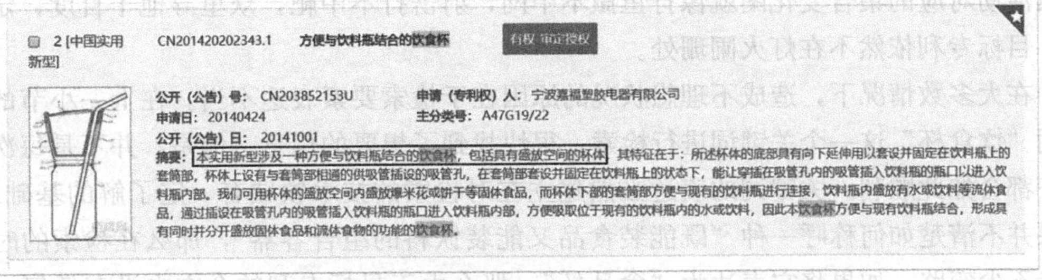

图 2.8 检索命中的专利

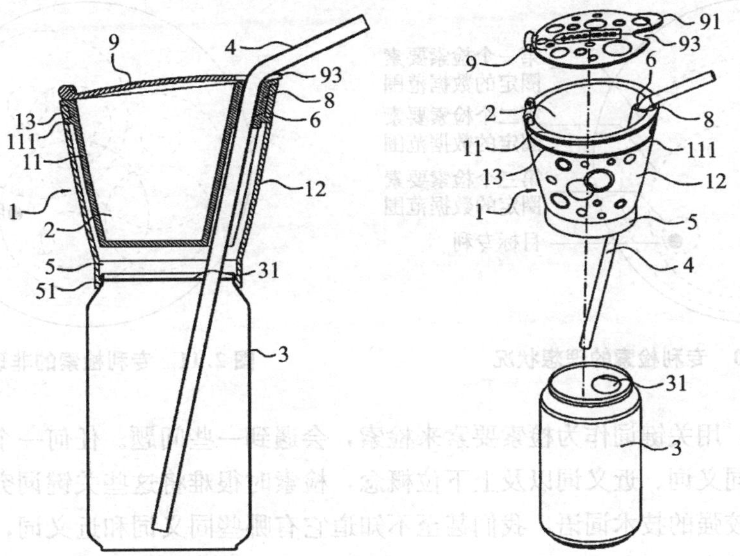

图 2.9 检索命中的专利（CN201420202343.1）的说明书附图

这次检索很简单，成功的关键之一在于选择了一个非常恰当的检索要素，即关键词“饮食杯”。由此可看出，选择检索要素需要建立在对检索领域有一定了解的基础之上，与此同时，还要明白检索系统的原理和匹配机制。

2.1.5 检索要素的表达

专利检索的目标往往是追求检全和检准，同时要求高效率。通俗地说，就是在有限的时间内使潜在的目标专利都出现在检索结果的集合中，且检索结果的集合中应尽量没有与检索目的无关的专利。为了实现这个目标，需要借助检索要素。从数据集合的角度来看，检索要素本身是一种缩小目标集合范围的限定条件，它是在一个大的集合中圈定一个更小的集合。因而检索活动就像一场一层一层围猎“目标专利”的活动，每使用一次检索要素，检索结果数据集合中的专利数量就少一些。在理想情况下，每使用一次检索要素进行限定，就将目标所在的专利集合中的与目标无关的专利排除一次。这样，通过多次使用检索要素进行限定，目标专利就被锁定在一个较小的检索结果集合中，只需要通过少量人工阅读，就能够将目标专利找出来。此时，检索活动所对应的集合图变化是一组偏心圆环，目标专利就在最小的那个圆环中（见图 2.10）。相应地，在非理想状况中（见图 2.11），检索活动对应的集合变化图就像打鱼撒不中网，射击打不中靶，众里寻他千百度，定睛一看，目标专利依然不在灯火阑珊处。

在大多数情况下，造成不理想状况的原因在于检索要素表达不当。在上一小节的例子中用“饮食杯”这一个关键词进行检索，很快找到了想要的信息。但是，并不是每次检索任务都会如此顺利。关键词的表达必然建立在对检索的技术领域有一定了解的基础之上，如果并不清楚如何称呼一种“既能装食品又能装饮料的组合容器”，那么在检索的时候就会走不少弯路。如果将它表达为“食品杯”，那么由于目标专利的全文中没有任何一个部分包含“食品杯”三个字，也就不可能检索到这个专利。

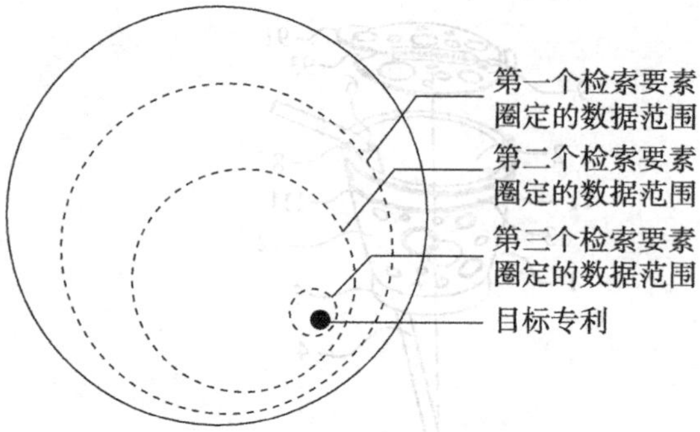

图 2.10 专利检索的理想状况

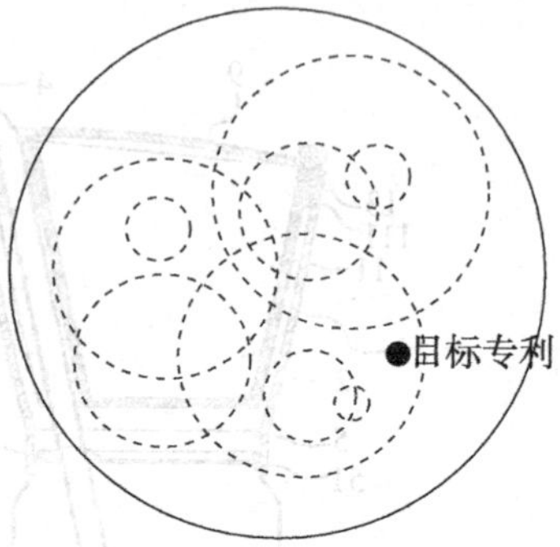

图 2.11 专利检索的非理想状况

我们发现，用关键词作为检索要素来检索，会遇到一些问题。任何一个技术名词，都可能有很多的同义词、近义词以及上下位概念，检索时很难将这些关键词穷尽。而且当遇到一些技术性较强的技术词语，我们甚至不知道它有哪些同义词和近义词，尽管我们知道它肯定会有多种表达的方法。这就导致在用关键词来检索的时候经常有种碰运气般的不安感。于是我们需要总结一些经验和方法来弥补这种天然的不足。

关键词的表达，可以遵循以下步骤。

第一步，尽可能充分地理解检索对象。很多时候摆在我们面前需要去检索的对象有可能是一个真实的物体，也有可能是一张图纸或示意图，还有可能是一段文字描述。显然，我们不可能直接将这些东西放到检索系统中去检索，而只能通过理解，将它们转换成可以用来检索的检索要素。在理解的时候，无论是实物、图纸还是文字描述，都可以被视为一个技术方案。技术方案是由技术特征组成的，对于一些形状和结构类的技术方案，技术特征就是构成这个物体的部件结构以及部件与部件之间的连接关系。除了从结构上去理解检索的对象，还可以从功能上理解，因为任何技术方案都是能够解决一定技术问题，实现一定功能的。充分理解的结果，就使得我们能够从结构和功能上比较完整地去描述要检索的对象。

第二步，确定关键词。关键词是指最能够体现检索对象特点的检索要素。在上一步中，通过从结构和功能等角度去理解并描述检索对象，可能能够将对象的每一个部件结构或者功能描述出来。因此，至少可以从三个角度去确定关键词：一是与这个技术方案的主题相关的关键词，例如“饮食杯”这个词就是与主题相关的关键词；二是与结构相关的关键词，按照理解，“既能装食品又能装饮料的组合容器”至少要有几个必不可少的关键结构，如装饮料的容器、装固体食品的容器，也可能还有吸管等；三是与功能相关的关键词，如起到“组合”的功能，同时能装“饮料”和“食品”。

第三步，在确定关键词之后，还要考虑关键词的表达是否充分和完整。需要考虑：主题关键词还有哪些其他的俗称？饮食杯是不是也可以称为食品杯、吃货杯、宅男杯？是不是有的发明人在申请专利的时候并没有考虑特别的称谓，而是直接描述为一种杯子或食品容器？所以，还得考虑上位概念的问题。如果检索的是英文专利，还要考虑英文关键词的时态、简写、单复数等问题。对于结构关键词，也要了解这些结构的称谓是否有常用的同义词、近义词，习惯上是否经常用其他上位概念或下位概念来表达。对于功能关键词，也有类似的问题。

有人对此进行了总结，在对关键词进行提取和表达时，要做到三个“准确和完整”①。分别是：形式上的准确和完整；意义上的准确和完整；角度上的准确和完整。

实现这些“准确和完整”的要求，常用的方法是通过询问相关领域的专业人员、调查现有文献（包括专利文献和非专利文献）以及开展市场调研来弥补我们在技术知识领域的短板，从而尽量做到准确和完整。在实践中，很难做到一次就将关键词提取和表达得非常完美，专利检索活动本身就是一个螺旋式递进的过程，需要经过多次试错、修正、完善。

单纯依靠关键词这一类检索要素进行检索有时很难实现检全和检准的目标。关键词以自然语言为基础，语言表达的丰富性以及多样性，导致检索词也变化多样。不仅如此，如果词语本身是一词多义或其含义非常依赖前后文的描述，那么这种关键词往往指向模糊，检索得到的结果中常有很多不相关的内容，存在很多的杂质，影响我们筛选出目标信息。除此之外，关键词还受到语种的限制，将检索中文专利使用的中文关键词，直接翻译成外文去检索外文专利往往并不适用，还需要重新考虑外文表达的特殊性。因此，检索的时候经常还需要用到另一种检索要素，也就是分类号。在一定程度上，分类号可以弥补关键词检索的不足。

2.1.6 分类号的表达

分类号，尤其是IPC，在检索中能够弥补关键词作为单一检索要素的不足。分类号的特点在于，它往往是以统一的分类体系为基础，全世界范围内不同国家用的IPC是同一套体系，分类号不依赖自然语言。虽然不同国家的专利是用不同的语言记载的，但是各国审查员依据统一的分类标准，在对专利进行审查时，依照统一的分类规则，以专利中记载的技术方案为对象进行分类。因此，同一种主题只对应一种特定的标识，因而它指向具体，检索结果少而精，不受语种的影响。这些特点使得分类号能够较好地弥补关键词检索的不足。

但是，分类号作为检索要素也有其自身的缺陷，并不是每一个技术主题都有直接对应的分类号。例如“饮食杯”，IPC中并没有一个以“饮食杯”为类名的分类号，而是如图2.12所示，将其分在A47G 19/00类名为“餐具”的大组下的A47G 19/23这一小组，类名为“可堆叠式的餐桌上的饮水器皿或茶杯托”。从语义上可感觉到，二者并非那么契合，

① 杨铁军．专利分析实务手册．北京：知识产权出版社，2012：54.

但是审查员按照分类规则，只能选择分配一个相对来说最适合的分类号。此外，由于并不是那么契合，不同的审查员可能就会有不同的理解，有的审查员就将这一主题分在 A45F 3/20 这一小组中，这一小组的类名为“可折叠或可堆放的杯”，隶属的大组类名为“旅行或野营用品”，二者似乎也并不完全契合。于是我们发现，分类号也可能存在需要穷举的问题，也就是需要将可能存在目标专利的分类号都找出来，防止有漏网之鱼而导致检不全，引发严重后果。

A47G 家庭用具或餐桌用具（书档入 A47B 65/00；刀具入 B26B）

附注：

此小类技术主题包含未列入其他类目的类似的用于旅馆、穿衣间、车辆等处的设备。

小类索引

装饰用具	1/00 至 7/00，33/00
寝具；桌布	9/00；11/00
餐桌用具	19/00 至 23/00
支撑物、支架、容器、工具	
穿衣用	25/00
家庭用	29/00
地板用的织物	27/00
宗教或祭礼用具	33/00
其他用具 35/00	

餐桌用具或设备

A47G 19/00 餐具

A47G 19/02·盘、碟或类似物

A47G 19/03··只用一次的，例如纸制的

A47G 19/04··有可分离的盛废物容器的盘子

A47G 19/06··有匙、玻璃杯或类似物的完整支架的盘子

A47G 19/08··盘子的支架（厨房放锅的支架入 A47J 45/10）

A47G 19/10···把盘子固定在桌上的装置

A47G 19/12·桌上用的容器或锅

A47G 19/14··咖啡壶和茶壶（过滤器，滤网入 A47J 31/06）

A47G 19/16··沏茶器，例如沏茶袋、卵形沏茶器（只用一次的，如纸制的入 B65D，如一次性容器或包装件入 B65D 85/804）

A47G 19/18··分果酱、芥末或类似物用的容器（肥皂配给器入 A47K 5/06）

A47G 19/20·茶壶或咖啡壶的保温套

A47G 19/22·餐桌上的饮水器皿或茶杯托（玻璃杯或饮水器皿的垫入 A47G 23/03）

A47G 19/23··可堆叠式的

图 2.12　国际专利分类表（2018 版）——A47G

分类号的穷举，一般采用的方法有两种：第一种是查表法，第二种是统计法。

所谓查表法，就是通过查询分类表，来确定潜在可能的分类号，可以通过分类表的目录逐级确定可能的分类号。查表法一般按照如下步骤[①]：

（1）查阅国际专利分类表（见图 2.13）每个部开始部分的“部的内容”栏，按类名选择可能的分部和大类，如图 2.14 所示。

国际专利分类表（2018版）

发布时间：2018-03-05　　大 中 小

A-人类生活必需

B-作业；运输

C-化学；冶金

D-纺织；造纸

E-固定建筑物

F-机械工程；照明；加热；武器；爆破

G-物理

H-电学

图 2.13　国际专利分类表（2018 版）

① 中华人民共和国国家知识产权局．专利审查指南．北京：知识产权出版社，2020：192.

A 部——人类生活必需

本部目录
（参见及附注：省略）

分部：农业……6

A01 农业；林业；畜牧业；狩猎；诱捕；捕鱼……6

A01B 农业或林业的整地；一般农业机械或农具的部件、零件或附件（用于播种、种植或施厩肥的开挖沟穴或覆盖沟穴入 A01C 5/00；收获根作物的机械入 A01D；可变换成整地设备或能够整地的割草机入 A01D 42/04；与整地机具联合的割草机入 A01D 43/12；工程目的的整地入 E01、E02、E21）……6

A01C 种植；播种；施肥（与一般整地结合的入 A01B 49/04； 农业机械或农具的部件、零件或附件一般入 A01B 51/00 至 A01B 75/00）……14

A01D 收获；割草……16

A01F 脱粒（联合收割机入 A01D 41/00 ）；禾秆、干草或类似物的打捆；将禾秆、干草或类似物形成捆或打捆的固定装置或手动工具；禾秆、干草或类似物的切碎；农业或园艺产品的储藏（与收割有关的制作或设置堆垛的设备入 A01D 85/00 ）……26

A01G 园艺；蔬菜、花卉、稻、果树、葡萄、啤酒花或海菜的栽培；林业；浇水（水果、蔬菜、啤酒花等类植物的采摘入 A01D46/00；浮茎或花球茎的去顶或剥皮装置入 A23N15/08；繁殖单细胞藻类入 C12N1/12；植物细胞培养入 C12N5/00）……29

A01H 新植物或获得新植物的方法；通过组织培养技术的植物再生〔5〕……35

A01J 乳制品的加工（乳制品的保藏、巴氏消毒、灭菌入 A23；化学物质见小类 A23C）……37

A01K 畜牧业；禽类、鱼类、昆虫的管理；捕鱼；饲养或养殖其他类不包含的动物；动物的新品种……40

A47G 家庭用具或餐桌用具（书档入 A47B 65/00；刀具入 B26B）

附注：

此小类技术主题包含未列入其他类目的类似的用于旅馆、穿衣间、车辆等处的设备。

图 2.14 国际专利分类表（2018 版）——A 部目录

（2）阅读所选定分部和大类下面的类名，从中选择最适合于覆盖检索主题内容的小类。

在进行以上两步时应当注意分部类名和/或大类、小类类名中的附注或者参见。这种附注或者参见可能影响小类的内容，指出小类之间的可能的差别，并可能指示所期望的检索主题所在的位置。另外，当存在与检索主题的功能类似的功能性分类位置时，可能还存在与检索主题的功能相关的一个或多个应用性分类位置。在找不到检索主题的专门位置时，可以考虑将类名或者组名为"其他××""未列入××组的××"的这一类剩余分类位置的分类号作为检索的技术领域。

（3）参看小类开始部分的"小类索引"，阅读大组完整的类名及附注和参见，选择最适合于覆盖检索主题的大组。

（4）阅读所选择的大组下面全部带一个圆点的小组，确定一个最适合于覆盖检索主题的小组。如果该小组有附注和参见部分，则应当根据它们考虑其他分类位置，以便找到一个或者多个更适合于检索主题的分类位置。

（5）选择带一个以上圆点的，但仍旧覆盖检索主题的小组。

通过以上五个步骤可以选定最适合于覆盖检索主题的小组。这个小组及其之下的不明显排除检索主题的全部小组就是检索的技术领域。如果选定的小组有优先注释，那么由优先注释确定的小组及其之下的不明显排除检索主题的全部小组也是检索的技术领域。此外，选定的小组之上的高一级小组直到大组都是检索的技术领域，因为在那里具有包含检索主题且范围更宽的主题的文献资料。如果选定的小组处于按"最后位置规则"分类的小类中，那么除对选定小组及其之下不明显排除检索主题的小组进行检索外，还应当对与选定小组具有相同点数且相关的在后的小组及其之下不明显排除检索主题的小组进行检索，此外，还应当对该选定小组的高一级相关的各小组直到大组进行检索。如图 2.15 所示，C08G 8/00 中的三点组 8/20，是按"最后位置规则"选定的小组，其下有四点组 8/22。在 8/20 后，具有与 8/20 相同点数且相关的小组，还有三点组 8/24。在三点组以上，有相关的二点组 8/08 及一点组 8/04。因此，应当首先检索 8/20 小组，然后依次检索 8/22、8/24、8/08、8/04 小组，直到 8/00 大组。

C08G 8/00 醛或酮只与酚的缩聚物〔2〕
C08G 8/02 · 酮的〔2〕
C08G 8/04 · 醛的〔2〕
C08G 8/06 · · 糠醛的〔2〕
C08G 8/08 · · 甲醛的，例如在反应中就地生成的甲醛〔2〕
C08G 8/10 · · · 与苯酚〔2〕
C08G 8/12 · · · 与仅在羟基邻位或对位有1个烃取代基的一元酚，如对-叔丁基苯酚〔2〕
C08G 8/14 · · · 与卤代酚〔2〕
C08G 8/16 · · · 与氨基或硝基酚〔2〕
C08G 8/18 · · · 与羧基或磺酸基取代的酚〔2〕
C08G 8/20 · · · 与多元酚〔2〕
C08G 8/22 · · · · 间苯二酚〔2〕
C08G 8/24 · · · 与C08G 8/10到C08G 8/20中不只一组所包括的两种或更多种酚的混合物〔2〕

图 2.15 国际专利分类表（2018 版）——C08G 8/00

（6）用上述方法考虑同一小类中可能的其他大组或小组，以及通过步骤（2）选择的其他小类。

查表法操作烦琐，且效率不高，但相对比较可靠。

所谓统计法，就是通过检索对象的主题，利用网站中的统计功能来观察该主题下有哪些分类号，逐一验证这些分类号是否符合潜在可能性，来对分类号完成穷举。目前来看，将统计法和查表法结合起来最为实用。

以“保温杯”为例，为了保证统计的对象集合中不包含过多的杂质，使用高级检索在题名中检索“保温杯”。如图 2.16 所示，在检索页面的左侧统计栏目，可以看到分类号小组统计的情况，其中的数字表示在本次检索中，该小组分类号中的专利数量。我们可以将这些分类号都记录下来，逐一到分类表中查询验证，这样就可以较快地将潜在的分类号找出来。当然，只通过一次初步检索来统计分类号是不完备的，在验证分类号时，可以同时观察这些分类号所在表中位置的周边范围内是否还有其他分类号也符合要求。

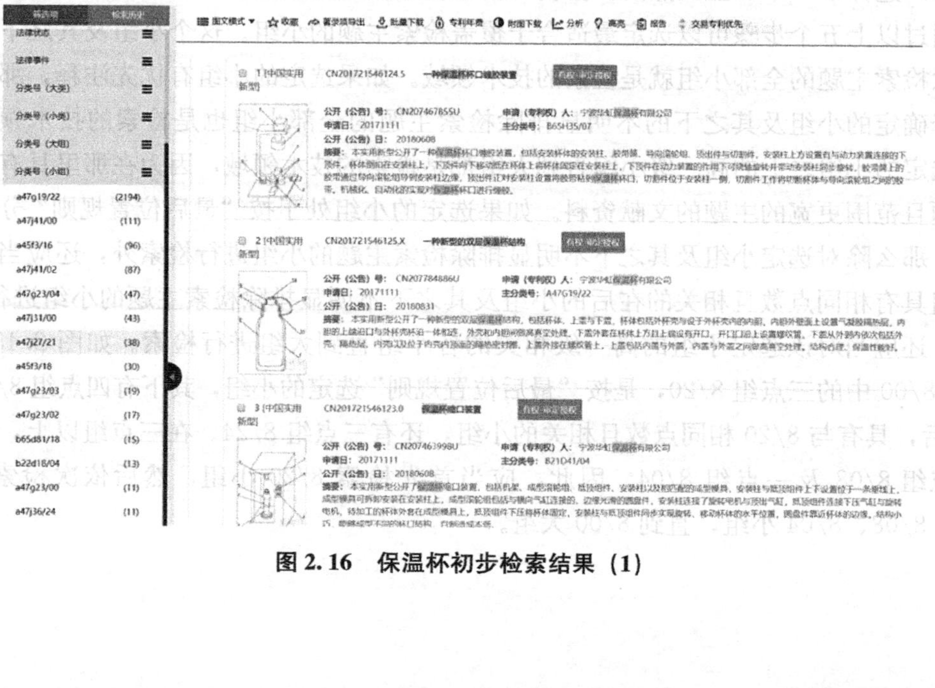

图 2.16 保温杯初步检索结果（1）

在保温杯的初步检索统计结果中，如图 2.16 所示，IPC 除了有 A 部的分类号，还有 B 部的分类号 B65D 81/18 和 B22D 18/04。通过查表发现，其中 B65D 81/18 类名为“为内装物提供特殊环境，例如高于或低于室温（具有绝热层入 B65D 81/38；具有冷却装置的冰箱入 F25D）”，该小组类名后的参见中给出了指示，“具有绝热层入 B65D 81/38”。而通过验证，发现确实有一部分关于保温杯的专利分在 B65D 81/38 之中，如图 2.17 所示，而仅仅通过查看统计结果是无法发现该分类号的。因此，结合统计法和查表法，可以兼顾效率和完备性。

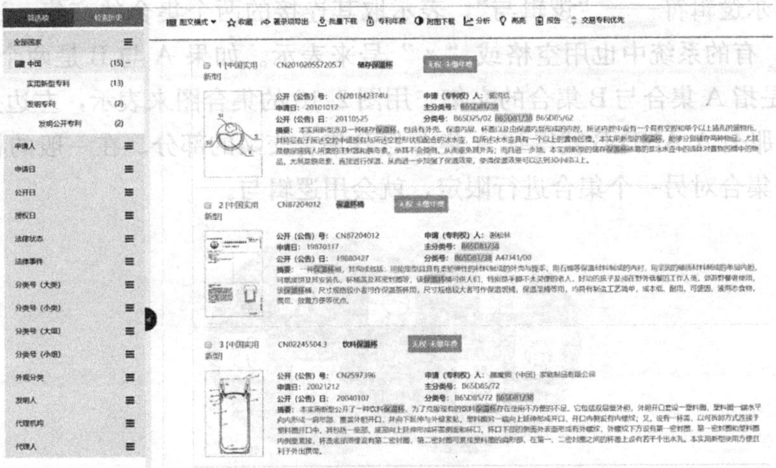

图 2.17　保温杯初步检索结果（2）

此外，在查找和穷举相关分类号的过程中，有时会发现某一个分类号大组中所有的小组都可能存在目标专利，此时，是不是要将该大组下所有的小组都列出来作为检索的分类号呢？实际上，我们可以采用右截断的方式进行表达。假设我们发现在 A47G 25/00 大组下，几乎所有的分类号均满足我们对某一检索目标的要求。此时如果要将其下所有的小组都列出来是相当烦琐的，该大组下有接近 50 个小组，即便用检索式连接起来进行检索也非常费事。此时可以采用右截断的方式，只检索“A47G 25”即可，省略掉“/”和“/”后面的数字。不过既然是大组包括小组，为什么不用“A47G 25/00”呢？实际上，从层级结构来讲是这样的，但是在数据库中并没有将其下小组的数据汇总到大组上去。因此，单纯用 A47G 25/00 大组分类号去检索，只能检索到明确标示分类号为 A47G 25/00 的专利，其他小组的专利并不会被命中。举例来说，FIC A47G 25＝FIC（A47G 25/00＋A47G 25/02＋A47G 25/04……），FIC A47G 25≠FIC A47G 25/00。同理，小类的整体检索也应当用右截断的方式。

2.1.7　检索式和检索符

无论是基于哪种目的或哪种类型的检索，检索要素的提取和表达都不容易，从关键词到分类号，都需要将潜在可能的表达穷举出来。在完成检索要素的提取和表达之后，常会发现检索要素的数量非常多，有时可能有十几个甚至几十个关键词、数十个分类号。如果每一个检索要素都只能在通过单次检索后，再在检索结果上进行另一个检索要素的限定检索，是非常麻烦的。这时，通过检索式将这些关键词和分类号连接起来，可以解决问题，提高效率。

检索式是一种包含一定逻辑，且能够被检索系统识别并计算的命令行。在PSS系统中看到的命令行检索，实际上就是直接用编辑的检索式进行检索的接口。由于检索用到的是布尔逻辑，因此，一般也称为布尔逻辑检索。利用布尔逻辑来编制检索式，是绝大多数计算机文献检索中最常用的一种方法。常用的布尔逻辑符有三种，对应三种基本表达式，分别是逻辑与、逻辑或、逻辑非。

第一种布尔逻辑符——“逻辑与”，表示取其连接的两个集合的交集，通常用通配符AND来表示，有的系统中也用空格或“＊”号来表示。如果A与B是两个不同的集合，A AND B就是指A集合与B集合的交集。用图2.18的集合图来表示，左边是集合A，右边是集合B，那么A AND B就得到A集合与B集合交叉的部分。在一般的检索中，如果需要通过一个集合对另一个集合进行限定，就会用逻辑与。

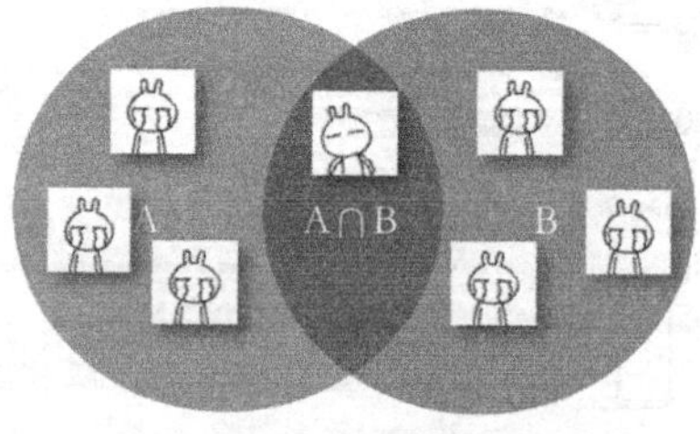

图2.18 “逻辑与” A∩B

例如，当检索中草药杀虫剂时，由于中草药是定语，是对杀虫剂的限定，指的是含中草药成分的杀虫剂，因此，如果把中草药和杀虫剂作为两个关键词分别检索，就得到两个检索结果构成的集合。这两个集合取交集，就得到既包含中草药这个关键词，又包含杀虫剂这个关键词的专利集合。此时只有两个关键词同时出现在一篇专利文献中，该文献才会被命中。需要说明的是，A AND B和B AND A得到的结果是一样的，如图2.19所示。

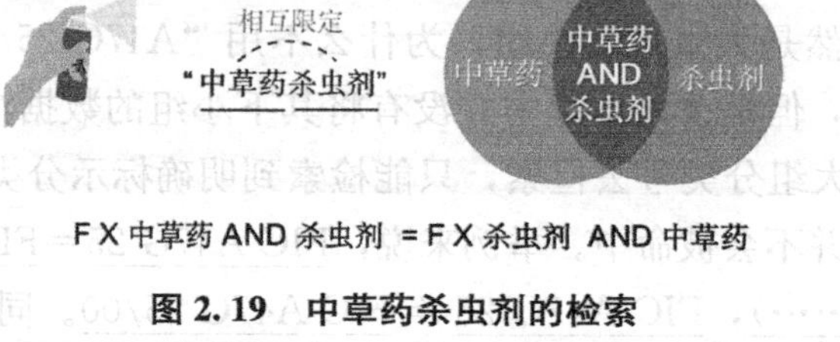

图2.19 中草药杀虫剂的检索

第二种布尔逻辑符——“逻辑或”，表示两个集合的并集，或和集，通常用通配符OR来表示，有的系统中也用“＋”号来表示。A OR B就是指A集合与B集合的并集。用图2.20的集合图来表示，无论是左边部分还是右边部分，抑或它们的交叉部分，都是检索的内容。也即，逻辑或表示两个集合区域的相加，逻辑上指的是满足两个集合条件中任意一个集合的条件，就命中结果。

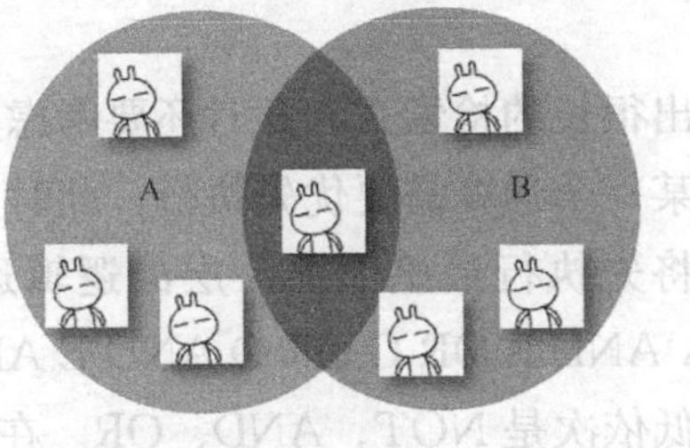

图 2.20　“逻辑或” A∪B

在专利检索中，一般同一个检索要素中关键词的不同表达，如描述同一个技术特征的两个同义词或近义词，就可以用 OR 连接起来。例如“饮食杯”和“食品杯”都是与技术主题相关的关键词，是同一个主题的不同表达，互为近义词，因此可以用 OR 连接起来。“饮食杯 OR 食品杯”表示专利文献中只要出现两个关键词中的任意一个，就命中结果。如果都出现了，当然也命中结果。

第三种布尔逻辑符——“逻辑非”，表示两个集合的差集，通常用通配符 NOT 来表示，有的系统中也用“－”号来替代。值得注意的是，逻辑非与逻辑与、逻辑或的区别在于，逻辑非需要考虑运算符前后的顺序，A NOT B 与 B NOT A 得到的结果是不一样的。如果左边是 A 集合，右边是 B 结合，当键入 A NOT B，得到的结果如图 2.21 所示，只有左边不包括 B 的部分命中结果。逻辑非表示 A 集合不包括 B 集合的部分，因此，A 集合与 B 集合交叉部分也不会出现在运算的结果中。如果是 B NOT A，结果就会不一样，如图 2.22 所示。

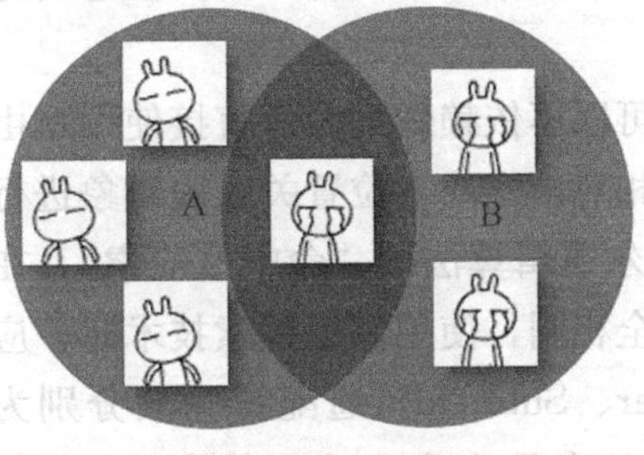

图 2.21　A NOT B

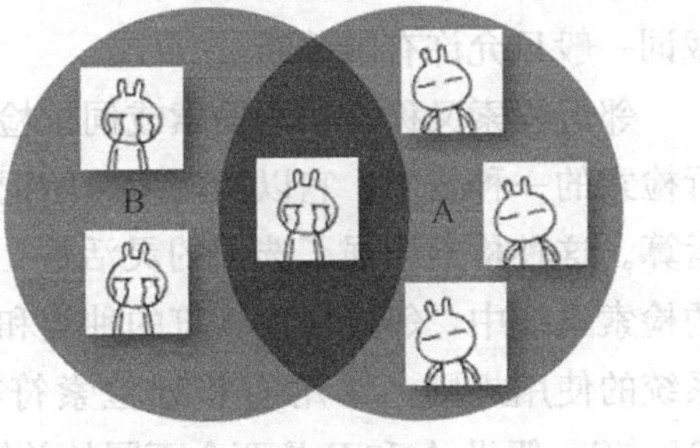

图 2.22　B NOT A

在专利检索中，什么情况下可以用到逻辑非运算呢？例如在检索圆珠笔的专利的时候，我们知道圆珠笔与水性笔是有区别的，它们的区别主要在于颜料的材料上，但是有的时候水性笔也被归类为圆珠笔，因此，就有一些明明是水性笔的专利却在文献中记载为一种圆珠笔。此时，如果检索圆珠笔的专利，这些水性笔作为“杂质”也被带进了检索结果中。经过对杂质的分析发现，虽然名为圆珠笔、实为水性笔的专利没有出现“水性笔”三个字，但是一般会提到“水性”或“水性颜料”这几个字。此时可以用“圆珠笔 NOT 水性”将这些杂质批量去除。因此，NOT 是一个除杂的好工具，能够提高检索结果的准确率。当然，在使用 NOT 除杂的时候，也要谨慎，因为可能一不小心，就会将一些并非杂质的专利当作杂质排除出去。同时，如果某专利既是关于圆珠笔，也是关于水性笔的发明，那么“圆珠笔 NOT 水性”就会错杀这个专利，此时检准率可能是提高了，但是检全率同时降低了。

利用布尔逻辑符可以写出很长的检索式，此时还要考虑另一个问题，也就是运算顺序的问题。如果在检索式中，某一个运算需要优先执行，此时，可以用括号将这个运算括起来，如果有多层括号，系统将先执行最里面那一层的逻辑运算。假设 A、B、C、D、E、F、G 是不同的检索要素，A AND B OR C OR D AND E AND F NOT G 在没有括号的情况下，运算优先级别从高至低依次是 NOT、AND、OR。在这个检索式中，就会先计算 F NOT G，再计算 A 和 B 的交集，以及 D、E、F 的交集，最后计算 OR 两头的并集。如果有括号，就会改变运算次序。在 A AND B OR C OR D AND (E AND F) NOT G 这个检索式中，会优先计算括号内 E 和 F 的交集。

除了布尔逻辑算符，还有一些特殊的算符，如截词检索符和邻近检索符。这些都是功能很强大的检索符，但并不是所有检索系统都支持这样的运算符号。

首先是截词检索符，截词是指在检索词的合适位置进行截断，然后使用截词符进行处理，这样既可减少输入的字符数目，又可达到较高的检全率。尤其在西文检索系统中，使用截词符处理自由词，对提高检全率的效果非常显著。按照截断的字符数量，分为有限截断和无限截断；按照截断的位置，分为后、前、中截词检索。其中，后截词检索最常用，如有限截断时，一个通配符代表“零个或一个”被截去的字符，“system?”可以检索出 system 和 systems，但不能检索出 systemic、systematic，而用“system??”就可以检出来。后截断检索为无限截断时，是指允许截去的字符数量不限，因此也称开放式截词。前截词检索，同理。前截词的方式为截断单词和词语的前部分，如“?lishi”。中截词检索，又称为中间屏蔽，如“women 和 woman”可以用“wom?n”来代替。需要注意的是，中截词一般只允许有限截断。

邻近检索又称为位置检索或词位检索，是一种可以不依赖叙词表而直接使用自由词进行检索的一种技术，它以数据库原始记录中词语的相对次序或者位置关系为对象进行组配运算。这种检索增强了选词的灵活性，可以弥补布尔逻辑算法的“命中性检索”。在不同的检索系统中，邻近检索算符的种类和表达式不完全相同，使用邻近检索技术时，应注意系统的使用规则。常用的邻近检索符有 with、near、Subfield，通配符一般分别为/W，/N，/S。假设 A 和 B 是两个不同的关键词，A /W B 表示 A 和 B 出现的位置必须前后相邻；A /N B 表示 A 和 B 出现的位置必须前后相邻，但前后位置可以颠倒；A /S B 表示在此运算符两侧的检索词只要出现在同一个子字段内（如一个句子内），但不限制先后顺序，中间相隔的词数也不限，此信息即被命中。

2.2　面向技术比对的对比文件检索

2.2.1　确定和理解检索的对象

在介绍专利检索目的与类型的章节中，列出了六七种基于不同目的的专利检索，但实际上远不止这几种。严格按照检索对象分类，专利检索实际上只有两类：一类是以权利要求书中的技术方案为对象进行的对比文件的检索，面向的是评价新颖性、创造性或侵权风险。另一类是以某一技术主题为对象，检索一个领域的专利集合，面向的是专利分析。

这一节重点学习面向技术比对的对比文件检索，本节用对比文件检索对技术比对的对比文件检索进行简称。对比文件检索往往是以某件专利或某件专利申请的权利要求书中所包含的技术方案为对象的。因此，必须了解如何分析权利要求书，并从中确定检索对象和检索要素。

熟悉《专利法》或者《专利审查指南》应该知道，权利要求书中记载的是发明人要求保护的技术方案，包括独立权利要求和从属权利要求。其中，独立权利要求，又称“独立权项”或“主权项”，它要求从整体上反映发明或者实用新型的技术方案，记载解决技术问题的必要技术特征。独立权利要求中记载的技术方案一般来说是要求保护范围最宽的，而且专利的发明人往往会将其最主要的发明构思写入独立权利要求中。因此，对权利要求的分析一般从独立权利要求开始，把独立权利要求所要保护的技术方案作为检索的主题，并正确理解独立权利要求限定的保护范围。

依据《专利法》第64条第1款的规定，发明或实用新型专利权的保护范围以其权利要求的内容为准，说明书及附图可用于解释权利要求的内容。对于独立权利要求，其描述方式往往是使用比较概括的、上位的概念，因而不能用说明书中具体实施例来限定其涵盖的范围，而应该以最宽的范围来理解独立权利要求保护的范围。说明书及附图可以用于解释权利要求的目的在于两点：其一是解释权利要求中特殊的或者不清楚的术语；其二是确定所要解决的技术问题。因此，检索的重点应当放在独立权利要求的发明构思上，而不应将检索只限于独立权利要求的字面意义，这对于我们提取和表达检索要素式尤为重要。

关于独立权利要求的结构，《专利法实施细则》第21条第1款作出规定，发明或者实用新型的独立权利要求应当包括前序部分和特征部分，其中前序部分写明要求保护的发明或者实用新型技术方案的主题名称和发明或者实用新型主题与最接近的现有技术共有的必要技术特征，特征部分使用“其特征是……”或者类似的用语，写明发明或者实用新型区别于最接近的现有技术的技术特征，这些特征和前序部分写明的特征合在一起，限定发明或者实用新型要求保护的范围。

发明的特征部分，有时也称为发明点，对于我们理解技术方案的构思和确定保护范围非常重要。但在实际情况中，很多专利的权利要求并未严格按照要求的格式写明“其特征是”“其特征在于”等字眼，或者发明人刻意避开最接近的现有技术，而将一些与现有技术相同的技术特征也写入特征部分。这些情况会对我们造成一定的干扰，因此在检索的时候需要对权利要求的特征部分进行重新划界，确定权利要求实际的保护范围。

在实际检索之前，不仅要明确检索的对象，而且要充分理解它，因此还需要做一些准备。在检索之前，应当仔细阅读专利全文，正确理解专利的主题，掌握它的技术背景、所要解决的技术问题和解决技术问题对应的技术方案。阅读专利文本的目的在于，使检索人员了解本技术领域的技术，趋近本领域普通技术人员（本领域普通技术人员是一种法律拟制的虚拟的人），这对于之后的检索和新颖性、创造性的判断，或者侵权判断都至关重要。一般来说，可以采用以下步骤来理解对象：首先，阅读该专利说明书中对相关背景技术的介绍；其次，初步检索与该专利相同或相近的专利，并进行阅读，考虑是否需要对权利要求的保护范围进行重新确定；同时，也可以检索该专利发明人或申请人在先申请的相关专利或者已经发表的文章，这些内容可能对进一步理解检索对象有作用。总之，充分理解检索的对象，是检索成功的基础步骤，在检索之前需要做好充分的准备。

2.2.2 检索的目标

思考一个问题：如果我们不清楚一个检索到的现有技术文献是否能够影响检索对象的新颖性或创造性，以及如何影响其新颖性或创造性，在这种情形下，是否能够较好地完成检索工作？正如去树林中采蘑菇，如果我们并不知道想要采的蘑菇是什么样的，以及采到的蘑菇能不能吃，那最终可能会出现一种局面：最后采到的蘑菇都是"可能可以吃""看起来好像可以吃"的，到底能不能吃无法确定。这样还会给人一种一定要将整片树林都走一遍才靠谱的强烈不安感，到头来的结果很可能是采了一堆好像可以吃的毒蘑菇。这就是目标不清晰的后果。同理，对比文件的检索，也需要明确检索的目标。我们必须对检索目标在逻辑上的构成有一个清晰的认识，只有这样才能够规划好专利检索的全过程，才能够完备地确定和表达检索要素，才能够制定好检索策略和检索式，也才能够正确筛选结果并最终完成检索工作。

检索的目标是对比文件，更具体一点是对比文件中能够影响新颖性或创造性的技术方案。在专利文献中，所谓的技术方案，是指对要解决的技术问题所采取的利用了自然规律的技术手段的集合。技术手段通常是由技术特征来体现的，因此，检索的目标又可以被视为包含确定的技术特征的集合。在面向新颖性和创造性评价的对比文件检索中，我们要检索的目标应当是能够单独影响新颖性的对比文件和能够结合起来影响创造性的对比文件。因此，我们必须熟知专利法中新颖性和创造性的判断方法。

关于新颖性的判断，《专利审查指南》第二部分第三章 3.1 中指出了新颖性判断的原则：被审查的发明或者实用新型专利申请与现有技术或者抵触申请的相关内容相比，如果其技术领域、所解决的技术问题、技术方案和预期效果实质上相同，则认为两者为同样的发明或者实用新型。在进行新颖性判断时，审查员首先应当判断被审查专利申请的技术方案与对比文件的技术方案是否实质上相同，如果专利申请与对比文件公开的内容相比，其权利要求所限定的技术方案与对比文件公开的技术方案实质上相同，所属技术领域的技术人员根据两者的技术方案可以确定两者能够适用于相同的技术领域，解决相同的技术问题，并具有相同的预期效果，则认为两者为同样的发明或者实用新型。另外，新颖性的判断适用单独对比原则，判断新颖性时，应当将发明或者实用新型专利申请的各项权利要求，分别与每一项现有技术或抵触申请进行比较，不得将其与几项现有技术或者抵触申请内容的组合，或者与一份对比文件中的多项技术方案的组合进行对比。

《专利审查指南》给出了新颖性判断中的一些常见情形，以下几种是在检索上必须予以考虑的。可以看到，能够影响新颖性的目标专利的范围比通常理解的要宽得多。

第一种情形是技术内容的不同表达或文字替换。如果检索对象的技术方案与对比文件所公开的技术内容完全相同，或者仅仅是简单的文字变换，则该技术方案不具备新颖性。需要注意的是，这里说的相同的内容应该理解为包括可以从对比文件中直接地、毫无疑义地确定的技术内容。

第二种情形是使用了具体的下位概念。如果检索对象的技术方案与对比文件相比，其区别仅在于前者采用一般的上位概念，而后者采用具体的下位概念限定同类性质的技术特征，则具体的下位概念的公开，使采用一般的上位概念限定的技术方案丧失新颖性。例如，对比文件公开某产品是“用铜制成的”，就使“用金属制成的”同一产品的技术方案丧失新颖性。但是，该铜制品的公开并不使铜之外的其他具体金属制成的同一产品的技术方案丧失新颖性。反之，一般的上位概念的公开并不影响采用具体的下位概念限定的技术方案的新颖性。例如，对比文件公开的某产品是“用金属制成的”，并不能使“用铜制成的”同一产品的发明或者实用新型丧失新颖性。这就提醒我们，如果检索对象中描述的概念存在上位概念和下位概念，那么下位概念的技术方案也是我们要检索的目标，应当包括在我们检索的射程范围之内。

第三种情形是惯用手段的直接置换。如果检索对象的技术方案与对比文件的区别仅仅是所属技术领域的惯用手段的直接置换，则该技术方案不具备新颖性。例如，对比文件公开了采用螺钉固定的装置，而检索对象的技术方案仅将该装置的螺钉固定方式改换为螺栓固定方式，则该技术方案不具备新颖性。

第四种情形是采用性能、用途、方法等其他方式进行限定。对于产品技术方案而言，如果现有技术中存在采用包含性能参数特征、用途特征、制备方法特征等方式限定的技术方案，如果本领域普通技术人员不能够将其与检索对象的技术方案区分开，则也有可能影响其新颖性。例如，检索对象的技术方案为用 X 衍射数据等多种参数表征的一种结晶形态的化合物 A，而对比文件公开的是结晶形态的化合物 A 的结构式，如果根据对比文件公开的内容，难以将两者的结晶形态区分开，则可推定检索对象保护的产品与对比文件产品相同，不具备新颖性。

除上述四种情形外，还有一些其他的情形，但由于出现概率较小，或者即便出现，在检索上也不需要特别考虑，所以就不一一列出。

可以看到，新颖性的判断，主要是考察技术方案，然后是技术领域、技术问题和技术效果。从集合逻辑上，如果检索对象的技术方案可以表达为包含 A、B、C 三个技术特征的方案，那么，按照新颖性的定义和判断方法，检索影响新颖性的对比文件时的检索目标理论上应当包括：

（1）技术方案相同的情形，即 A+B+C。

（2）下位概念替换的情形，即 A、B、C 中至少一个被其下位概念替换。

（3）惯用手段置换的情形，即 A、B、C 中至少一个是本领域的惯用手段替换。

（4）其他方式限定替换的情形，即 A、B、C 中至少一个是用性能、用途、方法等其他方式进行限定替换的情形。

接下来，我们来看检索影响创造性的对比文件时的检索目标，首先需要了解创造性的判断方法。

《专利审查指南》第二部分第四章 3.2 中指出，判断要求保护的发明相对于现有技术是否显而易见，通常可按照以下三个步骤进行：

（1）确定最接近的现有技术。

（2）与最接近的现有技术对比，确定发明的区别特征和发明实际解决的技术问题。

(3) 判断要求保护的发明对本领域的技术人员来说是否显而易见。

其中，在第三步中，要从最接近的现有技术和发明实际解决的技术问题出发，判断要求保护的发明对本领域的技术人员来说是否显而易见。在判断过程中，要确定的是现有技术整体上是否存在某种技术启示，即现有技术中是否给出将区别特征应用到该最接近的现有技术，以解决其存在的技术问题（即发明实际解决的技术问题）的启示。这种启示会使本领域的技术人员在面对所述技术问题时，有动机改进该最接近的现有技术，并获得要求保护的发明。如果现有技术存在这种技术启示，则发明是显而易见的，不具有突出的实质性特点。

从上述描述中可以发现，检索影响创造性的对比文件时的检索目标可以分成两个阶段的检索小目标。第一阶段的检索小目标是检索最接近的现有技术，第二阶段是检索能够与最接近的现有技术显而易见地结合起来的对比文件。

所谓最接近的现有技术，是指现有技术中与要求保护的发明最密切相关的一个技术方案。从检索的角度来说，最接近的现有技术，可以是与要求保护的发明技术领域相同，所要解决的技术问题、技术效果或者用途最接近，公开了发明的技术特征最多的现有技术，或者虽然与要求保护的发明技术领域不同，但能够实现发明的功能，并且公开发明的技术特征最多的现有技术。公开了发明的技术特征最多的现有技术，也就是公开了我们的检索对象的技术特征最多的现有技术。照此定义，如果我们检索对象的技术方案用技术特征的集合来描述，是 A+B+C+D，那么最接近的现有技术就可以是 A、B、C，也可以是 B、C、D，也可以是 A、C、D，因为这几个方案公开的技术特征只比检索对象少一项。但需要注意的是，第二阶段的检索小目标，也即检索能够与最接近的现有技术显而易见地结合起来的对比文件，需要与前面选择的最接近的现有技术对应。例如：第一阶段如果是 A、B、C，那么第二阶段检索的小目标应该是能够与 A、B、C 结合的包含技术特征 D 的对比文件，也就是 A、B、C+D，同理还包括：A、C、D+B，A、B、D+C，B、C、D+A。

这是比较理想的状况，在多数情形下，按照检索对象的技术方案减少一个技术特征去检索，往往检索不到结果。此时需要调整检索目标，例如可能需要减少两个甚至两个以上的技术特征去检索，那么此时的方案就是 A、B，A、C，A、D，等等，对应的第二阶段就是A、B+C、D，A、C+B、D，等等。

以上的方法如果按照排列组合来理解，那么在四个特征中任意选其中三个，便存在四种不同组合的最接近的现有技术。如果任意选择其中两个，就存在六种组合方案。如果检索对象包含十多个特征，最接近的现有技术的不同组合方案数量就非常多了，那该选哪一种来进行检索？或者每一种方案都要尝试吗？由此，如果检索对象的技术特征比较多，理论上检索的工作量会很大，在时间充裕的情况下，一般不能排除任何有潜在可能性的检索方案。但可以采用一些检索技巧来尽量规避和减少工作量，这就涉及具体检索中基本检索要素的确定和表达。

2.2.3 基本检索要素的确定

前文提到，如果组成检索对象的技术方案的技术特征比较多，理论上检索工作量会比较大，尤其是针对创造性判断的对比文件的检索，潜在的检索目标组合数量非常大。确定基本检索要素，是减少检索工作量的方法之一。

所谓基本检索要素，是指体现技术方案的基本构思的可检索要素。通常来说，需要从整体上分析并把握保护范围最宽的独立权利要求的技术方案，以确定该技术方案的检索要素。检索要素是能够反映目标信息特点的关键索引要素，基本检索要素是检索要素中更关键、更能反映目标信息特点的要素。它的着眼点是技术方案的基本构思，而不拘泥于技术方案中文字记载的技术特征。因此，并不是每一个技术特征都是基本检索要素。

确定基本检索要素，关键在于把握检索对象技术方案的基本构思。我们知道，对比文件的检索是为之后的技术比对服务的，检索人员应当尽可能地向“本领域普通技术人员”这一法律设定的标准靠拢。

一般来说，可以通过两个方面来确定基本检索要素。

一是根据权利要求的前序部分确定一个或多个基本检索要素。在绝大多数情况下，权利要求中的主题名称可以作为基本检索要素，从检索意义上说，它指出了该发明所涉及的技术领域。技术主题在检索中是一个非常关键的信息，往往具有不可替代性。但是，也存在少量权利要求的主题名称不能准确表达权利要求技术方案的主题的情形，此时，则需要结合该权利要求的技术内容来确定能够体现其主题的“名称”作为检索要素。例如，有些“潜水艇”专利，发明人为了尽可能地隐藏信息，将技术主题用很隐晦的方式来表达。又如，明明是一款饮水机，主题名称却写成一种水供应装置，此时，就需要结合权利要求的其他内容来明确“发明构思”的主题，来确定它就是一款饮水机。

有的时候，还可以从前序部分的其他技术特征中选取那些与特征部分的技术特征密切相关，却又没有隐含在主题名称之内的特征作为基本检索要素。例如，一种饮水机包括饮水装置和位于饮水装置之下的消毒装置，其特征在于消毒装置中设置有紫外线消毒灯和臭氧消毒模块，所述的臭氧消毒模块包括臭氧发生器和臭氧扩散器。这个技术方案，主题是一种饮水机，实际发明构思的重点在消毒装置模块，实际上就是一个消毒柜上架一个饮水机，但是主题名称却是饮水机，此时可以考虑将消毒柜也作为一个基本检索要素。

二是根据权利要求的特征部分确定一个或多个基本检索要素。它体现了发明解决技术问题的基本构思，亦即发明点。从权利要求的特征部分中选择最能够体现该发明基本构思的一个或多个技术特征或/和技术特征的组合作为基本检索要素。

技术特征的组合是一个陌生的概念，下文我们用实例辅助理解。在对技术特征进行概括时，经常会遇到这种问题：以上文的饮水机方案为例，其特征部分提到了臭氧消毒模块，所述的臭氧消毒模块包括臭氧发生器和臭氧扩散器，其中臭氧消毒模块既是一个技术特征，其下还有其他的组成部分，因此，我们又将其视为一个技术特征的组合，因为它进一步由臭氧发生器和臭氧扩散器组成。

有一个著名的案子[①]发生在美国，虽然是一个专利侵权案件，但是其中的原理是相通的。康宁（Corning）公司在玻璃工业领域非常强大，实际上其业务还包括了光纤，因为有一部分光纤是玻璃纤维。康宁公司于1970年成功地制造了世界上第一条每千米噪声低

① *Corning Glass Works* v. *Sumitomo Electric U. S. A., Inc.* 868 F. 2d 1251 (Fed. Cir. 1989).

于 20db 的光导纤维，并申请了专利。该光纤的核心部分是含有 3%左右钛的硅，然后覆盖以纯硅。发明人的发明构思是，在核心部分掺杂钛，其作用是增加核心部分的折射率，从而使核心部分和覆盖层之间产生折射率的差别，这有利于光信号的全反射传导。这一发明在当时具有划时代的意义，在全球范围内引起强烈的反响。在申请专利时，发明人仅仅揭示了掺杂钛提高折射率的方案，没有提到其他方案。同时，他也并不知道掺杂杂质降低硅折射率的方法，尽管 1954 年就已经有利用氟降低一些玻璃折射率的记载。被告是老对手大名鼎鼎的日本住友公司，被控侵权的产品是在硅覆盖层中掺入氟，从而降低其折射率，在覆盖层和核心部分之间形成折射率差。

法院认为，该方案虽然没有直接从字面上落入权利要求的范围，但是作为一种替代的技术手段，构成等同物。被告认为，自己并没有对原告的技术方案进行要素替换，因为原告是通过添加成分提高核心部分的折射率，而自己并没有在核心部分添加成分，也没有提高该折射率。掺入杂质的核心是权利要求的一部分，也是一个“要素”（element）。在被告的方案中并不存在这一要素，依据所谓的“全部要素规则”（all elements rule），不能被视为侵权。

法院认为，被告误解了权利要求解释中所谓“要素”（element）一词的含义。“要素”可以被用来指代单一的限制性特征，也可以被用来指代一系列的限制性特征，而这一系列特征组合在一起成为所主张发明的一个组成部分（component）。这里的组成部分与技术特征的组合实际上是同一个东西。这个案件中的技术特征组合就是“采用不同折射率的含硅材料实现全反射”①。

虽然前面这个案例涉及的是专利侵权判断中技术特征的概括，但与评价新颖性和创造性的过程中进行的技术特征概括方法是一致的。以上就是关于技术特征组合的解释。要在特征部分确定一个或多个基本检索要素，问题就在于，在有的技术方案中，特征部分包括了很多技术特征，例如下例专利的独立权利要求。一种多功能饮水机，其特征在于：包括外壳（1）以及设置在外壳上方的纯净水桶（2），所述外壳（1）内有控水装置（3）、加热装置（4）、蓄热装置（5）、回水装置（6）、温控装置（9）等等。

上述并非全是区别技术特征。从特征部分中选取基本检索要素时，应当充分考虑说明书中所描述的该发明所要解决的技术问题和技术效果，选择与技术问题和技术效果密切相关的技术特征或技术特征的组合作为基本检索要素。在上例中，我们可以从专利说明书的背景技术部分发现，它要解决的技术问题就是普通冷热型饮水机中接出的温水由沸水掺冷水兑出从而使水质降低的问题。而解决这个技术问题的手段主要是它的蓄热装置，以及组成蓄热装置的不同相变材料的蓄热体。而其他的特征，如外壳、加热装置、回水装置等，要么与现有技术中的特征实质上相同，要么与解决技术问题实现技术效果不直接相关。因此，可以暂时只将蓄热装置作为一个基本检索要素。由于这里的蓄热装置是由多个蓄热体组成的，蓄热装置可以被视为一个技术特征的组合，而不同相变材料的蓄热体则被视为一个技术特征。

然而，基本检索要素的确定是一个动态调整的过程。如果在后续的检索中发现作为基

① 崔国斌．专利法：原理与案例．2 版．北京：北京大学出版社，2016：707.

本检索要素的某一技术特征实际上并不是区别技术特征，那么在对权利要求保护的范围进行重新理解和划界的时候，也应该对基本检索要素进行调整。

基本检索要素一般只从技术主题名称和区别技术特征两方面确定即可，这样能够大大减少检索的工作量。理论上，如果将主题名称与实际的区别技术特征作为检索要素进行检索，在其他环节没有问题的情况下，还检索不到对比文件，那么采用穷尽各种技术特征组配的方案，也将难以检索到。而如果检索人员不能准确把握“本领域普通技术人员”的标准，确定基本检索要素及其表达，或者基本检索要素的表达与数据库之间存在偏差，则会出现漏检现象。我们只能不断加深对现有技术状况的了解，通过确保表达的完备性来保证检索的质量。

2.2.4 基本检索要素的表达和检索要素表

在实际检索中，检索结果的准确与否，与基本检索要素的表达是否准确密切相关。在确定了基本检索要素之后，应当根据对权利要求技术方案的分析和理解、对现有技术基本情况的把握，列出每个基本检索要素在检索系统中的表达方式。表达检索要素的种类主要有关键词和分类号，某些特殊领域还存在一些其他的表达方式，如化学结构式和生物序列，但这样的检索需要特定检索工具的支持。通常每个基本检索要素都应当尽可能地用分类号、关键词等形式进行表达。

在选择关键词表达检索要素时，选择的词语应当能够反映发明的实质内容，而不应选择那些对于检索来说没有任何实质意义的高度概括的词，例如“装置”“方法”等。在选择关键词时，还应尽量精简表达，例如“饮水机装置”可以直接表达为“饮水机”，甚至在某些情况下表达为“饮水”会更好。前文介绍关键词表达时，提到了三个“准确和完整”，分别是形式上的准确和完整、意义上的准确和完整、角度上的准确和完整。本节将介绍检索对象中关于新颖性和创造性判断的方法，这可以使我们对其中意义上的准确和完整，以及角度上的准确和完整有更深的认识。同义词、近义词、反义词、上下位概念、功能、用途、参数、惯用手段等等，都是需要充分考虑的因素。

对于分类号的表达，除利用最为直接、准确的分类号之外，也要考虑基本检索要素所表征的技术特征或技术特征的组合，在技术方案中的功能、作用、效果和其实际能够解决的技术问题，来选择相应的分类号。[①]

在确定了基本检索要素及其表达之后，可以采用检索要素表来记录和梳理检索过程中使用的基本检索要素及其不同的表达。表中的每一列表示一个基本检索要素，每一行表示一种检索要素的表达方式，行和列的数量都不是固定的，可以增减（见表2.1）。

下面通过一个实例来进一步介绍基本检索要素的表达和检索要素表。

仍以多功能饮水机为例，在上一小节初步分析过，这个权利要求除主题名称外，所有的技术特征都写在了特征部分，其中还包括外壳、纯净水桶、控水装置、加热装置等等。但这些技术特征并非都是区别技术特征。

① 田力普．发明专利审查基础教程：检索分册．修订版．北京：知识产权出版社，2012：112.

表 2.1 检索要素表

		前序部分	特征部分	
		基本检索要素 1	基本检索要素 2	基本检索要素 3
表达	分类号		每一行表示一种检索要素的表达方式	
	关键词	每一列表示一个基本检索要素		

结合其说明书中的描述来看，其中的背景技术写道："目前也有一些冷温热型饮水机，如某专利所述冲泡机，包含热水箱、冷水箱、温水箱，热水箱出水口和冷水箱出水口均连接温水箱的入水口，根据用户的不同温度和冲泡计量的要求来控制热水箱和冷水箱的温度和流量达到温水箱的水温要求。由于温水箱的水是由冷热水箱中的水混合而成，而冷水箱的水也是桶装水，因此出水品质也一样很难达到安全饮用的要求，存在较大的安全隐患。"

因此，该发明解决的技术问题是普通冷热型饮水机中接出的温水由沸水掺冷水兑出从而使水质降低的问题，且实现温度可调的技术效果。

虽然在说明书中发明人还声称可以实现剩余的热水回流利用，节能环保，但根据我们的生活经验以及对现有技术的初步检索，发现绝大部分饮水机都不会将余水排出，而是继续留用。因此，实际解决的问题就是制温水的问题，各个温度段的水都是由沸水经过相变换热即时出水，而对应的技术特征是蓄热装置，蓄热装置包含不同相变材料的蓄热体。因此，可以将蓄热装置作为一个基本检索要素，将相变材料蓄热体作为另一个基本检索要素。而前序部分的检索要素就确定为主题名称饮水机。

在确定了基本检索要素之后，要对这些基本检索要素进行表达。主题名称对应的基本检索要素是一种饮水机。通过将"饮水机"作为关键词进行初步检索，采用统计法并结合查表，发现 A47J 31/00 大组"饮料制备装置"比较适当，其下有 9 个一点组，其中只有一点组 A47J 31/44"制备饮料装置的零部件"最为合适。该一点组下有 7 个两点组和一个三点组，其中 A47J 31/54"煮水器皿"及其下的三点组 A47J 31/56"有水位控制器的；有温度控制的"最为合适。但由于一点组 A47J 31/44 指向的是"制备饮料装置的零部件"，因此并非完全符合，所以，大组 A47J 31/00"饮料制备装置"也应当作为分类号。因此，在检索要素表中，饮水机的分类号方框内就填入上述 4 个分类号。

再来看主题名称这一基本检索要素的关键词，我们这里只做中文检索。首先考虑意义上的准确和完整。饮水机本身可以作为一个关键词，同时要找出饮水机的同义词、近义词。由于已经确定了分类号，可以考察分类号大组 A47J 31/00"饮料制备装置"下的专利，看看专利题名中都有哪些其他的表达。经查看发现，有"供水""茶饮"等分别与"机""装置""器"等组配的名称。将这些同义词、近义词的表达也记录到检索要素表中。其次考虑角度上的准确和完整，主要是从功能、用途等角度来考虑饮水机是否还有其他的表达。经过对该技术方案的分析，发现饮水机实际上就是一个提供温水的机器，因此，有可能用"温水""开水""烧水""热水"等与"机""装置""器"等组配构成题名。例如，用“温水机”检索一下是否有这个名称，再来决定用不用这个关键词。经过检验，发现温水、开水、烧水、热水都是可用的关键词。

完成了主题名称这一基本检索要素的表达，可以用同样的方法来完成其他两个基本检索要素的表达，接着完成检索要素表。检索要素表完成之后并不是固定不变的，在之后的检索过程中可能还会进行动态调整。表 2.2 就是一个饮料制备装置检索要素表。

表 2.2 饮料制备装置检索要素表

		前序部分	特征部分	
		饮水机	蓄热装置	相变材料蓄热体
表达	分类号	A47J 31/00 A47J 31/44 A47J 31/54 A47J 31/56	F28D F28D 20/00 F28D 20/02	C09K 5/00
	关键词	饮水、供水、茶饮、饮料、温水、开水、热水、烧水；（机、器、装置、设备）	蓄热、储热、放热、吸热、热交换、换热、传热、导热；（器、装置、模块、设备）	相变、固相、液相

检索要素表的作用，除帮助记录不同检索要素的表达外，还可以理清不同检索要素表达之间的关系，能够提高制定检索策略和编辑检索式的效率。一般来说，同一个检索要素的不同表达用逻辑或的关系连接起来，表示对该检索要素的整体表达。不同检索要素的表达一般用逻辑与的关系连接起来，表示相互限定的关系。

2.2.5 检索策略和检索式的构建

在检索要素表中，一般同一个检索要素的不同表达用逻辑或连接起来，不同检索要素的表达用逻辑与连接起来。这样，基本检索要素表中不同的表达在理论上可以用一个检索式联系起来。

检索单独能够影响新颖性的对比文件时，需要进行全要素检索。我们使用基本检索要素替代全部检索要素穷举式的罗列，尽量地减少工作量。因此，在全要素检索的情况下，应当符合如下逻辑：假设共有四个基本检索要素，那么单独能够影响新颖性的对比文件应当属于所有基本检索要素的并集。

在通常情况下，优先进行“全要素检索”。因为如果能够找到一篇单独影响新颖性的对比文件，那么再检索影响创造性的对比文件就不再那么具备意义。但是，如果通过全要素检索没有检索到单独能够影响新颖性的对比文件，此时就要考虑进行部分要素的组合检索，也就是通过减少一个以上的基本检索要素进行检索。实际上在介绍检索目标的时候也涉及了这个问题。不过，由于考虑到创造性判断中最接近的现有技术的选择，以及在判断是否存在多个对比文件结合的启示时，“技术领域”这一要素在判断中的特别影响，在部分要素的组合检索中通常是减少技术主题基本检索要素之外的基本检索要素，往往就是区别特征部分的基本检索要素。这样，有可能优先检索到同一个技术领域中采用了部分相同的技术手段解决类似技术问题的对比文件。

其中的逻辑可以用以下几个式子来举例表示。假设共有四个基本检索要素，其中基本检索要素 1 是技术主题的基本检索要素。那么，检索能够影响创造性的对比文件，可以考虑三种方案，即基本检索要素 1 分别与基本检索要素 2、3、4 中的两个组合来组配检索式。如果这三种方案均没有检索到结果，再考虑省略基本检索要素 1 的方案。此时，检索到的对比文件就可能是技术领域并不完全相同或相近，但采用了相同或实质上相同的技术手段解决了相同或实质上相同的技术问题的技术方案。

依据上一小节带有相变材料蓄热装置的饮水机的例子，简单地给出了它的检索要素表（见表 2.2，当然此表并不完全，在之后的检索过程中我们还需要动态调整）。那么对于全要素检索，三个基本检索要素需要用逻辑与连接起来，而每一个基本检索要素不同的表达又需要用逻辑或连接起来。

首先，对于基本检索要素 1，四个分类号之间用 OR 连接起来，同样地，关键词也用 OR 连接起来（见图 2.23）。

基本检索要素1:

分类号：A47J 31/00 OR A47J 31/44 OR A47J 31/54 OR A47J 31/56

关键词：饮水 OR 饮料 OR 温水 OR 开水 OR 热水 OR 烧水

关键词 OR 分类号：

(A47J 31/00 OR A47J 31/44 OR A47J 31/54 OR A47J 31/56) OR (饮水 OR 饮料 OR 温水 OR 开水 OR 热水 OR 烧水)

图 2.23　基本检索要素 1

同理，基本检索要素 2 也都用 OR 连接起来，基本检索要素 3 也用 OR 连接起来（见图 2.24）。这样，先得到了三个小的检索式。每一个检索式代表一个基本检索要素，然后再用 AND 将这三个小的检索式连接起来，这就是一个比较长的检索式了（见图 2.25）。使用这个检索式，再根据具体检索工具调整一下格式就可以进行检索了。

这个检索式可能检索到的对比文件是包含蓄热装置的饮水机，且蓄热装置是由相变材料制成的蓄热体组成的。

如果没有检索到相关的对比文件，需要考虑如下几个因素：

第一，检索式是否符合检索工具特定的格式要求？（不同的检索系统对字段符、检索符的格式要求不尽相同。）

基本检索要素2:

(F28D OR F28D 20/00 OR F28D 20/02) OR

(蓄热 OR 储热 OR 放热 OR 吸热 OR 热交换 OR 换热 OR 传热 OR 导热)

基本检索要素3:

(C09K 5/00) OR (相变 OR 固相 OR 液相)

图 2.24　基本检索要素 2 和 3

合并检索式：

(((A47J 31/00 OR A47J 31/44 OR A47J 31/54 OR A47J 31/56) OR (饮水 OR 饮料 OR 温水 OR 开水 OR 热水 OR 烧水)) AND ((F28D OR F28D 20/00 OR F28D 20/02) OR (蓄热 OR 储热 OR 放热 OR 吸热 OR 热交换 OR 换热 OR 传热 OR 导热)) AND ((C09K 5/00) OR (相变 OR 固相 OR 液相)))

图 2.25　合并检索式

第二，基本检索要素的概括是否准确？

第三，基本检索要素的表达是否符合习惯？在检索过程中我们经常需要回过头去动态调整基本检索要素及其表达。

如果经过检查分析依然没有检索到结果，就可以采用部分检索要素组合检索。如基本检索要素 1 AND 基本检索要素 2，也可以基本检索要素 1 AND 基本检索要素 3，或者基本检索要素 2 AND 基本检索要素 3（见图 2.26）。

基本检索要素1 AND 基本检索要素2：

(((A47J 31/00 OR A47J 31/44 OR A47J 31/54 OR A47J 31/56) OR (饮水 OR 饮料 OR 温水 OR 开水 OR 热水 OR 烧水)) AND ((F28D OR F28D 20/00 OR F28D 20/02) OR (蓄热 OR 储热 OR 放热 OR 吸热 OR 热交换 OR 换热 OR 传热 OR 导热)))

基本检索要素1 AND 基本检索要素3：

(((A47J 31/00 OR A47J 31/44 OR A47J 31/54 OR A47J 31/56) OR (饮水 OR 饮料 OR 温水 OR 开水 OR 热水 OR 烧水)) AND ((C09K 5/00) OR (相变 OR 固相 OR 液相)))

基本检索要素2 AND 基本检索要素3：

(((F28D OR F28D 20/00 OR F28D 20/02) OR (蓄热 OR 储热 OR 放热 OR 吸热 OR 热交换 OR 换热 OR 传热 OR 导热)) AND ((C09K 5/00) OR (相变 OR 固相 OR 液相)))

图 2.26　部分检索要素组合检索

这些检索式检索到的是与其他对比文件结合有可能影响检索对象技术方案创造性的对比文件。以上为构建检索式的基本思路。

在实践中可以发现，一旦基本检索要素的表达很多，得到的检索式会非常长，有的十几行甚至几十行，非常臃肿。有过检索体验的人经常会有这种困扰：好不容易做出来一个半页纸的检索式，慢慢地有了成就感，但是放到检索工具里面检索，结果却为 0。这样的检索式往往密密麻麻很长一串，嵌套的括号里三层外三层。做了很多工作却检索不出结果，往往又要从检索要素表开始重新来过，运气不好还是检索不出来，只能感叹“专利检索好难啊！”

解决这一问题，首先要掌握检索式建构的策略和方法。对于检索，尤其是编辑检索式，应将它看成是一个工程。现代工程学里面有一种思想，叫作模块化的思想，是指在解决一个复杂问题时，自上而下逐层把系统划分成若干模块。模块化的优点在于自上而下逻辑清楚、层级分明，各个模块可独立校验，单个模块出现问题可以不用牵动整个工程项目。绝大部分复杂的软件工程、系统工程，包括航空航天领域的工程项目，都采用模块化的思想。

如果可以预见最终的检索式是一个庞大的式子，那么，我们也可以采用模块化的思想。在检索领域，有人也称其为“块检索策略”，块即模块（block）。块检索策略完全可以和基本检索要素表结合起来使用。将预期检索的内容分成若干个不同的子块，自上而下地确定子块之间的逻辑关系。这种循序渐进的策略可以解决很多复杂的逻辑关系问题。

例如，可以将一个基本检索要素作为一个块，这一个块的检索式是该基本检索要素下不同表达方式通过“逻辑或”连接而成的。这个块建构完之后单独作为一个模块记录并验证，最终的检索式就是块与块之间的组合：

Block1：Aa OR Ab OR Ac

Block2：Ba OR Bb OR Bc

Block3：Ca OR Cb OR Cc

Block1 AND Block2 AND Block3：（Aa OR Ab OR Ac）AND（Ba OR Bb OR Bc）AND（Ca OR Cb OR Cc）

块检索的优点在于很容易自上而下地检验检索的逻辑，使检索工作实现分工协作，一旦出现错误也很容易得到修正。

2.3 面向专利分析的技术主题检索

2.3.1 技术主题检索概述

面向专利分析的技术主题检索与其他的检索类型有很大的不同，其区别主要在检索的对象和目标上。

对比文件检索的对象往往是单个的具体技术方案，检索的目标是评价专利的新颖性、创造性或者实施技术方案的侵权可能性。而技术主题检索则完全不同，它检索的对象往往不是单个的具体技术方案，而是一个技术领域，并不具体到由技术特征组成的具体技术方案，没有特别具体的技术问题和技术效果。其检索的目标在于为专利分析寻找一个正确的可供分析的数据基础，它面向的不是对单个技术的分析，而更多的是统计数据层面的分析。两种主要检索类型的特点如表 2.3 所示。

表 2.3 技术主题检索与对比文件检索的特点

项目	技术主题检索	对比文件检索
目标	面向专利分析，为专利分析提供数据基础	评价专利的新颖性、创造性或侵权可能性
对象	技术主题及其技术分支	技术方案
终止条件	检全率和检准率	检索到能够评价新颖性、创造性的对比文件
成果物	专利文献集合	对比文件

技术主题检索是专利分析的第一个阶段，它是专利分析的数据准备阶段。没有数据，专利分析将无从开展。例如，某行业协会想要了解中国境内智能扫地机器人的技术竞争态势，以便于总体了解行业现状，制定行业发展规划，此时，就需要用到技术主题检索。那些绚丽的专利地图、专利可视化图形，都是对技术主题检索结果进行统计分析后的结果。因此，技术主题检索相对于对比文件检索，具有以下特点：

第一，检索的对象抽象而宽泛，具体的检索范围受后续分析目标的影响，因此，检索的工作量也根据技术领域的大小以及专利分析目标而变化。

技术主题检索往往不能仅仅从"技术主题词"的字面意思来划定检索的范围，而需要综合考虑后续专利技术分析的目标。例如，在对"乳制品技术"进行检索时，假设经过调研，发现乳制品技术包括乳制品产品与加工工艺技术、生产加工装置的技术，还包括乳制品检测技术。而提出检索分析要求的客户对其中的乳制品检测技术并不感兴趣，也不关心，在分析的目标中并不会用到这些数据，此时，我们就需要通过一些方法将这部分专利技术在制定检索计划时剔除出去。

就比较大的技术领域而言，例如乳制品技术领域，潜在的目标专利数据可能有上万条甚至十几万条，并且大的技术领域下还有很多复杂的技术子类，这样，检索的工作量和复杂程度就会成倍增加。

第二，检索结果对检准率和检全率有客观要求。

技术主题的检索结果是分析的对象，属于统计学上的一个总体。统计学上，一般把研究对象的全体称为总体，总体是由根据研究目的确定的具有相同性质的个体所构成的全体。因此，在理想状况下，不具有相同性质的个体不应当出现在这一总体中，而具有相同性质的个体则应当全部囊括进来，二者分别对应的是检索的检准率和检全率。检准率和检全率是评估检索结果的基准参数，也是决定检索是否完成和终止的指针。

第三，对检索平台的要求更高，在数据资源选择上注重统计维度提供的种类和数量。

选择检索平台时除需要考虑数据的时间和地域范围外，还对数据的分析维度、数据的导入导出功能、数据筛选功能有较高的要求。

基于上述特点，技术主题检索往往是一个需要分工协作的项目。由于工作量较大，需要多人共同完成，因此，检索工作需要进行良好的分割，检索过程要能够做到可分工实现、可继承修正。其中，可分工实现就是可以由不同的人完成各自部分的工作，最终群体的工作内容还能够拼接起来构成完整的任务。可继承修正指的是在检索的时间线上，即便发生工作的交接，后续接手工作的人也能够理解并继续完成检索工作，而不需要从头开始。

因此，技术主题检索摆在我们面前的难题主要有两个：第一，如何明确检索的对象、检索的范围，并能够实现可分工协作？第二，如何评估检索的结果是否已经达到检全率和检准率的要求？

2.3.2 检索前的准备

对于一个技术主题，限定的描述越少，要检索的内容就越多。而且技术主题往往是面向行业和整个产品的，涉及的专利数量非常多。如果要检索"电动牙刷"这一技术主题的专利，需要考虑检索对象和检索目标如何确定的问题。

首先，检索的对象如何确定？只检索主题名称为“电动牙刷”的专利是不可行的，电动牙刷中包含的某些核心部件的专利也许才是这个技术领域的核心技术所在。因此，除关于整机产品的专利外，核心部件的专利也是应该检索的部分。如果将电动牙刷拆开，其中的部件就包括刷头、传动机构、驱动装置、控制装置、电源装置等等。不仅如此，电动牙刷按照工作原理还分为很多种，例如旋转电动牙刷、声波振动电动牙刷等。不同工作原理的电动牙刷内部的结构很可能是不同的，旋转电动牙刷主要是靠传动装置和旋转牙刷头的配合，而声波振动电动牙刷依靠的是内置马达的高频振动。声波振动电动牙刷中除了振动装置，还有手柄部位的减振组件，减振组件又可以分为减振固定片、减振支架等等。如果再细分，甚至可以拆分到每一个最细小的组成零件，以至细分到螺丝钉。

但是，并非将电动牙刷拆成每一个小零件，然后将这些小零件例如螺丝钉变换成检索的技术小主题就行了。事实上，很多零部件是通用的，它们并不是电动牙刷领域单独使用的零部件。那么检索电动牙刷领域的专利技术，这些通用的零部件涉及的专利也要检索吗？

这个问题，并非从事检索工作的人能够回答上来，检索人员也并非回答这个问题的最佳主体，只有该技术领域行业内的专业人员才能够回答这个问题。这就涉及检索之前的准备工作，即技术主题的行业调研。

技术主题的行业调研不仅仅是为检索工作做准备，也给之后的专利分析工作做铺垫。一般行业技术调研主要依靠互联网、文献资料、行业协会和相关企业咨询、专家意见等。其中，文献调研是了解行业技术的优选方式。往往通过阅读相关文献资料可以较好地从技术领域的发展历史、现状等了解行业各方面的发展。文献资料包括专利文献、非专利文献、行业标准、政府或行业协会出版的行业发展蓝皮书、其他的行业分析报告以及相关新闻动态等。[①] 文献调研往往是整个调研工作的第一步，一般只有存在文献资料解决不了的问题才会付诸其他形式的调研。同时文献调研也是展开其他调研的基础，检索人员只有对本技术领域有一个较为初步的认识和了解，才能够去与专家交流，否则在交流过程中既提不出实际存在的问题，也不能很好地理解专家的专业意见，使得咨询沟通效率低下。

第二种是市场调研。市场调研表面上和了解具体的技术知识没有关系，但实际上市场调研的用处很大。通过市场调研，一般可以了解本领域的主要产品类型，通过产品介绍可以初步了解市面上主要产品的种类、工作原理、价格成本，可对本领域内主要的市场“玩家”有一个初步的了解，还能清楚哪些企业占据着市场核心地位，下一步的企业走访调查就可以考虑将这些企业列为目标。在互联网电子商务时代，市场调研相对于以往需要走遍大街小巷，要容易得多。通过一些电商网站，可以快速了解产品的图文信息、消费者的偏好，甚至还可以通过购买者的评价来了解产品的好坏以及技术上可能存在的问题等。

上述两种调研属于资料调研的方式，接下来，还可以考虑第三种方式，即访谈咨询方式。访谈咨询方式有很多种，包括实地调研、咨询专家、问卷调查、电话调研，或者是这些方式的结合等。

---

① 杨铁军．专利分析实务手册．北京：知识产权出版社，2012：16－18.

在通过前面的文献调研和市场调研，对本领域有较为深入的认识之后，可以将存在疑惑的问题罗列出来，向本领域的专业人士求证或者寻求答案。如果能够与本领域有代表性的企业或相关主体的专业人士进行深层次的沟通，往往可以提高效率。调研的对象应尽量选择行业内知名度较高、得到行业内充分认可的机构或个人。在这种形式的调研中，如果发现不同机构或个人给出的信息不相同且不匹配，为了保证信息的可靠性，可以将问卷调查或者电话调研作为补充手段，增加调查的广度。需要注意的是，应当将提出技术领域检索分析的需求方作为调研重点访谈的对象。专利分析需求方的目的和想法，常常对检索对象的确定有重大的影响。

在确定了检索对象之后，还需要确定检索的目标并选择合适的检索数据库。由于技术主题检索是面向专利分析的，而专利分析又是目标导向的，因此，检索的目标与分析的目标存在高度的关联性。技术主题检索目标的确定，需要考虑检索数据需求的规划、数据库的选择、分析的可操作性等问题。

数据分析是建立在基础维度的数据统计之上的，表 2.4 给出了专利分析的类型对应的数据分析内容，以及需要统计的数据维度。① 如果要分析技术生命周期，那么必须对技术主题的申请年份、年申请量、年申请人数量等维度进行统计，而反映在单个专利数据上，就是需要提供专利的申请日、授权日、申请人等字段的信息。如果要做技术功效分析，就需要统计技术分支、技术领域、技术问题、技术效果、申请量等数据，反映在单个专利数据上，就要提供专利的 IPC 等分类号、技术名称关键词、解决的技术问题、能够实现的技术效果等。而其中解决的技术问题、能够实现的技术效果属于非格式化信息，需要从专利文献中找出并进行标引。

表 2.4 专利数据分析内容及统计项

序号	类别	数据分析内容	统计项	备注
1	行业技术发展及演变趋势分析	各技术分支的申请趋势	申请年份、技术分支、年申请量	折线图或柱状图
2		各技术分支的份额	技术分支、申请量、比例	饼状图
3		各类申请人历年申请分布	申请年份、申请人类型、年申请量	折线图
4		技术生命周期	申请年份、年申请量、年申请人数量	散点图或折线图
5		技术需求分析	申请年份、技术分支、申请量	气泡图

上述这些数据维度在检索阶段就需要进行筹划，可以说，专利分析工作与技术主题检索几乎是同时进行的。所以必须通过分析的目标来明确检索的目标，而分析目标主要由专利分析的需求方和专利检索分析的执行方共同讨论决定，在“你需要的是什么”与“我能够提供什么”之间实现对接。专利检索与分析是一个复杂工程，工程建设承包的乙方如果不清楚甲方的要求和意图，那么这个工程是很难做好的。在有些时候，甚至甲方自己可能都不清楚分析的目标是什么，此时，乙方可以将能够实现的目标罗列出来，让甲方选择，让甲方根据需求“点菜”。甲方不点菜，乙方就不炒菜，不上菜。

---

① 杨铁军．专利分析实务手册．北京：知识产权出版社，2012：107－109.

只有在明确了检索对象和检索目标后，再开始检索工作才是可行的。明确检索对象和检索目标是检索前必要的准备。

2.3.3 检索对象的技术分解

我们已经知道，技术主题检索是一个复杂的工程，而之前提及，对付复杂工程的一个有效武器，就是模块化的思想，也即将复杂工程切割划分为简单的模块。技术主题检索，尤其是检索对象的确定、具体检索范围的划分，便可以用到模块化的思想。

模块化思想之于专利文献检索，运用之一便是技术分解，技术分解的结果是得到一个明确的技术分解表。技术分解表是一个有层次结构的表格。其直接的观感，像是将某一技术主题进行了拆分，将该领域的技术分支分门别类地纳入一个表格中，但这个分类的方法看起来又并不是 IPC 或 CPC 等分类方法。

划定检索的范围是技术分解表的第一大功能。技术分解表就是对技术主题深入细化分解的结果，它的实质是专利检索分析的纲领性文件，可以看成是专利检索的路线图、研究框架或者计划规划，记载的是将要付诸检索和分析的技术分支，是专利文献检索的基础，也是数据标引、除杂、整理的指南。只有通过技术分解表，我们才能够清晰地划定技术主题检索的范围。

以电动牙刷这一主题为例，在没有进行技术分解之前，面对“电动牙刷”这个技术词语，如何开展检索是很迷茫的。将电动牙刷进行技术分解之后，我们发现原来电动牙刷的核心技术可能是在高频振动电机上，而高频振动电机的专利甚至都不会出现“电动牙刷”这几个字。通过技术分解表，就可以将属于该技术主题领域的技术分支都尽可能地罗列进来，防止漏检。

同时，通过技术分解，还可以将一些虽然属于该技术主题领域，但是根据专利分析和检索的目标不需要检索的区域明确排除出去。如果分析的目标是电动牙刷的核心技术，那么关于牙刷柄的材料就不是我们要检索的范围，此时就可以在技术分解表中将其标记为无须检索的区块。这样，就将需要检索的内容分成了层级分明、逻辑清晰的技术分支，相当于给检索绘制了一个路线图。

技术分解表的第二大功能体现在，它是技术主题检索这一复杂工程分工和协作的基础。根据技术分解表，可以将检索工作分割成多个部分，然后由不同的人来完成。正确的技术分解表能够尽量使协作的人员之间不产生过多的重复性工作，这是由于技术分解表在每一个技术分支上已经足够细化，能够支持提取出具有该技术分支特点的检索要素。因此，在电动牙刷的例子中，按照技术分解表进行分工，检索传动机构的工作人员不会与检索刷头的工作人员有过多的重叠，当一方检索遇到困难时，也很少会影响另一方。

因此，科学合理地制定技术分解表就显得非常重要。技术分解需要满足以下几个目标：

（1）面向产业。因为专利分析与分析报告面向的是行业和产业决策，其读者并不是专利检索人员，也不是专利工程师，而往往是行业内的决策者。由于技术分解表同时也要为之后的专利分析做指引，因此，技术主题的技术分解，需根据行业或产业特点做进一步细化。不同于专利分类的标准，它与产业结合应该更为紧密，通过技术分解能够了解该技术主题所在行业的技术构成、产业结构等情况。

（2）便于检索。根据行业或者产业的分类来进行的技术分解，并不直接适合检索，需要将其进行细化，分解细化得到的技术分支要能够作为检索的对象，这样才能作为检索分工和协作的基础。

（3）便于分析。技术分解表实际上也是一个分类表，只是这种分类表是自定义的，与 IPC 和 CPC 分类的方法有所不同，但至少也应当具备分类表的功能，技术分解表应当尽可能地实现这样一个功能：一个属于该技术主题的专利，在分类表中能够对应一个确定的位置，且不同的检索人员对这一位置的确定不会产生分歧。也就是说，技术分解表应当有一个相对客观的分类方法，使不同的检索人员在分工协作的过程中所执行的标准是一致的。只有这样，在后续的数据处理过程中，才能够实现根据某一个技术分支对该分支下的专利进行批量标引，而同时不会导致过多的错误。

（4）有所侧重。这与确定检索目标是相适应的，技术分解表中并不需要对每一个技术模块都做同等细致的拆分。根据需求方想要实现的和检索分析方能够实现的来确定技术分解的侧重点。

概言之，技术分解表应当实现面向产业、便于检索、便于分析、所有侧重的目标。

那么，如何才能完成好技术主题的技术分解工作呢？不同的技术主题，技术分解的类型和方法不尽相同，技术主题的技术分解，主要受到技术成熟度、技术与产品的交叉关系、产业链各环节的关键节点等因素的影响。在一般情况下，一级和二级分类主要受产业、行业分类习惯影响，三级以下的技术分支则与关键技术相关。在进行分解时，可以参考技术主题的概况和发展路线。从最上位的技术分支依次进行分解，将最上位的技术分支分解为较下位的技术分支，然后再对下位的技术分支作进一步分解，直到分解到可以进行检索和分析的重要技术分支为止。

以电动牙刷为例，首先对最上位的主题概念电动牙刷按照工作原理及其结构进行技术分解，在工作原理一级结构下可以得到两个二级分类，分别是旋转电动牙刷和声波振动电动牙刷。接着对旋转电动牙刷进一步分类，可以得到两个重要技术分支作为三级分类，分别是传动机构和刷头。接着再对三级分类进一步细分，得到了便于检索和分析的四级分类，分别是直齿轮、锥齿轮、旋转轴、交错旋转式刷头、环形旋转式刷头和左右旋转式刷头。这样依次对各级技术分支进行分解，就得到电动牙刷这一技术主题的技术分解表（见表 2.5）。当然，技术分解的过程也是需要动态调整的。

要想检验和评估技术分解表是否完备，可以随机抽样几个专利，然后由不同的检索人员来判断这些专利应该放在技术分解表中的哪个位置。如果不同的人分配得到的结果是相同的，且每一个专利在分解表中都有一个确定的位置，那么技术分解表基本算完备。如果存在分歧，且分歧在于技术分解表中某一个概念的解释和理解上，这种情况也不一定需要调整技术分解表，可以协商约定这一模糊概念在本次检索中的确定解释，并将其记录在一个关键术语解释表格中，作为备忘。这样，有利于协作的开展，减少分歧带来的不确定性和不统一性，也能给后续接手分析的人员一个提示。例如，在上述电动牙刷的例子中，第四级分类中的振动发生器可能会存在歧义，有的检索人员认为该主题词会与振动马达的范围重叠，此时，可以协商约定这里的“振动发生器”是指非转子马达类的振动发生器，而转子马达类的振动发生器分入第三级分类的振动马达中。事实上，关键术语解释表此时的作用就与 IPC 等分类号的附注、参见等相同。

表 2.5　电动牙刷技术分解表

	一级分类	二级分类	三级分类	四级分类
电动牙刷	工作原理	旋转电动牙刷	传动机构	直齿轮
				锥齿轮
				旋转轴
			刷头	交错旋转式刷头
				环形旋转式刷头
				左右旋转式刷头
		声波振动电动牙刷	振动组件	振动发生器
			减振组件	减振固定片
				减振支架
			连接装置	传动杆
				V形弹片
	结构组成	手柄	塑料手柄	（检索优先等级低）
			金属手柄	
			硅胶手柄	
		驱动装置	高速微型偏心轮振动马达	
			磁悬浮高频振动马达	
		电源装置	直充式	
			电池式	
			充电两用式	
			无线感应充电式	
		控制装置	传感器	
			控制器	

2.3.4　检索流程和结果评估

在完成了技术分解表之后，就可以着手检索工作了。技术主题检索的流程简单来说可以概括为如下几个步骤：选择检索系统，制定检索策略和构建检索式，检索结果的评估，调整和补充检索。

首先是检索系统的选择。合理地选择检索系统和数据库有利于提高检索的效率和质量。一般来说，需要根据检索的需求选择合适的数据库。选择检索系统时应当考虑的因素主要包括数据来源（数据国家覆盖、法律状态和引文、诉讼数据、商业信息、审查过程信息、复审与再审信息、许可与交易信息）、检索字段（数据处理程度）、检索逻辑支持（布尔逻辑、邻近检索、通配符、嵌套规则）、预置模型（相似度模型、聚类模型、价值度模型）、可视化工具（可视化美观度、可视化呈现的维度、可视化是否专业）、数据处理自由度（是否可以在平台内批量筛选和标引专利数据）、导入导出功能（是否能导入和导出数据）、项目管理工具（多人共享、历史记录、自建数据池、数据池的自标引）、用户界面（检索界面、分析界面、专利阅读界面（关键词定位查找、对比阅读））等（见图 2.27）。检索系统的选择应当首先满足数据来源和数据质量的要求，在此基础上再考虑检索效率的问题。在选择检索系统时，一方面要阅读检索系统提供的数据来源说明，另一方面可以用同一个检索式在多个系统中检索并比较。在其他条件都满足的情况下，选择使用性能好、方便导出检索结果或可以进行后续处理的检索系统。

选择合适的数据库以检索的需求为基础

- 数据来源（数据国家覆盖、法律状态和引文、诉讼数据、商业信息、审查过程信息、复审与再审信息、许可与交易信息）
- 检索字段（数据处理程度）
- 检索逻辑支持（布尔逻辑、邻近检索、通配符、嵌套规则）
- 预置模型（相似度模型、聚类模型（关键词联想、自归类）、价值度模型）
- 可视化工具（可视化美观度、可视化呈现的维度、可视化是否专业）
- 数据处理自由度（是否可以在平台内批量筛选和标引专利数据）
- 导入导出功能（是否能导入和导出数据）
- 项目管理工具（多人共享、历史记录、自建数据池、数据池的自标引）
- 用户界面（检索界面、分析界面、专利阅读界面（关键词定位查找、对比阅读））

图 2.27　检索系统的选择

其次是制定检索策略，检索策略可以根据技术分解表的类型和结构来确定。技术主题检索实际上可以分为两个步骤：第一个步骤是检全检索，第二个步骤则是保障检准的去噪工作。一般而言，先要实现检全，再实现检准。为了实现这一目标，常用的检索策略包括分总式检索和总分式检索。

其中，分总式检索策略是根据技术分解表（见表 2.6），对各技术分支展开检索，再将各技术分支的检索结果进行合并得到总的检索结果；而总分式检索策略则是首先对总的技术主题进行检索，而后从检索结果中进行二次检索获得各技术分支的检索结果。

表 2.6　分总式技术分解表的结构

一级	二级	三级
X（1）	M（11）	Aq（111）
		Bp（112）
	N（12）	Cd（121）
		De（122）

一般而言，分总式检索策略适合各个技术分支中潜在的专利技术不会出现一个统一的检索要素的情况，这个检索要素一般就是与技术主题相关的要素。在表 2.6 中，大写字母表示技术主题检索要素，小写字母表示一个特征性的检索要素，括号中的数字表示技术分支编号。可以发现，在一级结构和二级结构中，除了主题词检索要素，并没有特征性的检索要素出现，且二级结构中的技术分支主题词与一级结构中的主题词不同。实际上很多的技术分解表在前两级结构中都是这样的，因为前两级结构分类主要与行业或产业相关，不会涉及针对技术问题的具体关键技术。在第三级结构中，出现了特征性的检索要素，但我们发现三级结构中的四个技术分支主题词均不相同，且与一级中的主题词和二级中的技术

分支主题词也不同。这意味着，并不存在一个检索要素或检索要素的组合能够简单地将该技术分解表中的所有技术分支一网打尽。此时，我们只能先分开检索各个技术分支，再将各个技术分支的检索结果合并起来得到总体检索结果。一些集成多种设备和多种技术的系统性的技术领域往往就属于这一类情况。

而总分式策略适用的情形则相反，如果在某一个层级关系内，其多级结构中的各个技术分支中存在一个相同的检索要素可将各个层级的相关专利一网打尽，则可以采用总分式的检索策略。例如在表 2.7 中，三级结构中的每一个技术分支技术主题词的检索要素是相同的，而各个技术分支之后又有可进行区别的检索要素，此时就可以采用总分式的检索策略，先得到总的检索结果，再用各个技术分支的特征检索要素对总的检索结果进行二次限定，得到各技术分支的检索结果。

表 2.7　总分式技术分解表的结构

一级	二级	三级
X (1)	Xa (11)	Xaa (111)
		Xab (112)
	Xb (12)	Xbc (121)
		Xbd (122)

当然，由于实际遇到的技术分解表往往是庞大而复杂的，并不是单纯地只用某一种检索策略就能解决问题。在大多数情况下，两种策略可以结合使用。以电动牙刷的技术分解表为例（见表 2.8），来仔细观察在三级分类和四级分类中，哪些可以用总分式策略，哪些可以用分总式策略。根据上文的介绍，其中的传动机构、减振组件、连接装置需要用到分总式的检索策略，因为三级分类与其下的四级分类之间在表面上并没有共同的检索要素可以提取出来。而刷头就可以采用总分式的检索策略，因为其下的四级结构中也包括了刷头这一相同的检索要素。

表 2.8　电动牙刷的技术分解表

一级分类	二级分类	三级分类	四级分类
工作原理	旋转电动牙刷	传动机构	直齿轮
			锥齿轮
			旋转轴
		刷头	交错旋转式刷头
			环形旋转式刷头
			左右旋转式刷头
	声波振动电动牙刷	振动组件	振动发生器
		减振组件	减振固定片
			减振支架
		连接装置	传动杆
			V形弹片

在确定检索策略之后，接下来就是提取检索要素和构建检索式。理论上，每一个技术分支都应当被当成一个单独的检索，建立检索要素表，然后根据检索要素表来构建检索式。在实际操作的过程中，由于单个技术分支的检索在检索要素的数量上比对比文件检索中的要少，有的甚至只有一个技术主题词的检索要素，因此在实践中也可以简化处理。但检索要素的表达，依然要实现形式、意义、角度上的准确和完整。而具体的检索要素的表达以及分类号和关键词的确定，与对比文件检索中的检索要素表达方法相同。

检索结果的评估是检索的一个关键步骤，这关系到何时可以完成并终止检索工作。评估检索结果的指标主要是检全率和检准率。

在信息检索领域，所谓检全率，一般被定义为被检出的相关文献量与总文献中所有相关文献量的比值，可以用公式 $R=a/(a+c)$ 来表示，其中 a 表示被检出的相关文献数量，c 表示在检索中漏检的相关文献数量。但是，由于漏检的数量 c 是无法确定的，也就是总文献中潜在的所有相关文献的数量是无法确定的，因此只能通过抽样的方法进行统计学意义上的评估。假设在数据库中检索智能扫地机器人，通过检索一共找到 200 篇相关的专利文献，如果此时已知小米公司在智能扫地机器人这个技术领域中一共申请并公开了 50 个专利，那么理论上，在检索的检全率是 100%的情况下，小米公司的这 50 件专利应当都出现在那 200 个专利的结果集合中。随后通过对检索结果 200 篇专利文献中的申请人进行统计，发现小米公司的专利只有 40 件，这就意味着还有 10 件专利没有被本次检索命中。那么在本次检索中，以小米公司的专利为样本进行评价，该检索只有 80%（40/50×100%）的检全率。这种抽样的方法可以用一个数学公式来表达：设单次抽样评估的检全率为 r，待评估的检索结果为集合 S，检全样本为集合 P，当然，P 样本中的专利必须都与检索的主题相关，则检全率 r 等于 P 与 S 的交集数量除以 P 集合的数量。其中样本 P 可以是随机构建的样本，但 P 作为样本集合，集合中的文献数量应当满足一定的要求。一般来说，当 $S \leqslant 5\,000$，$P \geqslant S$ 的 10%；当 $S > 5\,000$，$P \geqslant S$ 的 5%。当然，样本 P 集合的构建虽然可以是随机的，但必须采用完全不同于检索 S 时所使用过的检索要素来构建，否则会导致评估失真。构建 P 的常用方法可以是从重要的申请人、发明人或者给定的时间段等角度进行。

所谓检准率，是指被检出的相关文献量与被检出的文献总量的比值。检索结果中包含的不相关文献越多，检准率就越低。例如，检索智能扫地机器人的专利，检索结果集合中有 100 篇专利文献，但是通过逐篇阅读，发现其中只有 70 篇是真正与检索的技术主题相关的，那么该次检索的检准率就是 70%，也就是说有 30%的文献是与检索的技术主题不相关的。习惯上，我们将不相关的文献称为检索噪声。因而，去除噪声文献就是为了提高检准率。但在检索结果集合中的文献数量较大的时候，要确定检索结果中与技术主题相关的文献数量也是比较困难的，如果面对上万篇的专利文献，检索人员不可能进行逐篇阅读。因此，评估检准率也可以采用抽样的方法。检准率可以用如下数学公式来表达：设单次检索的检准率为 p，从待评估检索结果集合中抽样的样本集合为 S，从集合 S 中人工阅读确定的与分析主题相关的文献集合为 S'，则单次抽样评估的检准率 p 为 S' 集合的数量除以 S 集合的数量。为了保证评估的准确性，S 集合的构建应当保证抽样的多样性和随机性，尽量多次抽样，且要确定一个样本的数量与检索结果数量的合理比值。如果检索结果有上万的数量，而抽样的样本数量只有两位数，就显然不合理。

在一次检索之后，往往要评估检索结果的检全率与检准率，以此来判断本次检索是否达到完成检索的条件。在实际的检索中，可以自行设定一定的目标，来确定检索终止的条件。例如设定检全率95%、检准率90%即可终止检索。但是，实践中经常会遇到这样的问题，即要么检全率没有达到目标，要么检准率没有达到目标。那么此时不能终止检索，而应当回溯检索流程，调整检索策略和检索式，进行适时的补充检索以及去除噪声，最终达到完成检索的条件。

我们可以从图2.28中了解具体流程。首先应当尽可能地满足检全率的要求，如果尚未满足，就应当回溯流程，如果已经满足了检全率的要求，则再对检准率进行考察。[①] 如果检准率低，则可以通过批量去噪、手工去噪等去除噪声的方法来提高检准率。

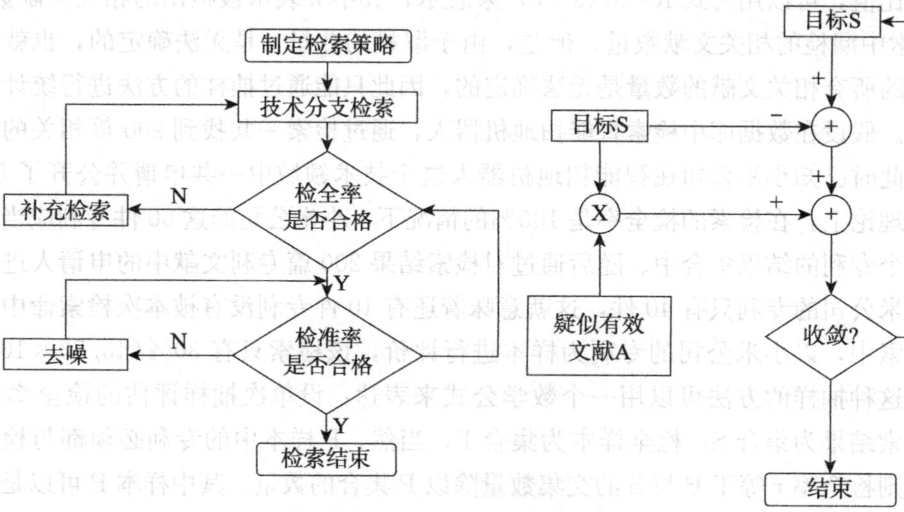

图 2.28 检索结果评估

当然，有的时候，由于去噪方式不恰当，去噪之后会使得检全率降低，此时，我们又不得不回溯流程，再次确保检全率达到目标。在这个过程中，依然能够发现，技术主题检索也是一个循环往复、螺旋上升的过程，需要在检索过程中不断地调整、判断、去噪，最终才能实现目标。一旦所有的技术分支的检索都达成目标，那么技术主题检索总体目标也宣告实现，也因此可以为接下来的专利分析建立良好的数据基础。

① 杨铁军．专利分析实务手册．北京：知识产权出版社，2012：59-64.

第 3 章　专利信息分析

3.1　专利信息分析概述

3.1.1　专利信息分析的概念

专利信息分析，顾名思义，就是对专利信息进行分析，从而揭示所需情报的一门学科，有时也可以简称为专利分析。它贯穿于专利的产生、实施、运营和管理的全周期。

3.1.2　专利信息分析的作用

科技研究人员在科研过程中碰到技术难题，需要寻找攻克难题的启示，或者想要确定一个新的技术创新方向，或者有了相关想法，想要论证项目的可行性以及相关成果的先进性时，都可以通过专利信息分析寻找答案。即使在科研已经完成，想要将成果进行转化的时候，专利信息分析仍然是不可或缺的。如首先通过专利信息分析预警已经存在的专利分布情况。如果没有已经存在的专利，那么要不要申请专利？申请多少件专利、申请多大的保护范围，才可达到最佳效果？碰到他人侵权或者被他人起诉侵权又该如何应对？解决这些问题都需要专利信息分析（见图 3.1）。

图 3.1　专利信息分析对科技研发者的作用

对于市场竞争者来说，专利信息分析更是不可或缺的。市场竞争者可以通过专利信息分析确定一系列市场竞争所要了解的相关问题，明确自己的行动方向。如该进军哪个行业？该行业的核心技术有哪些？最优秀的人才都有谁？市场上已有的先进技术是否能被引进？如何通过引进的技术来完成新品研发？如何布局专利最为稳妥？拓展海外市场时出口产品是否存在法律风险？市场上的主要竞争对手有哪些以及谁最有可能成为合作伙伴？已持有的专利价值几何？是否可以通过抵押融资和专利许可转让来进一步发挥专利的全部价值？等等（见图 3.2）。

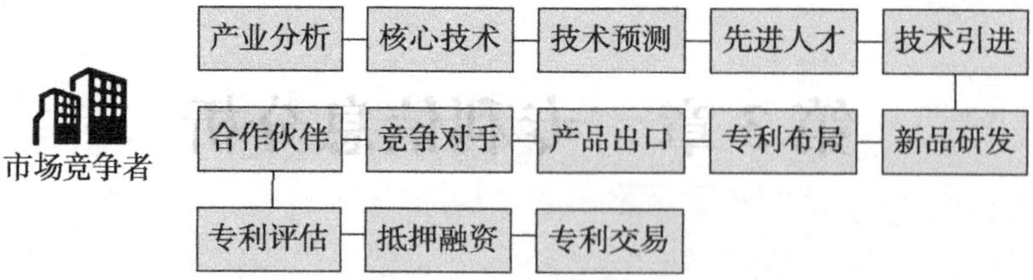

图 3.2 专利信息分析对市场竞争者的作用

对于组织管理者而言，利用专利信息分析技术能够更好地解决诸如目前市场上的市场参与者都有谁、是否会存在寡头垄断的可能、行业的发展态势如何、是选择扶持小微企业还是为产学研合作牵线搭桥、是出台政策进行激励还是鼓励自由竞争、国家整体状况如何、在参与国际竞争时的最佳策略是什么等一系列的管理难题（见图 3.3）。

图 3.3 专利信息分析对组织管理者的作用

3.1.3 专利信息分析的目的

由上可见，专利信息分析就好像绘制军事作战地图，能够让使用者了解行业的整体态势，获取相应的竞争情报，预测未来的发展动向（见图 3.4）。

了解整体态势，要求用于专利信息分析的数据能够全面反映整体。此处“全”字可以从地域与技术两方面解读。在地域上体现为覆盖全国乃至全球的专利数据，在技术上体现为覆盖全行业或产业的专利数据。

众所周知，专利文献的特点之一就是公开，这使得分析者可以从各种公开的途径获取专利数据。而专利文献公开是为了换取保护，也即在专利文献当中所记载的技术是法律上的一种合法技术垄断。何人在垄断？垄断多大范围？未来还有哪些垄断可能？都可以从专利文献中获得答案。专利权人是垄断的主体，专利的法律状态表明专利垄断是否有效，专利的时限和地域决定了垄断的时间范围和空间范围。而未来垄断的可能则可以从专利的发明人和技术内容中一探究竟。从专利权人到发明人，这些信息均被记载于专利的著录项目中，而专利技术除了体现于著录项目中，更多的是记载于专利说明书的具体内容中。因此分析者通过对专利文献内容进行分析，从而获取其所需要的竞争情报。

在此基础上，分析者可以对未来的技术和市场发展进行预测。预测是在掌握客观现象的基础上，结合特定的规律，推测事物发展的动力，预先测算未来的走向。在专利信息分析当中，客观现象就是专利数据，专利中记载的技术符合技术发展规律，专利的确权维权符合市场经济发展规律，因此两者结合可以推测相关主体的战略意图，从而预测未来发展可能，获得“先见之明”。这正是在专利运营管理中进行决策的依据。

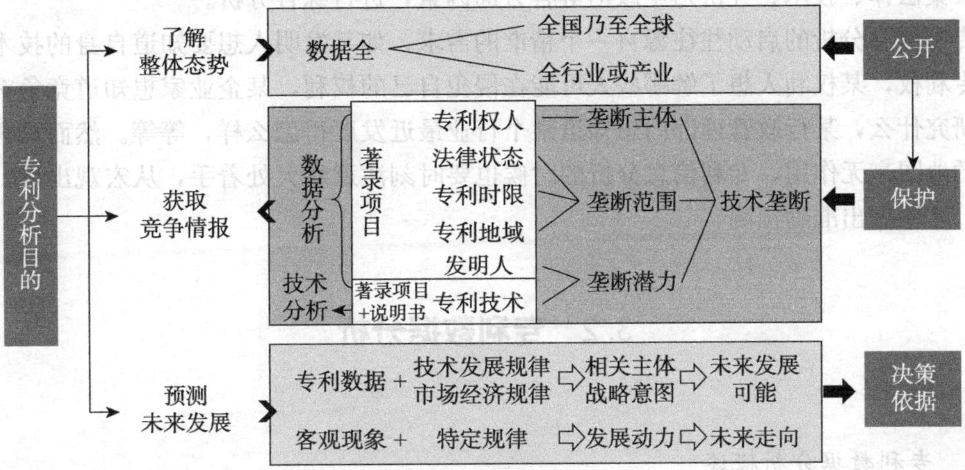

图3.4 专利分析目的

由此可见，在专利信息分析时，专利主体、法律状态、时空范围、技术内容等信息是分析的重点。记载于著录项目中的信息是结构化信息，可以使用数据分析法对其进行定量分析；而记载于说明书中的技术信息是非结构化信息，对其进行的技术分析属于定性分析。数据分析与技术分析是在专利信息分析中应用最为广泛的分析手段。当然，在实际分析工作中，数据分析与技术分析并非截然对立、泾渭分明，反而往往是根据分析目的和分析内容，交叉进行，综合运用，以达到最佳的分析效果。

3.1.4 专利信息分析的学科关系

从学科关系来看，专利信息分析是一门需要结合多学科知识的课程。准确的专利信息分析建立在对专利制度的理解上，专利制度的设计决定了专利信息的产生、发展、变化过程。专利文书基于专利制度而产生，其结构和内容正是专利信息分析的对象。而专利检索则将专利文书按照一定的主题聚合在一起，使之成为专利信息分析的原材料。可见专利检索与专利信息分析之间的关系尤为紧密。通过专利信息分析得到的结果，是专利管理运营时的决策依据，专利制度同样会影响专利管理运营，而专利管理运营所需要的情报又决定了专利检索的主题。

3.1.5 专利信息分析的思维特点

专利信息分析有其独有的一些思维特点。

专利信息分析的对象是客观的专利数据，然而对这些客观数据进行解读，则是由分析者做出蕴含自身经验的主观判断。这种主观判断的准确性、全面性、前瞻性直接决定了专利信息分析报告的价值。

专利信息分析有一定的模式套路，一般遵循“数据统计—数据可视化—数据解读—合理推测”的路径。然而，市场环境瞬息万变，竞争主体千差万别，要想从枯燥无趣的专利文献中解读出真正有价值的情报，离不开分析者不断拓展的思维，在专利信息分析时尽可能地搜集法律、技术、经济乃至政治等各方面因素，进行综合分析。

专利信息分析的启动往往源自一个精准的需求，如某发明人想要知道自身的技术能否获得专利权，某权利人想了解哪些人可能在侵犯自己的权利，某企业家想知道竞争对手最近在研究什么，某行政管理部门想知道某个行业最近发展得怎么样，等等。然而，只有一个点的地图毫无作用，专利信息分析的时候也要时刻注意从大处着手，从宏观出发，纵览全局，才能做出准确预测。

3.2 专利数据分析

3.2.1 专利数据分析概述

1. 专利数据分析的定义

专利数据分析是研究专利文献的重要方法之一。而数据分析必不可少的前期处理工作则是对专利信息进行加工整理。在专利信息分析中采用的分析方法是文献计量学法，它是综合了数学、统计学、计量学等学科知识的一种分析法。具体而言，是先对专利的某些特征进行计量分析，然后通过数学模型和图表方式形成一份专利数据分析报告，为读者揭示一定的技术现象和发展规律。专利数据分析的成果就是要形成一个系统、完整、具有总揽全局和预测功能的竞争情报。

2. 专利数据分析的知识基础

在进行专利数据分析时，需要有一定的关于分析材料和分析方法的知识基础。

专利数据分析的材料是专利文献，其主要组成部分是专利和专利申请。专利意味着其中的技术已经过审查，被确认具有新颖性、创造性、实用性，其实质是对创新成果的一种记载。而专利申请则表明至少专利申请人认为其中的技术是创新的，体现为专利申请人的创新活动。由于专利存在授权要件，在具有大量样本的前提下，专利文献在统计意义上具有一个平均价值。正因如此，在专利数据分析中，较少讨论某一件专利价值如何，更多研究的是某一指标下专利的整体数量。如果数量多，则该指标具有较高价值。如在统计意义上，持有 100 件专利的权利人，其价值高于持有 10 件专利的权利人。

专利数据分析的方法是文献计量学法。文献计量学是一门用数学和统计学的方法定量地分析一切知识载体的学科，其主要方式和过程就是测定、收集、整理、归纳和分析反映客观现象的总体数量的数据信息。因此，文献计量学法对分析数据有一定的要求，即数据数量要全面，要基本覆盖所要分析的主题，以及数据要真实可信，不应出现错误数据或不相干数据；数据还需可以进行计量分析，即可以使用数量进行表示，并通过软件进行统计。因此，使用文献计量学法的专利数据分析的原材料也必须符合上述要求。

3. 专利数据分析的数据预处理

通常认为，专利信息检索与专利信息分析是顺序进行的两步操作。那么专利信息检索结果能否直接用于分析呢？实际上并不能。专利检索直接获得的结果往往无法满足上述数据要求，因此需要对数据进行前期处理。首先将检索结果汇总，形成原始数据。受检索平台和检索能力的限制，原始数据中很可能有残缺不全的情形，例如缺失相应的著录项目等。此时需要从官方数据库及其他平台途径，对相应的数据进行补全，获得一个全样本数据组，以满足数据全面这一要求。同时，不同的数据库对同一内容可能会采用不同的表达方式，例如使用不同语言对法律状态进行表述。目前尚无能直接识别、转换、统计不同语言的软件和工具，因此要为数据进行标引，对同一内容采用同一表达方式，使数据满足可统计的要求。经过上述处理步骤的数据基本满足全面、规范的要求，但仍可能存在诸多错误或仍含有不当数据，这些都将干扰最后的分析结果。因此，必须对专利数据进行去噪，使其满足数据可信的要求。只有通过数据补全、数据标引和数据去噪的环节，检索结果才能作为专利数据分析的依据。在这三个步骤中，最为关键和烦琐的是为数据去噪的工作。

数据去噪的直接目的是提高检索结果的准确率，因此数据去噪也是保证分析结果正确的前提。

例如，对电动牙刷这一技术领域进行分析时，针对其中的“电池”进行检索，随之发现检索结果中出现了一篇名称为“一种汽车电池”的专利文献。此结果出现的原因是：“一种汽车电池”包含关键词“电池”，从而被系统检索出来。汽车电池能不能用于电动牙刷？显然不能。因此这篇文献即属于绝对噪声，它与检索分析的主题明显不相关，应当直接将其去除。

再如，要了解玉米油的榨油工艺，对关键词“榨油”进行检索，结果却检索到一篇名为“一种适用于茶籽的榨油工艺”的专利。榨茶籽油的方法能不能用于榨玉米油呢？检索者是不知道的。此时这就属于一篇相对噪声专利，它与检索者的主题并不是那么密切相关，但可能包含有效的检索要素，是否去除需要检索者视情况处理。

4. 专利数据分析的思路和类型

通过上述程序将数据处理完毕，即可进入分析环节。专利信息分析的主要目的之一是呈现市场上的技术垄断情况，即在某个技术领域中，谁能垄断？在多大的范围内垄断？未来存在哪些垄断潜力？相关信息记载于著录项目中，因此需要对这些著录项目进行分组，分别计数统计。

在专利文献中，专利权人是彼此独立的个体，可以将专利权人按照独立主体进行相应的分组和统计。此时需要留意的是，某些公司在总公司之下设立了许多分公司、全资子公司，而这些公司所持有的专利，在整个集团内是流通的，实施时依然使用全部公司的资源。如某公司下设专门的科技研发公司和生产实施公司，此时两者实际是一个垄断主体。因此需要进行相关公司树的梳理，以呈现更加准确的垄断竞争态势。同时可以对专利权人进行类型分组统计。类型是指专利权人的性质是个人、企业，还是科研机构等。也可以对专利权人所在地域进行分组统计，如专利权人所在国家或所在省市。

对垄断范围进行分析时，专利的法律状态表明技术是否处于垄断保护的状态，时间期限表明技术的时间垄断范围，地域表明技术的空间垄断范围。对法律状态进行统计时，可以分为公开状态、授权状态、被无效或者失效状态。对专利时限进行统计时，可以按照专利的每一时间节点展开，如申请时间、公开时间、授权时间、被无效或失效时间等。有时也会关注时间与时间之间的间隔，如专利申请之后历经多长时间的审查获得了授权，授权之后又维持了多长时间，等等。

对专利数据进行统计时，为了实现预测功能，可以从发明人和专利技术两个维度预测未来的技术垄断潜力。法律规定发明人只能是自然人，因此，对发明人的计数统计总是以独立主体进行分组的，即某个发明人的专利越多，该发明人未来进行持续研发的可能性也越大。对专利技术的分组最常见的是以专利的技术分类号为依据进行统计，了解每一技术分类下有多少专利；或者从专利类型（即发明、实用新型、外观设计）的角度进行统计，了解技术水平；还可以通过对体现技术关联性的专利引文进行分组统计，了解技术的发展脉络，预见未来的技术发展动向。

专利数据分析的主要类型有数据构成、数据排序、数据趋势、数据关联、数据聚类等，通过这些分析可以为管理者的行为决策指出方向。

5. 专利数据分析结果可视化与解读

统计的结果除可以体现为单纯的数据外，还可以通过图表进行可视化呈现。通常用饼状图来表示数据构成，用柱状图表示数据排序，用折线图表示数据趋势，用气泡图或者雷达图直接表示数据关联，用旭日图表示数据聚类，等等。

可视化的目的是使数据统计结果更加形象直观，因此使用图表的时候，要重视图表内容的“信、达、雅”。“信”是指分析是可信的，“达”是指信息能够有效传达给读者，“雅”是指图表规范美观。如图 3.5 所示，对每一申请人所申请的专利数量进行统计，关注的是申请量较多的主体。然而一眼望去，最显著的申请人是谁？是统计图中高高的柱子下面写着的“其他”。这个“其他”的存在，干扰了相应的信息传达。

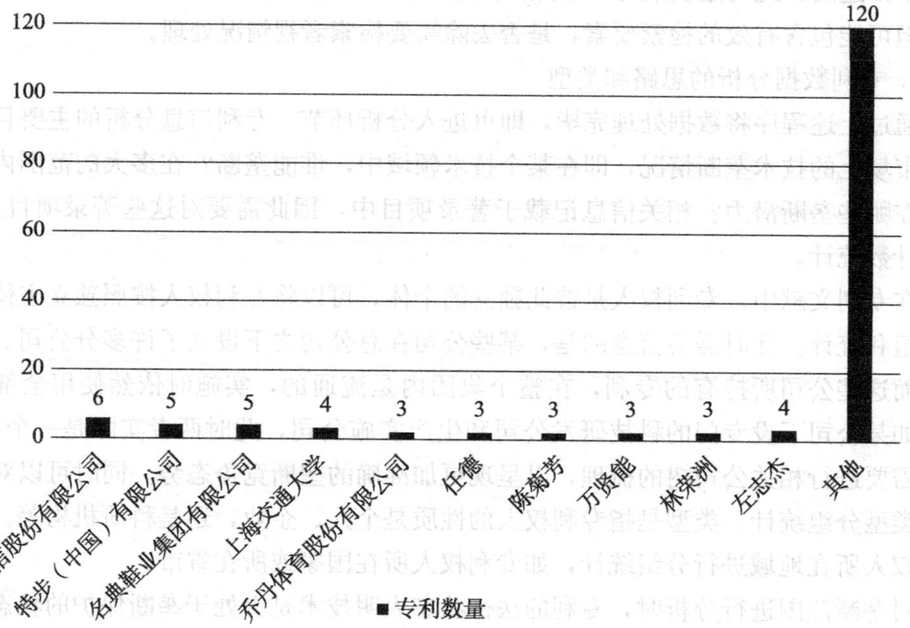

图 3.5　某技术领域专利申请人专利数量分布

统计结果可以在图表中进行呈现，但还有很多信息只能通过文字进行表达。因此，在图表绘制完成后，需要对图表进行解读。首先对图示进行简单说明，也即用相应的分组来统计相应指标，如前所述，对专利申请人的申请量进行统计。随后对图表中所呈现的整体态势进行说明：图表呈现了一种怎样的分布状态，哪个指标多，哪个指标少；重点强调图表当中的特殊数值，如极大值、极小值，或者某些趋势线上的拐点，这些特殊的点往往具有更大的分析价值。接下来分析为什么会出现这样的整体态势，为什么会出现某些特殊数值。此时，需要结合法律、经济、政策等多重因素，综合考虑，进行合理的推测，这种推测应该是基于客观现象的理性分析，因此注意语气平和，立场中立。

3.2.2 专利数据构成分析

1. 数据构成分析的概念和特点

数据构成分析法，是指在对数据进行统计分组的基础上，分别计算其中的指标的数量，从而反映被研究的主题的总体构成情况。

最常见的数据构成分析，就是依照性别对人群进行分组统计。假设一个班级有 35 人，按性别来对人数进行统计，发现全班共有男生 17 人，女生 18 人。为了更形象地呈现这一结果，可以将这一统计数据制作成饼状图，如图 3.6 左侧图所示，男女所占比例相差不大。如果以姓名来统计人数并作图，结果便是一张拥挤的图（见图 3.6 右侧图），不难发现，以这种方式进行统计仍可以得到结果，但是其结果过于复杂，且没有必要。

由上述例子可以看出数据构成分析法的相应特点：第一，饼状图呈现的是一个闭合的全集，因此数据构成分析通常需要统计涉及指标的全部数据；第二，它是一种对数据的指标及其对应数量的客观、静态的呈现；第三，它适用于构成要素相对较少的情形；第四，它主要通过对比进行分析。

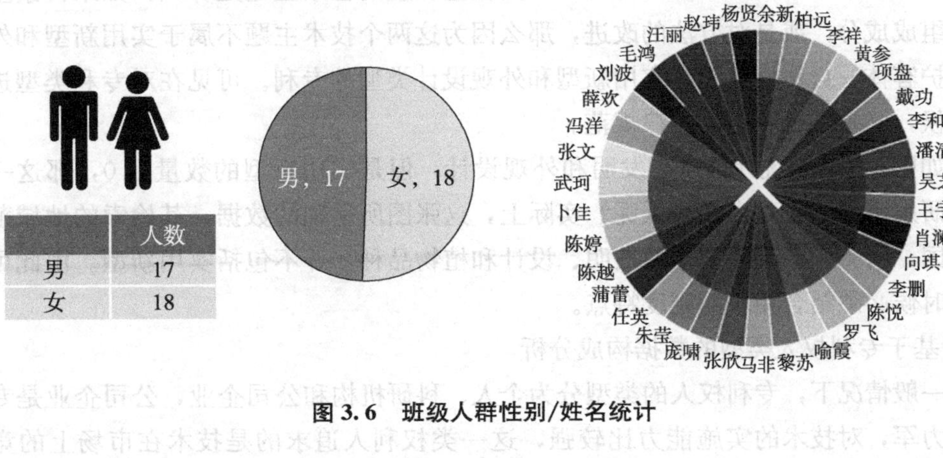

	人数
男	17
女	18

图 3.6 班级人群性别/姓名统计

因此，数据构成分析法应用于专利信息分析时，主要适用于那些分类较少的著录项目，如专利类型、专利权人类型、专利法律状态、专利地域和专利技术领域等。

2. 基于专利类型的数据构成分析

依据《专利法》第 2 条的规定，本法所称发明创造是指发明、实用新型和外观设计。发明、实用新型和外观设计就是专利类型，不同专利类型的保护客体和技术先进性要求不同。发明保护的是产品和方法，它对创造性要求较高，相对而言，获得发明专利授权的技术水平较高。实用新型保护产品的形状和构造，不包括对产品组成成分方面的改进，它的创造性标准相对较低。外观设计保护的是产品的外观，要求“富有美感并适于工业应用”，其实并不涉及技术含量。因此对专利的类型进行数据构成分析，主要是要揭示专利数据中所体现的技术水平。

例如，图 3.7 中的三张图是对同一技术领域的三个企业所持有专利类型进行的统计及可视化呈现。在第一张图中，发明专利数量占优势，表明这一企业相对而言具有较高的技术水平；在第二张图中，主要的专利类型是实用新型，发明较少，意味着这一企业主要是对技术进行微小改进，技术水平相对较低；在第三张图中，主要的专利类型是外观设计，可见这一企业对技术的改进更少。

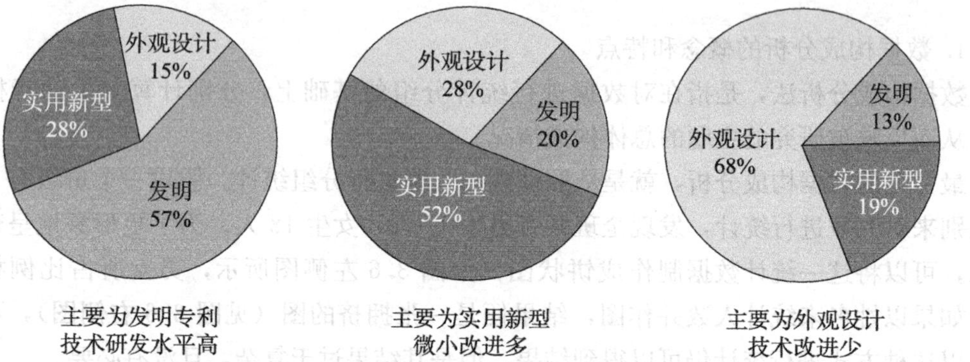

图 3.7　同一技术领域的三个企业所持有专利类型统计

当然，这种专利类型与技术水平之间的相关性并不是绝对的。例如图 3.8 中显示的是数据统计的结果：所有专利均为发明，实用新型和外观设计的数量为 0。这是否意味着这一企业的研发水平特别高呢？此时可以回头检查相应的检索主题是什么。如果检索主题是材料的组成成分，或是对方法的改进，那么因为这两个技术主题不属于实用新型和外观设计的保护客体，自然也就没有实用新型和外观设计类型的专利。可见在对专利类型进行分析的时候，必须结合相应的法律规范。

再如图 3.9，该统计结果有发明和外观设计，但是实用新型的数量为 0，那这一主体的技术研发水平到底是高还是低呢？实际上，这张图所呈现的数据，其检索的地域范围限定为美国，而美国专利类型包括发明、设计和植物品种，并不包括实用新型。由此可见在分析的时候必须结合相应的制度特点。

3. 基于专利权人类型的数据构成分析

在一般情况下，专利权人的类型分为个人、科研机构和公司企业，公司企业是专利实施的主力军，对技术的实施能力比较强，这一类权利人追求的是技术在市场上的竞争优势。而科研机构通常研发实力比较强，追求的是技术的先进性。个人相对而言实施能力比较弱。但有一种情况，需要进行特殊分析，即有些企业，可能出于隐藏实力或管理需要的目的，将本应由企业享有的职务发明，以企业法人代表或者技术高管的名义申请专利。对于这一类专利，应当将其归属于公司企业这一指标之下。可见，在对专利权人进行分析之时，主要讨论的是市场竞争程度。

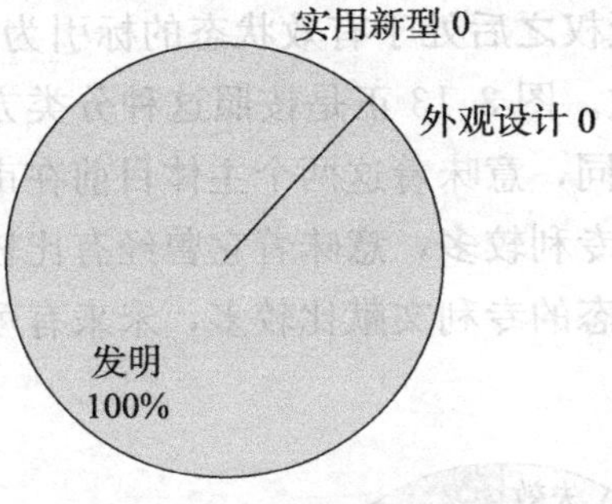

图 3.8 数据统计（1）

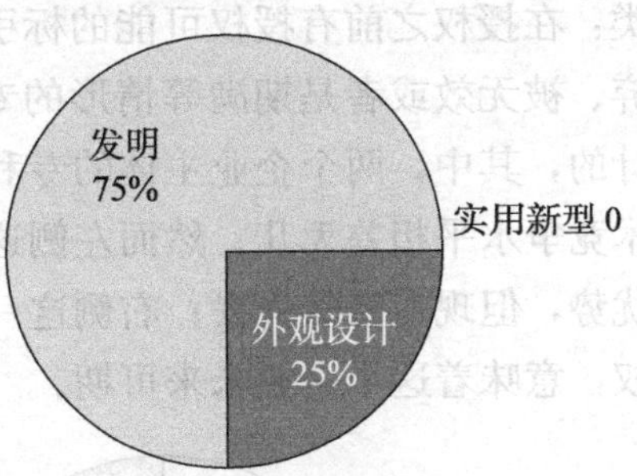

图 3.9 数据统计（2）

图 3.10 与图 3.11 分别是对全球专利和中国专利的权利人类型进行的统计分析，可见两者在各个数据的构成上相差并不大，这意味着中国市场与全球市场相比，二者的竞争程度相当。

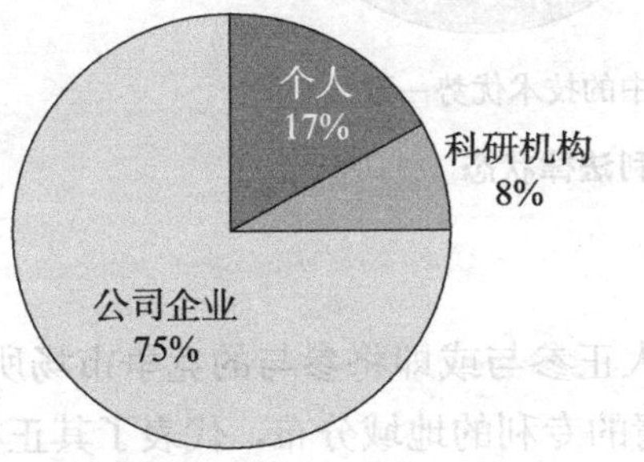

图 3.10 全球专利的权利人类型

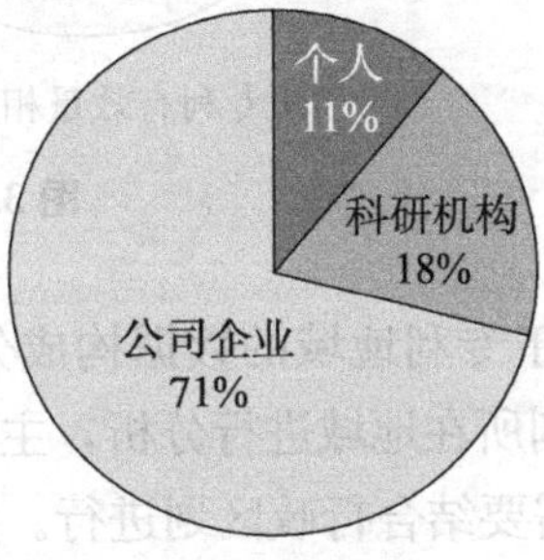

图 3.11 中国专利的权利人类型

然而当进一步对中国专利中专利权人的类型和国籍进行统计的时候，会发现在外国专利权人当中，公司企业占了绝大多数，这意味着它们都在积极地参与中国的市场竞争（见图 3.12）。

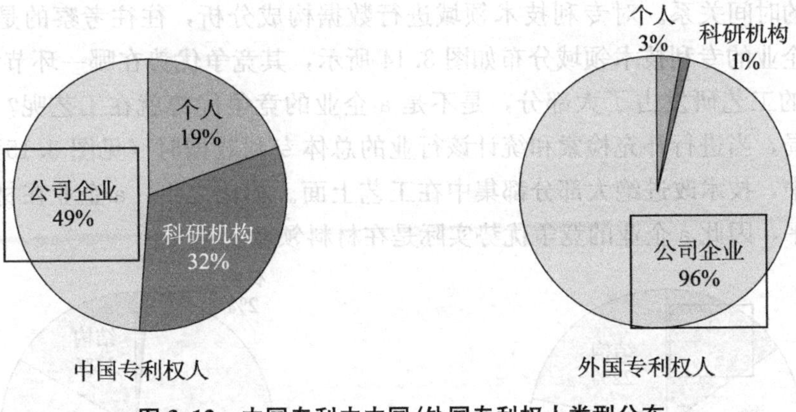

图 3.12 中国专利中中国/外国专利权人类型分布

4. 基于专利法律状态的数据构成分析

依据我国专利审查流程，一件专利可以有申请、公开、实质审查、驳回、授权、放弃、无效、未交费、期满终止等法律状态。但在进行法律状态构成分析时，主要讨论相关技术是否处于或即将处于被保护的状态。可以以授权为界限，将专利的法律状态简化为以下三类：在授权之前有授权可能的标引为审中，在授权之后处于有效状态的标引为有效，被放弃、被无效或者是期满等情形的专利标引为失效。图 3.13 正是按照这种分类方式进行统计的，其中，两个企业主体的专利有效量基本相同，意味着这两个主体目前在市场中的技术竞争水平相差无几。然而左侧这一主体的失效专利较多，意味着它曾经有比较强的技术优势，但现在已然失去；右侧这一主体的在审状态的专利文献比较多，未来有可能获得授权，意味着这个企业未来可期。

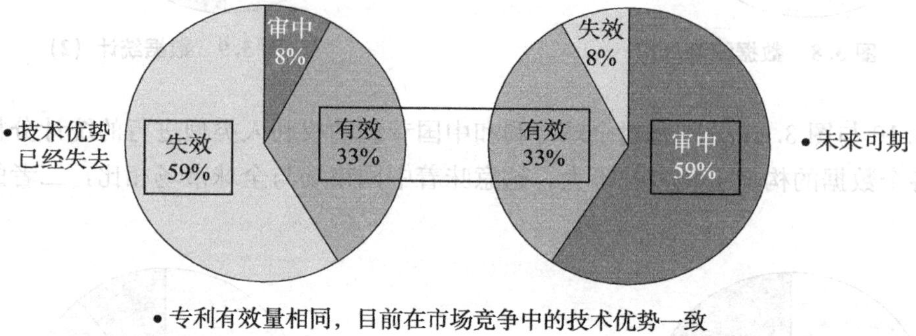

图 3.13　两个企业的专利法律状态

5. 基于专利地域的数据构成分析

对专利所在地域进行分析，主要考察专利权利人正参与或即将参与的竞争市场所在地，此时往往需要结合行政区划进行。某权利主体所申请的专利的地域分布，代表了其正在进军或者即将进军的市场，如果与你的经营范围重叠，这个主体很有可能成为你的竞争对手。

6. 基于专利技术领域的数据构成分析

根据技术要素之间的关系，通常将专利技术领域分为材料、结构、工艺等几大类。材料指的是技术要素之间的组分关系，结构指的是技术要素之间的空间关系，工艺指的是技术要素之间的时间关系。对专利技术领域进行数据构成分析，往往考察的是技术优势所在。假设 a 企业的专利技术领域分布如图 3.14 所示，其竞争优势在哪一环节？从此图看，似乎 a 企业的工艺研发占了大部分，是不是 a 企业的竞争优势就在工艺呢？可以打开思维，考虑全局，当进行补充检索和统计该行业的总体专利数据时（见图 3.15），不难发现在该行业当中，技术改进绝大部分都集中在工艺上面。相比之下，a 企业在材料上的改进远超平均水平，因此 a 企业的竞争优势实际是在材料领域。

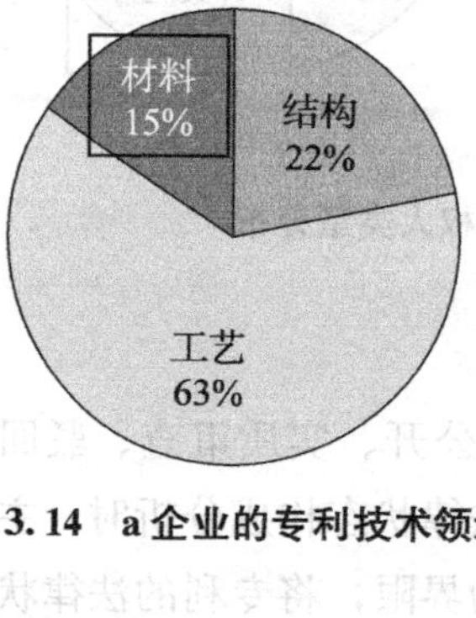

图 3.14　a 企业的专利技术领域

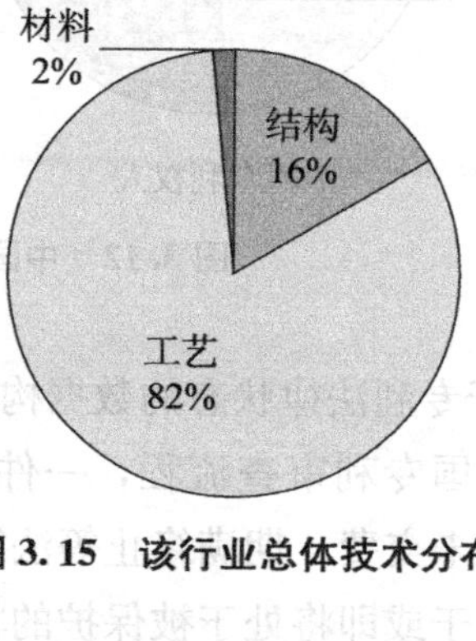

图 3.15　该行业总体技术分布

综上，专利数据构成分析主要是对数据进行分组、统计、对比，结合相关制度、经济、市场等因素进行分析。

3.2.3 专利数据排序分析

1. 数据排序分析的概念和特点

数据排序分析法是按照一定的顺序将数据排列，通常是在对某一指标进行数量统计后，由大到小排序，从而发现优势者，所发现的优势者可以作为进一步归类或者分组的依据。数据排序在日常生活中同样应用广泛，如人们熟知的世界500强，是由美国《财富》杂志对全球各公司的销售收入多少进行排序，取前500名的公司而形成的，一直是衡量全球大型公司的最著名、最权威的榜单之一。

由此不难了解到数据排序分析法的一些特点。首先，与前述数据构成分析法不同，数据排序分析法相对而言适合分组较多的情形，即无法从简单的对比中了解孰优孰劣，需要对数据进行排序从而更加清晰地呈现所需的情报，此时的呈现是所统计的数据的静态分布。不少数据排序工作是按年进行的，如前面提到的世界500强榜单，就是每年发布一次。对不同时间的数据排序进行横向比较，也能发现一些市场的动态和技术发展的规律。其次，一般人们的关注点是在一个领域内的强者，即在统计中看谁是领头羊，因此通常数据排序仅需呈现排名前列的数据，如专利申请人 TOP 20 等。最后，这种排序虽然可以通过表格来进行呈现，但柱状图相对而言是更为直观的呈现方式。

如此一来，运用数据排序分析法进行专利分析时，应重点考虑那些分组较多的内容，如按照独立个体统计的专利申请人、专利权利人、专利发明人等，对每个主体的专利申请量、专利授权量进行统计、排序，了解竞争态势和研发实力。也可以针对专利所属的技术领域进行排序，了解技术分布情况。还可以针对专利所在的地域进行排序，了解技术的空间分布。当然也可以对专利进行时间排序，这种排序方法被称为数据趋势分析法，将在下文进行具体阐述。

2. 基于专利主体的数据排序分析

专利中的主体通常涉及专利申请人、专利权利人和专利发明人三类。专利申请人所提交专利申请的多少，代表其研发的活跃程度。专利权利人所持有专利数量的多少，表明其在市场上所占据的技术垄断范围的大小。而对专利发明人进行统计的专利数量多少，则代表了该发明人的技术研发实力。因此，对专利文献中的主体进行数量统计、排序分析，能够快速定位到相应领域中值得关注的公司企业和个人。

例如在图3.16的两张图中，第一张图是对无人机领域发明专利的申请人进行的排序，可以看到，深圳大疆公司排在第一，并且比第二名多了近三分之一的申请量。这表明，大疆公司在无人机领域进行了大量的研发活动，是这个领域内最主要的创新参与者之一。然而再看第二张图，在对无人机领域发明专利的权利人进行排序的时候，发现大疆公司排名第三，拥有授权专利最多的主体是北京航空航天大学。这表明，大疆公司的研发实力并非最强。

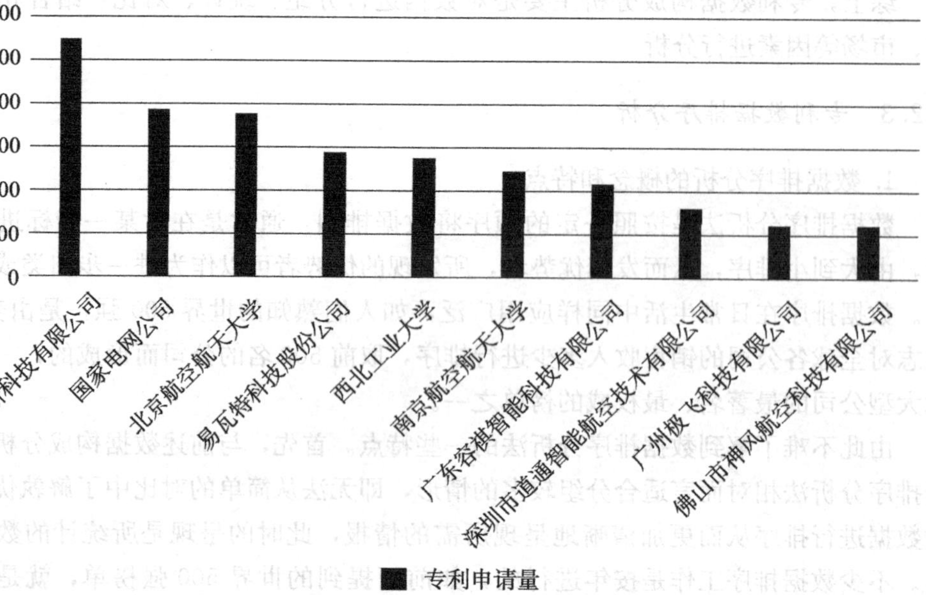

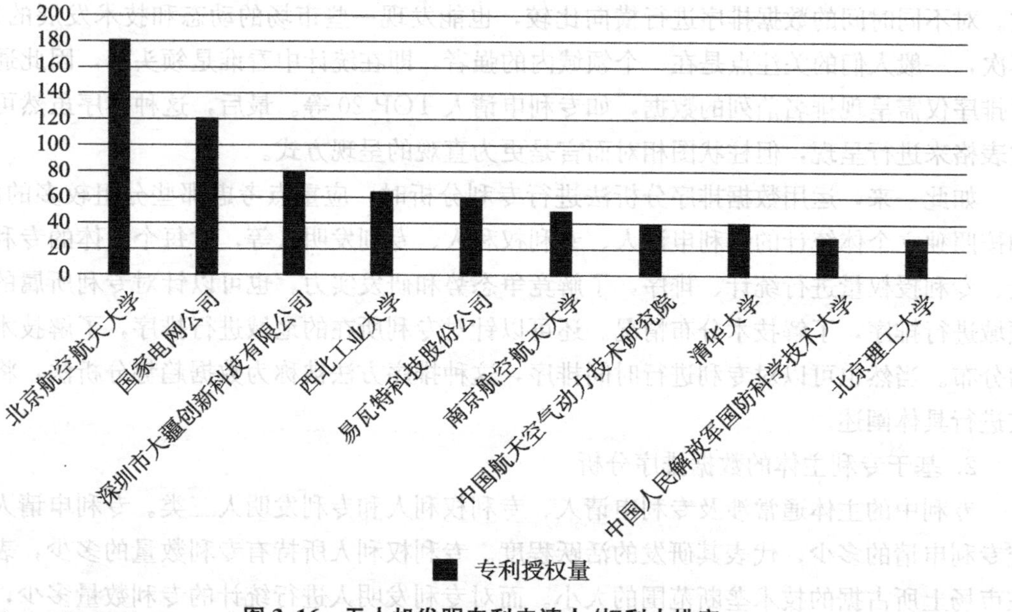

图 3.16　无人机发明专利申请人/权利人排序

如果大疆公司想要提高自己的研发实力，应如何选择呢？可以考虑与研发能力强的发明人合作或进行人才引进。为了寻找合适的人选，需要进一步对无人机领域发明专利的发明人按专利数量进行排序，如图 3.17 所示。那么是否直接引进“最强大脑”赵国成呢？经过检索发现，赵国成本人正是易瓦特科技股份公司的创始人、董事长，该公司与大疆公司之间是竞争关系，大疆公司引进赵国成的可能性很小。此时按顺序依次检索、排除，可以发现，王宏伦正是北京航空航天大学在无人机领域的主要研发者之一，与大疆公司之间没有竞争关系，可以作为大疆公司提升自己研发实力的目标人选之一。当然，最终能否进行合作或引进，那就是具体操作层面的问题了。

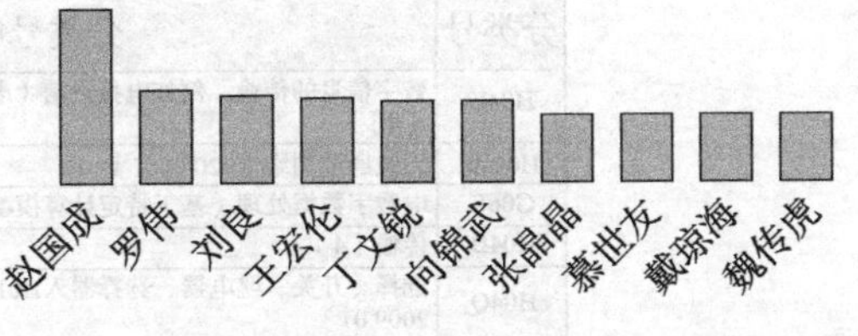

图 3.17 大疆公司可寻找合作的主要科技研发人员

3. 基于专利技术领域的数据排序分析

申请量或专利量较多的技术领域即为创新主要集中的技术领域，因此，通过对技术领域进行排序，可以了解某一行业的技术热点，或某一主体的优势技术所在。

由于人们通常对技术缺乏深入了解，因此对专利的技术分类主要从技术分类号出发。专利技术有多个分类体系，目前应用最为广泛的是国际专利分类体系，即 IPC 分类。这一分类体系将所有专利技术分为“部—大类—小类—大组—小组”五个层级。针对 IPC 分类进行统计时必须对同一层级的专利进行统计排序，不能是 A 部的所有专利数量与 B 部某一大类的专利数量进行比较排序。那么在具体操作时应以哪一层级为准进行统计呢？例如现在对华为持有的专利进行技术领域排序。如果以部为统计分组，华为的技术绝大部分集中于 H 部，即电学部，这一信息可谓对了解华为的技术优势并没有什么意义。如果以小组为标准进行统计，如图 3.18 所示，此时所关注的专利量较多的技术领域在整张图中只占很小的一部分，图中大量信息对于分析而言是冗余的。因此，在对专利技术领域进行排序分析时，统计的技术分类号层级应当既能呈现出整体的分布情况，也能体现其技术特点所在。通常而言，统计到小类或大组的层级即可。

图 3.18 以小组为标准的华为专利技术领域排序

以小类为标准的华为专利技术领域排序如图 3.19 所示，由此可见在华为的专利技术领域排序中最靠前的为 H04L 和 H04W。这表明华为的技术优势是什么呢？由于分类号并非日常使用的代码符号，因此需要查找相应的 IPC 分类号的释义表。从图 3.19 右侧的表中可以看出，华为的技术优势集中在数字信息的传输和无线通信网络上，其中就包括第五代移动通信技术，即 5G 技术。

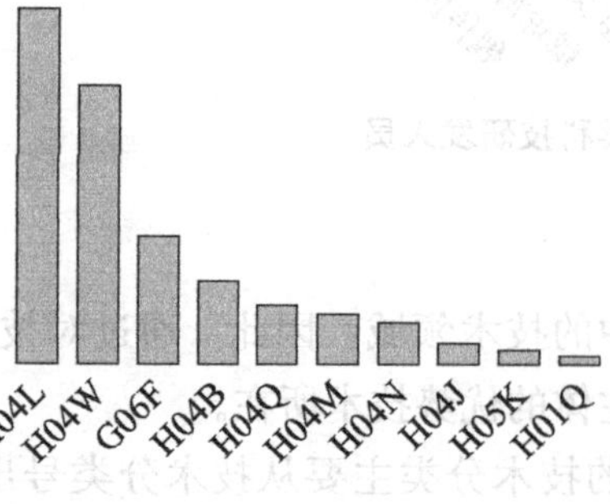

分类号	分类号解释
H04L	数字信息的传输，例如电报通信（电报和电话通信的公用设备入H04M）〔4〕
H04W	无线通信网络〔S2009.01〕
G06F	电数字数据处理（基于特定计算模型的计算机系统入G06N）
H04B	传输〔4〕
H04Q	选择（开关、继电器、选择器入H01H；无线通信网络入H04W）〔1，2009.01〕
H04M	电话通信（通过电话电缆控制其他设备，但不包括电话交换设备的电路入G08）
H04N	图像通信，如电视
H04J	多路复用通信（专用于数字信息传输的入H04L 5/00；同时或顺序传送多个电视信号的系统入H04N 7/08；用于交换机的入H04Q 11/00）
H05K	印刷电路；电设备的外壳或结构零部件；电气元件组件的制造（其他类目不包括的仪器零部件或其他设备的类似零部件入G12B；薄膜或厚膜电路入H01L 27/01，H01L 27/13；用于对印刷电路或印刷电路之间的电连接的非印刷方法入H01R；用于特殊类型设备的外壳或其结构零部件，见有关小类；仅包括单一工艺的加工方法，例如已列入其他类目的加热、喷射，见有关的类）
H01Q	天线（微波加热用辐射器或天线入H05B 6/72）

图 3.19　以小类为标准的华为专利技术领域排序

4. 基于专利地域的数据排序分析

专利数据排序也可以用于分析专利的地域分布。一般专利会在什么地方提出申请呢？首先考虑的是申请人所在地，因为申请人对其所在地的语言、制度都比较熟悉。而为了抢占先机，满足专利新颖性的要求，技术研发完成后一般需要立刻进行申请，因此专利所在地域往往也是技术来源地。同时专利是为了获得技术垄断带来的市场利益，因此，生产经营所在地或竞争对手所在地也是专利申请重点关注的地域。

若想了解华为在境外市场的竞争态势，需对华为的境外专利申请量和专利授权量分别进行地域排序（见图 3.20、图 3.21）。统计发现，除在中国内地提交的申请外，华为通过 WIPO 提交的 PCT 申请最多。同时 PCT 申请时可以在申请过程中根据需要指定进入的国家，由此可见华为参与全球市场竞争的积极态度。根据结果，意外发现华为在印度有较高的申请量，表明华为对印度市场的重视。而在授权专利的地域排序中，除中国之外，华为在美国的专利授权遥遥领先，表明目前华为在美国的技术优势较为明显。

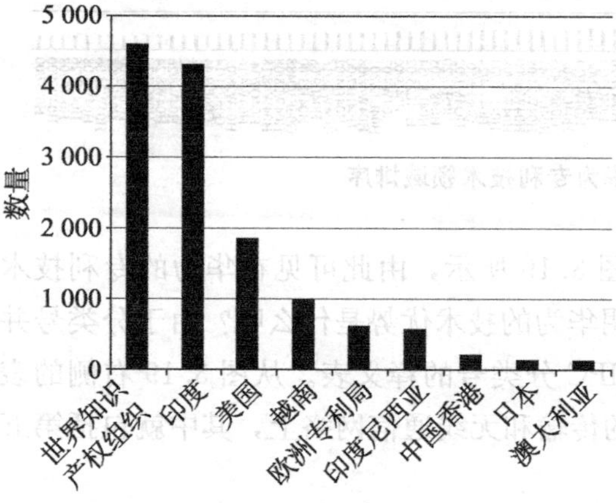

图 3.20　华为专利申请地域排序（境外）

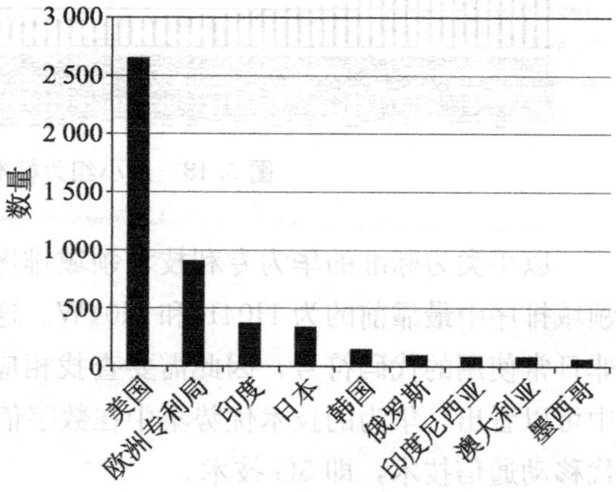

图 3.21　华为专利授权地域排序（境外）

3.2.4 专利数据趋势分析

1. 数据趋势分析的概念和特点

趋势，指事物发展的动向。人们发现，很多事物一旦形成了下降（或上升）的趋势，在一定时期内将沿着下降（或上升）的方向运行。这种理论也被称为趋势理论。

数据趋势分析法就是借用这一理论，对有关随着时间变化的指标进行统计，从中发现一定的变化规律，并预测一定时期内相关指标发展的可能。

数据趋势分析法最显著的特点是按时间对相关数据进行分组统计，讨论某单一指标的数据随着时间动态变化的过程，并根据趋势理论，结合相应的发展规律，预测未来的走向。正是这一“预测”的特点，使得趋势分析成为数据分析中最为常用的分析手段之一，常用于预测股市或财务情况。

当数据趋势分析应用于专利信息分析时，统计的内容就是专利数量，而记载技术的专利文献数量，自然符合技术发展的一般规律。这些规律中应用较为广泛的就是技术生命周期理论，即认为一般技术创新会经历产生、发展、成熟和衰退等阶段，在不同的阶段中，相关的专利文献数量的变化总体上符合如图 3.22 所示的规律。在技术开拓阶段，专利从无到有，处于缓慢增长当中，此时技术的改进方向不明确。在技术的发展阶段，一些改进方向被证明无法实现，专利数量在可能的回落之后，将迅速攀升，意味着技术创新活动频繁。而当专利数量增长变缓，意味着技术创新迈入成熟期，稳步改进。当专利数量日渐减少时，意味着这个技术领域的创新活动已经衰退。

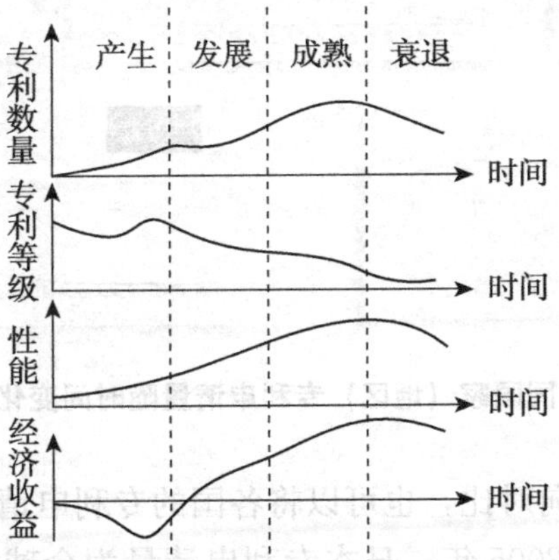

图 3.22 数据趋势

除专利数量外，在一个技术生命周期中的其他指标也有一定的发展变化规律。如专利的等级发展变化，如图 3.22 所示，在一开始的技术开拓期，技术原创性最高，专利等级也高。而随着时间的推移，该技术领域的现有技术越来越多，相应的技术创新性下降，专利等级也随之下降。总体上看，技术所对应的产品或工艺的性能，是随着时间推进、技术不断创新而不断提高的。但在技术衰退期，如果相应市场萎缩，很有可能使部分技术不再应用，从而导致其性能的下降。从经济收益上说，技术产生的前期是需要投入研发成本的，此时经济收益为负，只有技术和市场不断完善，经济收益才会不断增加。当然，这些曲线是理想状态下的情形，在对实际专利文献进行统计分析时，通常看的是一段时期内整体的态势更符合上述哪一时期的特点，从而预测接下来的发展态势。

数据趋势分析应用于专利信息分析时，通常采用的分析指标有专利申请量、授权量和授权率。也可以对专利申请人、专利技术领域等其他指标进行统计分析。

2. 基于地域的专利申请量数据趋势分析

专利申请量，体现的是主体的研发活跃度。研发热情可能由市场需求热度所点燃，也可能被政策所激励。因此可以对一个国家、一个行业或是某一主体的专利申请量进行统计，但需要留意专利制度所带来的影响。例如我国发明专利从申请到公开最长可达一年半，即有 18 个月的时间差。因此，最近的专利申请量的统计是不完整的，为了分析结果的准确性，从检索日往前推两年的专利数据通常不作为分析的依据。

首先以申请所在国家或地区的专利申请量进行统计。世界知识产权组织对各国自 1980 年至 2017 年的专利数据进行了统计，不难发现，全球的专利数量都是在不断增长的。如图 3.23 所示，美国、韩国和欧洲专利局的专利数量都在稳步增长；随着经济泡沫的破灭，日本的专利申请量停下了增长的脚步。而我国《专利法》于 1984 年颁布，故在此之前，我国没有专利数据，但随着我国经济发展，市场需求旺盛，相应的专利申请量迅速增加。在对各国专利申请量进行分析时，要注意各国专利制度在累时、制度时间等因素上的差别。

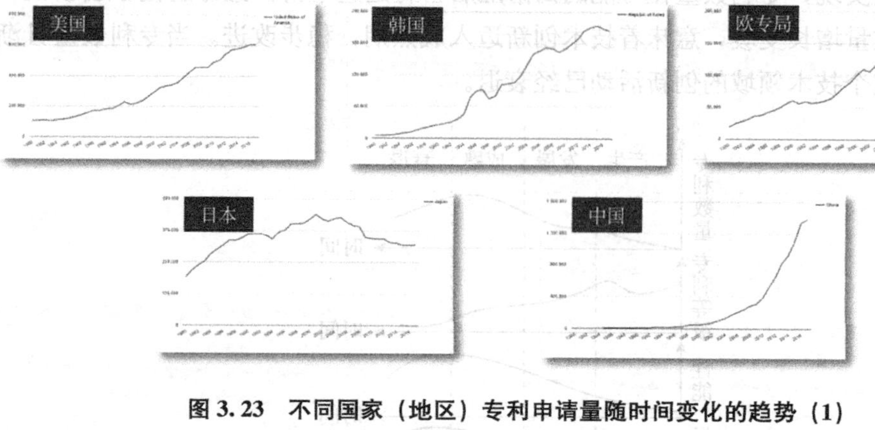

图 3.23　不同国家（地区）专利申请量随时间变化的趋势（1）

为了对国家之间进行横向对比，也可以将各国的专利申请趋势线绘制在一张图中，如图 3.24 所示，从 1980 年至 2005 年，日本专利申请量为全球第一，此后美国在专利申请量第一的位置上短暂地停留了几年，很快被中国超过。图上五个国家和地区在 2018 年受理的专利申请量占全球总量的 85%，而中国受理的专利申请量为全球总量的 43.6%，是美国受理的专利申请量的两倍之多。按照数据趋势分析，我国专利申请依然处于技术的发展期，在未来一段时间内仍将保持较高的申请量。

3. 基于行业的专利申请量数据趋势分析

对行业的专利申请量进行趋势分析，可以判断该行业处于哪一发展阶段。如图 3.25 所示，磁带行业的专利申请量随着时间的推移不断下降，表明这一技术已经处于衰退期。与之形成鲜明对比的是无人机技术领域，该领域专利申请量在最近几年才开始增长，且其增长曲线十分喜人，表明这一技术处于旺盛的创新发展期。

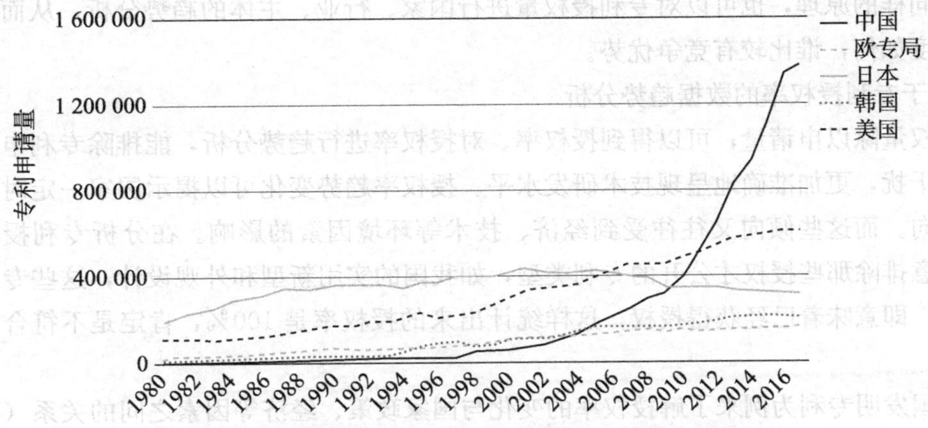

图 3.24　不同国家（地区）专利申请量随时间变化的趋势（2）

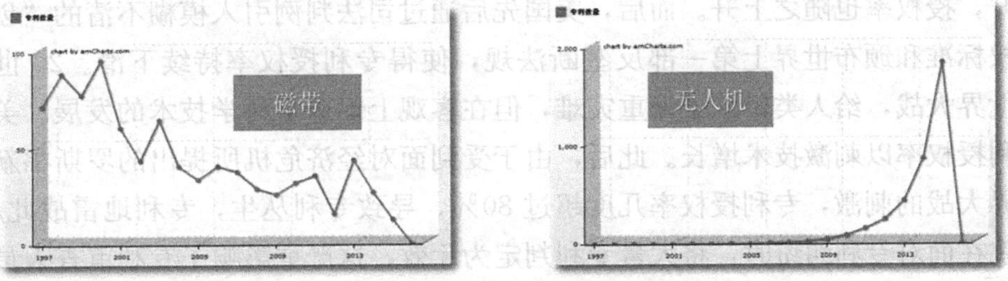

图 3.25　磁带/无人机行业专利申请量随时间变化的趋势

以图 3.26 的左侧图为例，排除掉最后两年的数据不作分析，不难发现这个领域已经经历了产生、发展、成熟的阶段，有一点走向衰退的趋势了。这个技术领域代表的是自动铅笔，其相关技术已经相当成熟，改进的需求不大。图 3.26 的右侧图比较特殊，从图中可看出它在经历了产生、发展之后，专利申请量本已趋于平稳，却突然出现了小高峰，这种曲线往往意味着相应的技术领域有了技术突破或新的研发方向。这个技术领域代表的是打印机，而小高峰对应的技术领域则是隶属于打印机之下的 3D 打印机。因此，从专利申请量的数据趋势，可以分析国家、行业、主体所在的技术生命周期，从而预测未来一段时间内它的发展态势。

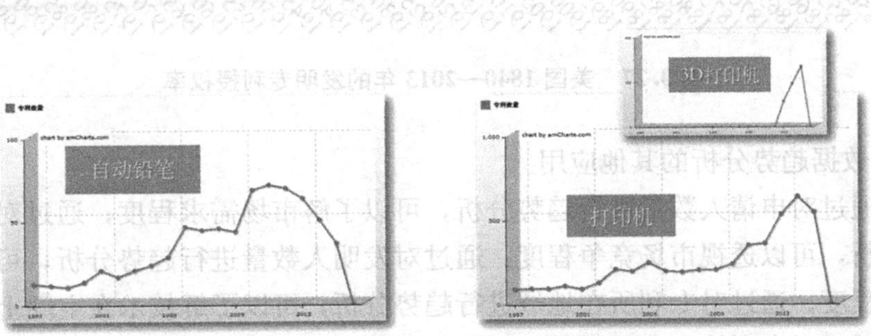

图 3.26　自动铅笔/打印机领域专利申请量随时间变化的趋势

基于同样的原理，也可以对专利授权量进行国家、行业、主体的趋势分析，从而分析其创新速度如何，谁比较有竞争优势。

4. 基于专利授权率的数据趋势分析

用授权量除以申请量，可以得到授权率。对授权率进行趋势分析，能排除专利申请基数大小的干扰，更加准确地呈现技术研发水平。授权率趋势变化可以揭示国家一定时期内的政策倾向。而这些倾向又往往受到经济、技术等环境因素的影响。在分析专利授权率时，应注意排除那些授权才公开的专利类型，如我国的实用新型和外观设计，这些专利一旦被公布，即意味着已经获得授权，这样统计出来的授权率是100%，肯定是不符合实际情况的。

以美国发明专利为例来了解授权率的变化与国家政策、经济等因素之间的关系（见图3.27）。1836年，美国专利授权要件从“登记制”转向“审查制”，提高了授权门槛，导致专利授权率持续下降。19世纪50年代，美国北部、中部各州完成工业革命，对专利的需求上升，授权率也随之上升。而后，美国先后通过司法判例引入模糊不清的“创造性天赋”授权标准和颁布世界上第一部反垄断法规，使得专利授权率持续下滑。20世纪初的第一次世界大战，给人类带来了深重灾难，但在客观上促进了科学技术的发展。美国也提高了专利授权率以刺激技术增长。此后，由于受到面对经济危机所提出的罗斯福新政和第二次世界大战的刺激，专利授权率几度超过80%，导致专利丛生，专利地雷战此起彼伏，最高法院在面对专利纠纷时，将大量专利判定为无效，这严重影响了专利审查人员对专利授权前景的判断，因此授权率一路下跌至不到30%。

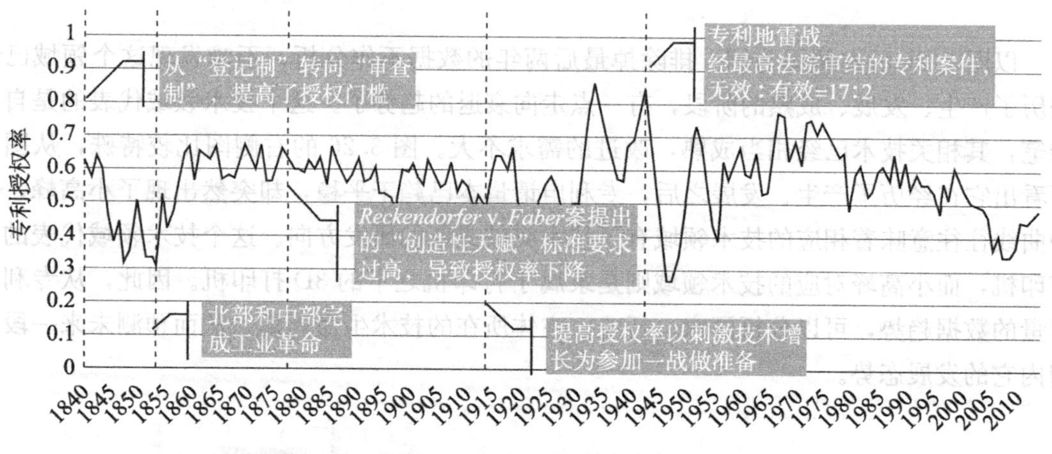

图3.27　美国1840—2013年的发明专利授权率

5. 专利数据趋势分析的其他应用

此外，通过对申请人数量进行趋势分析，可以了解市场需求程度；通过对权利人数量进行趋势分析，可以透视市场竞争程度；通过对发明人数量进行趋势分析，可以发现技术研发的参与程度；通过对专利所在地域进行趋势分析，可以了解技术在空间上的扩张或收缩的态势；通过对专利技术领域的数量进行趋势分析，可以了解技术分化或集中的发展方向。在这些分析中，只有针对已有数量呈现出的态势，搜集各方面相关信息并进行合理分析，才能对未来技术和市场的发展态势进行准确推测。

3.2.5　专利数据关联分析

数据关联分析是指将多个数据指标进行关联组合，将数据从不同的维度进行交叉呈现。所谓“横看成岭侧成峰”，单一的维度往往无法呈现事物的全貌，因此进行关联分析的目的，是深度挖掘数据中可能呈现出来的特征、规律和问题，使分析的结果更加有意义。正因如此，数据关联分析是一种更加深层次的分析方法。

前述章节中所涉及的专利信息分析指标，彼此之间都可以进行交叉关联。例如，申请量与授权量关联，主体的专利量与其经济实力关联，专利申请人的国籍与其提交专利的国家关联，专利申请人与其专利所涉及的技术领域关联，以及各种要素与时间进行关联，等等。在实际分析中，往往是在单一指标的分析结果中出现了一些值得关注的数据，此时再引入更多指标对相关数据进行进一步分析和解读。数据关联分析的类型很多，下文只就几种常见的数据关联分析进行说明。

首先是专利申请量与授权量之间的关联分析。此前已述，授权率等于专利授权量除以专利申请量。那么已经有了授权率这个指标，为什么还需要申请量和授权量之间的关联分析呢？思考：假如 A 公司申请了 100 件专利，获得 50 件授权，B 公司申请了 2 件专利，其中 1 件获得授权，两者的授权率一致，但人们对它们的评价会一致吗？显然不一致。

因此，对市场主体的技术实力进行分析，应该以专利申请量做横轴，以专利授权量做纵轴。如图 3.28 所示，当一个主体申请量很高，授权量也很高时，表明其实力强劲，是这个领域中的技术领导者；当一个主体申请量很高，但授权量较低时，表明其研发非常活跃，但实力有待加强，是技术活跃者；当一个主体申请量很低，但几乎每件申请都能被授权时，表明该主体有着非常强的研发实力，是潜在的强有力的竞争者；当一个主体申请量和授权量双低时，表明该主体的技术实力比较落后。

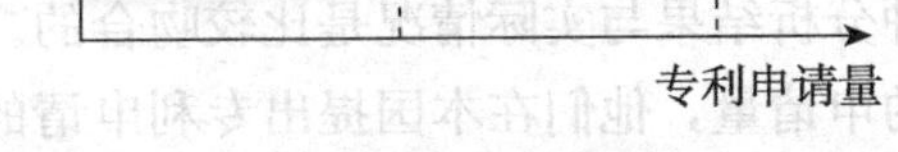

图 3.28　专利申请量与授权量之间的关系

在市场竞争中，除技术实力之外，经济实力也是非常重要的因素。因此可以对专利和经济的相关指标进行关联分析。在图 3.29 中，横轴是专利指标，综合考虑了专利数量、专利技术领域和专利引用等因素；纵轴是经济指标，综合考虑了营业收入、所在区域和诉讼的情况。当一个公司的专利指标和经济指标都很强的时候，表明该公司是相关行业内的领导者；当一个公司的专利指标很高而经济指标一般时，表明该公司在资金相对不足的时候就已经开始进行专利布局，可以判断该公司是非常具有远见的公司；当一个公司的经济指标很高而专利指标一般时，一般认为它是这个行业里的挑战者，因为雄厚的经济实力可以使该公司在有需要的时候购买大量专利，从而对市场中的领导者形成挑战。从上述分析中不难发现，挑战者和远见者一个缺技术，一个缺资金，所以如果两者能联合起来，其效果显然会事半功倍。所以，一个公司如果先对自己在行业内所处的位置进行定位，就很容易找到可能的合作伙伴。如果在定位的时候定在了图中的第四象限，则表明此时该公司的技术和经济实力都一般，是这个行业内的追随者。当然，也可以对追随者这个象限进一步细分，直至找到自己的合适位置为止。所以专利量与经济实力之间的关联分析，无论对于明确市场竞争态势，还是透视企业可能的战略选择，都有很大的帮助。

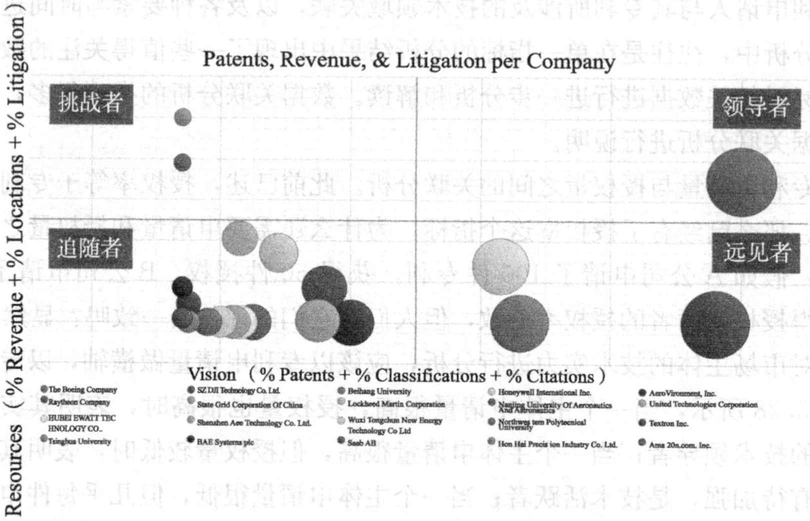

图 3.29　专利量—经济实力关联情况

也可以就专利申请人国籍和专利申请提交的国家之间的关系进行关联分析。如图 3.30 所示，纵轴表示专利申请人的国籍，横轴表示专利申请的受理局，也即对应的专利申请的地域。图中的气泡大小代表专利的数量。该图中最为显眼的气泡，是日本人在本国提出的专利申请，数量高达 8 000 多件。同时，由图可见日本在其他国家和地区提交的专利申请也不少，这表明日本的研发非常活跃，当然这也与日本专利一以贯之的“群狼战术”有关。不难发现，该图中较大的气泡都集中于斜线上，而该斜线指示的是专利申请人在本国提交的专利申请，显然这种分析结果与实际情况是比较吻合的。在图中还有一条线值得注意，即俄罗斯国籍申请人的申请量，他们在本国提出专利申请的气泡是图中第二大的，但在其他国家提出的专利申请却少得可怜。这表明俄罗斯专利申请人的目光主要集中于国内，对国际市场关注较少。与之形成对比的是瑞典，瑞典人在本国申请与在外国申请的数量相差并不明显，这表明瑞典的专利申请人可能认为国内市场较小，比较重视在国外市场的专利布局。最后来看我国，我国专利申请人也主要在本国提出专利申请，相对而言全球布局意识不强。同时还可以观察到，中国专利局受理的外国人提出的专利申请量特别大，除俄罗斯外，其他国家在中国的专利申请量都达到了三位数，这表明这些国家都很重视中国市场。可见我国企业的竞争压力非常大，因此国内企业在需要提高海外布局意识的同时，也要注意防范在本国市场上可能存在的侵权风险。

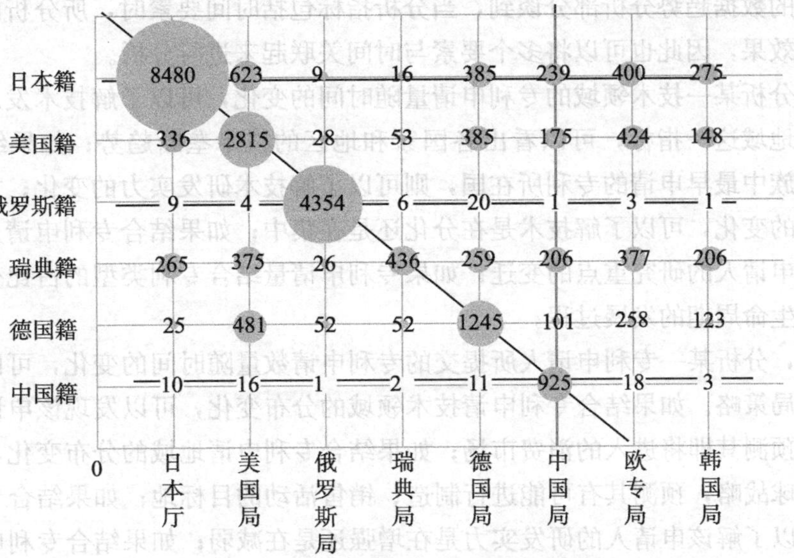

图 3.30　申请人国籍—申请国关联情况

通过对专利申请人和技术领域的关联分析，可以对专利申请人的技术优势进一步细化。如图 3.31 所示，对手机领域的专利申请人和所属技术领域进行分析，发现其中最大的气泡出现在广东欧珀电子工业的“电话机的结构特点”这一小组下，而这一小组其他申请人也提交了不少申请，可见这是一个研发热点，欧珀公司尤其进行了较多的研发。同时，联想和三星都在“结构部件或配置的电数字数据处理”这个小组下申请了不少专利，可见在这个技术上联想和三星是主要的竞争对手。

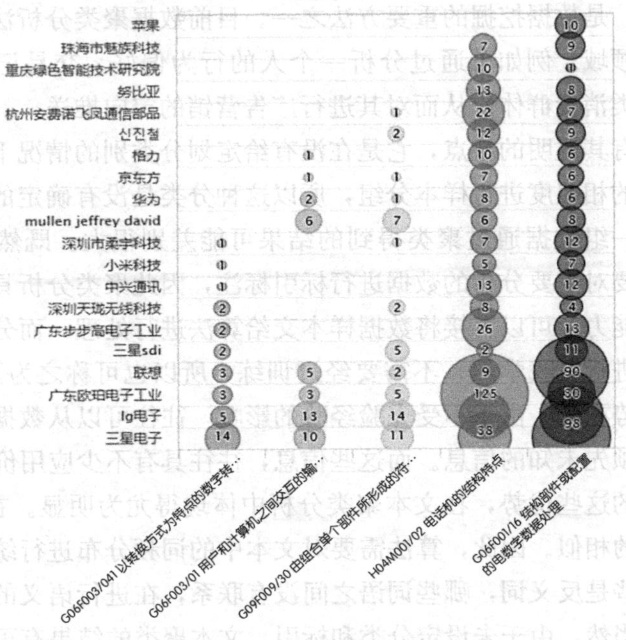

图 3.31　申请人—技术领域关联情况

在前文的数据趋势分析部分谈到，当分析指标包括时间要素时，所分析的内容就具有一定的预测效果，因此也可以将多个要素与时间关联起来进行分析。

例如，分析某一技术领域的专利申请量随时间的变化，可以了解技术发展的历程。如果结合专利地域这一指标，可以看出各国家和地区的技术垄断趋势；如果结合首次申请国，即专利族中最早申请的专利所在国，则可以了解技术研发实力的变化；如果结合技术领域的数量的变化，可以了解技术是在分化还是在集中；如果结合专利申请人的信息，则可以了解各申请人的研究重点的变迁；如果专利申请量结合专利类型的占比变化，则可以感受到技术生命周期的发展过程。

同样的，分析某一专利申请人所提交的专利申请数量随时间的变化，可以透视该专利申请人的布局策略。如果结合专利申请技术领域的分布变化，可以发现该申请人的技术重心的变化，预测其即将进入的消费市场；如果结合专利申请地域的分布变化，可以透视该申请人的全球战略，预测其有可能进行制造、销售活动的目标地；如果结合专利类型的分布变化，可以了解该申请人的研发实力是在增强还是在减弱；如果结合专利申请中核心发明人的变化，可以推测其人事变动及其整体战略的调整。

除上文所述之外，专利数据关联分析还有许多其他的可能，需要在实际分析当中进行全面考虑、综合运用。

3.2.6 专利数据聚类分析

所谓“物以类聚”，意味着同类的东西常聚在一起。因此，“聚类”就是指将物理或抽象对象的集合，分成由类似的对象组成的多个“类”的过程。由聚类所生成的簇是一组数据对象的集合，同一个簇中的对象彼此相似，与其他簇中的对象相异。

数据聚类分析，又被称为群分析，它通过衡量不同数据源之间的相似性，对搜集的数据进行探索性分类，是数据挖掘的重要方法之一。目前数据聚类分析法广泛应用于用户画像、动植物分类等领域。例如可通过分析一个人的行为偏好、交易记录、社交网络等内容，将其归于某一类消费群体，从而对其进行广告营销的定向推送。

数据聚类分析有其鲜明的特点，它是在没有给定划分类别的情况下，给定“相似”的算法后，根据数据的相似度进行样本分组，所以这种分类是没有确定的标准的，在不同的算法和平台中，同一组数据通过聚类得到的结果可能差别很大。既然没有明确的分类标准，自然也就不需要对需要分析的数据进行标引标注，因此聚类分析具有一定的灵活性和较高的自动化处理能力，可以直接将数据样本交给算法进行处理，而分析过程由机器基于这种无标记的样本进行自我学习，不需要经过训练，所以也可称之为无监督的机器学习。数据聚类分析的优势在于，由于不受先验经验的影响，往往可以从数据自身的相似聚集中发现一些隐含的、预先未知的信息。而这些信息，往往具有不少应用价值。

数据聚类分析的这些优势，在文本聚类分析中体现得尤为明显。在文本聚类中，“相似”指的是文本上的相似。因此，算法需要对文本中的词频分布进行统计，了解哪些是同义词、近义词，哪些是反义词，哪些词语之间没有联系，在进行语义的关联分析后，对自然语言进行处理。当然，由于未设定分类和标引，文本聚类的结果有可能不太符合日常语言习惯，需要进一步解释。可见，与此前介绍的基于主体、时间、地域等明确的结构指标进行统计分析的方法不同，文本聚类分析法可以处理非结构化信息。而在专利文献中，非结构化信息主要集中于权利要求书和说明书中，对权利要求书进行分析可以了解权利范围，对说明书进行分析可以了解技术内容。

图 3.32 是一份专利聚类后的可视化结果，图片呈现“地图”状，实际上，狭义的专利地图就是指通过聚类分析而形成的专利分布态势图。在该图中，可以看到一座座“高山”，以及围绕“高山”的一圈圈的“等高线”，实际上这就是借用地图的表达方式，对专利的聚类进行形象的表示。图中的一个点代表一件专利，点与点的距离表示专利主题的近似程度，而等高线标志了专利聚集的状态。地图中的等高线越高，代表该领域专利越集中，竞争程度越激烈，属于技术红海区。等高线越低，表明专利越稀疏，竞争较少，属于技术的蓝海区。

该图涉及的技术领域是大数据技术。由于 2013 年被称为大数据元年，所以本例选择了 2004 年至 2013 年这十年的专利进行分析。当时大数据技术的热点包括个人设备数字助理（personal device digital assistant）、集群处理（clusters process efficiently）、高效识别（useful identifying provides）、图像处理（image processing effective）等领域。

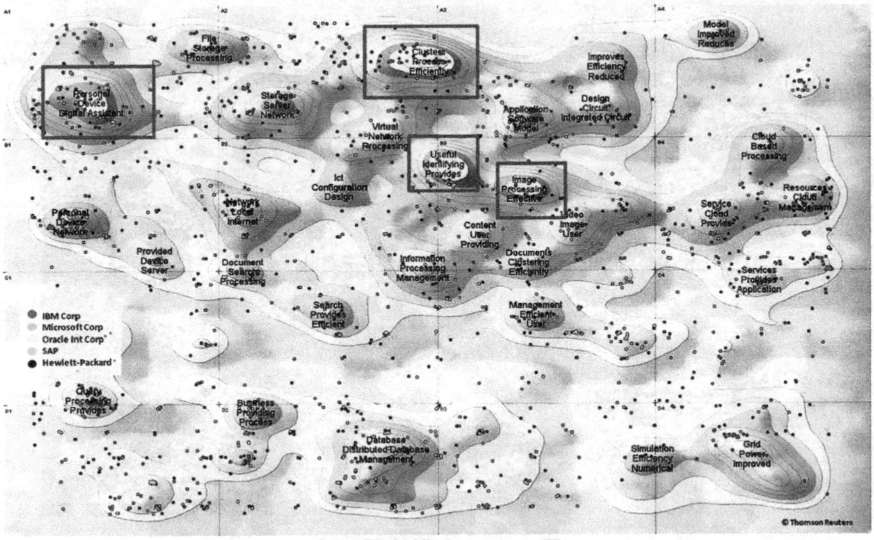

图 3.32　专利地图（1）

而将地图中各专利的权利主体使用不同颜色进行标示，更能感受到市场竞争态势（见图 3.33）。如在大数据元年，专利持有量的前五名为 IBM、微软、甲骨文、SAP、惠普这五家公司。对它们使用不同颜色标示，从图中能较为直观地观察到各公司的研发方向和保护范围。如排名第一的 IBM 公司，更重视集群处理的技术研发，而排名第二的微软公司，则在个人设备网络上进行了集中的保护。相对而言，个人设备数字助理、与各种云计算相关的技术则颜色混杂，表明竞争激烈。

对这十年的专利按照时间来显示，前五年的专利以空心点表示，后五年的以实心点表示，不难发现，其中竞争激烈的个人设备数字助理与云计算技术也是新专利主要集中的技术领域（见图 3.24）。

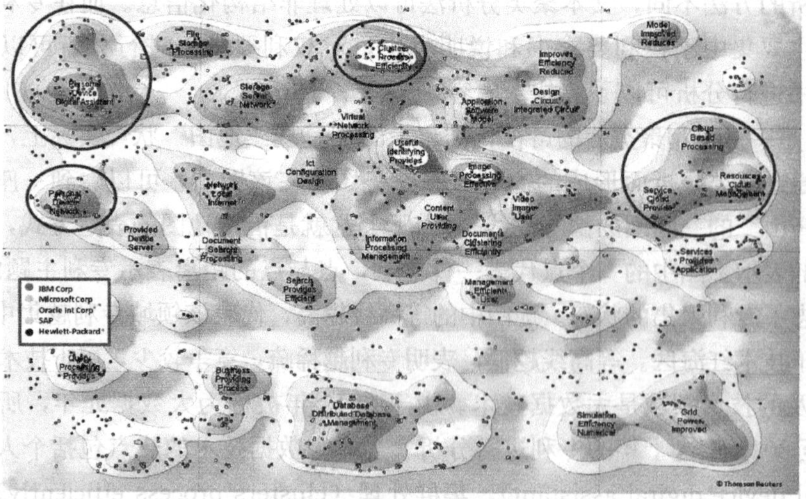

图 3.33 专利地图（2）

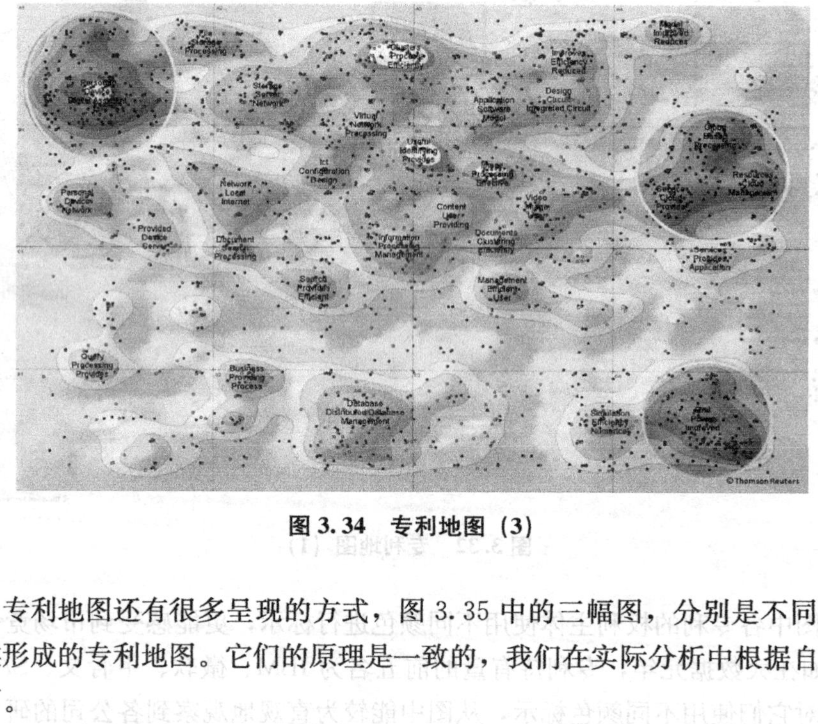

图 3.34 专利地图（3）

当然，专利地图还有很多呈现的方式，图 3.35 中的三幅图，分别是不同的平台对专利文本聚类形成的专利地图。它们的原理是一致的，我们在实际分析中根据自己的需要进行选择即可。

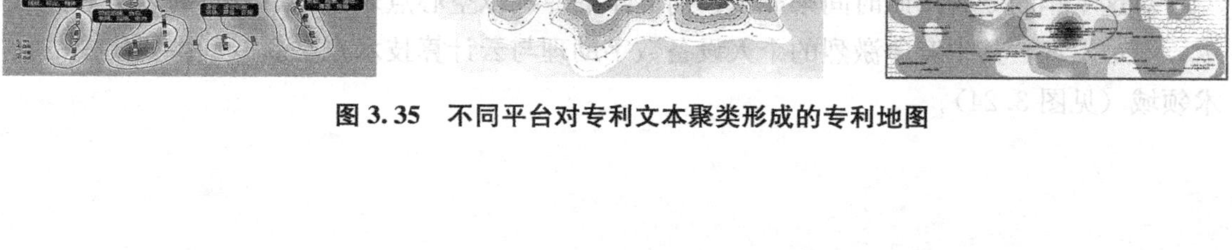

图 3.35 不同平台对专利文本聚类形成的专利地图

文本聚类还有一种表现方式——旭日图。如图 3.36 左侧图所示是对华为近十年专利文本进行的聚类，内圈表示文本聚类的第一层级，外圈则是对第一层级的细分。与前面所介绍的专利地图相比，旭日图能更直观地呈现各技术领域的专利数量的占比，但较难同时呈现多个主体的聚类结果。因此假设要对华为和中兴的技术领域及技术优势进行对比分析，最好是单独对中兴的专利再进行聚类，对二者进行比较，可以发现两家企业的技术研发方向和专利申请布局十分相似，两者之间的竞争较大。①

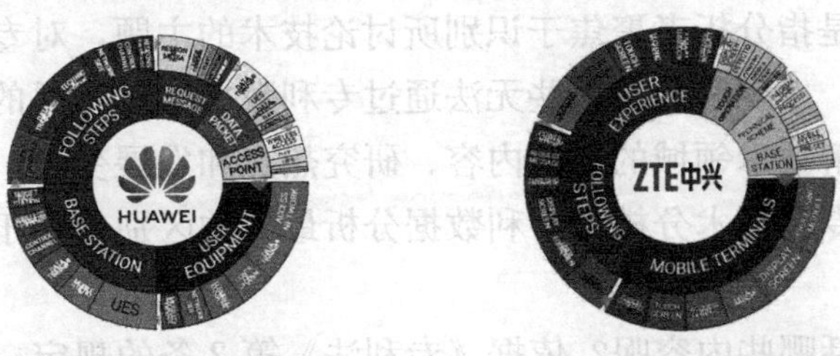

序号	主题
1	信道，基站，移动台，链路
2	脚本，管理，备份
3	服务器，终端，计费
4	报文，路由，交换
5	鉴权，数据帧，游戏，密钥

序号	主题
1	终端，服务器，呼叫
2	报文，组播，标签，虚拟
3	信道，基站，导频
4	电路，电压，内存
5	复用，视频，数据单元

图 3.36　华为、中兴专利文本聚类旭日图

数据聚类分析也可以用矩阵图表示，如图 3.37 所示是通过计算机对量子技术的全球专利的主题相似度进行评估后呈现出来的结果，共有 30 个量子技术集群，总体可以分为量子通信、量子密码、量子器件、量子比特逻辑门、量子计算机和其他领域等几个核心集群。由此可见，在对技术一无所知的时候，可以借助数据聚类分析，找出这一技术领域中主要的、核心的关键词。②

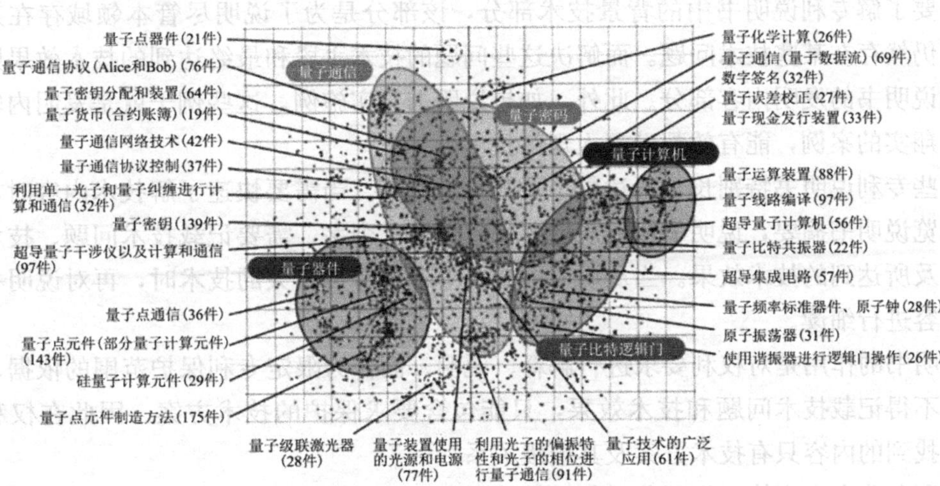

图 3.37　数据聚类分析矩阵图

① 龙微月，文庭孝．专利经济信息挖掘实证研究：以华为和中兴为例．大学图书情报学刊，2019 (1)：23-30.

② 王雯祎．基于专利的全球量子技术 2.0 主题分布．世界科技研究与发展，2019 (2)：192.

3.3 专利技术分析

3.3.1 专利技术分析概述

专利技术分析，是指分析者聚焦于识别所讨论技术的主题，对专利文献中的技术信息进行定性分析和解读，发现和总结那些无法通过专利数据分析获得的情报。专利技术分析能够帮助相关人员了解技术领域的研究内容、研究热点和发展变化，为科研机构、企业的研发决策提供支持。专利技术分析与专利数据分析最大的区别就在于，它分析的对象主要是技术信息。

技术信息具体包括哪些内容呢？依据《专利法》第 2 条的规定，我国专利中的发明和实用新型的保护客体都是技术方案。根据对法条的理解，实际上一个完整的技术方案应当至少包括技术问题、技术手段和技术效果三个内容。其中的技术手段在专利文献中就是以技术特征的形式出现的。

技术问题、技术手段和技术效果，三者相互统一、彼此配套。记载在专利当中的技术手段的集合，实际上是为了解决实际的技术问题，而技术效果即为解决这一技术问题的成果。例如在实践中存在电路工人容易发生触电的技术问题，针对这一问题采用的是给所有电工工具配上绝缘手柄的技术手段，从而达到减少触电情形的技术效果。因此，在一篇专利文献中到底记载了什么技术方案，这些技术方案有哪些技术手段，解决了哪些技术问题，达到了哪些技术效果，都是专利技术分析的内容。

当需要进行专利技术分析的时候，可以从专利文献的哪些位置来获取相应的信息呢？首先需要了解专利说明书中的背景技术部分，该部分是为了说明尽管本领域存在某些技术，但仍然存在某些技术问题。而解决这些问题的技术手段和最终达到的技术效果则记载于专利说明书的发明内容部分。此外，如果说明书有实施例，这些例子就是发明内容的具体的、翔实的案例，能有效帮助深入理解技术。

有些专利说明书特别长，长达数十页甚至上百页。当需要快速了解技术内容时，可以先只浏览说明书摘要，说明书摘要规定不得超过 300 个字，需要记载技术问题、技术方案的要点及所达到的技术效果。当从说明书摘要中看到特别相关的技术时，再对说明书中相应的内容进行细读。

说明书的作用是对权利要求进行解释、说明。而作为限定专利保护范围的依据，权利要求中不得记载技术问题和技术效果，只能包含要求保护的技术方案。因此在权利要求中，能找到的内容只有技术方案及其层级关系。

专利名称中应当体现想要获得保护的技术主题和类型，其篇幅更短，除化学等特殊领域外，一般不能超过 40 个字。因此通过迅速浏览专利名称，可以对专利文献中的技术进行粗略了解和概览。

最后，著录项目中有两类与技术密切相关。其一是分类号，如果使用的是 IPC 分类号，则其中高级版本表明该专利的发明信息，基本版本则表明该专利的附加信息，因此从

IPC中可以找到该专利的创新点所在的领域。其二是著录项目第（56）项，指的是单独列出的现有技术文献清单，包括专利文献和一些具有技术相关性的科技文献。在我国，这些文献由审查员进行检索后列出，而美国除专利审查员所列文献外，还包括专利申请人所提交的信息披露表。这部分内容就相当于之前提及的背景技术，其中的相关技术信息可以作为确认技术问题的依据。

以上就是专利技术分析的分析对象。从上述内容不难看出专利技术分析中的信息特点。首先，所有的信息都与技术密切相关，具有一定技术深度。这与专利数据分析不同，在数据分析中，哪怕对技术一无所知，也可以对某些结构化信息，如申请时间、专利权人等进行统计、分析。而在技术分析中，如果没有相关的知识基础，则无法从专利文献中抽取出技术问题、技术手段、技术效果等要素内容，专利技术分析也会因此很难继续进行下去。

其次，专利技术信息绝大部分以文本的形式进行呈现。而对文本格式的理解和解读，目前机器还很难做到，因此对相关信息的抽取，需要进行人工阅读。可见，在专利技术分析中，人工成本很高，无法像数据分析那样批量、快速处理大量专利文献。所以专利技术分析往往是在数据分析之后，需要通过专利数据分析找到值得深入分析的专利，再进行技术分析。

最后，专利中的技术信息是分散于整个专利文献当中的，没有标准的格式，是非结构化信息。因此在对专利信息通过人工阅读进行整理和标引后，方能开始专利技术信息分析工作。

需要注意的是，这些人工阅读、整理标引的工作，是需要和在专利信息检索中使用到的技术分解表的内容对照进行的。

3.3.2 专利技术功效矩阵

技术功效矩阵是专利技术分析中一种常用的分析手段，一般先逐篇标引待分析的专利数据的技术类型和功效，然后进行统计，以技术内容为纵轴、功效为横轴绘制成表格，常以气泡图的形式来表现，从而进一步洞察技术研发和市场态势。

专利文献中记载了与技术相关的三大要素：技术问题、技术手段和技术效果，其中存在技术效果表明专利技术优于其他技术，在市场上有竞争优势。如果一个行业中的大量专利都能实现某一技术效果，表明这一技术效果正是市场需求的热点。专利文献中的技术问题表明了该专利的研发方向。如果一个行业中的大量专利都为了攻克某一技术问题，表明该技术问题是一个技术热点。技术手段则是研发成果，是研发的内容。而研发是有继承性的，基于知识体系、仪器设备等基础，一个主体在某一技术主题下获得了大量的研究成果后，在一定时期内极有可能沿着同一方向继续研发。所谓“条条大路通罗马”，技术手段与技术效果之间并不仅仅是一一对应的，某一技术手段可能有多重技术效果，例如使用橡胶垫片，可以达到的技术效果有：绝缘、缓冲、增加摩擦力等等。同样的，某一技术效果可以通过多个手段实现，例如为了降低成本，可以使用更少的仪器、使用更廉价的原料或使用更简洁的工艺。因此，可以将技术手段与技术效果分别作为横轴、纵轴，绘制相应的矩阵，对专利技术进行分析。

专利技术功效矩阵的分析过程包括三个步骤：选定技术功效的分类架构，对专利文献进行解读与分类标引，统计数量并制作图表。而分析内容的对象，可以是专利数量、专利权人、具体专利等等。

例如，图 3.38 中横轴是技术内容，纵轴是技术效果，气泡大小表明专利的数量多少。可见其中最大的气泡是通过对拉形主机的改进达到降低成本的效果，这就是这个领域的技术热点。这一矩阵还显示出两个技术空白区，技术空白区有可能是未来研发的方向，也有可能是研发的雷区。能否完成研发，则需要和技术科研人员进行深入沟通，技术功效矩阵仅起到提示、参考的作用。

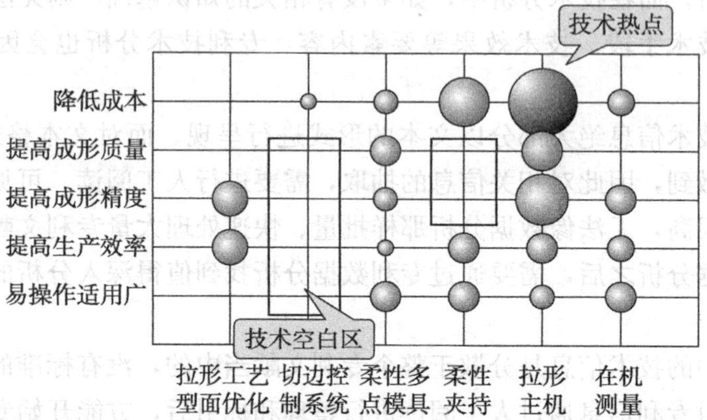

图 3.38　分析内容—专利数量

从图 3.39 的三星公司多点触控技术的技术功效矩阵图中可直观清晰地看到，三星公司的核心研发技术集中在触摸屏的传感装置上，通过该关键技术的研发重点解决如何提高分辨率或精度以及如何提高可操作性等问题；同时，也可以了解到三星公司多点触控技术研究集中于提高可操作性和提高精度的技术效果，而在省电这个效果上研究较少。这有可能是因为三星公司认为自家手机电池容量高，不需要重视省电问题，也有可能是因为三星公司缺乏相应的技术研发能力，无法通过改进多点触控技术达到节约电池用量的效果。

假设是后者，三星公司自身研发能力不足，需要合作伙伴。将多点触控技术的权利人进行分析，得到如图 3.40 所示的 A、B、C、D 四家企业所持有的专利的专利功效矩阵，哪家企业最可能成为三星公司的合作伙伴呢？

从图 3.40 中可以看到，能够达到省电这一技术效果的公司有 A、B、C，其中 A 公司的技术是最多的，三星公司能否和 A 公司展开合作呢？再看其他的技术功效，可以发现 A 公司涉足所有的技术主题，对每一个技术效果都有相关的技术储备。可见 A 公司是这个领域中强有力的技术领先者，与三星公司很有可能是竞争关系。C 公司在省电这一效果上研发实力一般。而 B 公司除了省电在其他技术效果上几乎没有涉及，可见 B 公司的目标非常明确，专攻省电这一技术效果，对三星公司而言，是比较理想的合作伙伴。

此外，从图 3.40 中也能看出权利人之间的关系。如 A、C 两家公司，所涉及的技术内容和技术效果有较大的重叠，意味着这两家公司可能存在激烈的竞争。

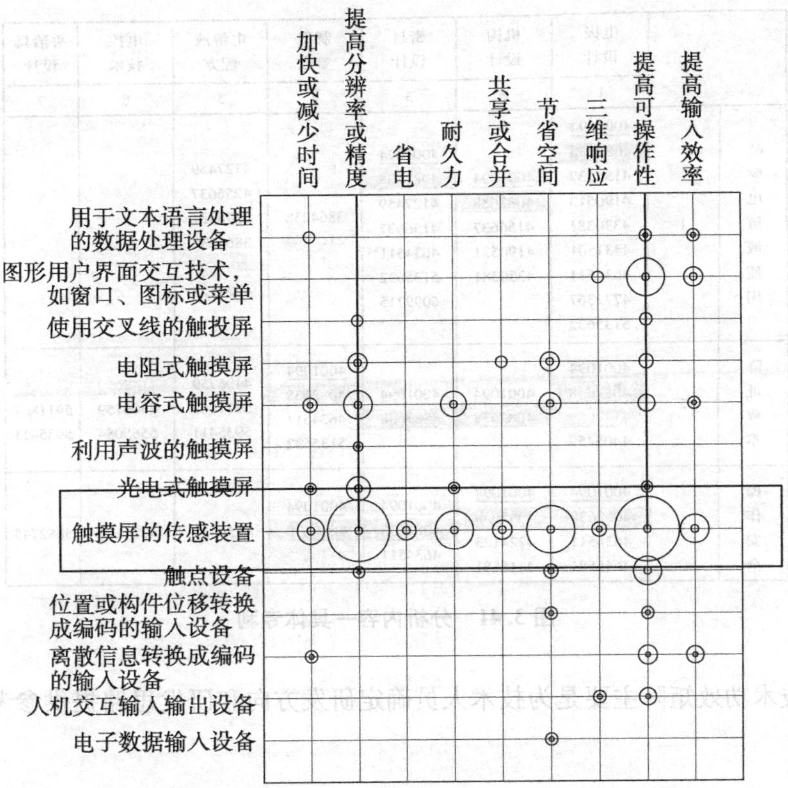

图 3.39　三星公司多点触控技术的技术功效矩阵图

	省电	节省空间	提高精度
传感器	A		A
集成电路	B	A	
屏幕触控	A、B	D	A、C
用户交互	A、C		A、C

图 3.40　分析内容—专利权人

也可以对具体专利进行功效矩阵分析，如图 3.41 所示，各列是技术内容，各行是技术效果，中间的数字是专利号。通过对文献技术分析，发现尾数为 094 的这个专利出现了很多次，涉及 4 个方面的技术改进，在 3 个技术效果上都有体现，表明 094 这个专利是一个解决了多个技术问题的重点专利。尾数为 638 的专利与 094 专利如影随形，表明两件专利之间关联度非常高，如果属于不同的权利主体，则这两个主体之间存在激烈的竞争。尾数为 699 的专利则与 094 专利或 638 专利形成互补，若属于同一主体，则表明该主体布局完善，若属于不同主体，则两个主体之间存在较大的合作可能。

		电极设计	机构设计	密封设计	制程参数	电解液配方	电控技术	央治具设计
		1	2	3	4	5	6	7
减少电解液使用	1	4001094 4082638 4156637 4190513 4330381 4431501 4634511 4772367 5135632	4001094 4082638 4156637 4190531 4330381	4001094 4082638 4127459 4156637 4634511 5135632 6099715	3864238 4148699	4127459 4256637 5378331 3864238 4148699 4224123		
降低成本	2	4001094 4082638 4148699 4406459	4001094 4082638	4001094 4082638	4001094 4082638 4634511 5135632	4406759 5911867 5935411	4148699 4406759 5565084	4148699 5911867 5935411
操作安全	3	4001094 4082638 4634511 4645581	4001094 4082638 4224123 4645581	4001094 4082638 4634511	4001094 4082638 4148699	4156637	4224123	5082745

图 3.41　分析内容—具体专利

可见，技术功效矩阵主要是为技术人员确定研发方向和研发思路提供参考信息，是一种定性分析。

3.3.3　专利权利要求分析

权利要求分析是对专利权利要求进行微观、深入的分析，从而对专利的保护范围进行全面、准确的界定，为企业战略决策提供依据。

这种微观、深入的分析往往需要在一件专利上花费数小时乃至数天的时间，因此专利权利要求分析无法处理大批量的专利文献，权利要求分析的对象只能是关键专利。

一般在何时进行专利权利要求分析呢？例如，通过数据分析，发现在技术生命周期的萌芽期和生长期中具有开拓性和突破性的技术；或者是在市场中发现技术领导者或技术领先者的核心技术方向上的基础性专利；或者是发现他人可能侵犯我方专利权，想要维护自身权利，对相应的专利进行权利要求分析，判断对方是否落入我方专利权保护范围，以及判断我方专利的稳定性；又或者是在对方认为我方侵权时，为了最大限度地维护权益，对对方所指明的专利进行分析。

权利要求十分重要，《专利法》第 26 条第 4 款规定，权利要求书应当以说明书为依据，清楚、简要地限定要求专利保护的范围。因此分析权利要求就是分析保护的范围多大，针对哪些技术，权利在多长时间里、在多大区域内是获得保护的。

这些分析内容同样可以从专利文献中获取。技术范围由权利要求书中记载的技术特征决定。说明书可以对权利要求书进行解释说明。时间范围由专利的有效存续期限决定，但并非专利到期就可以直接实施，有时候一些核心的基础专利将被在后的改进专利所引用，此时实施基础专利同样有可能落入引用专利的保护范围内。空间范围由专利获得授权的区域决定，因此分析时不仅要考虑关键专利本身，还应当检索相应的同族专利都在哪些区域获得了授权。时间范围和空间范围在前述部分已经介绍过，就不再赘述。本小节主要介绍技术范围的确定。

首先需了解单件专利的静态分析。根据专利法的要求，一件专利一定具有权利要求，对权利要求的分析包括两个方面：一是其中记载的技术特征是什么。如果权利要求中的某个技术特征有歧义，则遵循先内后外的证据规则，先看其他权利要求中是否有相应的解释，如果没有，则翻阅说明书，仍没有，就检索审查文件，看专利申请人是否在与审查员的沟通中指明了技术特征的含义。若还是没有，就只能去找外部证据，例如《辞海》、教科书等公认的常识文献或者是科技文献，进行理解和确定。可见，技术特征分析涉及的是单件权利要求的范围。二是权利要求整体的结构是什么。权利要求的结构是指权利要求的纵向关系。权利要求分为独立权利要求和从属权利要求。从属权利要求主要看彼此之间的引用层级，这决定了每一项从属权利要求的具体技术范围。而针对独立权利要求，需要明确一共有多少项独立权利要求，分别保护什么技术主题，多个独立权利要求之间是什么技术关联，是包括产品和产品的制备方法、使用方法，还是从一个小的组件逐步扩大到完整的大的系统。实际上，独立权利要求之间的关联体现了权利主体在一件专利中的布局。

同时，专利权利要求不是一成不变的，申请文本、公开文本、授权文本和历次被提出无效宣告请求的文本，其中的权利要求的内容都有可能发生变化，应善加利用。如在之前的权利要求书中，一条权利要求因保护范围不清楚被无效，相对应的引用关系发生改变。一条权利要求被无效成功，其权利视为自始不存在，那其中的技术内容是否就可以免费实施了呢？答案是不行。因为这条权利要求的范围，很明显小于独立权利要求的范围。在独立权利要求的效力没有受到挑战的情形下，该专利的保护范围不变。不过这条被无效的权利要求，其中所记载的技术方案，可以作为竞争对手或技术跟随者进行技术规避、技术模仿或改进时的参考依据。

单件专利的保护范围是相对清晰的，但实际竞争中的垄断范围往往是由多个专利组合决定的。对同一专利权利人的专利进行权利要求分析，可以了解该主体对相关技术的垄断范围和垄断程度，并进一步透视权利人的竞争策略。如某专利权人在自己核心技术专利的周围申请了一系列的改进专利，表明该权利人对该技术十分重视，采用堡垒式布局策略，意图获得最大的垄断范围。此时，技术跟随者如果不愿支付高昂的许可费，想要围绕核心技术进行规避设计，则需要考虑所有上述专利的保护范围，进行规避，方能尽可能降低侵权风险。而如果一系列技术相关的专利归属于不同的专利权人，则需要明确每一主体的保护范围。如果保护范围存在上下位关系，则其权利范围是互斥的。如A公司持有一种“金属”制品的专利，B公司持有一种“黄铜”制品的专利，则B公司的保护范围是“黄铜”制品，A公司的保护范围是“除黄铜之外的其他金属”制品。如果保护范围是并列关系，则两主体在市场上往往处于竞争态势。

最后，对权利要求保护范围进行分析时，应当注意专利流转情况。如在确定某主体的垄断范围时，注意检索其买入卖出专利的情况，尤其是跟踪关键专利的权属状态。而在进行专利许可时，实际上希望实施的是改进专利的技术，但一定要同时获得基础专利的许可，否则依然会侵犯基础专利的专利权。

权利要求分析相对微观、深入，在实际分析中往往根据需要随时调整分析的方向和思路。

3.4 专利引文分析

3.4.1 科技引文基础

科技引文是专利引文分析的知识基础。

为何会有科技引文？伟大的科学家牛顿在接受其他人的钦佩时表示，如果说我比别人看得更远些，那是因为我站在巨人的肩膀上。这句话表明，科技活动是存在一定的继承性和关联性的，绝大部分研发创造都是在前人研究的基础上进一步改进而来的。于是出现了科技引文的概念。

所谓科技引文，包括注释和参考文献，是作者在文章中引用的记载他人观点、材料、方法的文献。一般来说，需要用明确的标记将这些引文呈现出来。

假设文献 2 是一篇科技文献，在文献 2 中使用了文献 1 中的观点，并标注了文献 1。此时，文献 1 就被称为文献 2 的后引，英文是 backward，表明文献 1 中的技术内容是文献 2 的研究基础。如果文献 2 又被在它时间之后的文献 3 所引用，则把文献 3 称为文献 2 的前引，英文是 forward，表明文献 3 中的技术是对文献 2 的继承和发展。同时，文献 1 和文献 3 通过文献 2 也间接地联系起来，此时，文献 1 是文献 3 的二代后引，文献 3 是文献 1 的二代前引（见图 3.42）。

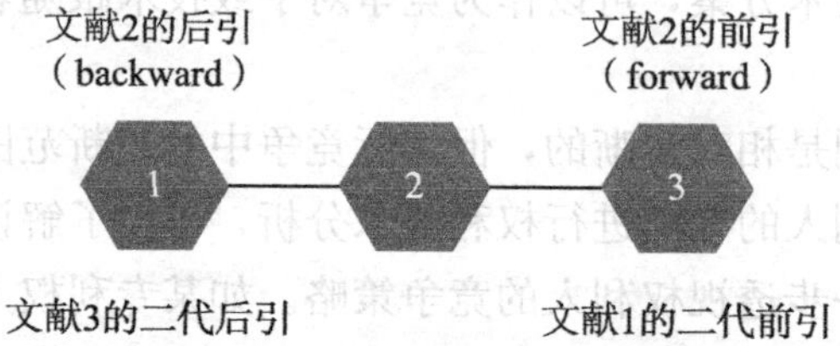

图 3.42 科技引文的相关概念

随着技术不断地革新发展，文献与文献之间的引用关系可以越来越长，形成如图 3.43 所示的一条链。这被称为科技文献的引文链。引文链体现的是技术和学科的发展过程。以其中的某一篇文献，例如文献 3 为标准，不断向更早的时候追溯它的后引，找到文献 2、文献 1，直到最早的一篇文献，可以了解该学科的起源和变迁过程。向着反方向寻找它的前引，找到文献 4、文献 5，直到最近的一篇文献，可以了解该学科的演变和最新进展。

图 3.43 引文链

实际上，一篇文献往往会引用多篇文献，如文献 2 同时以文献 1 和文献 4 的内容为基础，使得文献 1 和文献 4 也产生了间接联系。这种多篇文献同时被一篇文献引用的联系被称为共引，通常在一篇文献中总是讨论紧密相关的技术，因而共引的文献之间也存在技术关联性。两篇文献被越多的文献引用，它们之间的联系就越紧密，可以用“共引强度”来量化。如果文献 2 同时被更晚的文献 3 和文献 5 引用，表明文献 3 和文献 5 之间也存在一定的技术关联性，这种引用了同一篇文献的文献之间的关系被称为耦合。两篇文献共同引用的文献越多，它们之间的联系越紧密，可以用“耦合强度”来量化（见图 3.44）。

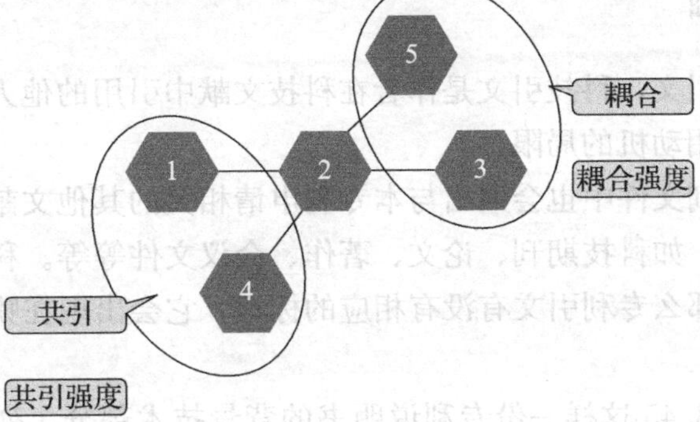

图 3.44　引文网

除科技文献外，科学期刊、论文作者、科研机构等同样存在这些引用联系。于是，文献学家们利用各种数学及统计学的方法，对科学期刊、论文、著者等分析对象的引用和被引用现象进行比较、归纳、抽象、概括，揭示其中的数量特征和内在规律，这种信息计量研究方法，就是引文分析法。引文数量、共引强度、耦合强度，都是引文分析法中常用的分析指标。

可见，可以将引文分析法想象为“顺藤摸瓜”，只要发现一篇相关的文献，就可以顺着引文这根藤，摸到想要的瓜。所以引文分析法具有比较大的优势，它不依赖于任何人工检索语言和词汇，避免了语言、语法、词汇习惯不一致所造成的种种困难，提高了检索质量。在分析的过程中无须专家阅读或判断，其相关性是由作者进行判断的。同时，引文分析法能够突破传统静态分类的限制，反映出科学研究新的变化和方向。

然而引文分析法成立的前提，是引文符合“真”和“均”两个基本假设。“真”包括两个方面：第一，所有研究基础都应该在文献中体现为引文；第二，在文献中标明的引文都真正做出了贡献。“均”则是指假设每一次引用的价值是平均相等的，这时候引用的次数才能够真正度量文献之间的相关程度。

不幸的是，这两个假设在实践中都遇到了挑战。首先，科技引文的主体都是文献作者，其使用语言、阅读视野和获取平台会限制文献的搜集和获取能力，会导致“引用不全”的问题。其次，科技引文不存在强制引用要求，因此，引文的多少完全取决于作者的动机。而科技文献作者引用的动机往往比较复杂，例如，为了说服他人引用。有时候是为了获得学术认同而引用行业“大牛”的文章，这会导致马太效应，即越是“大牛”越被引用，越被引用越成为“大牛”。也可能是为了证明自己研究成果的新颖性而引用并没有什么帮助的最新资料，或者所引用的文献只在于提供研究方法、结果、参考工具等，而并未引用其中的观点。即使引用了其中的观点，也有可能存在正负两种引用，即可能是为了说明同领域的论文或相近的研究成果值得肯定，是其研究的基础，也可能是不认同该论文的观点，引用该论文以进行批评、否定和反驳，两种引用立场截然相反，但体现在引文分析时是一样的。

所有这些引文的局限会影响科技引文分析结果的准确性，因此，引文分析往往针对大量样本进行，通过统计概率以降低上述因素的干扰。

3.4.2 专利引文基础

上文介绍了科技引文，科技引文是作者在科技文献中引用的他人文献，这种引用受到作者的引用能力和引用动机的局限。

可以发现，在专利文件中也会列出与本专利申请相关的其他文献，包括专利文献，也包括其他非专利文献，如科技期刊、论文、著作、会议文件等等。科技引文通常需要用特定的标识标注出来，那么专利引文有没有相应的标识，它会出现在哪些专利文献的什么位置，又由谁来列出呢?

可以看到，在图 3.45 这样一份专利说明书的背景技术部分，列出了科技论文、中外专利等文献，这是由专利申请人所撰写的，为了说明专利所解决的技术问题，凸显专利的新颖性、创造性而使用的专利引文，采用的是文本格式，没有特定的标识标注。由于专利申请人往往是最了解研发基础的，因此专利申请人提交的专利引文对发明创造的理解、检索、审查都大有帮助。在我国，专利申请人引用研发参考文献是非强制性的，采用同一标准的还有欧洲专利局。但美国和日本则要求，专利申请人必须披露其已知的、与发明创造技术密切相关的文献。

如图 3.46 所示，这一份美国专利文献在著录项目中列出了与该专利密切相关的一些文献，包括美国专利、外国专利和其他形式的文献。其中文献后带“*”的，即为审查员引用的文献，不带“*”的，则是由专利申请人所提交的专利引文。这些专利引文，被记载于著录项目（56）当中。

同时，也可以看到，与专利说明书背景技术部分相比，著录项目中所记载的文献是以相对结构化的方式呈现的。

我国专利文献扉页上也有同样的著录项目（见图 3.47），（56）中写明了对比文件的内容，有专利、中外科技文献等，还注明了这些专利引文的公开时间，以及与本专利对比的具体位置。这些文献就是审查员在进行审查时，对专利技术进行检索获得的文献。

在前述部分专利文献中介绍过检索报告。在检索报告中，除对比文件的类型、公开时间、对比字段外，还能获得一个特别重要的信息，即这一份对比文件与专利的技术相关程度。不同字母对应着不同的相关度，这种对应关系有一个国际标准，这意味着即使专利文件的语言不同，只要使用这一国际标准，相同的文献代码即表示该专利引文与专利之间的技术相关度一致。如 X 类文献表明，仅考虑该文献，权利要求所记载的发明不能被认为具有新颖性或创造性，技术相关度最高；而 A 类文献则是一般现有技术文献，与专利没有特别的相关性；等等（见图 3.48）。

CN 103664587 B　　　　说　明　书　　　　1/14 页

制备乙酸环己酯的方法及制备环己醇和乙醇的方法

技术领域

[0001]　本发明涉及一种制备乙酸环己酯的方法及一种制备环己醇和乙醇的方法。

背景技术

[0002]　乙酸环己酯是一种带有香蕉或苹果香味的液体，用其配制的果香型香精被广泛用于食品、饮料及化妆品等行业。此外，乙酸环己酯对树脂具有良好的溶解性能，也常被用做高档涂料、油漆的环保型溶剂。

[0003]　目前，工业上乙酸环己酯的合成方法是乙酸与环己醇酯化反应。醇酸酯化反应需要在酸性催化剂的作用下才能顺利进行。宋桂佳，吴雄岗(化学推进剂与高分子材料，2009，V01.7(2)：P31-33)，综述了乙酸和环己醇酯化合成乙酸环己酯的合成研究进展情况，所涉及的催化剂包括氨基磺酸、对甲苯磺酸等磺酸催化体系，SO_4^{2-}/TiO_2、$S_2O_8^{2-}/ZnO_2-Fe_2O_3-SiO_2$、$S_2O_8^{2-}/Fe_2O_3-MoO_3$等固体超强酸催化剂体系，硫酸亚铁、硫酸氢钠、硫酸氢钾、三氯化铁、硫酸铜等无机盐催化体系，磷钨酸以及负载型杂多酸催化体系。

[0004]　CN102060697 提出了一种乙酸环己酯的合成工艺，先将氧化铜和对甲苯磺酸反应合成对甲苯磺酸铜，再以对甲苯磺酸铜为催化剂，用环己烷作带水剂，由乙酸和环己醇反应合成乙酸环己酯。醇酸酯化合成乙酸环己酯存在催化剂与产物分离困难、需要使用带水剂、环己醇价格高等问题，因此难于大规模生产。

[0005]　JPA254634/1989 公开了一种环己醇和乙酸环己酯的制备方法，采用强酸性离子交换树脂为催化剂，由含水乙酸和环己烯反应合成环己醇和乙酸环己酯的方法。该专利实例提到的最好结果为，环己烯转化率 62.7%，环己醇收率 18.4%，乙酸环己酯收率 43.7%。

[0006]　CN1023115C，JP 平－313447 公开了一种环己醇的制备方法，采用 ZSM5 或高硅沸石为催化剂和水存在下，由乙酸和环己烯反应合成乙酸环己酯，在 120℃反应 4h，环己醇和乙酸环己酯的产量分别只有 12.5% 和 65%。

[0007]　EP0461580A2、USP5254721 公开了一种采用含钨杂多酸催化剂由乙酸和环己烯反应，制乙酸环己酯。该专利提出杂多酸分子中结晶水含量最好为 0～3。专利给出的最好结果是，在 370℃焙烧 3h 获得的完全不含结晶水的十二硅钨酸催化剂，在 200mL 压力釜中，加入 61.5g 醋酸，13.5g 环己烯，5g 催化剂，在 0.5MPA，130℃条件下反应 0.5h，环己烯转化率 95.2%，乙酸环己酯选择性 99.2%。由此可见，在很高的酸烯比的条件下，环己烯也不能完全转化。由于不能实现环己烯的完全转化。

[0008]　从现有公开的文献可知，现有文献已经公开了乙酸与环己烯加成酯化反应的各种固体酸催化剂，加成酯化反应一般采用釜式反应器，反应原料为纯环己烯，即使采用很高的酸烯比，也难于实现环己烯的完全转化。

[0009]　反应精馏已广泛用于醇烯醚化、醇酸酯化、酯交换、酯水解、缩醛反应等过程，但至今为止，未见将反应精馏用于乙酸与环己烯加成酯化过程的报道。

[0010]　环己醇和乙醇都是重要的化学原料和溶剂。环己醇主要用于生产尼龙 6、尼龙 66 等，而乙醇是合成酯类等多种化工产品的原料，还广泛用作汽油的燃料添加剂。

3

图 3.45　信息来源——专利说明书背景技术

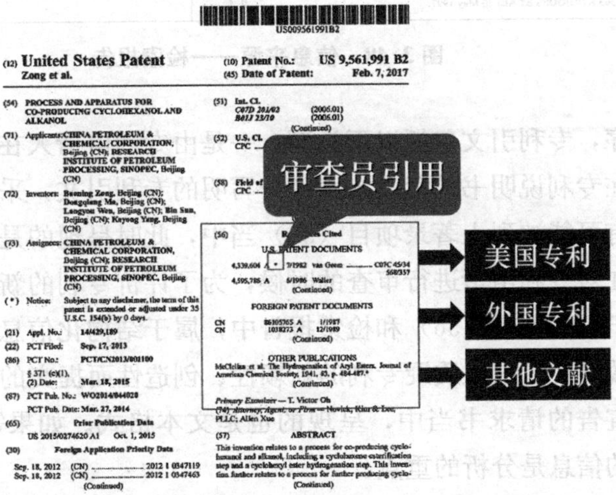

图 3.46　信息来源——著录项目（美国）

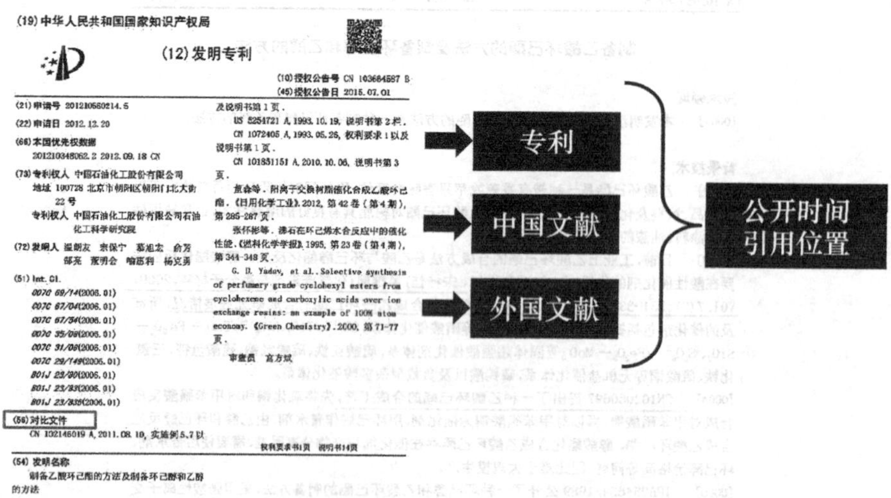

图 3.47 信息来源——著录项目（中国）

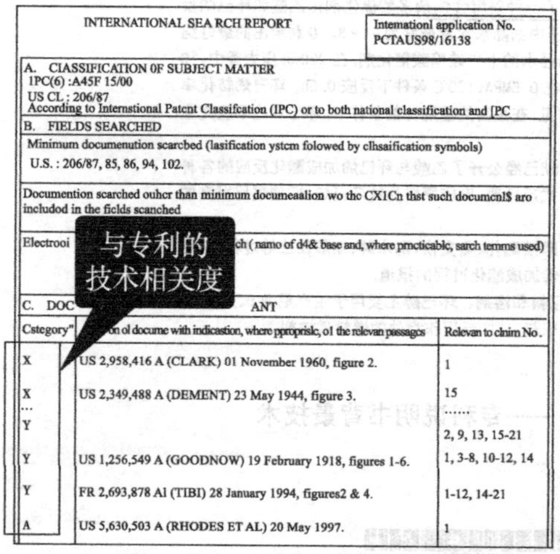

引证参考文献国际标准《关于在专利文献中列人引证参考文献的建议》	
X	仅考虑该文献，权利要求所记载的发明不能被认为具有新颖性或创造性
Y	当该文献与另一篇或多篇此类文献结合，并且这种结合对于本领域技术人员是显而易见时，权利要求所记载的发明不能认为具有创造性
A	一般现有技术文献，无特别相关性
D	由申请人在申请中引证的文献，该文献是在检索过程中要参考的，代码“D”始终与一个表示引证文献相关性的类型相随
E	在先专利文献，但是在国际申请日当天或之后公布的
…	

图 3.48 信息来源——检索报告

按照时间顺序，专利引文包括以下类型：一是由专利申请人在提交专利申请时，为了帮助理解技术，在专利说明书的背景技术部分写明的专利引文，采用的是文本格式，根据专利制度不同也有可能被列入著录项目（56）当中，此时呈现的是一种结构化的信息。二是专利审查部门在对专利申请进行审查的时候，为了评价专利的新颖性、创造性而检索的对比文件，记载于著录项目（56）和检索报告中，属于结构化信息。其实，在专利获得授权之后，还有无效宣告请求人质疑专利的新颖性、创造性而提交的专利引文，此时的引文记载于专利无效宣告的请求书当中，呈现的也是文本格式。如果需要对专利引文进行分析，这些结构化的信息是分析的重点。

从上述内容中可以了解到专利引文的特点，尤其是克服了科技引文局限的那些特点。第一，专利引文的引用主体包括专利申请人、专利审查员和专利无效宣告请求人，克服了科技引文单一主体导致的文献获取能力和文献检索平台的局限；第二，相对于科技引文的引用动机，专利引文的引用动机是最为单纯的，仅仅是与技术相关，与被引用文献的作者知名度、社会认同度等都没有关系，可以克服科技引文中马太效应和虚假引用的局限；第三，专利引文具有引用强制性，相关制度规章明确了不同主体提交专利引文和检索报告的义务，这就克服了科技引文中引用随意性的局限；第四，检索报告中的文献代码明确划分了专利引文与专利之间的相关程度，表明不同引文之间的引用价值不同且可以分级，这就克服了科技引文中引用价值不明的局限。

由此可见，专利引文与科技引文在文献引用的原理上一致，专利引文可以借用科技引文的分析方法，同时，专利引文又比科技引文更为规范，其分析结果也更为准确。

3.4.3 专利引文分析

上文对专利引文进行了说明，利用专利引文中蕴含的丰富的技术信息和情报，运用科技引文的研究方法和手段，揭示专利信息流动的现状和趋势，就是专利引文分析法。

首先应了解专利引文分析的基础知识。例如，需要对某专利进行分析，将其称为目标专利。这个目标专利与其他文献之间的引用关系如图 3.49 所示，时间更早的文献分别称为一代后引和二代后引，时间更晚的文献分别称为一代前引和二代前引，以此类推。根据专利引文之间的技术相关性，时间更早的这些后引们与目标专利高度相关，有可能会影响目标专利的新颖性、创造性，从而成为无效宣告的证据；而前引们也与目标专利技术相关，甚至有可能落入目标专利的保护范围之内，此时前引专利的权利人一旦实施专利，就侵犯了目标专利的专利权。所以，可以从专利引文链的上游寻找无效宣告的证据，从引文链的下游发现潜在的侵权者。

被目标专利同时引用的文献之间的关系叫共引关系，同时引用了目标专利的文献之间的关系叫耦合关系。对整个技术领域进行专利引文检索后，文献之间的引用关系假设如图 3.49 所示。此时可以度量共引强度和耦合强度。引用关系越强，技术相关性越高，可以作为无效宣告的证据或发现侵权者的可能性就越高。

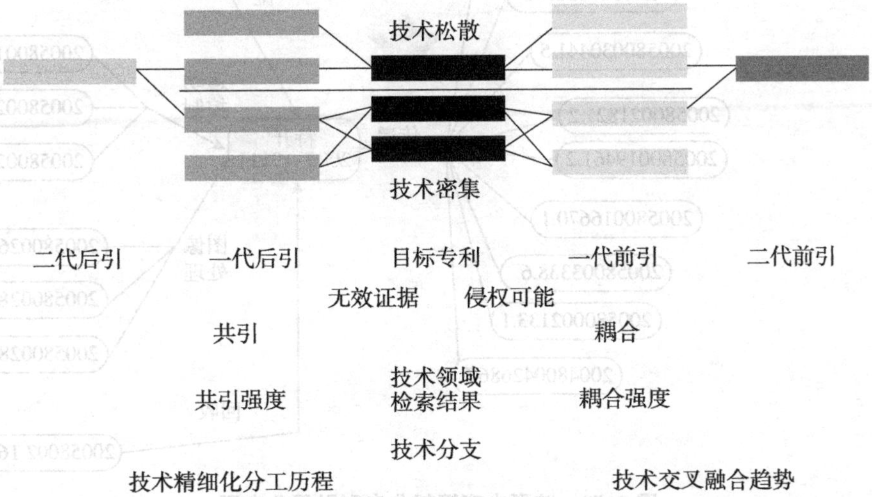

图 3.49 目标专利与专利文献的关系

同时就整体而言，引用关系强的文献属于一个技术密集型领域。而对应的，文献之间的引用关系弱，整体属于一个技术松散型领域。而引用关系特别弱，弱到文献之间近乎没有引用关系，则可以将它们划分为不同的技术分支。若追溯至上游，发现不同的技术分支引用了同一批专利，这个过程体现了技术的精细化分工历程。被在后专利大量引用的专利，很有可能是这个技术领域的源头，是一项基础发明。而这些不同的技术分支如果被同一批专利引用，则意味着这些分支的技术在发生着交叉融合。融合之后的专利，则是技术集大成者，也是该技术领域的重要专利。由此，一个学科或一个技术的发展变化过程、关键技术节点都可以呈现在眼前。

通过专利引文分析可以找到核心重点专利。例如，在胶囊内窥镜相关专利中，部分专利的引用关系如图 3.50 所示。其中，日本专利特开 2003 - 19111 可谓近年来胶囊内窥镜研究的奠基石，有近 20 条专利引用它，且仅此一项专利就涉及胶囊内窥镜的信号传递、运动控制/驱动、定位、图像处理、回收等五个方面的内容，其中又以信号传递为重点。观察可以发现，中国专利 200580014886.4 不仅引用了日本专利特开 2003 - 19111，而且引用了日本专利特开 2001 - 231186，进入了另一个涉及胶囊内窥镜信号传递的高被引专利领域。

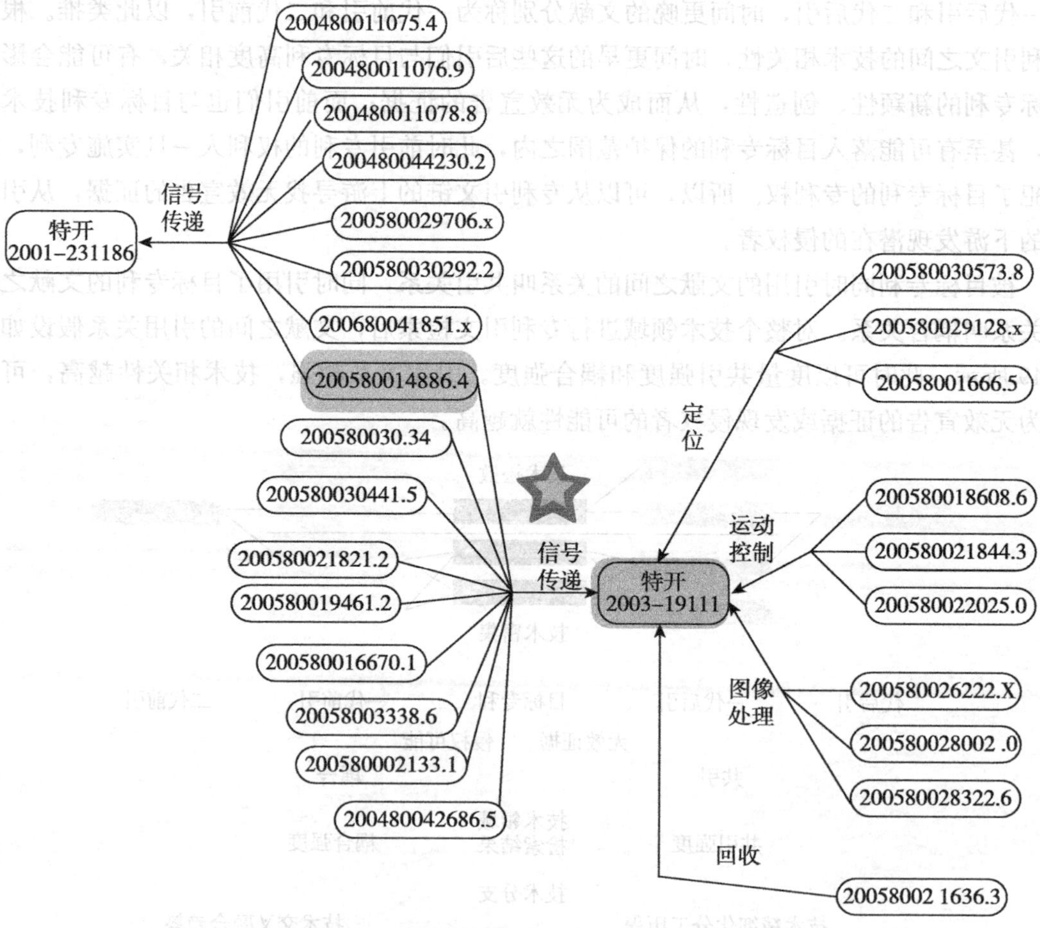

图 3.50 胶囊内窥镜部分专利引用分布图

通过专利引文分析可以了解技术分布情况。例如，图 3.51 中的两张图呈现了不同技术领域中专利的引用关系。从中可以明显感受到，左侧图的技术领域中的专利引用关系更为松散，表明该领域中技术主要呈多元性分布；而右侧图的技术领域中，专利引用关系特别紧密，彼此之间的引用强度很高，其中的技术更加集中，体现的是技术集成性。

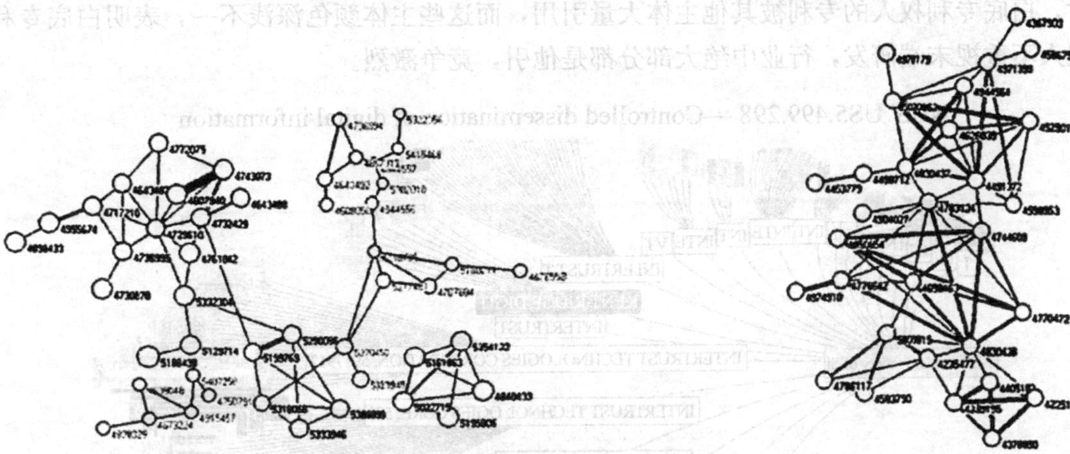

图 3.51　技术多元性/技术集成性

在专利引文分析中，对引用时间、引用地域等内容的分析，与之前介绍的数据分析类似，而相对特殊的分析类型，是对专利的引用主体进行分析。

按照引用主体的不同，专利引文分为自引和他引。当引用和被引用的专利都属于同一主体时，意味着这是专利权人对自己技术的改进创新，自引越多，表明相关技术都归属于同一主体，其市场垄断性越强。他引，是指引用和被引用的专利属于不同主体，引用表明了技术之间的参考借鉴，他引越多，表明相关技术的权利主体越分散，相关市场的竞争性也越强。

进一步对他引中被他人引用和引用他人两种类型进行矩阵分析，如图 3.52 所示。被他人引用多，而引用他人少的，原创性高，属于技术开拓者；研发主要靠引用他人技术，被引用少的，属于技术模仿者；两个指标都高的，意味着该主体的技术研发活动很活跃，质量也不错；而两个指标都不高的，则属于技术落后者。

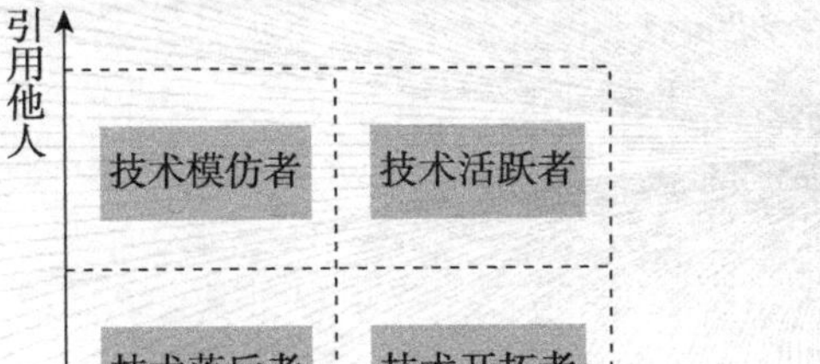

图 3.52　引用和被引用矩阵分析

在图 3.53 中，每一个方块为一个专利主体。由于空间有限，主体名称往往无法显示完整，因此用方块颜色的深浅表示不同的主体。最核心的专利是由新加坡国立大学（National University of Singapore）研发的，随后被白底专利权人（Intertrust Technologies Corporation）引用，进行全方位改进。可见白底专利权人是行业中重要的技术创新者。同时，白底专利权人的专利被其他主体大量引用，而这些主体颜色深浅不一，表明白底专利权人不重视末端研发，行业中绝大部分都是他引，竞争激烈。

NUS' US5.499.298 —Controlled dissemination of digital information

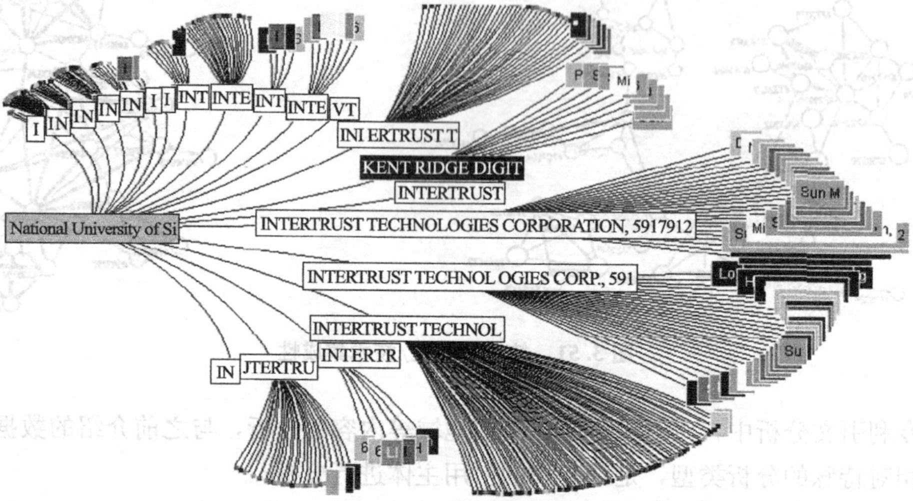

图 3.53　引用主体（1）

再如图 3.54 所示，核心技术与周边改进都由黑色权利人所持有，自引特别高，这表明在这一技术领域中，黑色主体美国礼来公司（Eli Lilly and Company）的垄断性特别高。

Eli Lily's US4,418,068 – Anti-estrogenic and antiandrugenic benzothiophenes

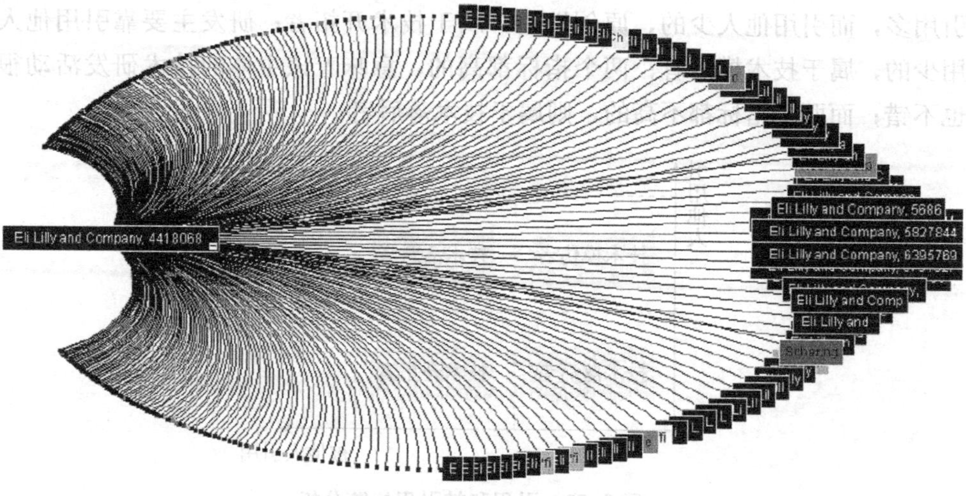

图 3.54　引用主体（2）

此外，还可以将专利引文的主体与专利引文所属技术进行关联分析，如图 3.55 所示，横轴为时间，纵轴为技术领域，每一个小点是一个专利，不同的深浅表明不同的主体。图中最下方用圆圈圈起的小点为目标专利。可以发现，目标专利左侧的后引所属的技术领域距离都比较远，表明目标专利在研发基础上做了较大的创新，权利稳定性较强。而它右侧的前引们与它的技术领域比较接近，又属于不同的主体，表明侵权可能性较高。此时目标专利的权利人完全可以采用积极进攻的战略，及时维护自己的权利。

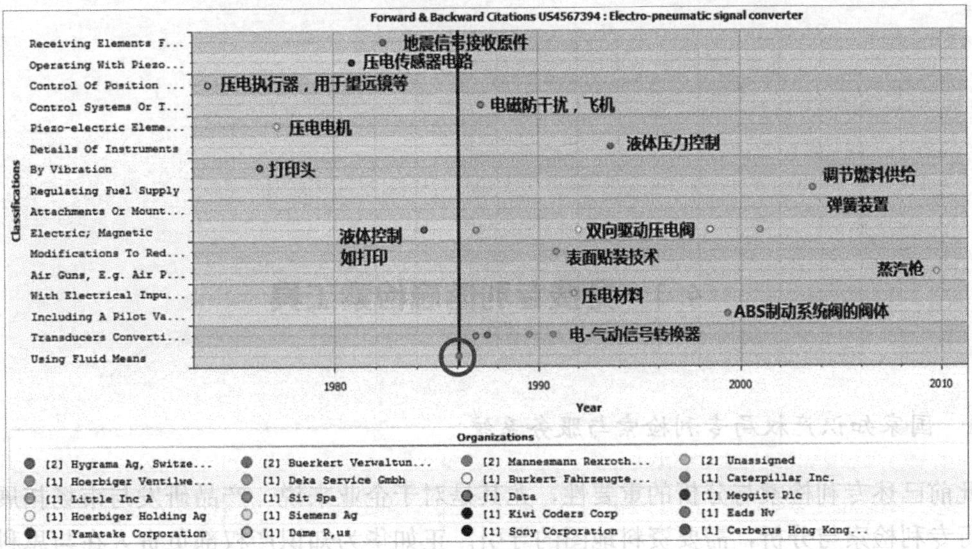

图 3.55　引用关联

第 4 章　专利信息检索分析工具

4.1　免费专利信息检索工具

4.1.1　国家知识产权局专利检索与服务系统

此前已述专利检索与分析的重要性，尤其是对于企业来说，产品研发与市场拓展都需要进行专利检索与分析，需要资料地图的导引。正如华为知识产权部负责人在与思科打完专利诉讼之后所感慨的：专利地图就是作战地图。要了解现有技术的发展情况，盘清自己的家底，跟踪竞争对手的战略布局动态，都需要全面的专利信息检索，这便离不开权威的专利检索分析工具。此章节先对我国国家知识产权局专利检索与服务系统进行介绍。要获取中国专利数据，国家知识产权局专利检索与服务系统是最全面、更新最及时的一款检索分析工具，该系统也是不少商业收费专利数据库的中国专利数据来源。

国家知识产权局专利检索与服务系统收录了我国从 1985 年 9 月 10 日至今受理的专利，囊括了 103 个国家、地区和组织的专利数据，以及引文、同族、法律状态等数据信息，涵盖了中国、美国、日本、韩国、英国、法国、德国、瑞士、俄罗斯、欧洲专利局和世界知识产权组织等。

1. 专利检索

专利检索作为国家知识产权局专利检索与服务系统的核心服务之一，主要基于丰富的专利数据资源，提供多种检索和浏览模式。国家知识产权局专利检索功能分为常规检索、高级检索、药物检索、导航检索和命令行检索五种模式。

常规检索是一种方便、快捷的检索模式，能帮助我们快速定位检索对象。常规检索中提供了基础的、智能的检索入口，主要包括自动识别、检索要素、申请号、公开（公告）号、申请（专利权）人、发明人以及发明名称。

高级检索根据收录的数据范围，提供丰富的检索入口以及智能辅助检索功能。包括英国检索入口、法国检索入口、德国检索入口以及专利号、公开（公告）号、IPC 分类号、优先权号等智能复制检索功能。用户可以在相应的检索框中输入检索要素，并确定这些检索项目之间的逻辑运算，进而形成检索式进行组配检索。

药物检索是基于药物专题库的检索功能，为从事医药化学领域研究的用户提供检索服务。需要注意的是，药物数据保存在药物专题库中，与原有检索数据库相互独立，所以不能进行分析。

导航检索是根据 IPC 分类号进行查询，如果希望了解指定分类号的含义或者指定技术所属分类体系，可以通过导航检索获得最直接的帮助。

命令行检索包含两部分业务功能：命令行检索和批处理管理。命令行检索是面向行业用户提供的专业化的检索模式。批处理管理为用户提供存储已有固定思路的工具。在检索过程中，针对某一业务目标的检索，往往存在相同的检索思路，对于这些固定的检索思路，用户可以通过批处理功能统一管理，以便工作时随时使用。

2. 专利分析

分析子系统为专利分析人员提供多种分析方式和分析工具集，主要包含申请人分析、发明人分析、区域分析、技术领域分析、中国专项分析、高级分析六大功能。

用户可以进行有选择的分析来得到所需的情报信息。例如通过对申请人趋势的统计分析，可以查看各申请人在每年度的专利申请情况，了解各申请人在特定时间内的技术发展变化趋势等。实践中，企业经常用申请人分析功能来查看竞争对手的专利申请情况，借此工具，企业可以判断竞争对手的相对研发实力、技术重心以及核心申请等。同理，企业可以通过区域分析等来查看竞争对手的专利布局态势。

在首页“热门工具”栏目，用户还可以直接通过输入提示内容对目标专利进行同族查询、引证/被引证查询、法律状态查询、国别代码查询、关联词查询、分类号关联查询、申请人别名查询与 CPC 查询等，这些是我们在做专利布局与挖掘时常用的几项功能。

系统可以根据检索结果形成可视化分析图表，如饼状图、柱状图、折线图等，从而直观而富有逻辑地展现出分析结果。

3. 检索与分析示例

下面以“二维码”这一技术主题为例，检验国家知识产权局专利检索分析系统的功能（见图 4.1）。首先，在常规检索界面选择中国数据库，使用复合文本检索“二维码”，得到 45 660 条专利数据（截至 2019 年 8 月 9 日）。需要注意的是，国家知识产权局专利检索分析文献库最大容量为 10 000 条数据，所以为了方便随后专利分析功能的正常运行，需要缩小范围使数据处于系统可分析的范围内。此时可以选择仅检索在发明名称中出现“二维码”的专利数据，点击检索得到 6 937 条数据（截至 2019 年 8 月 9 日）。当然也可以使用高级检索功能来构建复杂检索式，或者通过限制专利申请国别、专利权人、日期、分类号、发明人、专利强度、技术标准等方法限定检索范围。将得到的检索结果即 6 937 条数据加入分析库，该系统会默认剔除无效专利，由此实际上进行分析的只有被筛选过的 6 197 条专利数据。

与主流的商业收费专利分析工具相比，国家知识产权局专利分析系统不支持气泡图、雷达图等可视化分析功能，目前该系统只能使用堆积图、柱状图与折线图的形式呈现分析结果（见图 4.2）。运用系统功能，针对“二维码”技术主题的分析结果，可得到一些有价值的信息。

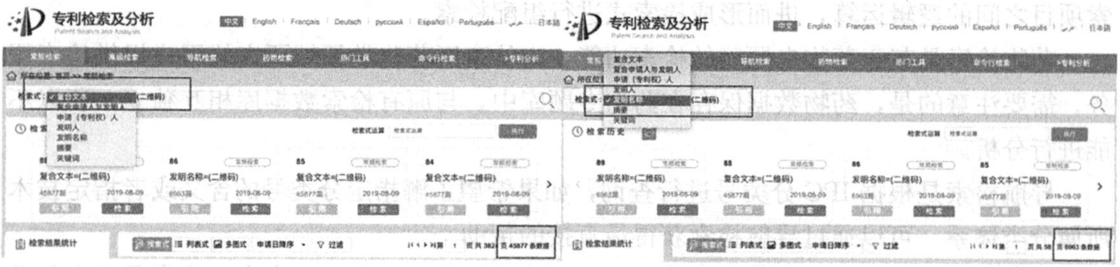

图 4.1　国家知识产权局“二维码”专利检索结果

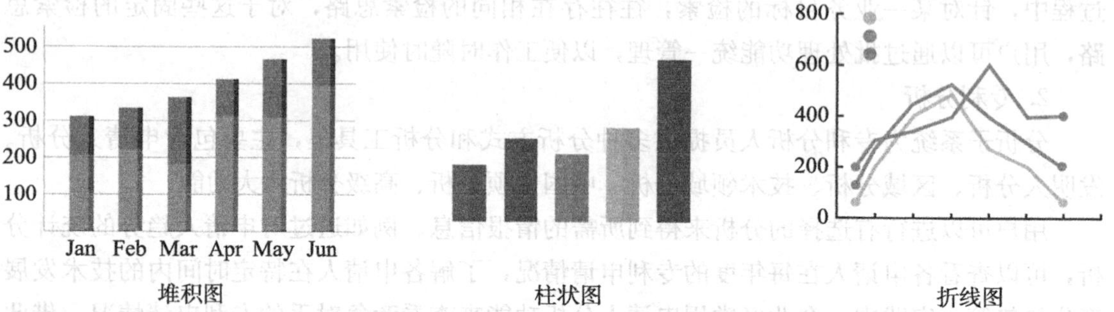

图 4.2　国家知识产权局专利分析系统可视化分析功能

如图 4.3 所示，点击申请人趋势分析可见，申请量排名前三的分别是国家电网公司、立德高科（昆山）数码科技有限责任公司与北京印刷学院，且申请量随年份变化颇大。通过专利申请量的省市分布图能得知，北京、江苏、深圳等地是在二维码技术研发上处于领先的地区（见图 4.4）。在高级分析模块还可以进行引文分析、企业分析、矩阵分析等（见图 4.5）。通过引文分析，可以直接看到核心引用文献。一般而言，引证情况是衡量创新质量的有效数据，引文频次也是专利价值评估的一个重要指标。同时，系统自带的企业发展定位分析，给出了公司的相对研发能力指数，这可以作为评估企业在相关领域水平高低的一个参考要素。

尽管国家知识产权局的专利检索分析系统具备基本检索能力，能够满足用户一定的要求，但其局限也是显而易见的：第一，它最多只能分析 10 000 条数据，在如今一个领域动辄上万的专利文献面前，显然不够用；第二，可视化功能弱，难以满足现实需求。

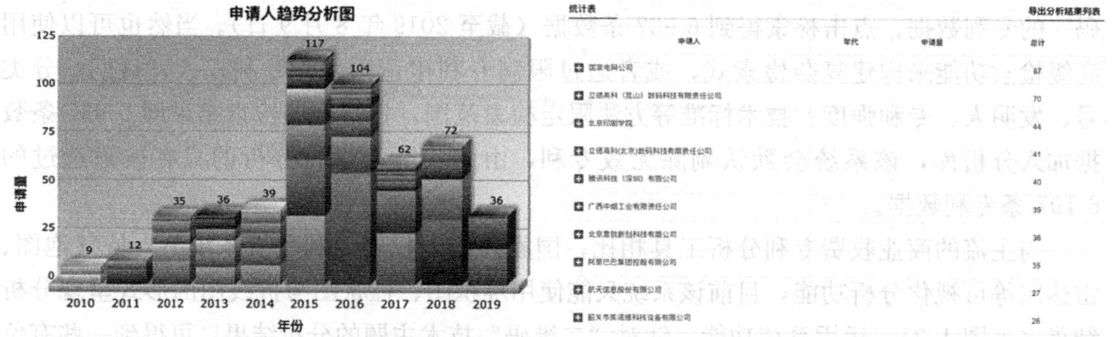

图 4.3　申请人趋势分析结果

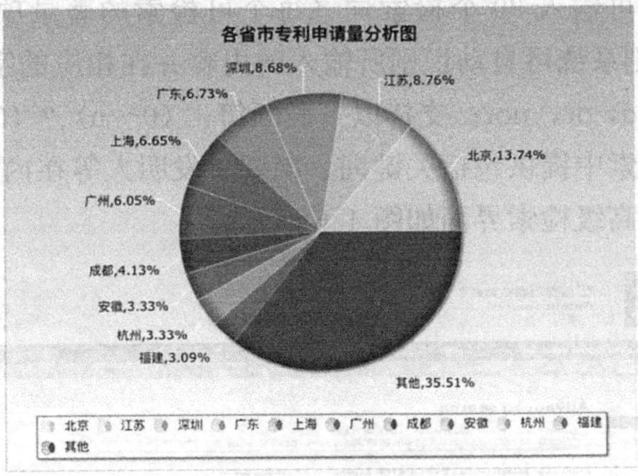

图 4.4 地域分析结果

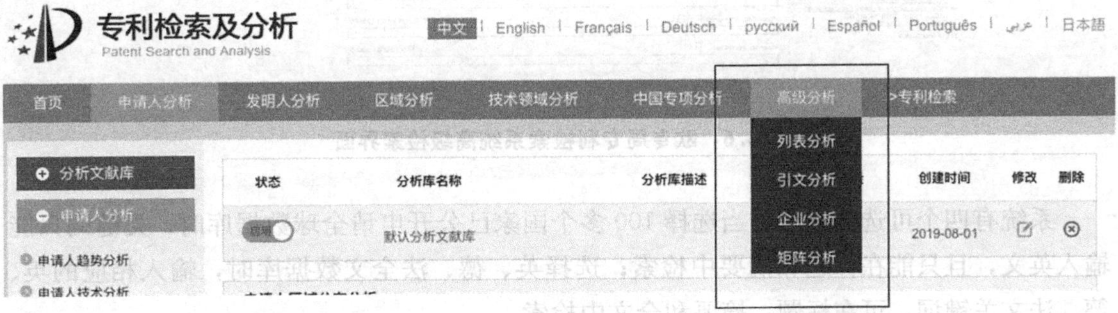

图 4.5 高级分析模块

总的来说，国家知识产权局专利检索与服务系统是一个官方权威的专利检索分析工具，系统面对不同层次的用户及时提供全面的中国专利信息，这是其他系统难以比拟的；该系统也集成了 100 多个其他国家和国际组织的专利数据，是一个非常重要的专利数据源，同时系统还提供一些必要的分析功能，对于用不起昂贵的商业收费专利数据库的用户而言，可谓解了燃眉之急。

4.1.2 欧洲专利局专利检索系统

欧洲专利局专利检索系统包括两个数据库，一个是 Espacenet 专利检索系统，一个是提供专利注册服务的 Register 检索系统。

1. Espacenet 专利检索系统

该系统有三种检索方式：智能检索、高级检索、分类检索。该系统包括四个数据库：(1) worldwide 数据库，收录 100 多个国家超过 1 亿件的已公开申请专利文献；(2) worldwide EN 数据库，已公开申请英文全文专利文献；(3) worldwide FR 数据库，已公开申请法文全文专利文献；(4) worldwide DE 数据库，已公开申请德文全文专利文献。

智能检索。检索只需在检索框内直接输入多个检索词，同时在检索词与检索词之间使用空格间隔即可。例如：Siemens EP 2007，表示系统将检索出申请人为 Siemens 在 2007 年公开的欧洲（EP）专利文献。

注意：第一，最多可输入 20 个检索词（每个可检索的著录项目字段最多 10 个检索词），如未指定字段，则系统可自动识别所输入的内容并在相应的字段中进行检索。第二，支持以下逻辑算符：and，or，not；支持以下截断符：*（0～n）、?（0～1）和＃（1）。

高级检索。高级检索中提供包括关键词、摘要、发明人等在内的多个检索字段，可实现较复杂的专利检索。高级检索界面如图 4.6 所示。

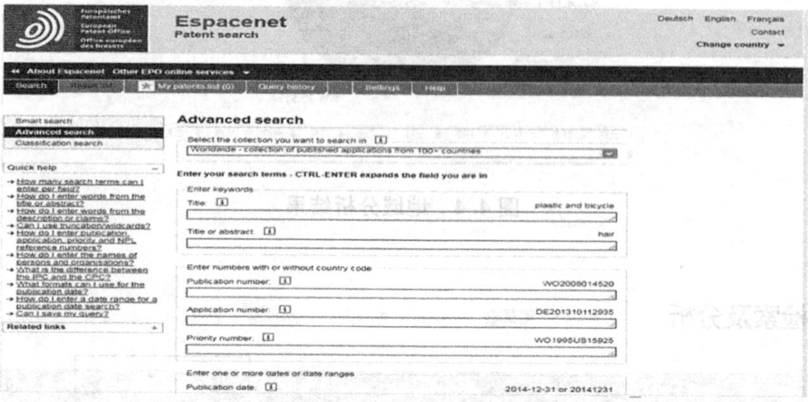

图 4.6 欧专局专利检索系统高级检索界面

系统有四个可选数据库，当选择 100 多个国家已公开申请全球数据库时，关键词只能输入英文，且只能在标题和摘要中检索；选择英、德、法全文数据库时，输入相应的英、德、法文关键词，可在标题、摘要和全文中检索。

注意：在数字和日期型检索字段中，空格表示逻辑或的关系；在关键词、人名及分类号中，空格表示逻辑与的关系。各检索字段间是逻辑与的关系。

检索步骤如下：

第一，选择数据库。从 database 中的三个数据库（EP 专利数据库、worldwide 专利数据库和 WIPO 专利数据库）中选择一个数据库，系统默认是 worldwide 专利数据库。

第二，选择检索字段并输入表达式。高级检索界面提供了 10 种检索字段，分别是名称中的关键词、名称或摘要中的关键词、全文关键词、公开号、申请号、优先权号、公开日、申请人、发明人、IPC 分类号。其输入方式分别如表 4.1 所示。

表 4.1 欧专局专利检索系统检索字段输入方式

检索字段	输入格式	实例
名称关键词（keyword(s) in title）、摘要关键词（keyword(s) in abstract）、全文关键词（keyword(s) in full text）	可单独输入，可使用逻辑运算符输入，可使用引号（“”）进行精确检索，可使用括号［()］改变优先检索顺序	单独输入，如：gene；使用逻辑运算符，如：plastic and bicycle；使用引号，如：“truck crane”；使用括号，如：(truck or mobile) and crane
公开号（publication number）	其中空格代替“or”	DE202004009768，WO9905428
申请号（application number）、优先权号（priority number）	WO＋4 位申请年代码＋2 位国家代码＋最多 5 位数字，其中空格代替“or”	GB19950008026；GB19958026；WO1995US15925

续前表

检索字段	输入格式	实例
公布日（publication date）	日期的输入形式为 yyyymmdd 或 yyyymm 或 yyyy 或 dd/mm/yyyy，其中空格代替“or”	20101206； 201012； 2010； 06/12/2010
申请人（applicant）、发明人（inventor）	名称为个人的，以“姓+名”的方式直接输入，可使用“AND”连接输入，可使用引号（“”）输入；名称为组织的，同上	名称为个人：Green Jerry，Smith and John，“Green Jerry”。名称为组织：General Electric Company；“General Electric Company”；General Electric，Company
IPC 分类号（International Patent Classification (IPC)）	可输入部、类、大组、小组的具体分类号	B62，F03D，C07H 15/04D

第三，进入检索。点击“search”按钮，进入专利检索结果页面。

以“truck crane”为例，选择 worldwide 专利数据库。在名称或摘要字段中输入表达式：“truck crane*”or“mobile truck”or“crane? truck”；在公开日字段中输入年份：2009。显示的结果如图 4.7 所示。结果的呈现可以选择按公开日、优先权日、发明人、申请人或 CPC 排序，各种排序方式还可以选择按降序或是升序排序。

注意：(1) 如果检索结果过多，最多只能显示前 500 条记录；可用限定时间段的多次检索获取全部检索结果。(2) 默认显示的是扩展模式（每页 25 条），包括名称、发明人、申请人、CPC、IPC、公开信息、优先权日等内容；可切换至紧凑模式（每页 25 条），只显示名称和公开信息。

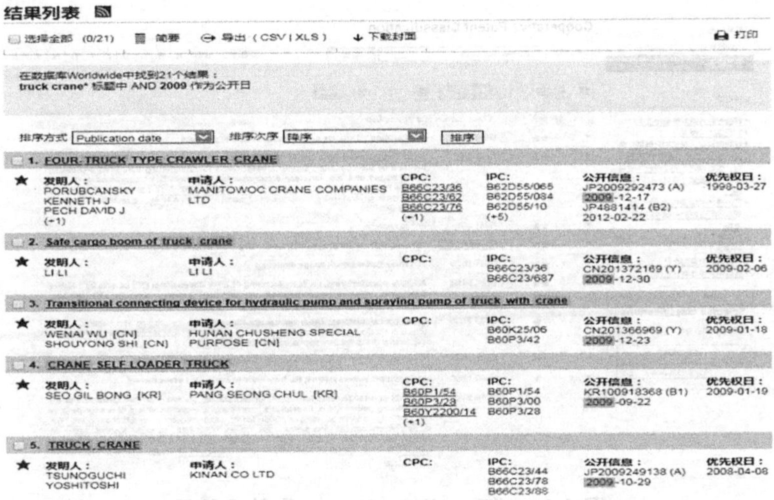

图 4.7 “truck crane”检索结果

点击任意一条检索结果可以看到该条记录对应的详细信息。可选择查看著录项目、说明书、权利要求书、附图、原始文件、引证文献、被引证文献、INPADOC 法律状态、INPADOC 同族。还可在 32 种语言（包括中文）之间进行机器翻译。

系统提供了权利要求树（见图 4.8），更清楚地显示了权利要求间的关系和层次结构。

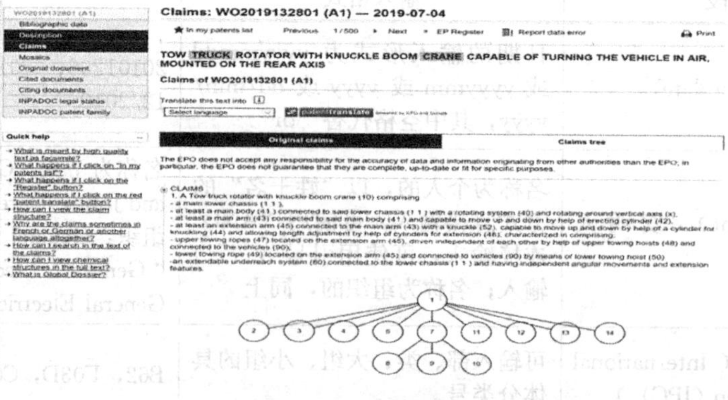

图 4.8　权利要求树

INPADOC 法律状态中包括法律状态、法律状态代码、法律状态公告日等信息。此外，对于 EP 专利，可通过 EP Register 链接到“欧洲专利登记簿”系统中查看其详细的审查历史。

分类检索。目前分类检索采用 CPC 分类号进行检索，2013 年以前曾采用欧洲专利分类号（ECLA）检索。用户可通过查找相关技术的专利分类号，检索到所需要的专利。

分类检索提供两种检索路径，用户既可以通过输入关键词利用 CPC 分类号进行检索，也可以通过选择系统提供的 8 个大类进行检索，从而获得对应的欧洲专利分类号。

在输入框中输入关键词，点击“search”按键，可进入专利分类号界面。以关键词“Two dimension code”为例进行分类号检索，显示结果如图 4.9 所示。

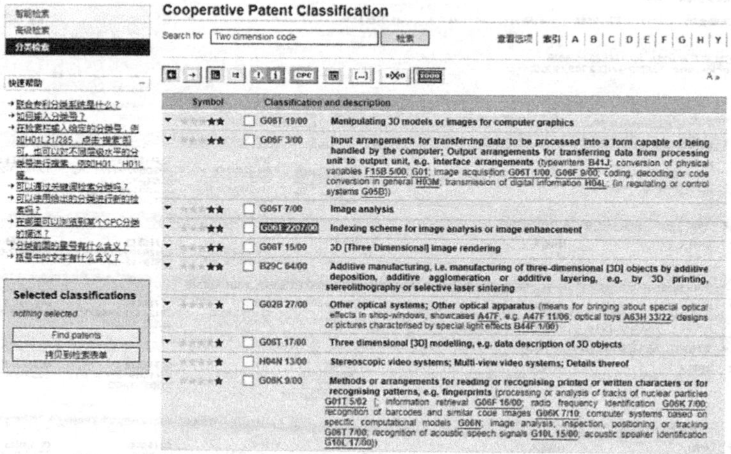

图 4.9　“Two dimension code”检索结果

显示关键词所在技术领域的分类号，可以知晓本领域的技术信息主要集中于哪一块。检索结果系统默认为按相关领域所在分类号的次数由多到少进行排序。点击结果显示区中的记录，可以通过树状图将分类号进一步细化至小组，这便于研究者了解技术的细微之处。

通过分类号右侧的复选框，可以对技术领域进行限定。基于所选择的分类号进入左下边的检索框，然后点击“find patents”发出指令，进行分类号检索；也可以点击系统提供的 8 大类专利分类号，并勾选右边的复选框，选定相关技术分类，再点击“find patents”进行检索，得到如图 4. 10 所示的结果列表。

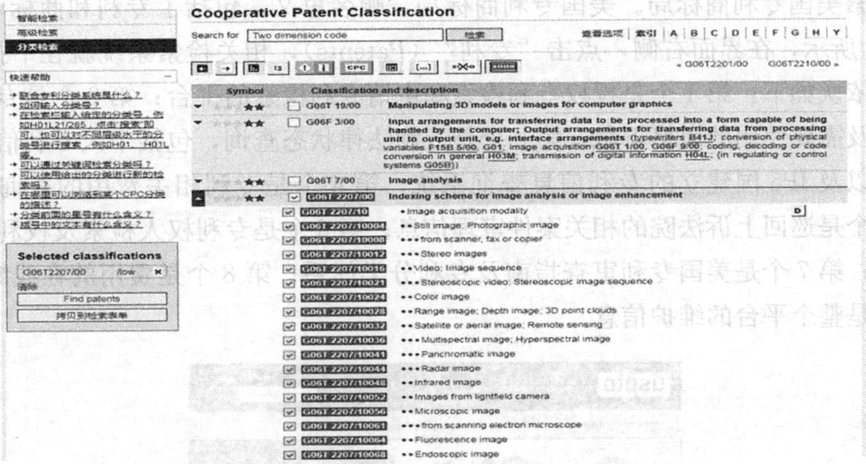

图 4. 10 “Two dimension code”二次检索结果

2. Register 专利检索系统

Register 专利检索系统有智能检索、高级检索两种检索方式。其检索策略与 Espacenet 类似。

通过 Register 专利检索系统可查阅欧洲专利申请或指定欧洲的 PCT 专利申请从递交申请到最后授权或权利终止这一全过程的所有审查、异议、上诉等数据信息和文档。

法律状态信息包括：指定国信息、最后状态、缴费信息、INPADOC 法律状态信息。三种可能的法律状态包括：专利申请被撤回或视为撤回、专利是否提前失效、专利权期限是否届满。

系统共设置了六种显示类别：

(1) Event History：按时间顺序列明整个过程。

(2) Citation：与 Espacenet 数据相同，给出了引用文献的相关性。

(3) Patent Family：呈现专利族信息，每篇同族专利均可点击获得全文。

(4) All documents：页面显示该专利所有的申请和审查过程文件信息。

(5) About this File：呈现该专利申请的所有重要数据，如著录项目、法律状态、审查程序、异议程序和上诉程序等数据。

(6) Legal status：呈现法律状态数据，如审查、异议、上诉等程序数据。

比较上述欧专局两个专利检索系统可知，Espacenet 专利检索系统可以检索 100 多个国家的 1 亿件以上专利申请，文献覆盖量大；可直接下载打印专利原文。Register 专利检索系统可检索欧洲专利申请或指定欧洲的 PCT 专利申请，文献覆盖量小；同族专利分类显示，且显示直观；可查阅和下载审查全过程文献。

4.1.3 美国专利商标局专利检索平台

获取美国专利信息更新最及时、收录最全的渠道，是美国专利商标局的专利检索平台。要进入美国专利商标局官网，既可以直接键入网址 www.uspto.gov，也可以在搜索引擎中搜索美国专利商标局。美国专利商标局，顾名思义，包括了专利和商标两个体系。如图 4.11 所示，在界面右侧，点击“专利”（Patents），相关检索系统就在下拉菜单中。从上到下依次如下：第 1 个是授权专利检索和申请专利检索的平台；第 2 个是专利电子申请平台以及需要使用的表格下载；第 3 个是专利法律状态查询，包括个人专利信息、公开专利信息以及 IP5 国建立的专利信息查询系统；第 4 个是专利相关费用的查询和缴纳平台；第 5 个是巡回上诉法院的相关案件审理信息；第 6 个是专利权人检索及权利转让信息检索平台；第 7 个是美国专利审查指南及专利分类体系；第 8 个是费用的在线缴纳信息；最后一个是整个平台的维护信息。

图 4.11 美国专利商标局专利检索系统菜单

首先进入授权专利数据库（见图 4.12），这个数据库中收录的是授权专利的文本及其图像数据。页面下方提示：1790 年至 1975 年的专利只能够通过专利授权日、专利号和美国分类号进行检索。

页面上较为显著的是快速检索框。首先从“选择搜索年份”下拉菜单中选择要检索的年份或年份范围；其次在左侧输入检索的关键词，右侧选定检索字段，如果有多个检索字段或关键词，可以进行布尔逻辑组配；最后点击检索。

例如在所有字段中检索英文单词“memory”，得到如图 4.13 所示检索结果。

系统中，每页显示 50 件专利。任意点开一件专利，可以看到界面包含这份专利的全部信息，且都是以文本格式呈现的。在系统界面上也可以获得图像格式。不论是文本格式还是图像格式都可以方便地下载。点击页面上“home”选项，可以进入美国专利全文数据库（见图 4.14）。

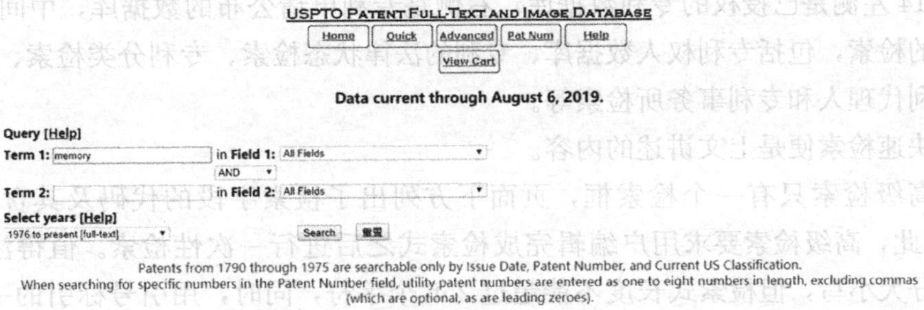

图 4.12　授权专利数据库检索界面

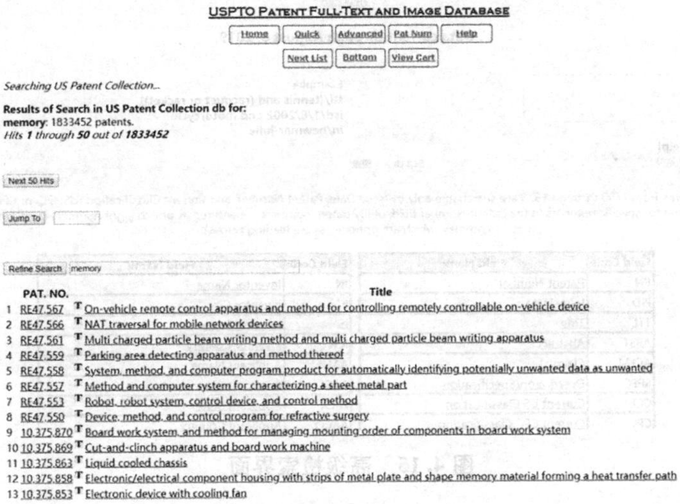

图 4.13　“memory”检索结果

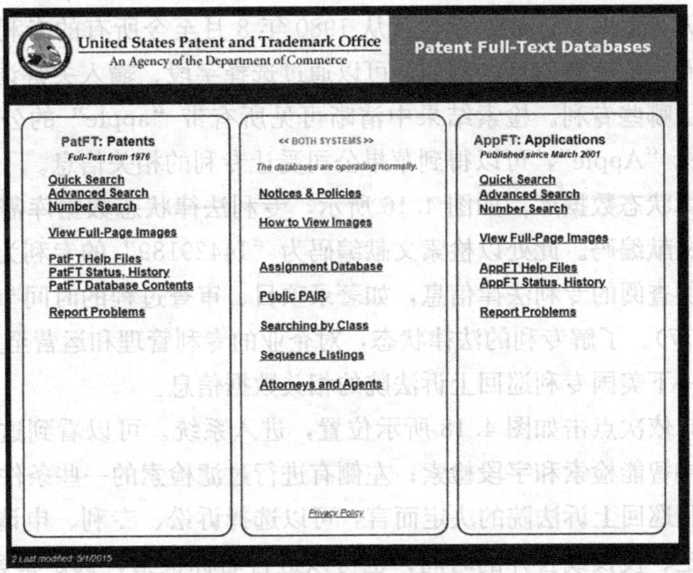

图 4.14　美国专利全文数据库

图 4.14 左侧是已授权的专利数据库，右侧是专利申请公布的数据库，中间栏是专利相关内容的检索，包括专利权人数据库、专利的法律状态检索、专利分类检索、基因序列检索、专利代理人和专利事务所检索等。

（1）快速检索便是上文讲述的内容。

（2）高级检索只有一个检索框，页面下方列出了检索字段的代码及其含义（见图 4.15）。因此，高级检索要求用户编辑完成检索式之后进行一次性检索。值得注意的是，检索不区分大小写，但检索式长度不能超过 256 个字符，同时，用引号标引的一组单词，被视为单个检索词。

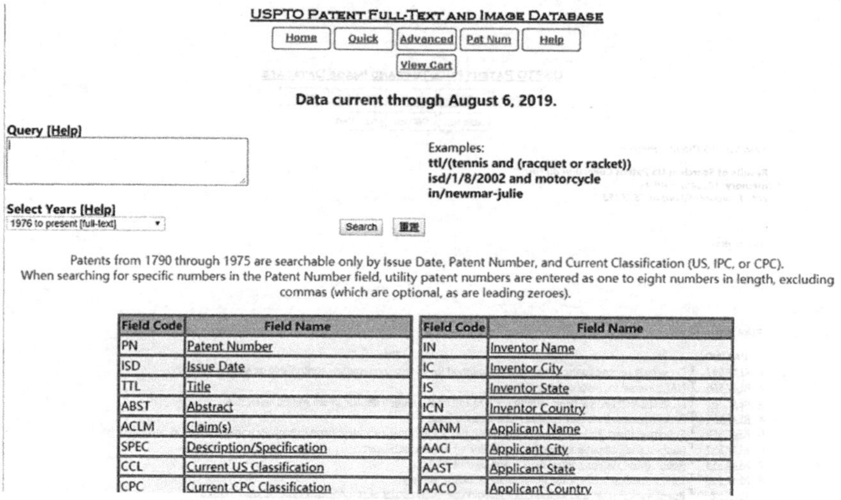

图 4.15　高级检索界面

（3）专利文献编号检索，适用于已知文献号的专利。

（4）申请专利数据库检索与授权专利数据库检索大同小异，较为简单，此处不赘述。

（5）专利权人数据库，该数据库包含从 1980 年 8 月至今所有的专利权利信息，关键功能是可查询到专利的流转信息。例如，可以通过选择字段、输入关键词进行检索，以了解苹果公司受让了哪些专利。检索结果中清晰可见所有带“apple”的公司的专利受让数据。点击检索目标“Apple”，可以得到苹果公司受让专利的相关信息。

（6）专利法律状态数据库。如图 4.16 所示，专利法律状态数据库需要用户明确所要检索专利的具体文献编码。此处以检索文献编码为“14429189”的专利为例，检索结果上方的菜单栏是可供查阅的专利法律信息，如著录项目、审查过程的时间节点、外国优先权文件等（见图 4.17）。了解专利的法律状态，对企业的专利管理和运营至关重要。

接下来介绍一下美国专利巡回上诉法院的相关数据信息。

进入页面后，依次点击如图 4.18 所示位置，进入系统。可以看到这样一个界面：上方有检索框，支持智能检索和字段检索；左侧有进行过滤检索的一些条件。

对于美国专利巡回上诉法院的决定而言，可以选择诉讼、专利、申请、公开信息；同时，可以限定决定、授权或公开的时间；也可以进行名称检索，选定检索字段为文档名、专利权人、发明人、上诉人或律师等。

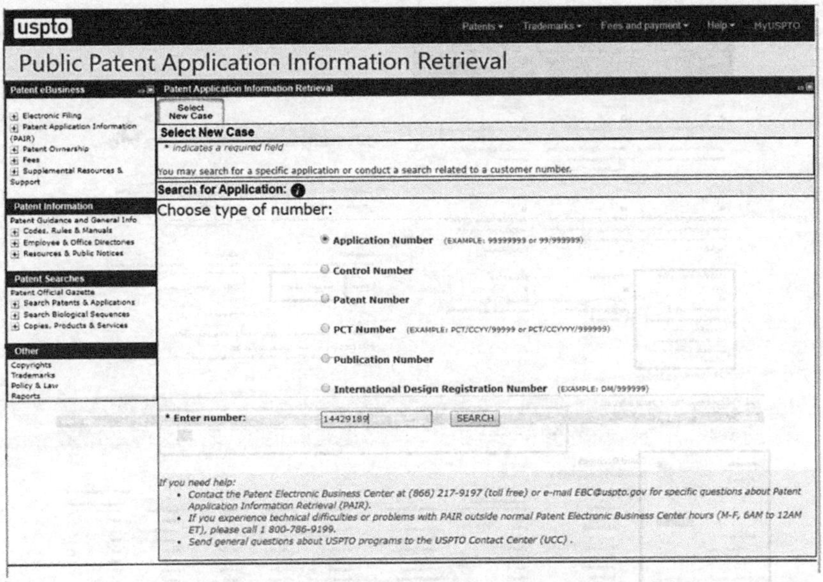

图 4.16　专利法律状态数据库检索界面

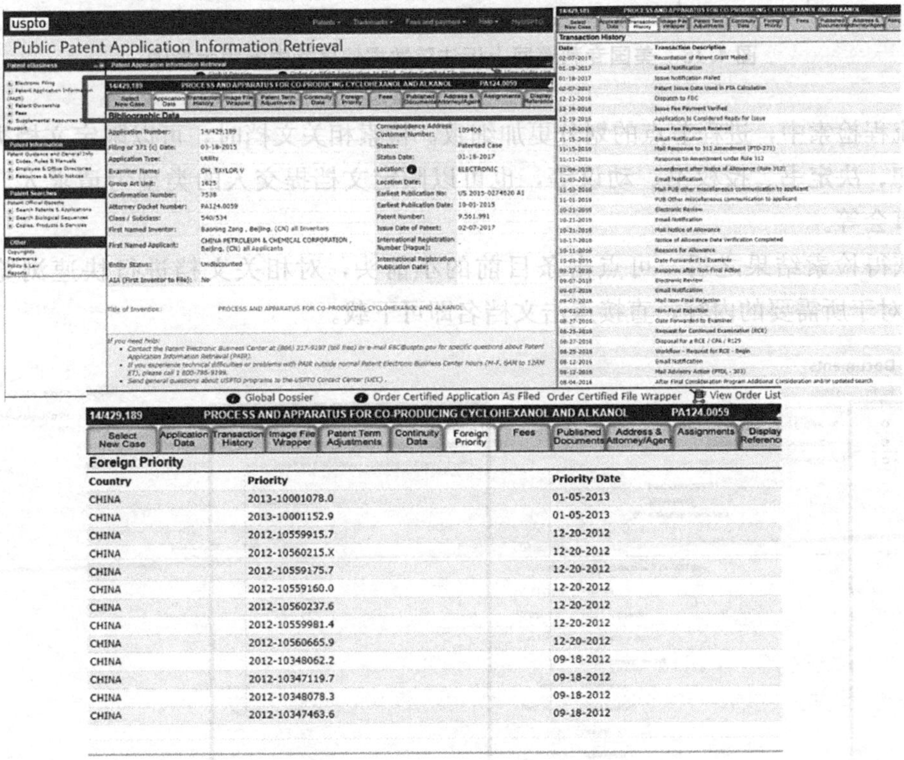

图 4.17　专利法律信息分析

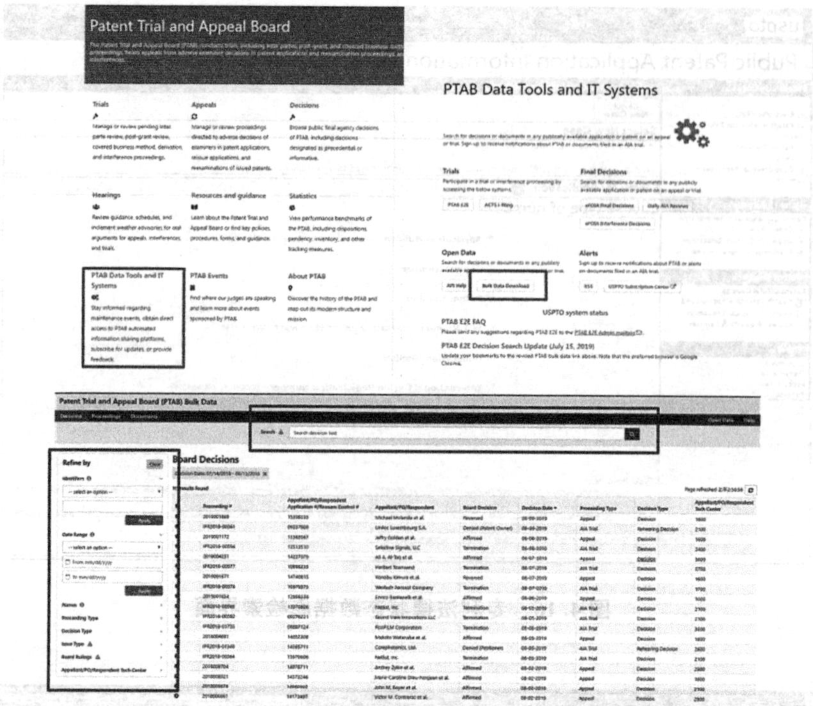

图 4.18　美国专利巡回上诉法院数据信息检索流程示意图

在流程检索中，进程节点的划分更加细致。检索相关文档时，可以限定文档类型为附件、通知、决定书、授权书、动议等，也可以限定文档提交人的类型为请求人、专利权人、理事会等。

在获得检索结果之后，可点击条目前的小箭头，对相关文档进行快速浏览（见图 4.19）。对于所需要的内容，直接点击文档名即可下载。

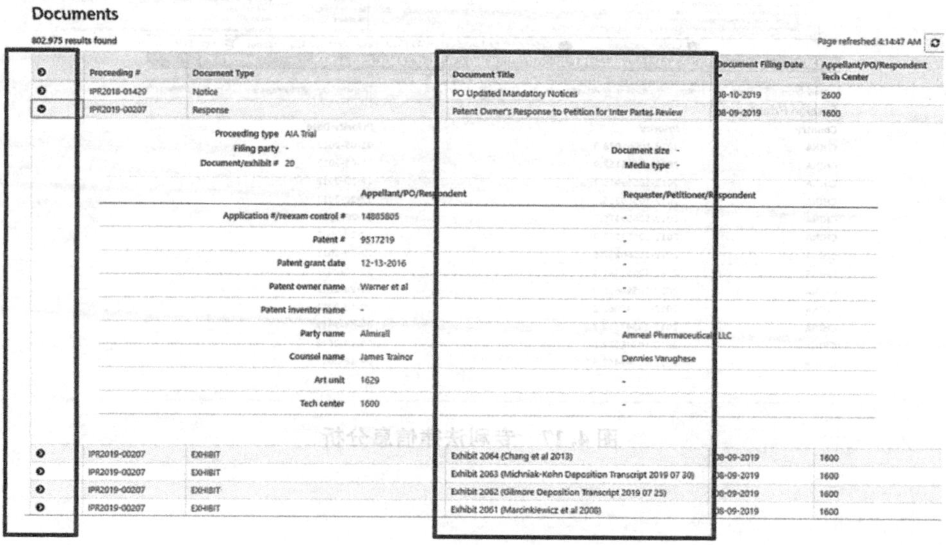

图 4.19　相关文档快速浏览界面

最后简单介绍美国的分类检索，如图 4.20 所示，左侧是分类号检索，右侧是具体释义检索。

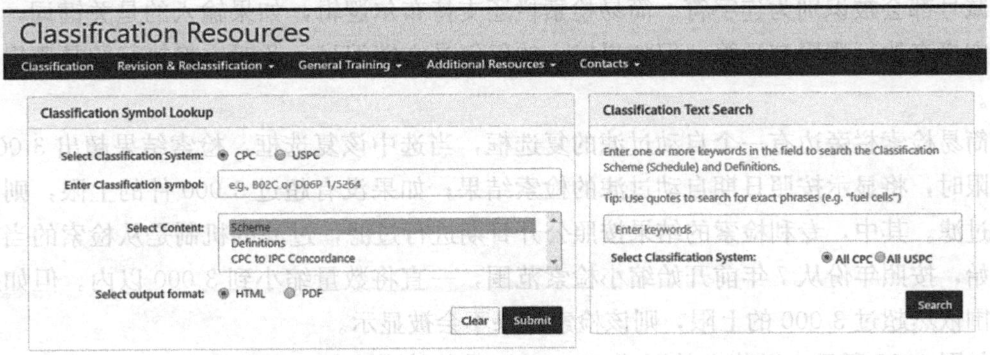

图 4.20　美国分类检索界面

4.1.4　日本特许厅专利检索系统

此处主要介绍日本特许厅的专利检索平台 J-platpat。由于日本的专利编号体系有一定的特殊性，且经过了日本专利制度的多次修改而变得较为复杂，因此，在学习 J-platpat 时，需要掌握本书第 1 章中有关日本文献编号的内容，否则将寸步难行。

J-platpat 可以从日本特许厅网站首页进入。日本特许厅的网站有日文版和英文版，经过最新改版，J-platpat 在更新说明中指出，新的系统中日文版和英文版提供的检索服务做到了基本相同。此处内容仍以介绍日文版为主。

如图 4.21 所示，新版系统的首页界面清爽，首页上方清晰可见四种供选择的检索入口，分别是发明和实用新型检索、外观设计检索、商标检索以及诉讼信息检索。

页面中间为综合的简易检索栏，该检索栏可根据输入的内容自动判断要检索的内容。如果是进行专利检索，栏目支持的字段包括发明名称、申请人、发明人、摘要和权利要求书。

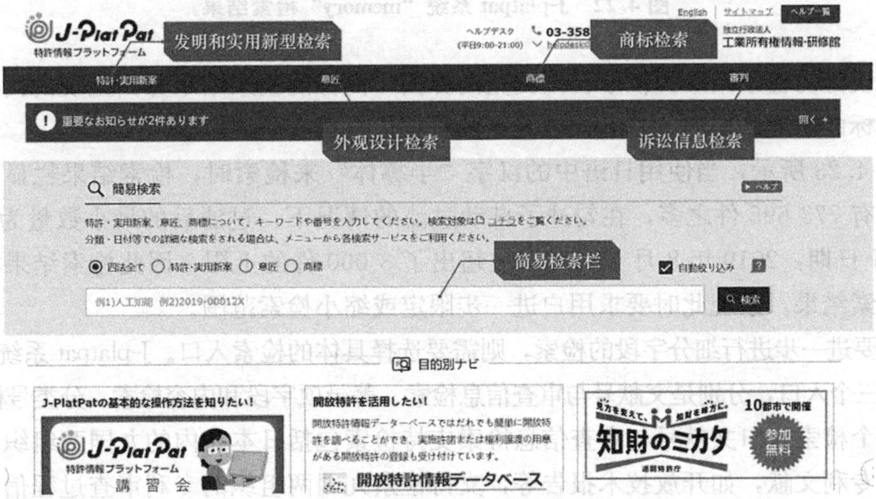

图 4.21　J-platpat 系统首页

检索商标时可以检索商标名称、申请人和权利人等。在简易检索栏中使用关键词检索时，可以输入字母、数字、斜杠（/）和连字符（-）。字母支持大小写，而长横线、短横线和减号都会被识别为连字符。简易检索栏还支持布尔逻辑，如果输入的是关键词，可以使用空格来执行逻辑与运算；但如果输入的仅仅是文档编号，此时空格执行的是逻辑或的运算。

简易检索栏旁边有一个自动过滤的复选框，当选中该复选框，检索结果超出 3 000 件的上限时，将显示按照日期自动过滤的检索结果；如果没有超过 3 000 件的上限，则不会执行过滤。其中，专利检索的结果按照公开日期进行过滤，过滤的机制是从检索的当前日期开始，按照年份从 7 年前开始缩小检索范围，一直将数量缩小到 3 000 以内。但如果最小范围依然超过 3 000 的上限，则该检索结果不会被显示。

如图 4.22 所示，以英文单词“memory”进行检索为例，一共检索到 2 232 件专利、4 件外观设计和 387 件商标（检索截止日期：2019 年 8 月 10 日）。从检索结果中发现几乎全是日文专利，而日文专利能够用英文进行检索说明了日本特许厅对专利的文本数据中的某些部分做了英文翻译索引。

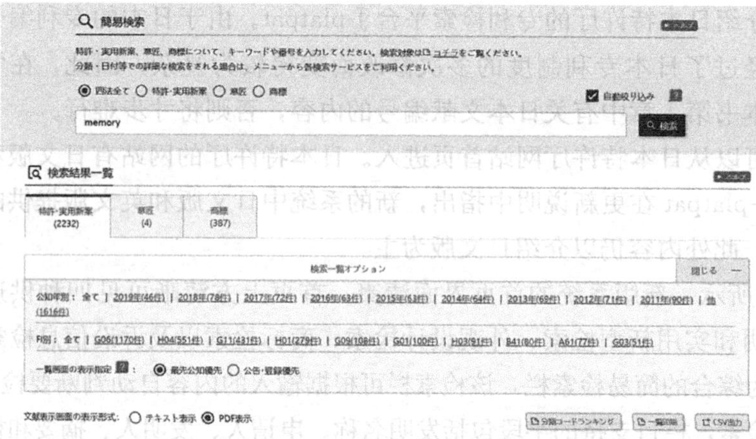

图 4.22 J-platpat 系统“memory”检索结果

外观设计的检索结果提供了首图浏览的界面，商标的检索结果界面呈现的内容也较为丰富，商标的图形、名称、权利人以及相关日期信息都有所展示。

如图 4.23 所示，当使用日语中的汉字“半導体”来检索时，检索结果栏显示命中的专利数量有 773 695 件之多，在勾选了自动过滤的情况下，过滤后的最小数量为 8 080 件（检索截止日期：2019 年 8 月 10 日），也超出了 3 000 件的上限，因此检索结果栏不显示具体的检索结果。系统此时要求用户进一步限定或缩小检索范围。

假设要进一步进行细分字段的检索，则需要选择具体的检索入口。J-platpat 系统的专利检索提供了三个入口，分别是文献号与审查信息检索、著录项字段和内容检索、分类号检索。

第一个检索入口文献号与审查信息检索支持检索包括日本在内的九国两组织的专利文献甚至非专利文献，如开放技术报告等，支持检索九国两组织的专利审查过程信息，即日文中所称的经过情报。

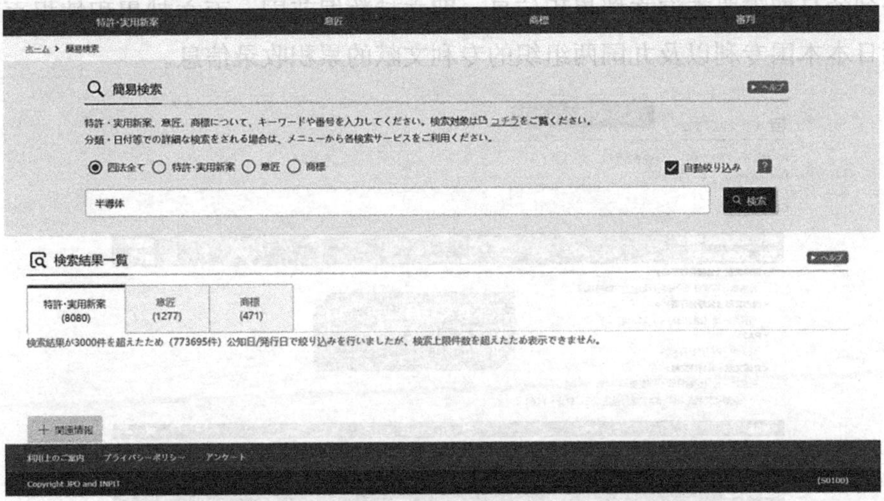

图 4.23　J-platpat 系统“半導体”检索结果

以检索“特開平 06－127182”这一专利为例，在检索结果中选择进入文件浏览页面，页面将直接展示该专利的 PDF 原文。页面上方可以看到“经过情报”、“OPD”和“检索键”等字眼，分别对应的是审查过程信息、与申请审查相关的综合信息索引、审查检索信息。若点击进入经过情报，可见经过情报信息页面提供了审查中间文本以及申请相关的过程信息。点击审查中间文本进行进一步阅读，能够看到拒绝理由通知书的全文。当然还有其他审查过程文件，包括补正书、申请审查请求等。系统显示，此专利是经历了被驳回的：1995 年 4 月 25 日出具了拒绝理由通知书，同年 10 月 31 日作出了驳回决定。与申请相关的页面则展示了申请过程的事务信息，包括申请人、权利人、申请时间、授权或者驳回的时间以及理由等。OPD 的点击项中，则提供了该专利申请与审查相关的各种索引信息。而审查检索信息中，列出的是审查检索的分类号范围，以 FI/F-term 的分类号为主。

第二个检索入口著录项字段和内容检索提供了表格检索和检索式检索两种方式。如果使用日文检索，则可检索的字段较为丰富，可以进行全文检索以及关键词、摘要名称、权利要求、自由词、IPC、CPC、FI/F-term、申请人/权利人/发明人，甚至审查员姓名等检索。但如果使用英文检索，则可供选择的字段要少得多，首先不能进行全文检索，甚至权利要求检索也不行，只能检索摘要数据。这说明日本特许厅应该只对本国专利的摘要数据进行了翻译索引。在文献种类的复选栏目中，如果使用日文检索，甚至还可以检索日文的期刊论文、杂志、学位论文等非专利文献。因此，如果要深入检索日本专利，还是得使用日文。

第三个检索入口分类号检索提供了 IPC 和 FI/F-term，功能强大。

在页面的最下方有一个相关信息的点击项，点击可查看 J-platpat 系统提供的数据更新时间表和文献数据范围，这个信息是相当重要的。数据更新时间表中给出了各种类型的文献在系统中更新的时间，如图 4.24 所示，发明和实用新型的待出版日本国内文献的更新时间是每周三和周四的下午 3 点之后，而国内文献的公报发布则在每周一到周五的下午 3 点左右。PAJ 中的数据则是每月才更新一次，外文数据基本上每个工作日都进行更新，但具体更新到的日期需要查询文档累积信息，即文献数据范围。而文献累积情报页面中，提供了包括日本本国专利以及九国两组织的专利文献的累积收录信息。

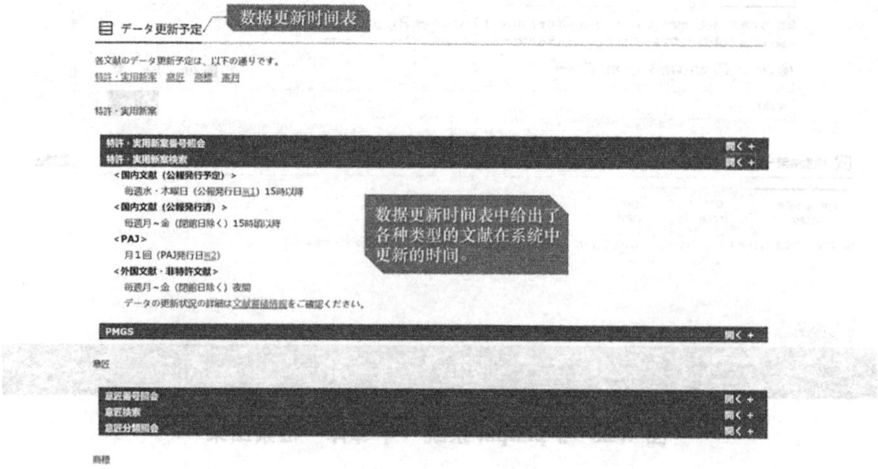

图 4.24 数据更新时间表

4.2 收费专利信息检索工具

4.2.1 Innography 专利检索与分析平台

众所周知，如果能够有效地利用专利信息，则通过专利检索和分析能够为专利申请、科研立项、竞争分析、专利布局、风险预警提供重要的情报信息。要实现专利信息的有效利用，除需要掌握专业的专利检索分析技能外，检索分析工具也非常重要。专业的专利检索分析工具可以帮助检索人员更为高效地将专利信息转化成有用的情报信息。本小节将介绍一款专利检索分析工具——Innography。

Innography 于 2007 年由 Innography 公司推出，是一款在线专利检索分析工具。其新颖的设计理念和强大的可视化分析功能，受到了业界的广泛认可，为用户提供知识产权信息情报。Innography 收录了超过 100 个国家和地区的超过 1.2 亿个专利文件，以及 40 个主要国家和地区的专利全文，在专利数据层面已经可以满足专业的检索分析需求。除此之外，Innography 还收录了邓白氏商业数据和公司财务数据、美国的专利诉讼数据、超过 800 万条商标数据和超过 2 200 万件非专利文献，为专利检索分析工作提供更多关联信息情报支撑。

Innography 以专利信息为核心，与公司、诉讼、标准、转让以及商标信息进行关联，真正实现专利信息情报的大数据关联，帮助用户从专利及相关商业数据中发现关联并由此作出最佳的商业决策。

Innography 为用户提供丰富的检索功能，帮助专业的检索分析人员快速、准确地获取情报信息。根据收录的数据类型，可以分别进行专利、公司、诉讼、商标以及非专利文献的检索。其中专利检索功能尤为强大，除常规的关键词、公开号、申请号检索外，还提供语义检索以及化学结构式检索，满足不同领域的检索人员的检索需求。

语义检索借助人工智能技术，通过理解概念，系统能更好地识别专利技术，从而不受特定用词的影响。进行语义检索时，系统会自动评估文本，识别最具价值的词语和概念后，返回相关专利集。语义检索支持各种内容的检索，包括自己的描述、技术白皮书、专利要求、产品说明等。

对于其他数据，Innography 支持多种检索方法：公司检索除支持名称检索外，还支持公司的对比检索，快速对比公司之间的竞争力差距；诉讼检索提供多种诉讼案件相关字段的检索，帮助用户快速获取诉讼情报。

从 Innography 的检索界面可以清楚地看到五种检索模块（见图 4.25）。

例如，以“二维码”作为检索主题，在 Innography 中进行关键词检索，即可得到“二维码”领域的相关专利。检索结果界面如图 4.26 所示，左上方是检索式，用户可以同步在此窗口进行检索式调整。中间是检索结果，命中的关键词高亮显示；选定检索结果后，用户还可以对检索结果进行分析、保存以及导出的操作。左侧是检索结果筛选栏，用户可以对检索结果进行筛选处理，筛选项包括同族去重、专利申请国别、专利权人、日期、分类号、发明人、专利强度、技术标准等，选定筛选项后，结果会在预览界面自动更新。

图 4.25　Innography 检索界面

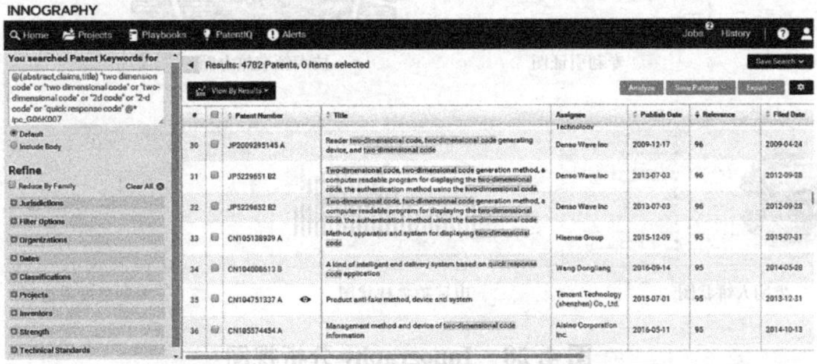

图 4.26　“二维码”检索结果界面

在完成结果筛选后，一般需要对结果进行可视化分析，点击“View By Results”下拉菜单（见图 4.27），便可以实现对检索结果进行多样化的可视化分析，如常规的柱状图、饼状图、折线图以及热力图、气泡图等，都可以在此一键生成。

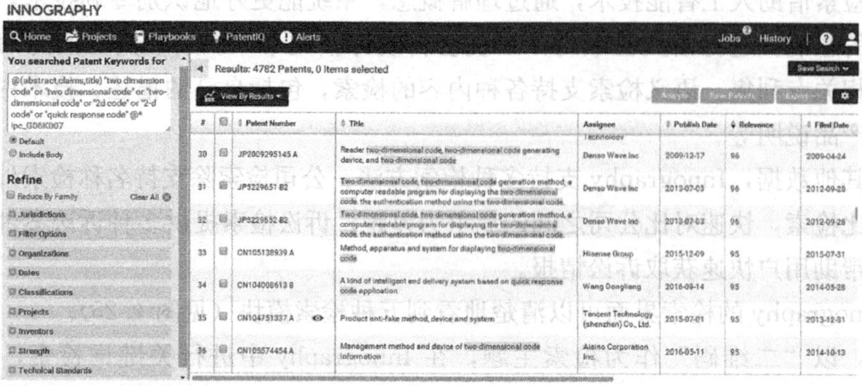

图 4.27 Innography 可视化分析菜单

一款先进的检索分析工具，除了需要针对不同检索目的，提供相应的检索功能，还需要拥有多样化的分析功能，为用户提供多维度的分析思路。Innography 拥有强大的分析功能，包括独有的专利强度以及丰富的可视化分析功能。

专利强度是 Innography 特有的专利评价指标体系，能帮助用户快速有效地寻找核心专利。系统给每一篇专利在 0～100 分之间赋分，分数越高，代表专利强度越高。专利强度是一个复合指标，涉及十多个影响因素，如权利要求数量、引用与被引情况、同族专利数量、涉及诉讼情况、专利申请时长、专利年龄、法律状态等。同时，对目标专利组合的专利强度分布进行分析，能帮助用户了解目标专利组合的质量情况和某技术领域的专利强度分布情况，通过专利强度分布分析，可以快速地在海量的专利中挖掘出核心专利。

除了独有的专利强度分析指标，Innography 也提供常规的可视化分析功能，可以帮助用户针对多个维度进行有效的专利分析。分析维度包括专利引证、申请人、技术领域、申请授权趋势、发明人、地域分布等。针对这些分析维度，Innography 提供了多种分析视图，包括专利引证图、热力图、饼状图、柱状图、雷达图等（见图 4.28）。

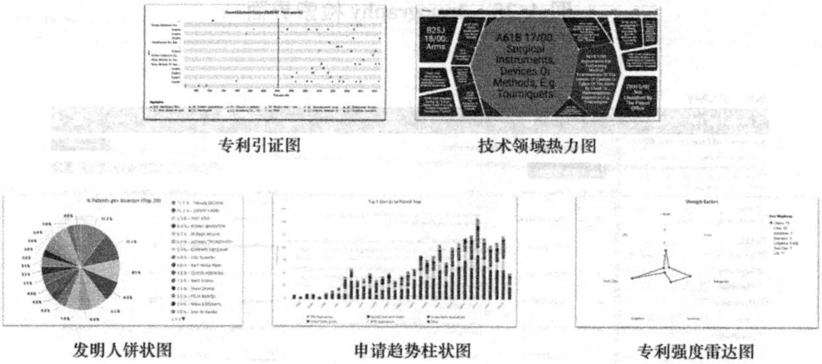

专利引证图　技术领域热力图

发明人饼状图　申请趋势柱状图　专利强度雷达图

图 4.28 Innography 分析视图

分析行业内主要创新主体的专利竞争力，是寻找合作伙伴、了解竞争对手的必要手段之一。Innography 的竞争者气泡图（见图 4.29）可以用来分析研发者在行业内的技术地位和经济实力，为研发、转型、合作、预警等重大决策提供信息支撑。

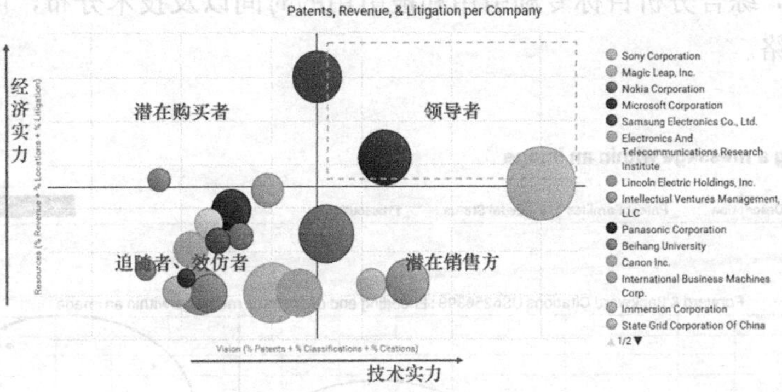

图 4.29　Innography 竞争者气泡图

如图 4.29 所示，竞争者气泡图可分为四个象限。分布在第一象限，代表专利权人拥有很强的技术实力和经济实力，一般被视为行业的领导者。与第一象限相对的第三象限的专利权人，技术实力和经济实力都较弱，一般被视为行业的追随者或者效仿者。分布在第二象限的专利权人拥有很强的经济实力，但技术实力较弱，一般被视为行业的潜在购买者。第四象限与第二象限正好相反，专利权人拥有很强的技术实力，但经济实力较弱，一般被视为行业的潜在销售方。第二象限和第四象限的专利权人一般存在潜在的合作机会。充分利用竞争者气泡图，可以为产学研的合作提供方向指引。

了解行业和竞争对手的研发热点，可以让科研人员更有针对性地进行技术创新，同时回避已布局的专利技术。Innography 的文本聚类分析功能，通过对专利的技术词汇进行词频分析，形成技术环状图，可以帮助用户快速、直观地了解所分析专利的主要技术点（见图 4.30）。

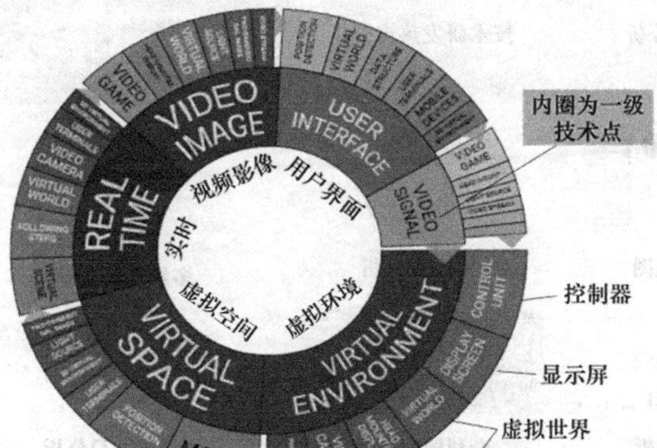

图 4.30　Innography 文本聚类分析

下面介绍单篇专利的引证图，如图 4. 31 所示，Innography 的引证图以公开年份为横坐标，以 CPC 分类为纵坐标，图中一个点为一件专利，不同颜色、形状代表不同的申请人，图中加粗的竖线上的点为被分析的目标专利，左边区域为目标专利引用的专利，右边为被引用的专利，综合分析目标专利引用和被引用的时间以及技术分布，可以帮助了解相关技术的发展脉络。

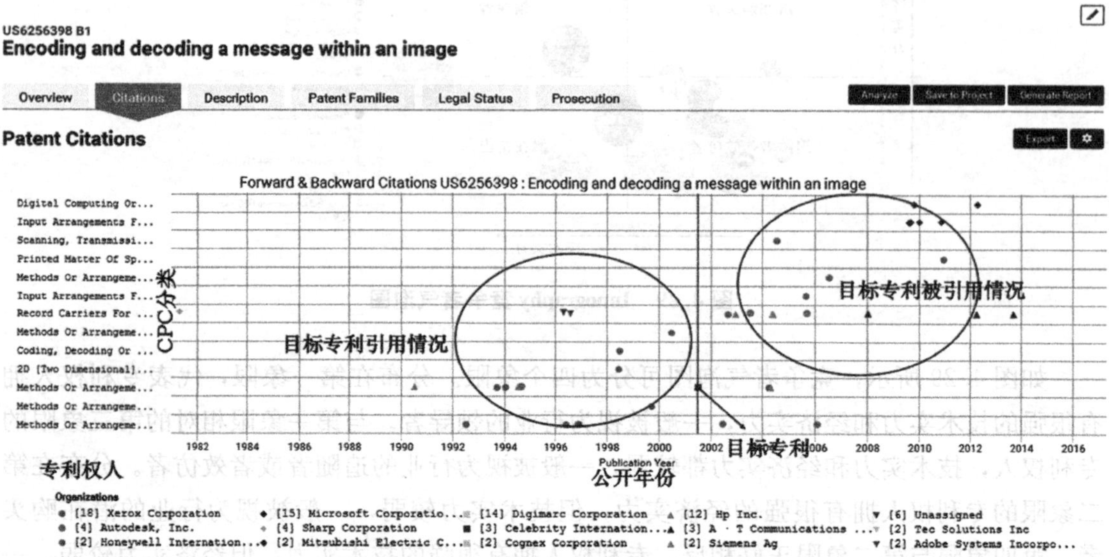

图 4. 31 Innography 专利引证图

总的来说，如图 4. 32 所示，Innography 是一款具有核心专利挖掘功能的专利检索分析工具，多样的检索分析功能使其有多种应用途径，可以帮助用户进行竞争者情报分析、技术研发热点分析、专利地域分布和外围布局分析以及诉讼风险预警，检索和分析的结果可以为用户提供全面的知识产权情报信息，推进技术研发及产学研的转移转化。

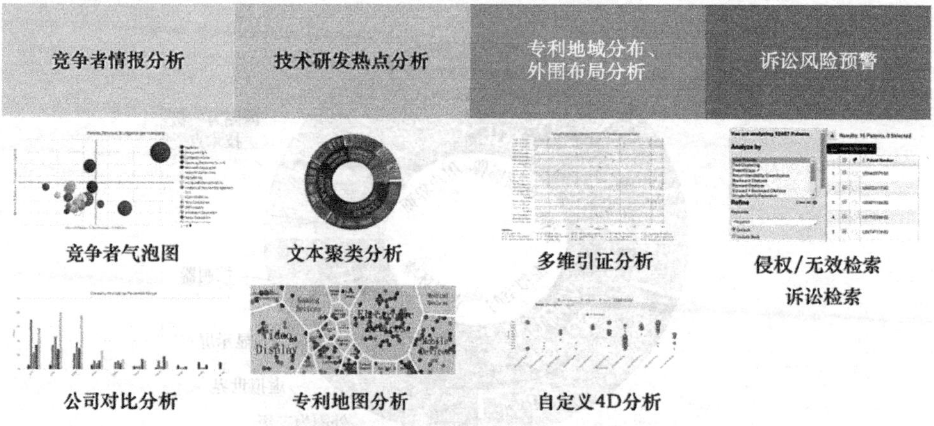

图 4. 32 Innography 应用途径

4.2.2 Patentics 专利检索与分析平台

1. Patentics 平台简介

专利是企业的核心知识产权，它不仅是技术的保护之盾，更是企业在市场中的竞争之剑、利益之源。专利信息可以帮助企业识别竞争对手，了解竞争对手的专利研发和部署状况，有效规避知识产权纠纷。由索易互动信息技术有限公司开发的 Patentics 系统，就是一个为企业提供专利分析、专利布局等咨询服务的专利信息检索分析平台。

Patentics 共收录了全球 112 个国家、地区和组织的专利数据，同时还收录了引文、同族专利、法律状态等数据信息，收录总量已超过 1.4 亿条（截至 2018 年 7 月 1 日）。其中包括“七国两组织”的专利全文数据，并持续扩充更新。除专利数据外，还收录专利诉讼全文数据、中国硕博士论文和期刊摘要数据，以及全球通信标准全文数据（3GPP、IEEE802.11）。

2. 专利检索

Patentics 既支持语义检索，同时也支持传统的表格检索、指令检索、批量检索。此外，Patentics 还实现了流检索、N 阶检索和可视化语义检索等功能。

（1）语义检索。Patentics 基于人工智能和大数据技术，用户只需输入一个专利号码或一个技术方案甚至一个关键词，系统就能自动理解输入的内容，将与之相关的文献按语义相关度从高到低作为检索结果输出。

语义检索的典型功能有：自动理解专利文本，自动扩展相关表达，自动核准 IPC 分类，自动获取新颖性、侵权、相关专利，自动发现竞争对手、技术人才，自动攻防竞争对手，自动绘制专利大数据地图，等等。

（2）表格检索是将字段分类整理，具有引导性的检索实例，这一功能非常适用于新手，新手也能通过表格检索轻松构建复杂检索式。

（3）高级指令检索支持逻辑算符、通配符、模糊算符、邻近算符等高级算符，检索表达不设限。

3. 专利分析及分析可视化

Patentics 的分析功能通过其分类器实现，分类器是 Patentics 客户端的专利分析工具，集智能性、实用性、易操作性于一身，实现多方位、立体化自动分析。突出代表性分析功能有：语义聚类、智能分组、语义技术分组（非 IPC 分组）、对比分析、组合、导出智能库、创建移动数据库等；高级分析功能包括：专利攻防分析（Patentics 独创分析方法）、搜索分组、雷区专利分析、功效矩阵分析、数据透视（多维分析）、超级分析、价值评估、bingo 排序等。进入分类器，通过点击右键导入搜索内容，即可实现上述分析功能。

系统自带 55 种可视化图表，为基础统计分析、多维分析、共现分析、耦合分析、聚类分析均提供有多套可视化解决方案，可支持任意分析结果的可视化展示。在可视化图表中，用户可以自由变换统计内容，也可以对点击图表中感兴趣部分，进行进一步钻取（改变维的层次，变换分析的粒度），并自定义钻取维度。

4. 检索与分析实例

以下以“二维码”技术主题为例检验 Patentics 专利检索与分析系统的功能。如图

4.33 所示，客户端界面清晰可见 Patentics 提供的使用功能，在系统收录的全球专利库下，首先使用 A 检索字段，也就是标题、摘要、权利要求的组合检索，在主搜索中检索“二维码”，得到44 743 条专利数据（检索截止日期：2019 年 8 月 10 日）。通过分类器，导入主搜索内容，分组功能让用户可以自由组合著录项目、技术信息、法律信息、引文信息、交易信息、标引信息等 40 余项专利信息。

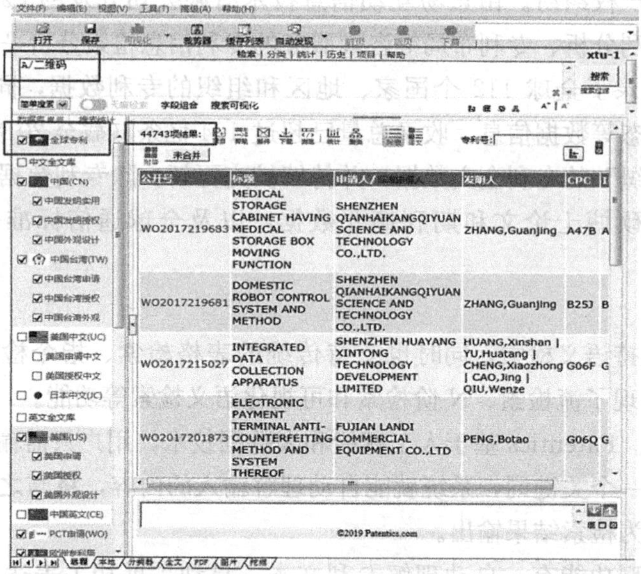

图 4.33 Patentics 平台“二维码”检索结果

若想了解二维码技术领域内排名 TOP 10 的申请人，则可以在分组中勾选标准化申请人，并将参数设置为 10。如图 4.34 所示，分类器页面将展示 TOP 10 申请人信息，即国家电网、腾讯科技、阿里巴巴等。当点开任意文件夹下的任意专利，都可以在栏目右侧阅读专利文献的摘要、说明书、权利要求等详细信息。

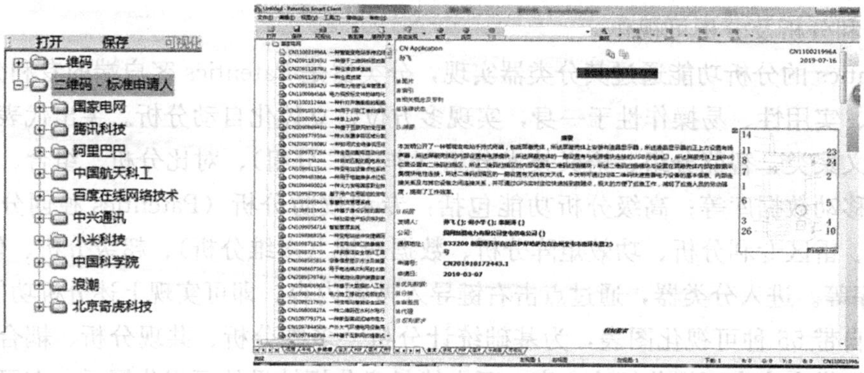

图 4.34 TOP 10 申请人

为了更直观地观察 TOP 10 申请人的情况，一般要进行可视化处理。通过柱状图，可以清晰地看到 TOP 10 申请人的申请量情况。同时，此图表界面的左上角可以自由变换内容，更改坐标轴以获得不同参数，例如选择查看专利度（见图 4.35）。专利度反映的是专利的权利要求数，根据乔永忠教授的观点，“专利要求保护的权利要求项越多，专利的技术特征就越多，专利权人要求的实施自由度越大，经济价值也就越大”。由此，图中显示的阿里巴巴的专利价值不可小觑。

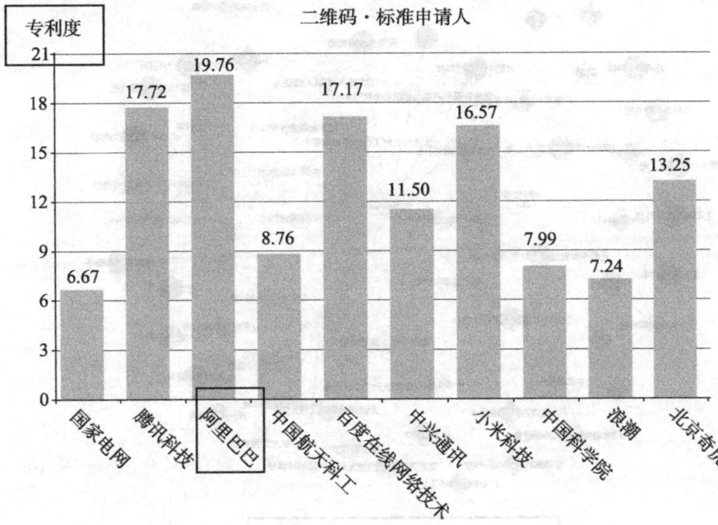

图 4.35 TOP 10 申请人的专利度情况

在分组栏目勾选“地域”，可了解我国哪些地区在“二维码”技术研发领域处于领先地位。由分析结果可知，广东省、北京市、江苏省、浙江省等地区“二维码”技术有比较优势。同时，系统给出的地域图可以进行图标钻取，通过钻取，可以了解北京市最具竞争优势的 10 个发明人——点击北京市，选择第一发明人并设定参数 10 便可查看。

Patentics 系统运用较多的分析功能还有共现和耦合。通过共现，用户可以得到 TOP 20 申请人的合作关系，具体操作是，对“二维码”技术主题进行两次参数为 20 的标准化申请人分组。在可视化共现图中，以线段连接则表示二者之间有合作关系，不同的颜色代表不同的专利特征度，在 Patentics 系统中，特征度越低代表专利价值越高。因此通过共现图，用户不仅能够了解申请人之间的合作关系，还能够知道哪些专利申请人的专利质量高。通过此分析，可以判断，中科院和国家电网有密切的合作关系，但是二者的专利质量均不及阿里巴巴与腾讯（见图 4.36）。

耦合分析可以帮助了解申请人之间的竞争态势。例如，选择观察 TOP 5 申请人在 TOP 5 技术领域的竞争态势，具体操作为，将“二维码”技术以参数为 5 的标准化申请人进行一次分组，再将“二维码”技术以参数为 5 的国际小类进行一次分组，最后将国际小类分组拖曳到标准化申请人分组中，通过可视化高维图中的气泡图，便可以清晰地观察 TOP 5 申请人在 TOP 5 技术领域的竞争态势。气泡分布的地方是存在竞争的领域，且气泡越大竞争力越强。由图 4.37 可知，TOP 5 申请人在除 G07F 以外的 TOP 5 技术领域都存在较大竞争，以 G06K 数据识别领域最为激烈。

此外，Patentics 系统还可以实现大数据统计分析、引证分析、聚类分析、非齐次数据分析、思维导图、同族处理、专利价值谱等多种功能（见图 4.38）。

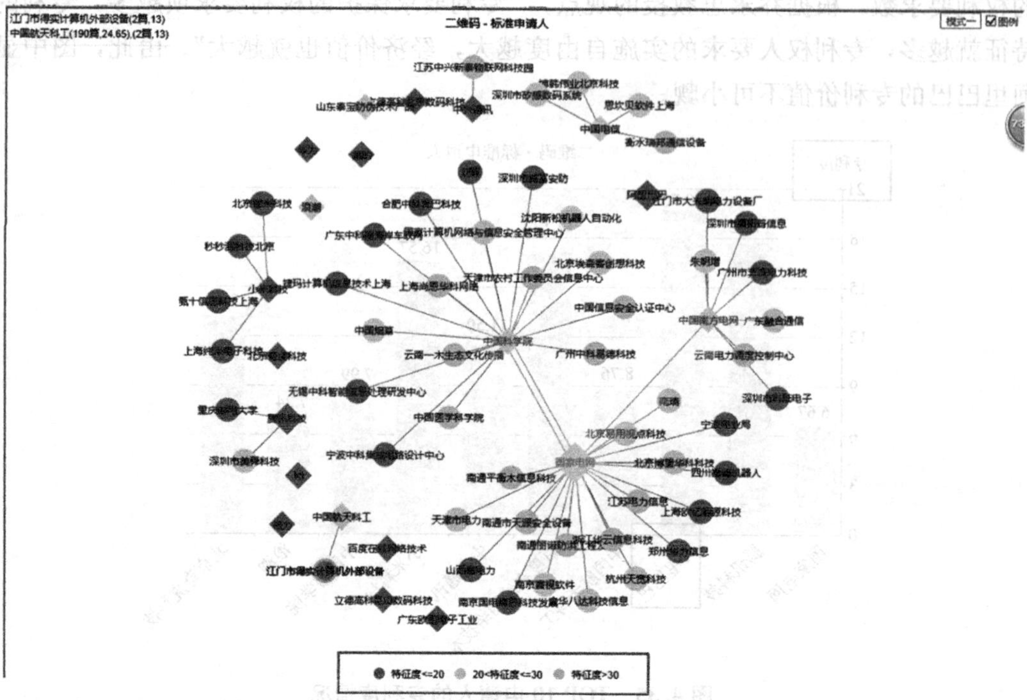

图 4.36　检索结果共现分析

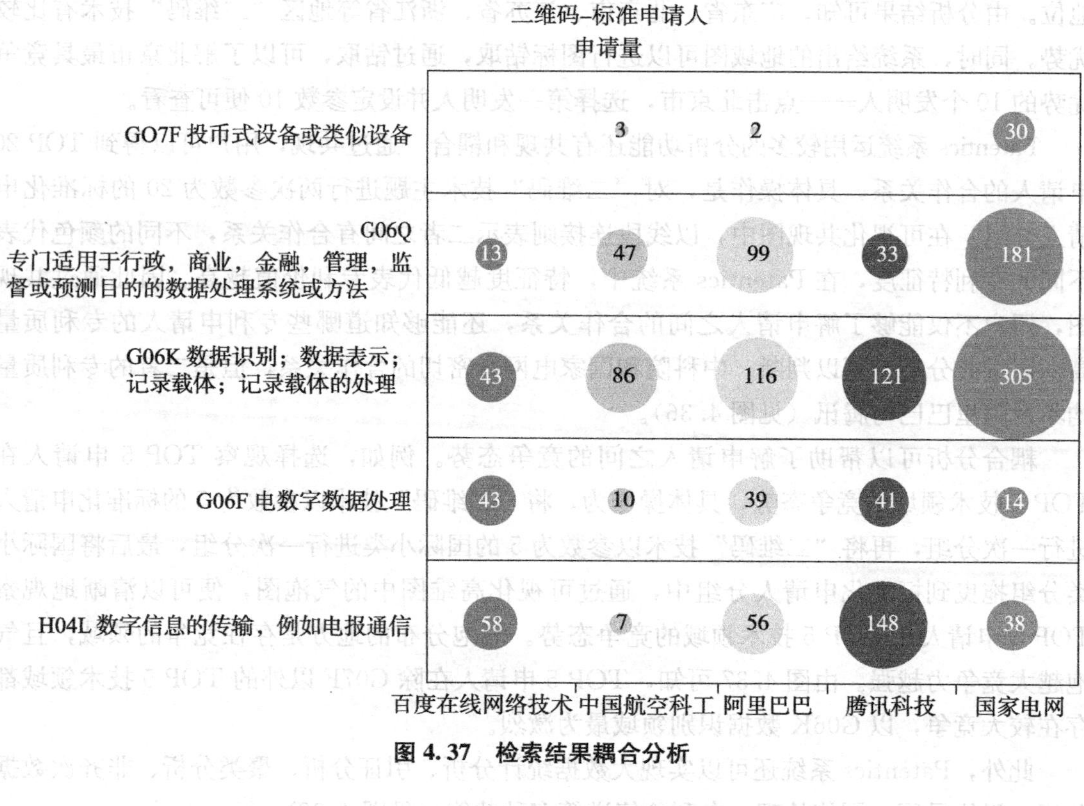

图 4.37　检索结果耦合分析

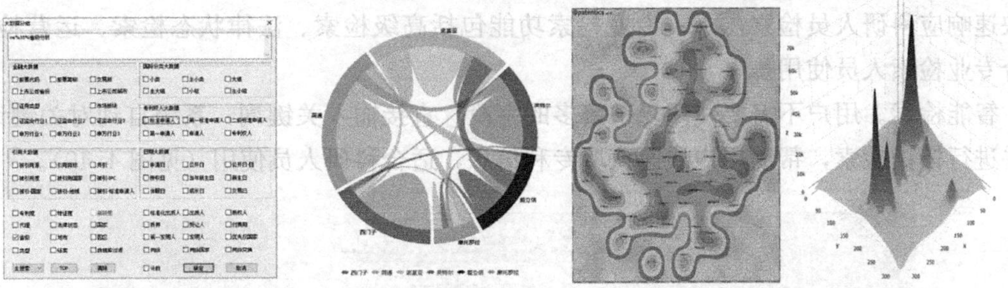

大数据统计分析　　引证分析　　聚类分析

图 4.38　Patentics 系统的其他分析功能

4.2.3　壹专利检索与分析平台

专利作为重要的情报信息，如果能够有效地利用起来，将会为科技创新提供非常重要的信息支撑。能否有效地利用专利信息，取决于检索人员专利检索分析的技巧以及检索工具的实用性。一个好用的专利检索分析工具可以让检索人员的工作事半功倍。随着专利信息的推广和普及，越来越多的科研人员通过专利检索来获取科技情报信息。科研人员的专利检索分析水平不高，专业的专利检索分析工具难以满足其日常检索需求，如何帮助科研人员简单、方便、高效地获取专利信息，是目前需要解决的首要问题。

壹专利是一款定位服务于科研人员，旨在为用户提供简单、方便、高效的专利检索、阅读和分析功能的工具。

专利检索工具的首要要求是其数据覆盖范围必须满足一般的专利检索需求。壹专利涵盖了包括九国两组织在内的 32 个国家和地区的专利全文数据以及 100 多个国家和地区的专利题录数据，专利收录量达到 1.2 亿条，最早的数据可以追溯到 1782 年，足以支撑日常的专利检索和分析工作（见图 4.39）。

国别/组织	数据范围	更新频率	著录项	权利要求	说明书	附图	全文
中国	1985—	每周一次	√	√	√	√	√
美国	1790—	每周一次	√	√	√	√	√
日本	1942—	每周一次	√	√	√	√	√
韩国	1970—	每周一次	√	√	√	√	√
瑞士	1888—	每周一次	√	√	√	√	√
俄罗斯	1980—	每周一次	√	√	√	√	√
法国	1855—	每周一次	√	√	√	√	√
德国	1877—	每周一次	√	√	√	√	√
英国	1782—	每周一次	√	√	√	√	√
世界知识产权组织	1978—	每周一次	√	√	√	√	√
欧洲专利局	1978—	每周一次	√	√	√	√	√

图 4.39　壹专利数据覆盖范围

壹专利的检索功能丰富多样，常规检索功能包括智能检索、分类检索和批量检索，可以快速响应科研人员检索需求；专业检索功能包括高级检索、法律状态检索、运营检索，适合专业检索人员使用。

智能检索。用户不需要使用复杂繁多的字段，直接输入关键词，系统自动对关键词匹配并进行模糊检索，帮助用户快速获取专利信息，适合科研人员使用（见图 4.40）。

图 4.40　壹专利智能检索示例

分类检索。壹专利对全球专利信息进行分类规整，如针对发明、实用新型的国际专利分类、联合专利分类，以及适用于外观设计的洛迦诺分类，用户只需要输入相关的分类信息或分类号，即可获取在该分类下的专利信息。另外，壹专利还对专利进行了国民经济分类的数据标引，用户可以一键获取相关行业的专利信息（见图 4.41）。

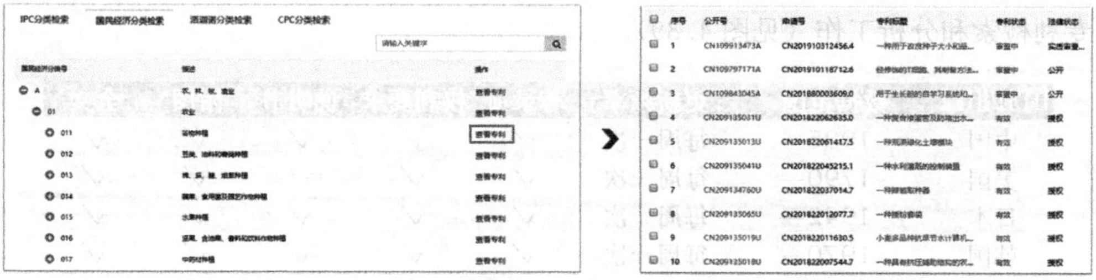

图 4.41　壹专利国民经济分类数据标引示例

批量检索。壹专利支持公开号、申请号或申请人的批量检索，用户仅需要在壹专利中输入或导入专利号，即可在系统中查看到专利的详细信息（见图 4.42）。

专业的检索人员，对专利检索功能的要求会更高。高级检索，支持检索人员对关键词在不同的检索字段中进行逻辑组配，灵活设置检索策略，输出精准的检索结果。运营检索和法律状态检索可以帮助检索人员快速筛选各种状态的专利，满足更有深度的专利分析需求（见图 4.43）。

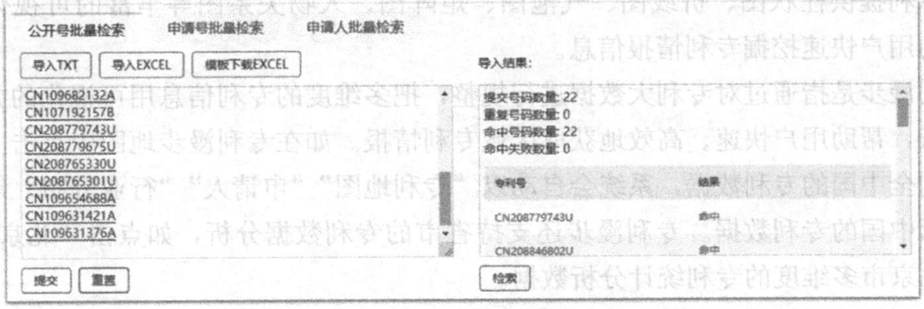

图 4.42　壹专利批量检索示例

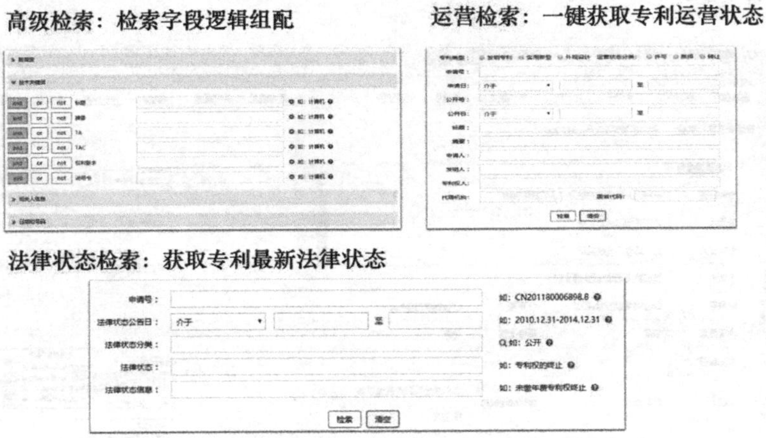

图 4.43　壹专利专业检索界面

在专利分析功能方面，壹专利提供发明人、申请人、地域、技术领域、趋势等多种分析维度（见图 4.44），同时创新性地推出“专利漫步”的分析模块，帮助用户更为简单、高效地获取专利分析结果。

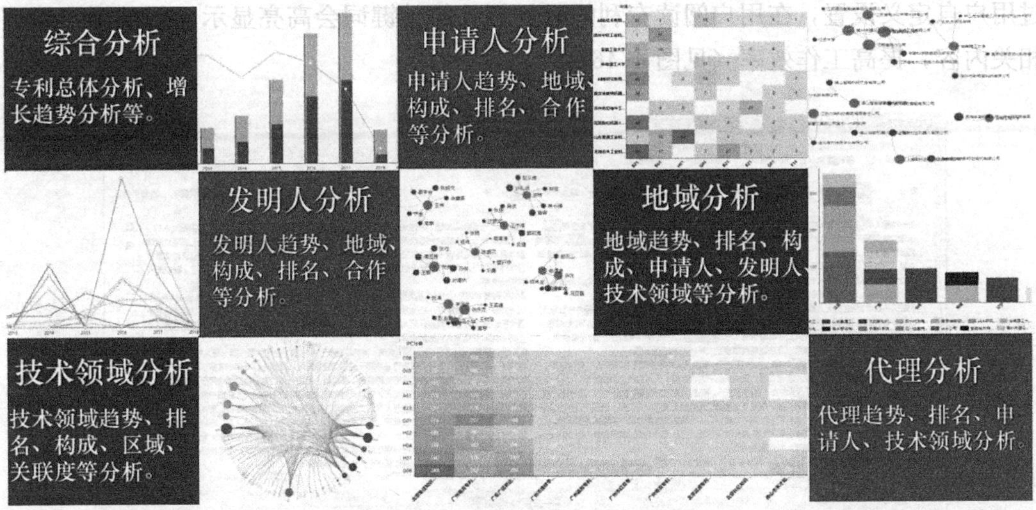

图 4.44　壹专利的专利分析模块

壹专利提供柱状图、折线图、气泡图、矩阵图、人物关系图等丰富的可视化分析手段，帮助用户快速挖掘专利情报信息。

专利漫步是指通过对专利大数据进行规整，把多维度的专利信息用可视化的方式自动展示出来，帮助用户快速、高效地获取区域专利情报。如在专利漫步地图中点击“中国”，将会得到全中国的专利数据，系统会自动以“专利地图”“申请人”“行业分布”等可视化方式展示中国的专利数据。专利漫步还支持省市的专利数据分析，如点击“北京市”，将会得到北京市多维度的专利统计分析数据。

在专利检索分析的过程中，需要花大量的时间来阅读专利。壹专利为用户提供了一个双屏显示的功能，如对同一件专利通过双屏展示说明书和附图的内容，让用户可以更便捷地理解专利内容（见图 4.45）。

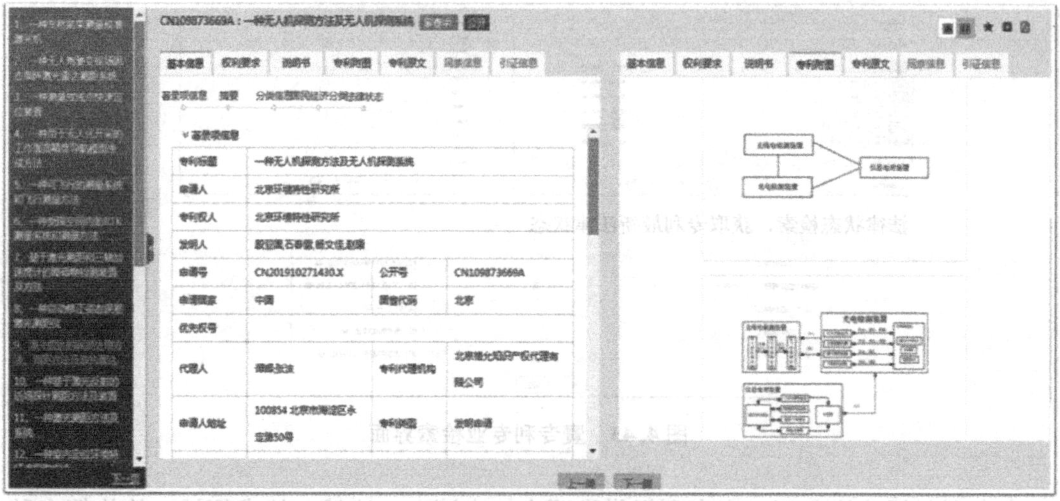

图 4.45　壹专利双屏显示示例

为了让用户更高效地获取专利信息情报，壹专利还提供核心关键词高亮显示的功能，通过用户自定义设置，在用户阅读专利的时候相关的关键词会高亮显示，帮助用户快速识别相关内容，提高工作效率（见图 4.46）。

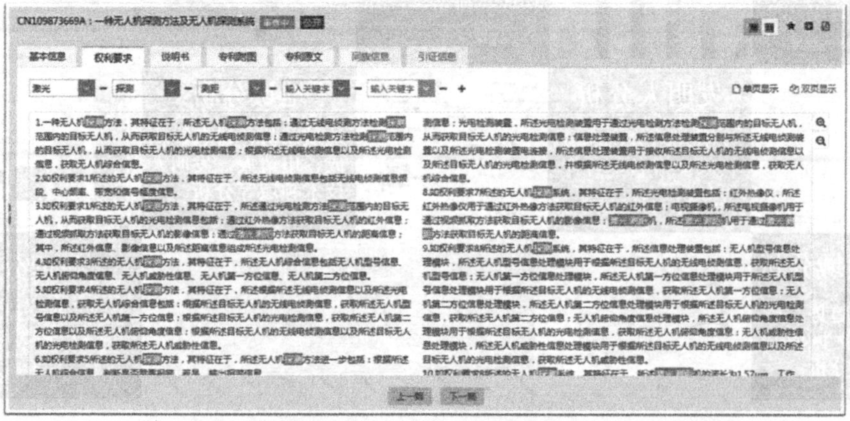

图 4.46　壹专利核心关键词高亮显示示例

综上所述，在数据源上，壹专利整合了超过1.2亿条的专利数据，可以实现全球专利数据的一站式检索；简单与专业检索并重，可以满足不同层次检索人员的需求；丰富多样的可视化方式，帮助用户高效获取专利情报，是研发人员获取专利情报信息的利器。

4.2.4 Patsnap analytics 专利数据库及分析系统

1. Patsnap analytics 平台简介

Patsnap analytics 专利数据库是由智慧芽信息科技（苏州）有限公司（以下简称“智慧芽”）推出的一款支持中文检索与全球专利分析的科技创新情报系统。Patsnap analytics 专利数据库收录了116个国家和地区的专利数据，目前拥有1.4亿多条专利信息、420多万篇论文信息，涵盖了与专利相关的PDF全文、法律诉讼、许可、转让、质押、复审、海关备案等各种数据。智慧芽还利用大数据＋AI技术，将相应专利的诉讼相关数据、专利获奖数据、海关备案数据、许可质押过程数据等进行深度关联（见图4.47）。

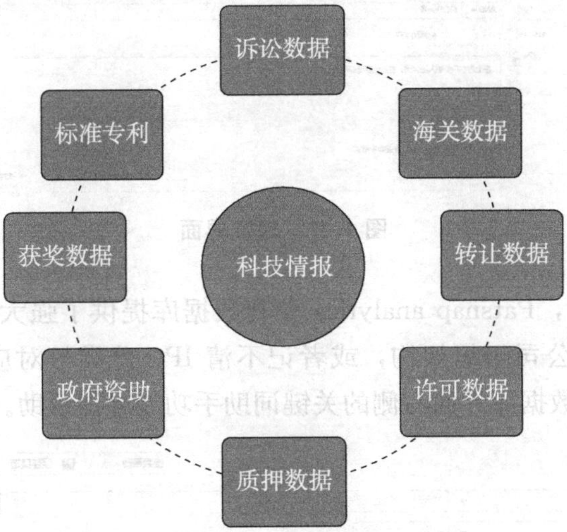

图 4.47 数据融合

2. 专利检索

针对特定化学、生物领域，智慧芽拥有超过1亿个有机/无机化学物质信息和3亿多个生物序列信息（见图4.48）；打通了专利数据与化学、临床实验等数据，并提供化学分子式检索、化合物检索、组合结构式检索、性质检索以及蛋白质、DNA和RNA等多种检索方式。

在 Patsnap analytics 专利数据库的检索界面（见图4.49），有满足非专业人士的字段检索、语义检索、图像检索等模式，也提供针对专业人员的命令检索模式。其中，字段检索提供了200多个字段的精准匹配检索，常用字段有：原始申请人、说明书、技术领域、背景技术、发明内容、第一发明人和第一申请人等。

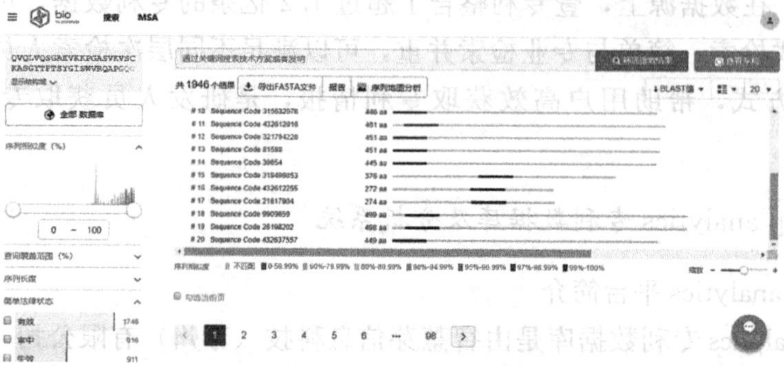

图 4.48　化学、生物领域检索

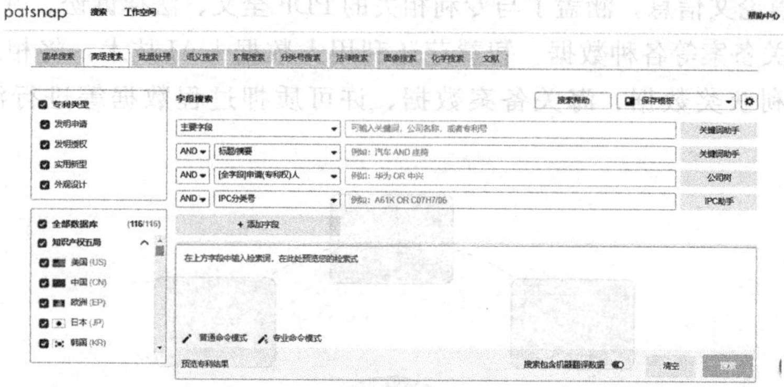

图 4.49　检索界面

在检索词扩展方面，Patsnap analytics 专利数据库提供了强大的助力（关键词助手，见图 4.50）。当不了解公司组织架构，或者记不清 IPC 分类号对应的领域时，可以通过 Patsnap analytics 专利数据库界面右侧的关键词助手功能寻得帮助。

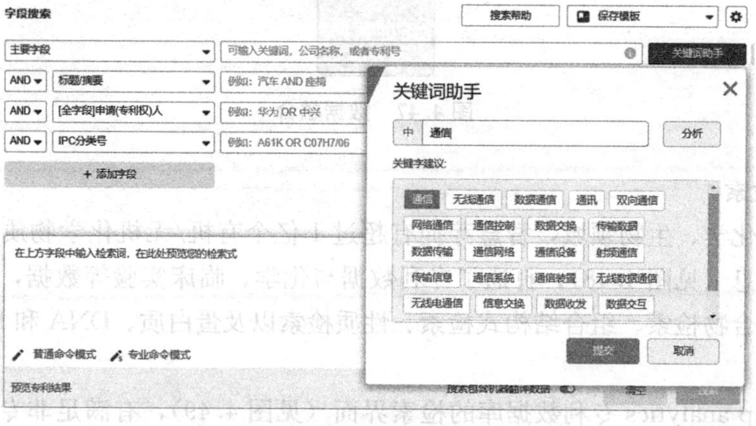

图 4.50　关键词助手

法律人如果需要追踪特定领域的法律诉讼专利，或者在做成果运营之前需要提前了解该领域的许可、转让、质押情况，可以通过选择“法律搜索”，再输入检索要素进行检索

(见图 4.51)。需要注意的是，Patsnap analytics 专利数据库检索系统默认支持的语言为中文，如果要检索更多国外专利，需手动点击“搜索包含机器翻译数据”按钮。

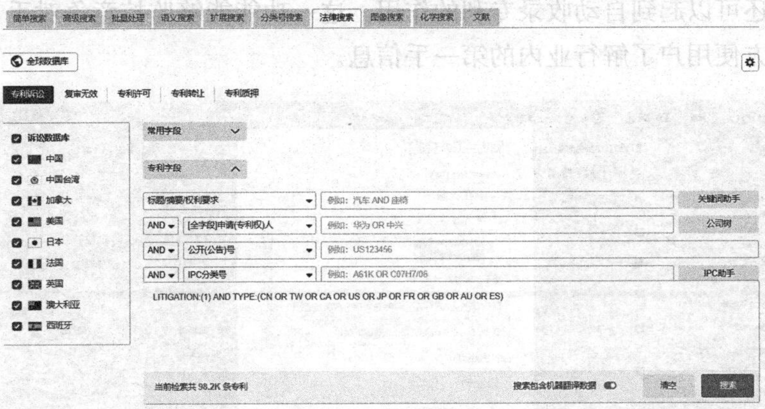

图 4.51　法律检索

3. 检索实例

以检索二维码相关专利为例，用户可以选择“标题/摘要”这一字段，输入“二维码”，开启“机器翻译”功能（为了提高检全率，用户可以选择“标题/摘要/权利要求/说明书”这一组合字段进行检索，但这种情况可能会造成很多数据噪声）。根据所选择的字段匹配，检索结果如图 4.52 所示。结果集的左侧为二次过滤项，用户可以通过公司、IPC 分类号等 25 个过滤选项进一步过滤信息。Patsnap analytics 专利数据库自带的翻译功能可自动将标题翻译成中文，若专利中存在含有中国同族的情况，标题后面会优先显示中国国旗。

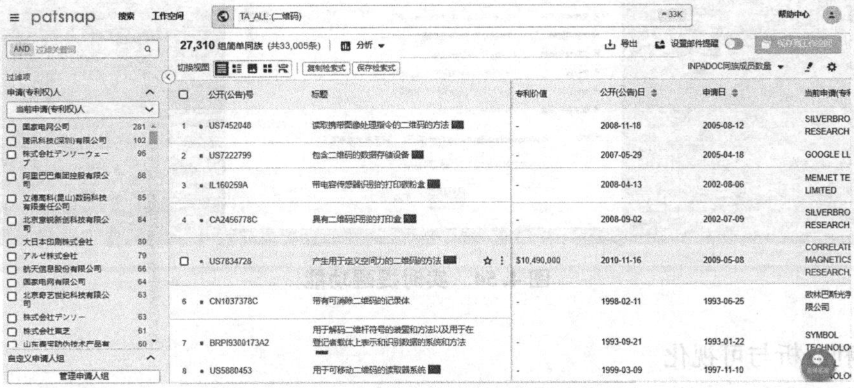

图 4.52　“二维码”检索结果

对于检索出来的专利数据，用户除逐一阅读外，还能利用 Patsnap analytics 专利数据库的工作空间，进行标引专利的分类管理，自动收录专利以监控竞争对手，动态跟踪行业前沿，等等。通常在制作专利分析报告时，必须对专利进行解读或者分类，如可以按产品的不同对专利分类，也可以按技术功效的差异对专利分类。对于这些自定义操作，在 Patsnap analytics 专利数据库中可以利用工作空间功能，把需要标引的专利保存至工作空间（见图 4.53），简单管理被标引的专利，第一时间掌握被标引的专利是否授权或是否已失效，以便后续分析。该工作空间也可以共享，有利于合作完成分析任务。除了上述功能，工作空间还可以起到自动收录专利的作用。这一功能能够监控竞争对手，动态跟踪行业技术发展，方便用户了解行业内的第一手信息。

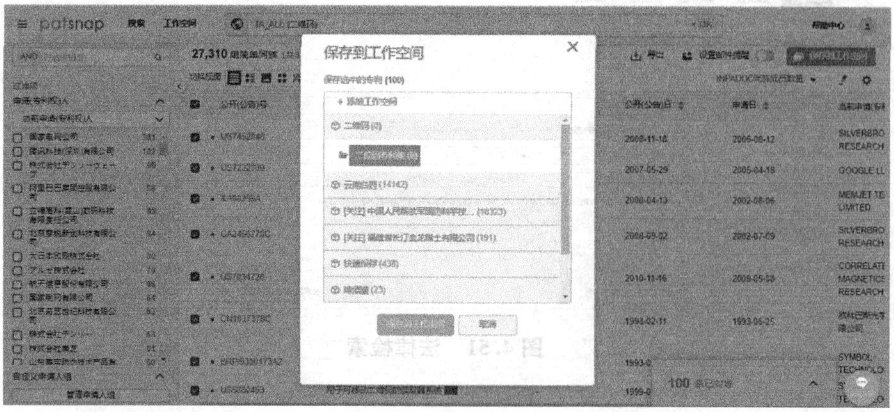

图 4.53 “保存到工作空间”

启用自动收录功能后，用户还可以通过设置邮件提醒或微信提醒，第一时间把握专利信息的更新动态（见图 4.54）。

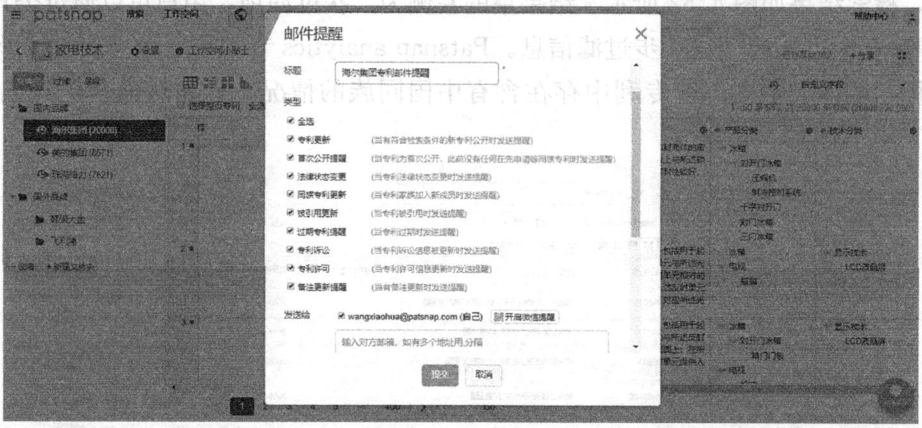

图 4.54 实时提醒功能

4. 专利分析与可视化

除上述的检索、监控、标引功能外，Patsnap analytics 专利数据库还有多种分析功能，可视化选择较多。如图 4.55 所示的高级分析功能，就涵盖了 40 多个维度的指标分析。与此同时，3D 地图分析功能（见图 4.56）可以通过沙盘图的方式，直观地展示技术研发密集区、技术空白区和侵权风险雷区。对此，可以针对特定目标做竞争分析，追溯技术发展起源。相应地，也可以通过矩阵分析（见图 4.57）来更加精准地寻找研究空白点。

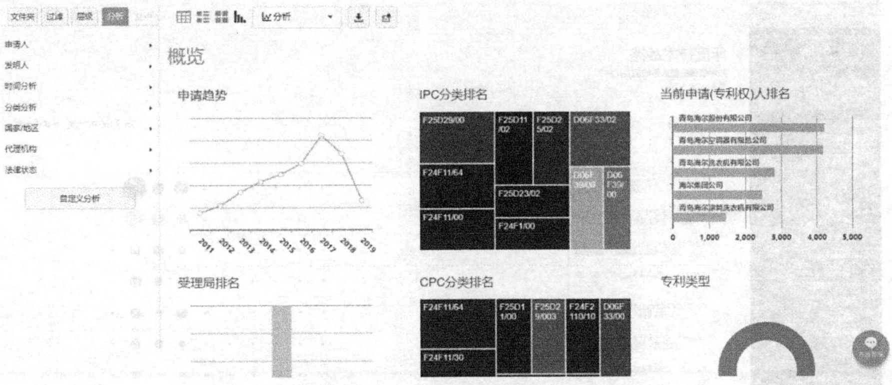

图 4.55　高级分析功能

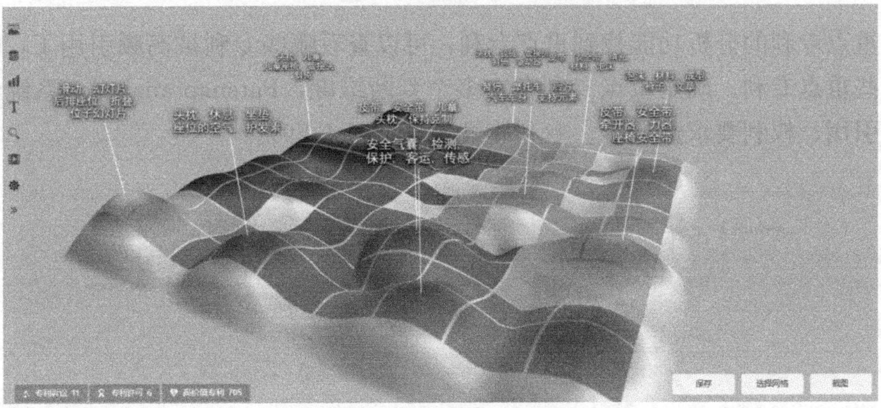

图 4.56　3D 地图分析功能

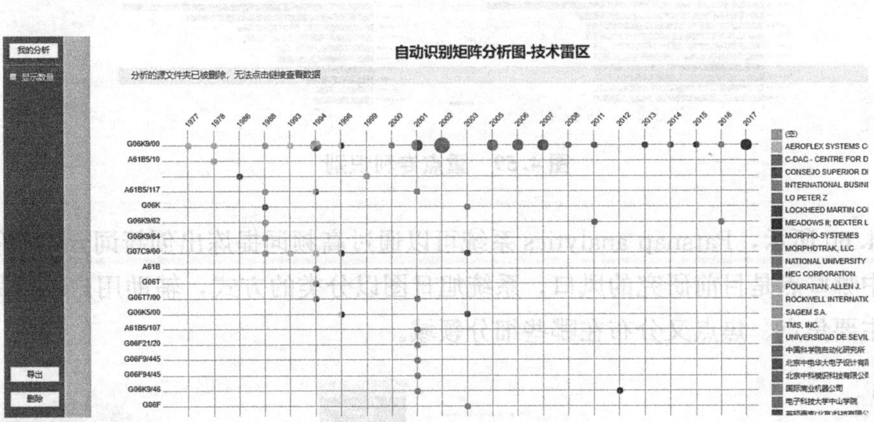

图 4.57　矩阵分析图

若想了解技术分布情况和技术发展趋势情况，可以利用自动生成报告模块（英策模块）来生成科技或公司的技术报告。

通过如图 4.58 所示的技术战略气泡图，可以很直观地了解近年来的技术研究发展情况。

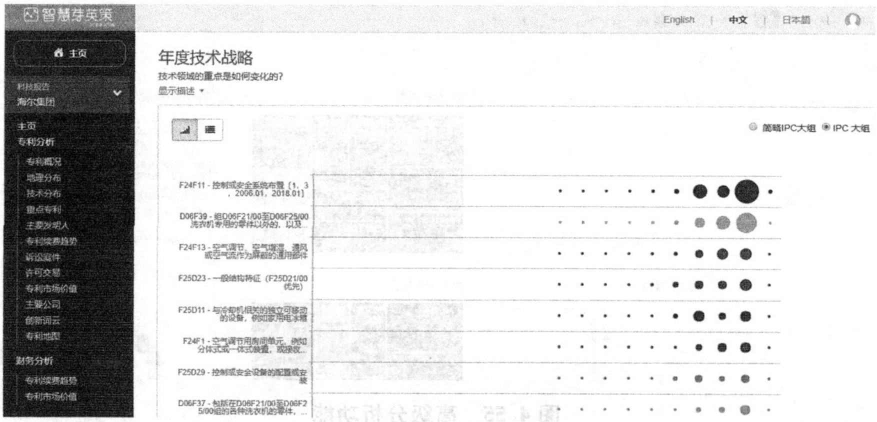

图 4.58 年度技术战略气泡图

通过重点专利的分析功能找到重点专利，可以查看哪些专利被高频引用了，哪些公司引用了这些重点专利。确定重点专利存在多个判断维度，Patsnap analytics 系统给出三大维度：高引用、权利要求数最多、专利族最大（见图 4.59）。

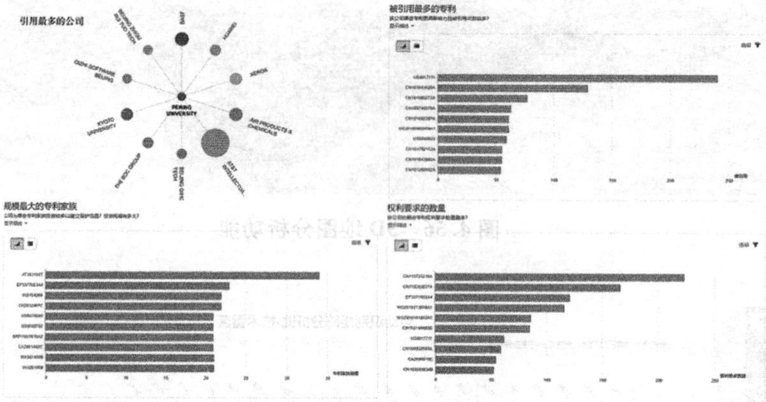

图 4.59 重点专利识别

如图 4.60 所示，Patsnap analytics 系统可以通过高频词提炼出创新词云，方便用户了解各领域中哪些点是目前研究的风口。系统旭日图以分类的方式，辅助用户了解哪些领域是研究的主要焦点、焦点又分布在哪些细分领域。

图 4.60 创新词云/创新词云旭日图

自动生成报告模块还可以提供很多专利分析报告，例如价值评估报告、诉讼威胁报告、模拟合并报告、许可受让方报告等。

引用关系是做专利侵权起诉或者专利无效的线索依据，Patsnap analytics 系统对引用性质和引用来源都做了详细标注（见图 4.61）。并且针对引用关系可以生成引用无限极图谱，这有助于寻找上下游的关系。

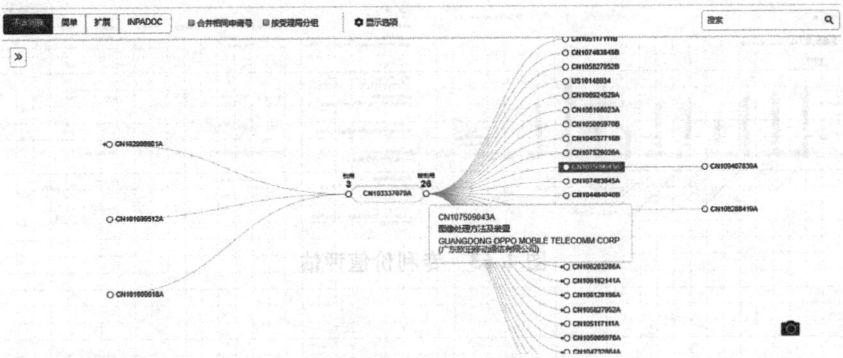

图 4.61　引证分析功能

引用是 Patsnap analytics 系统追根溯源的一条腿，而另一条腿是同族关系图谱（见图 4.62）。如果想了解某项技术起源于哪里、应用在哪些国家，就可以通过同族关系图谱查询追踪。同族关系图谱也是分析某个技术申请动态的很好的依据。有很多技术在最初申请专利时，只考虑到了一个保护点，提交申请书后又考虑到了更多的保护内容，所以又在原来的基础上做分案申请，这个分案申请或续案申请就会在同族关系图谱中体现出来。

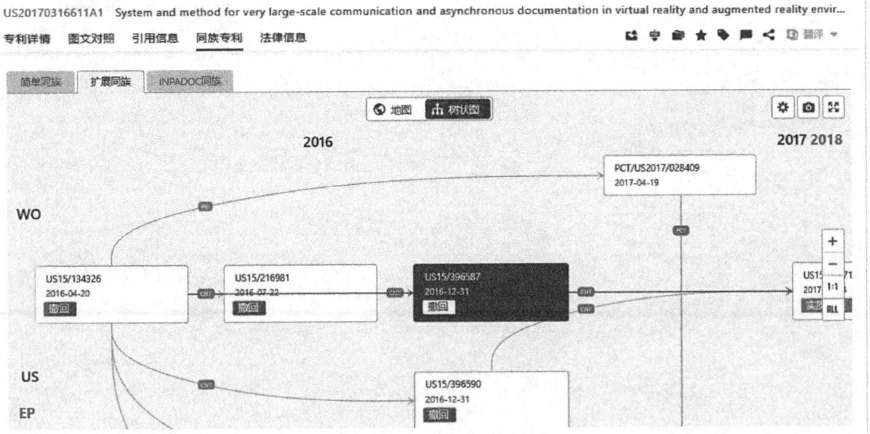

图 4.62　同族关系图谱

目前全国都在积极推动科技成果转移转化，在专利技术转化之前最重要的就是评估价格。Patsnap analytics 专利数据库的专利价值评估系统可以帮助用户输出专利价值和行业均值（见图 4.63）。这一报表功能在平时做专利资产盘点的时候，有助于对相关专利进行分类分级管理。

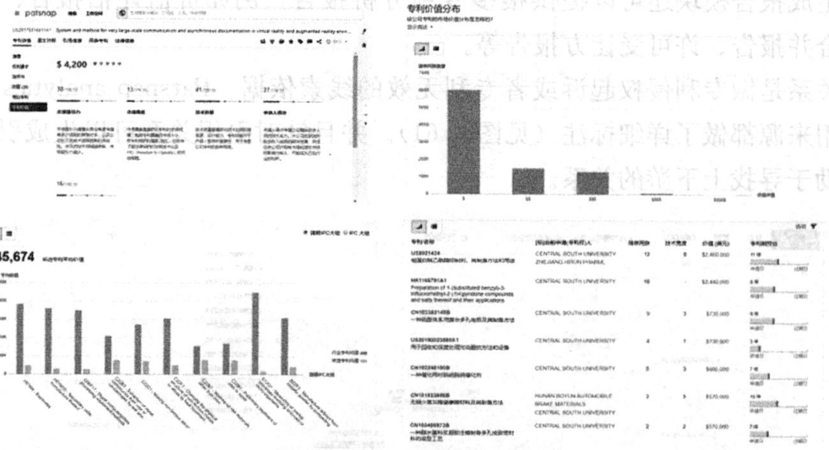

图 4.63 专利价值评估

第5章 专利检索分析实战

5.1 专利分析的一般流程

5.1.1 前期准备

专利分析的流程一般包括前期准备、数据采集、专利分析、专利报告制作和成果利用五个阶段。

前期准备阶段的主要工作围绕专利信息分析项目组人员的组成、项目的研究目标以及分析项目的分解等内容来展开，包括成立项目组、确定专利分析目标、项目分解以及数据库的选用四个环节。

根据分析项目的需求，我们应该选择相应的人员来组建项目组。一个好的专利分析团队，应该由具有多个学科知识背景和专业技能的人员组成。项目的组织人员负责本项目的组织管理和协调工作，明确项目组成员的工作职务和责任，对人员和资源进行合理的分工和分配。除此之外，组织人员需要制定工作计划，确保项目按照计划顺利进行，同时他们还负责项目研究中的业务讨论、中期审查、质量管控、研究报告的统稿等工作。项目组中，还包括检索人员、技术专家、情报分析人员和经济法律政策研究人员。检索人员通常由审查员、专利代理人或专利分析师担任。检索人员主要负责参与项目调研和项目分解等工作，并制定检索策略，编写检索式，对专利进行筛选和标引，撰写检索报告。技术专家则负责专业技术领域的相关工作，为项目中的相关技术问题提供技术上的支持，配合情报分析人员开展相关的工作。情报分析人员主要负责收集与技术领域有关的情报，参与专利数据的采集、加工和分析等工作。情报分析人员还应配合项目组的其他人员对专利分析成果进行解读，撰写报告的相应内容。情报分析人员一般由审查员、分析师、代理人和技术专家共同担任。经济法律政策研究人员，主要工作是结合项目的总体目标和国内外的经济形势，撰写分析报告中的应用措施和政策建议等内容。法律人员，通常由律师和专利分析师担任，主要负责分析专利侵权风险以及提出专利侵权风险的应对措施。在项目的初期，项目组应该结合项目的需求，认真研究相关背景资料，了解现有技术的特点和行业发展现状以及产业链的基本构成，并制作相应的调研报告。研究背景资料的途径主要包括文献阅读、问卷调查、实地考察和专家调研。

项目组应该明确项目的分析目标。专利分析目标不尽相同，一般包括：知识产权风险分析、行业专利现状分析、技术标准专利分析和特定对手的专利布局分析等。知识产权风险分析，其目的主要在于确认项目在技术上实施的可行性，是否具备自主知识产权，同时判断是否存在潜在的知识产权隐患。知识产权风险分析的主要内容包括：相关技术专利现状分析、国内外主要竞争对手的专利布局、知识产权侵权风险等级判定等。行业专利现状分析的目标主要是从行业的角度出发，针对某一个行业的相关技术进行深入的专利分析，目的在于摸清国内外同一行业的技术发展状况，理清本企业与竞争对手之间的优势和差距，根据实际情况为企业提供强有力的专利策略或者专利布局建议。技术标准专利分析，目的在于通过对国内外的相关技术标准进行解析和比较，增加企业参与技术标准制定的机会和参与国际竞争的机会，主要内容包括：解读技术标准，研究与标准中技术内容相关的专利，判断标准必要专利。在前期准备阶段，项目组还应该确定本项目研究所采用的方法，要根据分析项目的不同目的，选择合适的分析方法。

项目分解是前期准备阶段的重要工作，恰当的项目分解能够为后续的专利检索和分析提供多样化的数据支撑。项目分解的目的在于细化技术的分类，便于后续检索和侵权判断分析。根据我国《专利法》的规定，一个专利如果想要获得授权，必须符合单一性的规定。[①] 由此，一件专利申请的内容，往往只会涉及某个技术的一个具体创新点，而某一个新技术往往由许多创新点组合而成，这背后往往对应着许多专利。将数量众多的专利进行归类整理，以反映某个技术的专利分布情况，是项目分解所要解决的问题。[②]

项目分解的基本原则是以行业分类为主、专利分类为辅，同时兼顾项目需求。因为专利分析报告的阅读者，往往并不是专利方面的专家，从行业常用的分类角度出发制作一份更加贴近于产业技术发展现状和趋势的专利分析报告对于阅读者来说更具实际指导作用。

当然，专利分类体系也具有一定的科学性。当专利分析过程中涉及一些特定的技术领域或者技术标准时，专利分类可能会优于行业分类。此外，在行业分类标准不明确的情况下，遵循专利分类优先的原则，也可能更利于项目分解的准确性。因此，项目分解究竟应当采取怎样的分类标准，应当根据项目的需要灵活地进行选择，必要的时候可以与技术专家和报告使用者商讨确定。

前期准备的最后一步是选择数据库。首先要确保数据库所收录的文献能够符合项目的要求，其次确保数据库的检索功能和分析功能能够实现分析目标。在实际工作中，一些数据库的使用费非常昂贵，项目组应该根据项目的实际需求，合理选择数据库，控制数据库的使用成本。

---

① 《专利法》第31条规定："一件发明或者实用新型专利申请应当限于一项发明或者实用新型。属于一个总的发明构思的两项以上的发明或者实用新型，可以作为一件申请提出。一件外观设计专利申请应当限于一项外观设计。同一产品两项以上的相似外观设计，或者用于同一类别并且成套出售或者使用的产品的两项以上外观设计，可以作为一件申请提出。"

② 韩秀成，盛小列，郑浩峻．企业专利信息利用：下．北京：科学普及出版社，2016：117.

5.1.2 数据采集

数据采集的第一步是制定检索策略。检索策略的制定是专利分析工作中的重要环节，项目组应当充分研究项目的行业背景、技术领域，并结合所选用的数据库资源的特点来制定恰当的检索策略。

一般而言，在对项目涉及的技术内容进行详细分解之后，应该尽可能地找出与技术主题相关的关键词和分类号，同时确定好关键词与分类号之间的关系，然后按照检索策略表制定好检索策略，进而拟定初步的检索式进行初步检索。初步检索完成之后还应该根据得到的结果进行动态修正，实现最佳的检索效果。

关键词一般来自需要检索的技术要点，其优点在于直观。对于分类号不准确的专利，使用关键词进行检索往往会达到更好的效果，但是仅依靠关键词进行检索存在一些问题。首先，由于专利文献的用词和技术人员日常习惯的用词差别较大，单靠关键词得到的检索结果，其全面性得不到保证。其次，关键词选择的技巧性非常强，非本领域技术人员往往无法独自提炼出合适的关键词。因此关键词的全面性和准确性，就成为专利分析项目的关注重点。我们应该尽可能地找出与分析内容有关的主题词及其同义词，同时还要兼顾这些词在本领域中的通用表达。①

分类号是由专门的审查员按照技术内容进行划分形成的编号，其分类规则具有一致性和规律性的特点。使用专利分类号进行检索的优点在于准确性较高、检索速度较快。但需要注意的是，由于某些领域的专利分类号对技术的划分比较上位，若单独使用专利分类号进行检索，可能导致获得的文献量非常大，噪声专利比较多。因此，关键词和分类号结合使用是检索员普遍采用的手段。目前我们使用得比较多的专利分类体系有 IPC 国际专利分类号、日本 FI/F-term 分类体系和 CPC 联合专利分类体系。

我们通常采用的检索方式主要包含以下五种组合：关键词与关键词的组合、关键词与分类号的组合、关键词与权利人的组合、分类号与权利人的组合、分类号与分类号的组合。关键词与关键词的组合适用于被检索的对象没有分类号或者很难找到明确的分类号的情况。关键词与分类号的组合是最常用的组合方式，一般适用于被检索的对象具有比较明确的分类位置，但是被检索技术方案的重要技术特征找不到明确的分类位置的情况。这种组合方式中关键词的多少和分类号的粗细有着密切的关系：分类号越上位，使用的关键词就越多；分类号越下位、越准确，使用的关键词就越少。

专利检索策略制定完成之后就进入了数据采集的第二步——专利检索环节。专利检索环节包括初步检索、修正检索和专利数据提取三个步骤。在初步检索环节，笔者建议根据编制完成的检索式并结合数据库的特点，选择一个相对较小的时间跨度来提取专利数据以缩小专利量，同时验证专利的准确度和相关度。浏览完初步检索结果之后，可以对检全率和检准率进行初步判断，对误检、漏检的数据进行分析，找出漏检原因，修订检索式。专利检索的修正，往往要经过多次反复、不断调试，直到对检索结果满意，才能形成最终检索式。运行最终检索式，下载检索结果，形成专利分析的原始样本数据。

---

① 韩秀成，盛小列，郑浩峻．企业专利信息利用：下．北京：科学普及出版社，2016：120.

在完成专利检索步骤之后，一般要设置一个审核和讨论环节。① 审核讨论，通常会邀请技术专家和成果使用人，从技术层面和管理层面对前面的工作进行审核与指导，确保项目组后续工作的有效性、实用性更强。在审核与讨论环节应该对项目前期阶段已经完成的一些工作，比如确认分析目标和分析方法、项目分解以及数据库的选用和检索策略制定等工作进行一个阶段性的评估。项目组可以从项目与企业的结合程度、项目分解与技术的结合程度、检索策略的选用是否恰当、检索结果是否准确等多方面进行评估，发现前期工作中存在的不足，及时修正研究方向和研究方法，避免前期工作的偏差对后期实质性的分析过程造成不利的影响。

专利检索完成之后，我们应该根据项目分解的技术内容，对采集到的原始样本数据进行加工整理，形成分析样本数据库。数据加工主要包括数据转换、数据清洗和数据标引三个阶段。

数据转换是指把专利数据转换成后期可以操作的数据格式，常用的数据格式有：Excel、Access 和 CSV 格式。数据转换完成之后，还应该对数据进行清洗，所谓数据清洗实质上是对数据进行进一步加工。从不同检索平台获得的数据，其数据格式和标引方法往往都不相同，因此要对不同平台的数据进行清洗。另外，专利数据也有可能存在数据错误或者翻译错误的情况，专利权人往往也有不同的表达方式，在数据清洗环节应该对专利数据中存在的错误或者不同的表达方式进行统一整理。

数据清洗完毕之后，我们应该对专利数据进行标引。数据标引是指根据不同的分析目标，给专利增加额外的标记，通过增加额外的标记项来进行更多维度的分析。专利标引的好坏往往会决定专利分析是否接地气、是否符合预设目标。对于数据量特别大的专利分析项目，标引工作可以采用机器标引的方式来完成，但是机器标引往往无法满足深度分析的需求，此时人工标引仍然是必不可少的工作。

5.1.3 专利信息分析

完成数据采集后，接下来进入专利分析阶段。专利分析阶段的工作是在已经采集到的专利数据的基础之上，按照分析目标的要求，对这些数据进行深入的研究并尝试发现和解决问题。这一阶段主要包括专利分析工具选用和专利数据分析两个环节。

常用的专利分析工具一般有两类。一类是检索平台自身集成的分析工具，如：国家知识产权局的 PSS 系统、Derwent、Patentics、Incopat、Patsnap、Innography、Lens 等检索平台所集成的分析系统。这类分析工具同时集成了相应的可视化功能，因此适合进行快速分析。但是这类工具往往只能够分析平台自身收录的专利数据。另一类是通用的专利分析工具，如：Excel、Tableau、Access、Power BI、CiteSpace、Gephi。这一类分析工具需要提供符合特定格式的数据，可定制性比较强，但是学习成本比较高。

完成了专利分析工具的选择之后，就可以利用这些分析工具对专利数据进行分析。数据分析阶段的主要任务包括专利数据的统计分析、专利分析图表制作和目标专利群的深度分析。

---

① 毛金生，冯小兵，陈燕．专利分析和预警操作实务．北京：清华大学出版社，2009：26.

借助专利分析软件，可以生成各种可视化图表。可视化图表的制作应该遵循准确直观的原则。制作可视化图表是为了发现问题和呈现问题，可视化图表的制作一般包含两个阶段：分析过程的可视化以及分析结果的可视化。分析过程可视化是为了发现问题，而分析结果可视化是为了呈现问题。

在统计分析的基础上，我们还需要进一步确定需要深入分析的目标专利群。针对目标专利群，应当根据制作出的可视化图表并综合有关信息进行归纳和推理，探索专利信息反映出的本质问题，进而提出相应的应对策略。

专利分析的最终目标，就是解决分析过程中发现的问题。在专利分析过程中，笔者建议从两个目的和三个视角出发来进行专利分析。

两个目的：立与破。从立的角度出发，要通过专利分析，帮助企业建立垄断，为企业保驾护航，帮助企业获得竞争优势，帮助企业通过知识产权获得收益。从破的角度来看，专利分析应该帮助企业破解垄断，管控好可能存在的知识产权风险，减小企业的竞争劣势，尽量帮助企业减少损失。

三个视角：向外看、向内看和向前看。从向外看的角度来说，主要是通过专利分析发现别人在干什么，别人走到了哪一步，别人又有什么专利，有没有什么潜在的风险。向内看，是指我在干什么，我走到了哪一步，我们自己有没有专利，我们的专利站不站得住脚，我们的专利还能不能“咬人”。从向前看的角度来说，要通过专利分析，研究我们应该往哪里去，我们还可以去哪里，我们还要申请哪些专利，我们应该如何申请这些专利。

图 5.1 展现了从技术研发方向确定到产品上市，再到后期专利运营所涉及的各种知识产权问题。其中有的是从立的角度出发，有的是从破的角度出发。不难看出，专利分析在企业生产的各个环节都有应用场景。我们在进行专利分析的时候，应当具有数据思维，紧紧围绕帮助企业增加收入、减少支出、管控风险三个维度对专利数据进行分析，从而发现问题，并提供解决问题的方案。

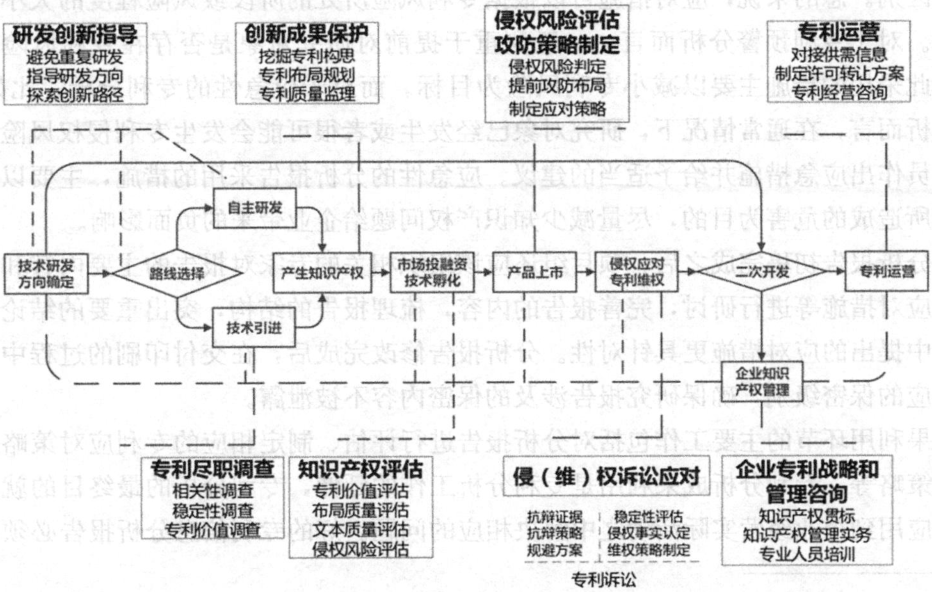

图 5.1　企业各阶段中的知识产权问题

在专利分析中使用可视化图表也是很重要的。可视化图表的作用不仅仅在于传递清晰的统计信息，其真正的作用在于，讲好一个辅助决策的故事。专利分析的可视化，主要包括分析过程可视化和分析结果可视化。分析过程可视化，帮助探寻数据之间的关系，有助于发现问题。分析过程可视化强调的是即时性、高效性、交互性和多维性，一般通过分析工具直接生成。而分析结果可视化主要是为了讲述好一个故事，呈现出一个希望读者能够看懂的结论。分析结果可视化强调报告的可读性强、美观性好，图表具有丰富性和交互性。

5.1.4 报告制作与成果利用

制作专利分析报告阶段的主要工作是对前面的研究工作进行归纳和整理，并以书面的形式形成体例规范的课题研究报告。这一阶段是项目实施流程的最后一个环节。

分析报告应当在报告内容和报告结构方面遵循一定的规范。一般来讲，分析报告的主要内容包括引言、概要、主要分析内容、主要结论、应对措施和附录等。

引言主要表述项目的立项背景、立项意义和项目运行情况以及项目的研究过程。

概要的主要内容包括项目的分析目标、技术背景、项目采用的专利数据库和专利检索策略、项目的数据处理方法和分析方法以及分析工具的选用。

主要分析内容会因为分析目标不同而有所区别。主要分析内容应当与项目分析目标相对应，对于不同的分析维度，在分析完成之后，还应该就所分析的子问题撰写相应的小结。

针对项目需求和项目分解的内容，在进行充分分析的基础上，分别给出分析报告的整体性结论和各个分析要点的主要结论。主要结论应该与项目的分析目标密切相关，并且应当附上分析过程和分析数据作为支撑。课题组应当依据主要的分析结论，结合相关的政策和法律法规以及本行业的技术现状和竞争环境等内容提出应对措施和建议。①

根据项目目标的不同，以及研究对象专利风险等级的不同，采取的措施和提出的建议会有所区别。总的来说，应对措施可以根据专利风险所处的阶段或风险程度的大小分为两个层面。对于专利预警分析而言，一般侧重于提前对研究对象是否存在专利风险作出判断，因此采用的措施主要以减小专利风险为目标。而对于应急性的专利分析，比如 FTO 检索分析而言，在通常情况下，研究对象已经发生或者很可能会发生专利侵权风险，需要分析人员作出应急措施并给予适当的建议。应急性的分析报告采用的措施，主要以化解专利侵权所造成的危害为目的，尽量减少知识产权问题给企业带来的负面影响。

在分析报告初稿完成之后，项目组还应该组织相关的专家对报告的主要内容和重要结论以及应对措施等进行研讨，完善报告的内容，梳理报告的结构，突出重要的结论，使分析报告中提出的应对措施更具针对性。分析报告修改完成后，在交付印刷的过程中，应该选择相应的保密级别，确保研究报告涉及的保密内容不被泄露。

成果利用环节的主要工作包括对分析报告进行评估、制定相应的专利应对策略以及实施应对策略等。专利分析成果利用是专利分析工作的延伸，专利分析的最终目的就是把专利情报应用到企业经营实际活动之中解决相应的问题。好的专利信息分析报告必须要经得

① 毛金生，冯小兵，陈燕．专利分析和预警操作实务．北京：清华大学出版社，2009：76.

起实践的检验，实现积极的效果。

需要注意的是，专利分析的成果利用工作通常由委托方来组织实施。在项目成果利用之前，委托方应该从以下几个方面对分析报告进行评估：第一，研究报告是否清楚地说明其目标；第二，数据采集的时间跨度和地域范围是否合理；第三，检索策略是否准确；第四，数据库的选择是否具有代表性；第五，数据本身的质量和影响因素考虑得是否全面；第六，使用的分析方法和分析工具是否合适；第七，可视化图表呈现的结果是否将数据合理量化；第八，图表内容与分析报告以及各个图表之间是否吻合；第九，对基于统计数据得到的推论的解释是否合理；第十，项目组是否对研究结果给出了合理的建议。①

专利分析的应对策略，包括专利申请策略、技术引进策略、专利维权策略、市场竞争策略、竞争对手跟踪策略等，都应该以符合专利制度为依据，以专利权的保护、专利技术的开发、专利技术的实施、专利许可贸易、专利信息利用和专利资产管理等为主要对象。专利分析应该融入企业生存和发展环境，确保提出的应对策略能够发挥积极的作用，从而保证企业的竞争优势，为企业保驾护航。

当然，专利分析报告的价值更多地体现在实施的过程中。因此，企业必须设置与专利分析报告相适应的管理机制和操作规程，将专利分析报告中提出的应对策略落实到企业的日常管理中，并设立专门的机构和责任人确保专利战略的有效实施。当然，专利策略应该具有相对的稳定性，既要考虑眼前的形势，同时也要对未来的发展趋势进行前瞻性的研究。如果情势发生变化，还应该及时进行微调。

5.2 产业专利导航分析

5.2.1 专利导航简介

专利导航是一种指导产业决策的新方法，是运用专利制度的信息功能和专利信息分析技术来引导产业发展的新工具。开展专利导航，可以发挥专利信息分析对于产业运行决策和企业经营决策的引导作用，同时可以更好地发挥专利制度对于产业创新资源的配置作用，进而提高产业创新效率和水平，更好地防范和规避产业知识产权风险，强化产业和企业在知识产权方面的竞争力，提升产业创新驱动发展的能力。

国家知识产权局在 2015 年 7 月和 2016 年 12 月分别发布了《产业规划类专利导航项目实施导则（暂行）》和《企业运营类专利导航项目实施导则（暂行）》，这两份文件对专利导航项目的管理实施提出了明确的规范。

产业专利导航的基本思路是紧扣产业分析和专利分析这两条主线，将专利分析和产业状况、发展趋势、政策环境、市场竞争等信息进行深度融合，明晰产业的发展方向，找准区域产业的定位，指出优化产业创新资源配置的一个具体路径。因此，产业专利导航是以产业分析为暗线、以专利分析为明线，通过指导产业发展的路径选择，优化要素资源配

① 韩秀成，盛小列，郑浩峻．企业专利信息利用：下．北京：科学普及出版社，2016：128.

置，最终实现促进产业发展的目标。

简单来讲，产业专利导航，就是从产业发展的现状入手，梳理产业布局，分析产业发展现况及趋势，揭示产业的整体发展态势，发现区域产业结构中存在的一些不合理现象，并给出进一步的建议，为区域产业发展和产业结构调整等制定一个可供参考的区域发展政策。[①]

企业专利导航是在产业专利导航结束之后，为企业指出创新发展的方向，帮助企业制定创新发展目标，培育企业核心竞争优势，改善企业在市场价值链中的地位，解决企业经营中的知识产权问题，帮助企业规避运营的知识产权风险，并且在企业进行专利布局的时候提供参考建议。产业专利导航和企业专利导航之间相互衔接、相互补充、相互支撑。产业专利导航项目围绕着产业宏观层面的决策和规划，为产业发展提供方向指引；而企业专利导航项目则围绕企业专利运营活动，执行企业创新路径和专利布局，为企业提出进一步落实各项知识产权战略的具体措施。

5.2.2 政策与市场环境分析

产业专利导航主要包括政策与市场环境分析、产业调查、产业相关公司调查、产业信息调查以及产业专利导航结论五部分。本小节主要涉及产业专利导航的政策与市场环境分析。

政策与市场环境分析的目的在于调查目标地域有关本产业发展的政策规划和决定。此处的政策，主要是指由国家或者地区制定的引导产业发展方向、推动产业升级、协调产业结构、使国民经济健康可持续发展的一系列产业政策。产业政策主要通过国民经济计划、产业结构调整计划、产业扶持计划、财政投融资计划、货币手段或项目审批等方式来实现。简单而言，产业政策是由中央或地方政府制定的、主动干预产业经济活动的各项政策。在市场经济的运行中，产业政策具有导向作用，产业的发展离不开国家和地方政府对于该产业的支持。因此在进行专利导航时，必须对政策背景进行充分的调查和分析。比如，近几年在新能源汽车方面，国家出台了多项政策，积极引导社会发展新能源汽车，使得社会资金和资源大量涌入了新能源汽车行业，在一定程度上促进了这个行业的发展。相反地，国家的环保政策越来越严，环境污染较重的行业，如低端化工行业，就会受到政策的抑制。

我们国家的产业政策主要是名称为规划、目录、纲要、决定、通知或者复函的文件，比如，船舶工业调整振兴规划、国家产业政策指导目录等。政策分析的具体内容主要包括：产业技术政策、产业区域布局政策、产业环保政策、产业外贸政策以及金融税收政策等。其中，产业技术政策是指政府对产业技术进步、产业技术结构的选择或者技术开发所进行的预测和决策规划，或协调监督和服务等方面的政策措施。分析产业技术政策的目的主要在于了解国家对于某个产业的发展态度，分析产业所面临的政策风险和机遇。研究产业区域布局政策，主要是为了了解国家是否就同一个产业在不同区域进行了不同侧重点的规划，通过比较还可以发现政策所倾斜的重点区域。通过分析产业环保政策，可以帮助确

---

① 广东省市场监督管理局（知识产权局）. 广东省专利导航工作指南. 2019：1.

保产业布局过程中的环保合规。通过调查产业外贸政策，比如关税和出口政策、汇率政策、出口刺激和进出口额的控制政策等，可以了解到国家对于相关技术或者产品持有禁止、限制还是鼓励的态度，为制定相应的产业发展战略提供参考。分析金融税收政策，主要是为了了解金融财税政策变化对于产业的影响。

市场环境是指影响产品生产和销售的市场方面的因素，这些因素与企业的市场营销活动密切相关。市场环境发生变化，可能会给企业带来机会，也可能会造成威胁。因此分析市场环境的变化是开展商业活动的前提。市场环境分析的具体内容，主要包括政治与法律环境分析、经济环境分析、社会文化环境分析、地理环境分析和市场竞争环境分析。政治与法律环境分析，是调查市场经营活动中面临的政治环境和法律环境对于产业的制约和促进作用。经济环境分析，是为了了解当地的经济发展水平和消费水平。社会文化环境分析，是调查目标区域的社会文化环境，比如价值观念、信仰、兴趣、消费方式、生活习惯以及社会风俗等，主要目的是了解当地消费者的态度和购买取向。地理环境分析，主要是调查目标地区的气候、自然资源、地理位置等地理因素对消费模式的影响。市场竞争环境分析，主要是调查市场中有关竞争者的产能和工厂分布等情况，从而更加清楚地了解潜在的合作者和竞争者。①

5.2.3 产业调查

产业调查是产业专利导航分析的基础。要实施产业专利导航，首先要了解相关区域在产业发展中的位置。因此，产业调查需要对全球及目标地区的产业概况、产业动态以及产品技术进行调查分析。

产业概况调查主要是要调查产业发展的现状和趋势以及当前的产业规模，此外，还要重点从上游、中游、下游的角度，来研究产业链、供应链和价值链。调查产业发展现状及发展趋势，主要是为了了解该产业的基本状况，了解主要国家或地区的产业布局情况和优势、劣势。产业规模调查，主要是要了解行业竞争者的产品和产能分布情况。

调查产业链的上游、中游、下游，指的是调查产业中的原材料、元器件模组和具体产品等各个环节的现有状况，调查上游、中游、下游各个相关主体的关系，以便迅速地界定产业中上游、中游、下游的主要企业和产品的相互对应关系，了解各个企业的产品和技术在整个产业链上的定位。调查供应链，指的是调查原材料、元器件模组和具体产品之间的供应状况、需求状况和供需关系，通过了解产业中各市场竞争者之间的供需关系了解未来有可能的市场切入点。调查价值链，指的是调查整个产业中的产值营收状况和毛利状况，分析各个组件的制造成本，包括原材料成本、设备成本和利润，根据产能与市场需求综合分析得出产品未来有可能的价格走势，帮助找到机会切入利润高、机会大的领域。

以产业链的分析为例，首先，拆解出上游、中游、下游各个区段，然后定义不同产品的模块和组件分别属于产业链的上游、中游、下游的哪一个区段。其次，调查产业链中的相关企业和产品信息，进一步分析行业重组和并购整合关系，对产业链的划分进行修正。最后，将产业链的上游、中游、下游的企业、产品、区域进行对应，在将这些产业信息进

---

① 广东省市场监督管理局（知识产权局）. 广东省专利导航工作指南 . 2019：4.

行归纳之后，就可以制作出一个产业链示意图（见图5.2）。在产业链示意图中，应该包括上游、中游、下游及其所对应的产品、企业和所属地域。当然，也可以进一步增加更多的信息。①

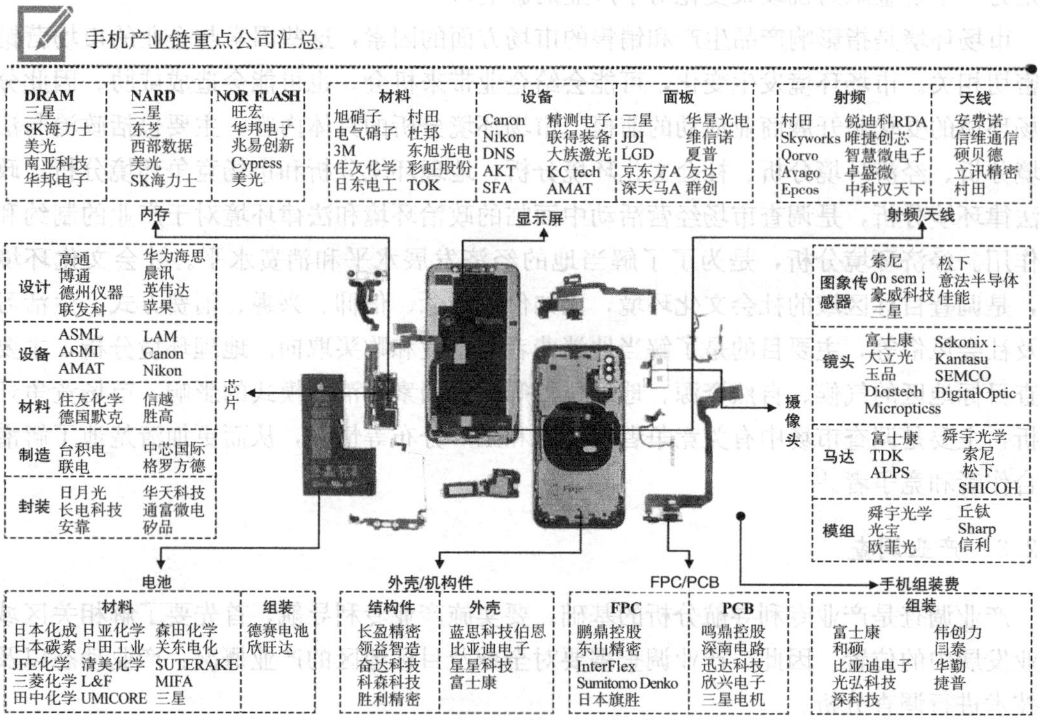

图5.2 手机全球产业链分析

以手机产业链为例，图5.2展示了手机产业链的上游、中游、下游各个区段对应的主要产品，以及不同国家或地区的主要企业。例如，产业链上游的芯片的设计、制造设备、材料、制造、封装几乎被欧、美、日、韩和中国台湾地区的企业所掌控，电子零部件也基本被日本和中国台湾地区的企业控制。产业链中游的电池材料、内存、显示屏材料也基本上被日本、韩国掌控。其中，韩国三星电子在整个产业链中，包含了上游的内存、电子零部件，中游的电池材料、显示屏面板，以及下游的设备组装和手机终端。三星电子在整个产业链中的垂直整合能力非常强。由于三星掌控了整个产业链，外部采购压力较小，具有成本优势，利润空间也较高。

图5.3展示的是位置服务与车联网的产业链。图中按照产业链上游、中游、下游的顺序，列出了设备感知、网络传输、平台及系统集成和上层应用4个大方面，并具体介绍了车内网、位置信息、车载移动互联网、车际网、传感设备和下游的智能汽车、智能交通、业务支持平台等细分门类。分析产业链之后，再辅之以专利方面的情报，为产业政策决策者提供指引。

产业动态调查，主要是要调查产业中主要参与者之间的竞争关系，例如合资关系、并

① 广东省市场监督管理局（知识产权局）. 广东省专利导航工作指南. 2019：6.

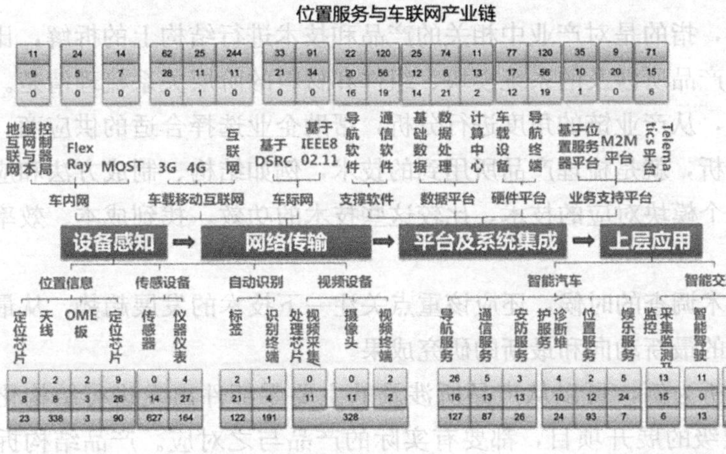

图 5.3　位置服务与车联网产业链（选自北京集慧智佳分析报告）

购关系、共同开发关系、委托制造关系等，其目的是了解产业中的竞争与联盟关系。同时，产业动态调查，还需要调查知识产权活动，例如专利的许可、转让、诉讼。要重点关注竞争对手的知识产权掌握状况，识别潜在的知识产权风险。以知识产权活动调查为例，通过调查产业中主要参与者之间的知识产权纠纷状况，将检索到的数据进行梳理整合，就可以绘制出企业专利关系参考示意图，从图 5.4 中可以直观地了解到企业之间的专利侵权关系以及许可关系，提前发现专利诉讼的可能性。[①]

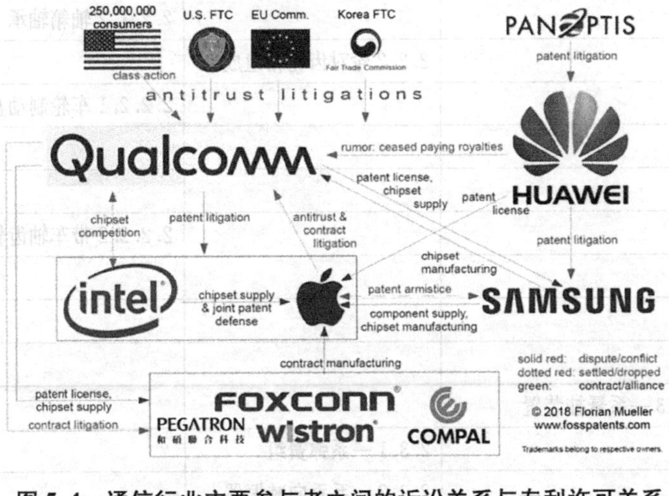

图 5.4　通信行业主要参与者之间的诉讼关系与专利许可关系

图片来源：http：//www.fosspatents.com/

图 5.4 中标明了通信行业主要参与者之间的诉讼关系和专利许可关系。原图中还用不同的颜色和不同的线型代表不同的法律关系（本书中无法显示），例如，用红色实线代表争端正在持续，红色虚线代表争议已经解决，绿色实线表示企业之间存在专利许可转让的

① 马天旗．专利分析：方法、图表解读与情报挖掘．北京：知识产权出版社，2015：285.

合作关系。

产品技术调查，指的是对产业中相关的产品和技术进行结构上的拆解，比如产品结构分析，就是把具体产品所涉及的系统模块、组件和材料的阶层关系梳理清楚。梳理出来之后，结合产业结构，从产业链的角度进行分析，帮助企业选择合适的供应商，发掘潜在的客户。技术结构分析，就是梳理产品所用到的技术，例如结构、制成方法和应用之间的关系，要分析产品各个模块对应的技术，比较这些技术的功效，找到成本、效率和门槛最优的技术组合。

在进行产品技术调查的时候，还应该重点关注一下技术的发展趋势，从最新公开的文件中了解技术发展的最新动向和最新的研究成果。

以产品结构分析为例，可以从产品所涉及的主要零部件出发进行结构化的拆解（见表 5.1）。每一个层级的展开项目，都要有实际的产品与之对应。产品结构拆解可以采用产品的实物图或者抽象化的示意图来表达。

表 5.1　产品结构分析表

编号	一级结构	二级结构	三级结构	四级结构	五级结构
1	转向架总成				
		2.1 构架			
		2.2 轮对轴箱驱动组装			
			2.2.1 轴箱组装		
				2.2.1.1 轴箱体	
				2.2.1.2 轴箱轴承	
			2.2.2 轮对齿轮箱组成		
				2.2.2.1 车轮制动盘安装	
					车轮
					制动盘
				2.2.2.2 带车轴齿轮箱组成	
					车轴
					齿轮箱组成
					联轴器
		2.3 一系悬挂装置			
			2.3.1 一系弹簧组		
			2.3.2 一系垂向减振器		
		2.4 二系悬挂装置			
			2.4.1 二系沙漏橡胶弹簧		
			2.4.2 二系垂向减振器		
		2.5 牵引装置			
			2.5.1 中心销组装		
				2.5.1.1 中心销座	
				2.5.1.2 中心销	

5.2.4　相关公司调查

实施产业专利导航，制定产业政策，指导区域内的相关企业发展，需要知己知彼，对产业中的重点相关企业应该进行调查分析。

相关公司的调查主要包括公司概况调查和公司的产品与技术分析。概况调查的目的在于从整体上了解该公司的基本信息，例如，要清楚公司的全称、国别、创立时间、创立背景、创始人信息和公司的业务内容等基本概况。这一步往往具有至关重要的作用，因为很多的企业还设置有分公司、子公司，只有查明所有的主体，我们的专利检索和分析工作才会全面。在很多情况下，申请专利的主体可能是各个分公司或者子公司，此外，公司名称的不同表达方式，也可能会对专利检索造成影响。同时，还需调查公司自创立以来发生过的重大事件和公司的发展历程，了解公司的发展历史以及产品或技术的演进过程。

此外，了解公司的组织架构和相关管理人员，以及公司如何进行组织分工、公司的财务状况也十分重要，由此来了解公司的运营状况和获利能力以及目前的现金周转情况。我们还应该了解公司如何布局研发和生产制造，以及公司在全球各地的业务部署情况，例如，公司的总部地址、工厂地址、研发中心地址等。公司经营人员的概况和背景、公司的经营团队能力也应当纳入调查的范围。通过调查公司的销售网络，还可以了解到产品的销售渠道的分布情况，了解公司的产品是以何种方式配送到客户的手中的。对于公司所处的供应链位置也应该进行调查，进而了解公司的供货商、配销商及其分布情况。最后，还应该重点调查公司的竞争对手和合作伙伴，以便在制定产业政策时，对供应商和客户的选择更具针对性。

产品和技术分析，主要是要了解公司的产品概况、产能、产品发展历程和方向以及公司的产品所涉及的主要技术和核心技术，分析这些技术的相对优势，进一步了解公司所储备的技术是否能够用于量产，分析这些技术将来可能的发展方向。通过对公司的产品和技术进行分析，可以了解公司的技术实力，了解公司的技术是来源于自主研发还是依靠他人，并获知这些技术的比较优势。

最后，还应该对公司的商业模式进行调查。要了解公司的运营模式、营销体系、法人投资架构和物流体系、资金流体系以及信息流体系。通过了解公司的运营模式，来了解公司的主营业务的布置情况。调查公司的营销体系可以从地域或者产品的角度来了解公司的销售渠道的分布情况。法人投资架构的调查主要是了解公司的法人投资关系、持股比例和交易流程及交易模式。通过分析公司的物流体系，可以了解到物流流程、物流类型和地域分布情况。分析公司的资金流体系，比如资金流的流程和交易方式，以及分析公司的信息流体系，比如信息流的流程、信息系统的架构及平台，也可以为产业布局提供参考。

公司调查，主要针对的是产业内的高度关联的竞争者。通过搜集整理产业新闻、产业调研报告、产业研讨会等相关资料以及各家企业的网站年报、财务报表或者行业协会的报表，梳理出目标企业的相关信息，提供给产业决策参考使用。公司调查的关键在于信息的收集利用和准确判断。

5.2.5 专利信息调查与分析

产业专利导航分析主要是通过对专利信息进行调查与分析来了解产业和专利布局的关系，进一步指导区域产业的发展。专利信息调查与分析，其主要内容就是对全球或者目标区域的主要竞争对手的专利以及知识产权活动进行分析。

专利信息分析，涉及许多的分析维度，如数据分析、技术分析、引文分析，以及分析方法的一些综合运用，如技术生命周期，技术热点、空白点发现，竞争态势与战略透视，专利挖掘布局，等等。关于这些分析方法和分析指标的详细介绍，可以参考本书的专利信息分析模块。

当然，专利信息调查与分析的基础是准确的产业专利数据。有效且准确的专利检索是获取相关数据的必要手段。关于专利检索，可以参考本书的专利检索基础以及专利分析一般流程的数据采集部分进行学习。

图 5.5 是矿用风机产业的技术功效矩阵图。① 其中，横轴表示技术分支，纵轴表示技术功效，信号的大小表示申请量的多少。从图中可以看出，叶轮、机壳、装配/结构、监控设备等技术领域的专利申请量较大。这些领域是矿用风机的技术热点，技术人员在这些领域投入的力量比较多。技术功效矩阵图还可以直观地显示技术与实现的技术效果之间的关系，例如，对叶轮技术的改进主要集中在结构优化、节能环保、安全、降噪、增压 5 个方面。此外，技术功效矩阵图还可以侦测本领域的技术空白点。以新材料技术为例，技术功效矩阵图显示出中国在新材料技术领域的专利申请量较少，但是通过查阅其他文献资料可以发现，日本的三井三池制作所在新型的吸声材料上取得了重大突破。因此，技术空白点也值得研发人员在寻求技术突破时予以重点关注。

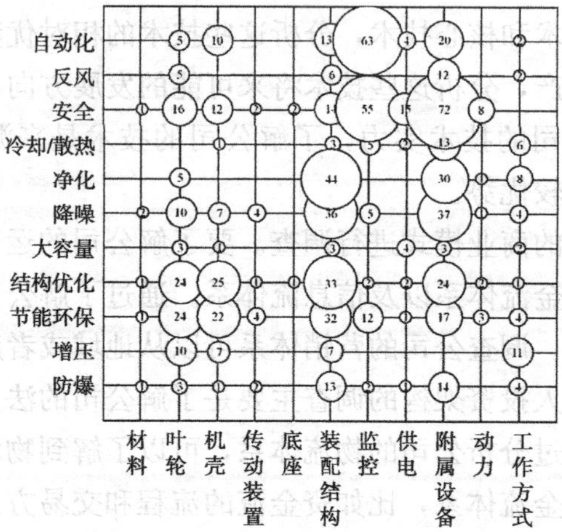

图 5.5 矿用风机产业技术功效矩阵图

与技术功效矩阵图相似，图 5.6 所示的技术年代图展示了技术随着年代的变化情况。

---

① 邱洪华，彭文波．基于技术—功效的专利信息分析范式：以中国矿用风机为例．情报理论与实践，2015 (4)：39 - 45.

无论是从时间维度还是从申请量的维度来看，矿用风机产业在各个技术领域的分布都趋于均衡，由此可以推断的是矿用风机的技术发展已经越来越成熟。一个比较显著的变化在于附属设备的专利申请从 2004 年起呈现出快速增长的趋势，监控技术也从 2006 年开始快速增长。同理，对于技术功效，我们也可以按照时间进行排布画出技术功效年代图（见图 5.7）。①

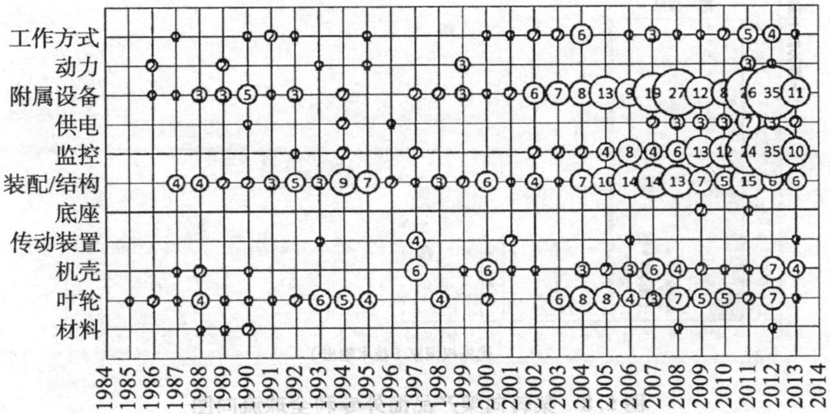

图 5.6　矿用风机产业技术年代图

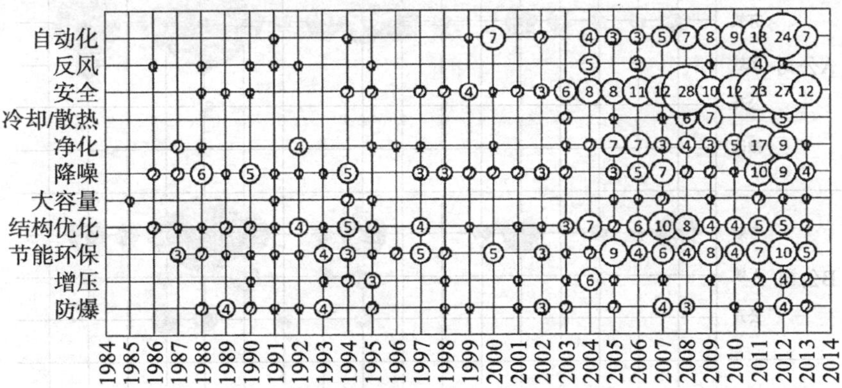

图 5.7　矿用风机产业技术功效年代图

图 5.8 是某转向架产品的海外专利全球流向图，横轴是优先权专利的受理局，代表着技术的输出地，纵轴是在后专利的受理局，代表了技术的输入地。从图中可以看出，技术输出主要是德国、美国、日本、欧洲、法国以及英国，它们处于技术输出的第一梯队。

这种多维度的分析方法，可以进一步进行拓展。例如图 5.9 是锂电池卷绕机行业重点企业的专利技术与法律状态分布图。从图中可以看得出，某些公司在某些技术上虽然布局了大量的专利，但是这些专利可能已经失效或者存在大量专利申请被驳回的情况。结合这一张图，我们可以找到产业中的优势企业和一些虽然技术不差但知识产权布局比较薄弱的企业。

---

① 邱洪华，彭文波．基于技术—功效的专利信息分析范式：以中国矿用风机为例．情报理论与实践，2015（4）：39－45.

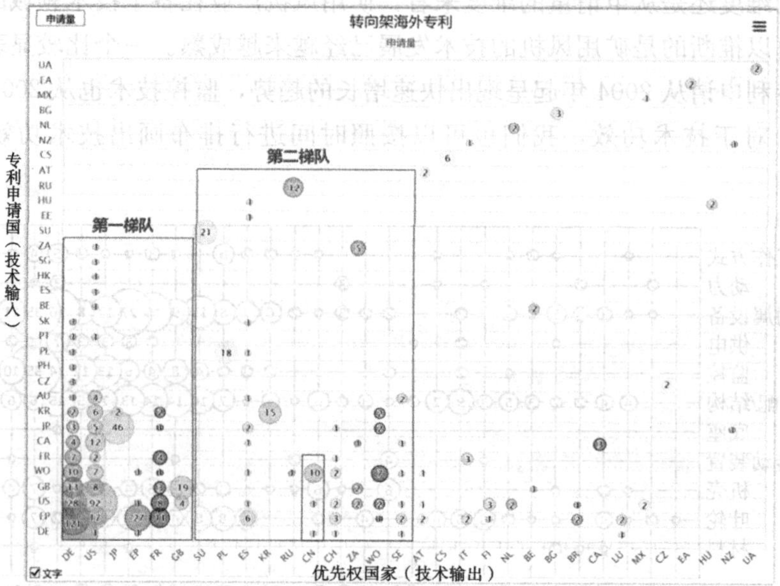

图 5.8　某转向架产品海外专利全球流向图

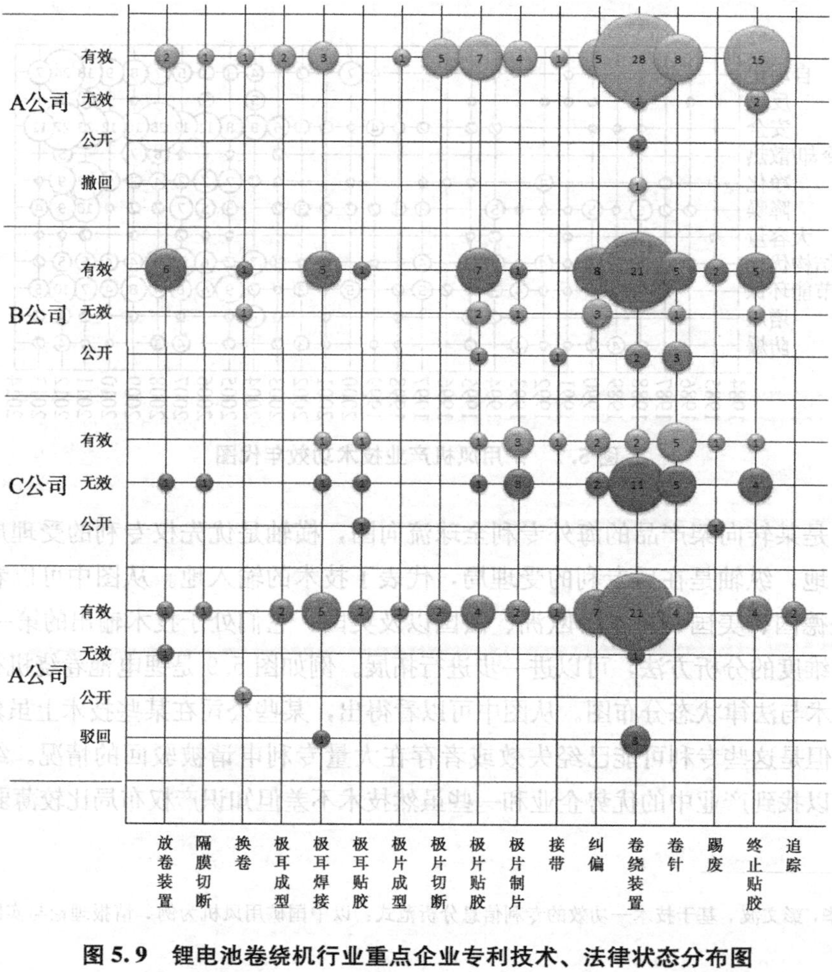

图 5.9　锂电池卷绕机行业重点企业专利技术、法律状态分布图

图 5.10 是某自行车产品的专利布局分析图。图中展示了每一种产品的生产时间以及围绕这些产品所布局的专利和这些专利的法律状态。从图中可以看到目前的新产品以及新产品所覆盖的专利。除此之外还能直观地看出，哪些产品属于老产品以及哪些产品所对应的专利已经失效。

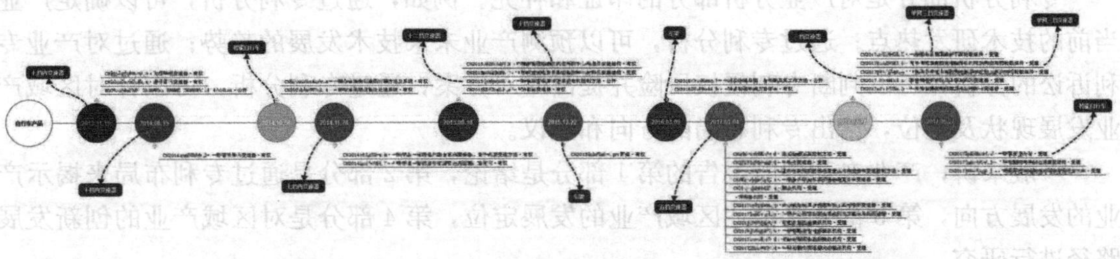

图 5.10　某自行车产品专利布局分析图（部分信息进行了模糊处理）

图 5.11 是某产业的专利技术演变图。横轴为不同的年代，纵轴是不同的权利人。图中的图片是产品的结构示意图，底部还展示了该产品所对应的专利号、申请时间及法律状态，直观地表达了不同专利技术的演变情况。

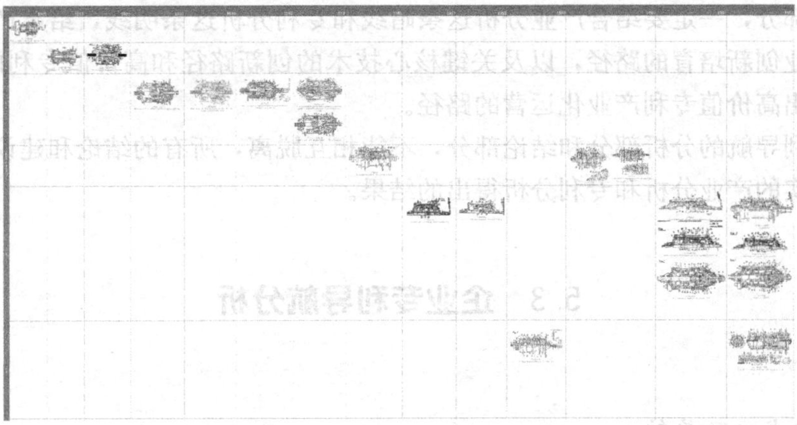

图 5.11　某产业专利技术演变图

当然，除对专利的数量和布局信息进行研究之外，对于重点专利，我们还应该进行仔细的解析。专利解析，主要是要了解专利的基本法律信息、专利的法律状态以及专利的技术分布及具体的专利技术。为了了解专利所保护的技术以及这些专利的真实保护范围，我们还要对权利要求的保护范围进行解读。

5.2.6　产业专利导航报告制作

在前述章节中我们已经了解了产业专利导航的基本思路，即产业专利导航是紧扣产业分析和专利分析这两条主线，将专利分析和产业状况、发展趋势、政策环境以及市场竞争等信息进行深度融合，明确产业的发展方向，找准区域产业的定位，找出一条优化产业、创新资源配置的路径，最终实现促进产业发展的目标。

产业分析主要通过产业链、供应链和价值链的呈现来直观了解产业的整体态势。通过对产业链态势的分析，进一步理解本区域的产业发展状况，为后续的区域产业政策提供参考建议。通过产业分析，提出区域产业发展的路径建议，在强化产业链优势、弥补产业链劣势或者填补产业链空白的选择中确定一条最恰当的路径。通过发现产业当前存在的问题，尝试性地提出一个对策性的建议。

专利分析部分是对产业分析部分的印证和补充。例如，通过专利分析，可以确定产业当前的技术研发热点；通过专利分析，可以预测产业未来技术发展的趋势；通过对产业专利诉讼的分析，可以判断专利侵权风险并提出应对方案；通过专利分析，可以针对区域产业发展现状及定位，给出专利布局的方向和建议。

一般来讲，产业专利导航报告的第 1 部分是绪论，第 2 部分是通过专利布局来揭示产业的发展方向，第 3 部分是描述区域产业的发展定位，第 4 部分是对区域产业的创新发展路径进行研究。

绪论部分要介绍清楚项目的背景、意义以及项目前期阶段的行业概况调研结论，列明产业链和价值链的构成以及该产业的发展特点。在第 2 部分，要说明专利布局的整体情况，对产业布局的方向进行分析，对技术的研发热点方向也要进行分析。第 3 部分是结合产业分析和专利分析两条主线描述区域产业的发展定位，主要包括区域产业的结构定位分析、企业创新实力定位分析、技术创新实力定位分析和企业专利运营能力定位分析。在报告的最后一部分，一定要结合产业分析这条暗线和专利分析这条明线，给出产业结构的优化策略和企业创新培育的路径，以及关键核心技术的创新路径和高价值专利的培育路径，最好还能给出高价值专利产业化运营的路径。

产业专利导航的分析部分和结论部分，不能相互脱离，所有的结论和建议，都应该是基于客观真实的产业分析和专利分析得出的结果。

5.3 企业专利导航分析

5.3.1 新技术立项导航

企业实施专利导航的目的在于充分利用专利的信息价值。通过专利分析，帮助企业做出最有利的商业决策。在企业的经营活动中，需要运用专利导航的情形非常多，比较常用的场景有：新技术和新产品立项、人才引进、企业上市和企业并购等。

本小节主要介绍专利导航在新技术立项中的应用。企业的发展壮大离不开技术创新，企业为了在重点技术上获得新的突破，促进本企业的产品和技术进行转型升级，往往会投入大量的资金在核心技术的立项上。

企业在新技术立项过程中，需要从宏观上来论述项目设立的必要性和可行性，要充分考虑到项目实施过程中可能出现的风险情况，尽量减少项目选择的盲目性。通过专利导航，可以为项目的可行性研究打好基础，为项目立项提供研发方向、竞争对手状态、方案规划等辅助决策信息。同时为专业性的科研项目提供技术细节、技术方案设计等技术辅助信息，帮助企业研发人员了解同行在目标领域中的技术储备和专利布局情况，帮助提高项目立项的必要性和可行性。此外，通过专利检索分析，还可以实现项目立项阶段的知识产权风险预警。

图 5.12 反映了企业产品设计的变更成本走势。从图中可以看出，越是走向量产，设计变更的成本越高。因此，在新技术立项的时候进行专利分析，可以帮助企业提前发现知识产权风险，进行设计变更的成本也会更低。

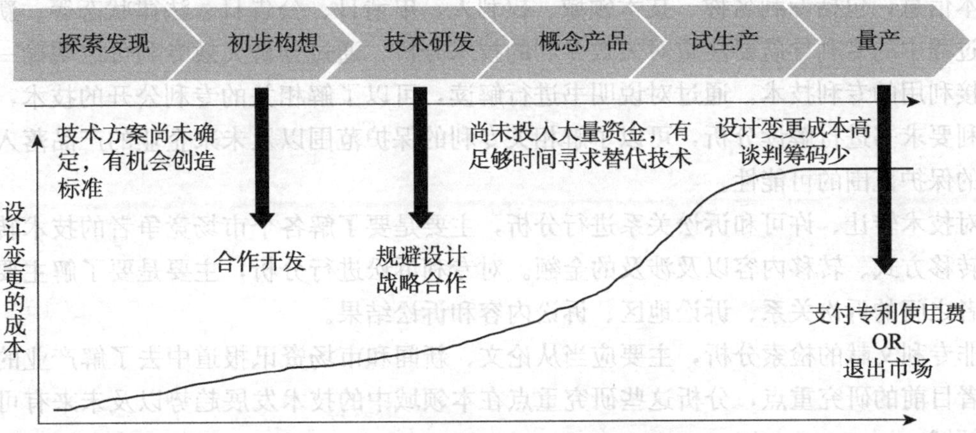

图 5.12　企业产品设计的变更成本走势

进行新技术立项的专利导航，第一步要确认项目立项的目的。在项目立项的前期，确定立项的技术领域，确认技术分类以及需要攻克的难点，明确本项目的方向以及最终要达到的目标。

通过确定技术概况，了解拟立项的技术领域、研究方向和前景，可以帮助了解产业和技术的定义、技术的边界及其发展现状、本地区企业所处的产业链位置、哪些产品还具有较大的市场发展空间以及现有技术的生存期限，可以帮助企业把握市场竞争格局，把握技术发展脉络和发展方向。

通过确认技术分类和技术难点，可以了解产业技术的症结所在，为明确本项目的目标和方向打好基础。

新技术立项的专利导航的第二步要进行现有技术的分析。首先要对相关地域的政策与市场环境以及行业内的竞争及合作关系进行一个初步的了解；其次要通过对现有的专利技术进行检索，进一步了解这个产业有关技术的现有专利情况，了解全球的技术分布情况、产业的技术发展脉络以及潜在的竞争对手，分析企业自身与竞争对手之间的优势和劣势。

第三步要对检索到的现有技术专利进行深入的解析，明确这些专利的法律状态、保护范围和运营情况。此外还应该对非专利文献进行检索分析，进一步明确立项的大环境和立项的最终目的。现有技术的检索主要包括产业分析、专利信息分析和非专利文献检索分析。

产业分析包括政策与市场环境分析、技术概况分析、竞争对手和产业联盟分析。该部分内容在前一节中的产业专利导航分析的产业调查部分，已经进行了详细的介绍。

产业分析的主要目的在于了解相关国家地区的产业发展态势以及目标地的市场环境、消费者的消费习惯等。针对技术概况进行分析的目的在于了解目标技术的基本状况以及研发历史。对竞争对手和产业联盟的分析，主要是为了了解市场竞争者之间的合作关系或者并购关系。

而专利信息分析，主要是要调查技术的发展趋势、公司的研发趋势、技术的分类部署情况、研发人员的活动情况以及产业竞争者的参与情况等。这些调查的目的在于了解某产品或者技术的发展趋势和方向，进而分析一些重点公司的技术发展趋势和方向。

对检索到的专利进行解析，主要包含对法律状态进行解析、对专利所揭示的技术内容进行解析以及对专利所保护的范围进行解析。对法律状态进行解析，主要是要了解该专利的基本信息，包括专利名称、技术领域、权利人、申请日、公告日、法律状态等。新技术立项过程中的专利导航要注重对失效专利的技术分析，通过分析失效专利可以明确一些能够直接利用的专利技术。通过对说明书进行解读，可以了解相关的专利公开的技术，通过对权利要求书进行解读分析，可以了解相关专利的保护范围以及未来企业的产品落入相关专利的保护范围的可能性。

对技术转让、许可和诉讼关系进行分析，主要是要了解各个市场竞争者的技术转移关系、转移方式、转移内容以及涉及的金额。对专利诉讼进行分析，主要是要了解主要市场竞争者之间的诉讼关系、诉讼地区、诉讼内容和诉讼结果。

非专利文献的检索分析，主要应当从论文、新闻和市场资讯报道中去了解产业的主要竞争者目前的研究重点，分析这些研究重点在本领域中的技术发展趋势以及未来有可能的应用领域。

以某种锂电池加工设备为例来具体介绍新技术立项导航中常用的一些专利分析方法。首先应当进行技术的调查，了解这一种产品所涉及的主要技术要点，并且将它们进行拆解，例如，这款锂电池加工装置包括卷绕装置、放卷装置、计费装置、添加装置、纠偏装置、切断装置、接带装置、换卷装置等技术要点。然后对不同的技术要点进行专利检索，对于检索到的数据进行加工，加工的过程主要是数据筛选和数据标引。数据筛选是按照技术标引表，采用批量和人工的办法来进行筛选。数据标引，主要是对专利所要解决的技术问题所采用的技术手段及其达成的技术效果进行标引。

在数据加工之后就可以进行专利分析了。例如图 5.13 表示的是目标技术领域最活跃的龙头企业之间的相互引证关系，表 5.2 显示的是这些企业的专利质量评价指标。通过调查它们的相互引证关系，可以在一定程度上了解主要竞争者之间的知识产权的流动情况。例如 B 公司的专利大量引自 D 公司和 A 公司，而 D 公司的专利却很少引用 B 公司的专利；进一步结合这些公司的专利公开时段，我们就可以了解本行业的基础专利由哪些公司掌握、哪些公司属于后起之秀以及哪些公司的专利质量较高。

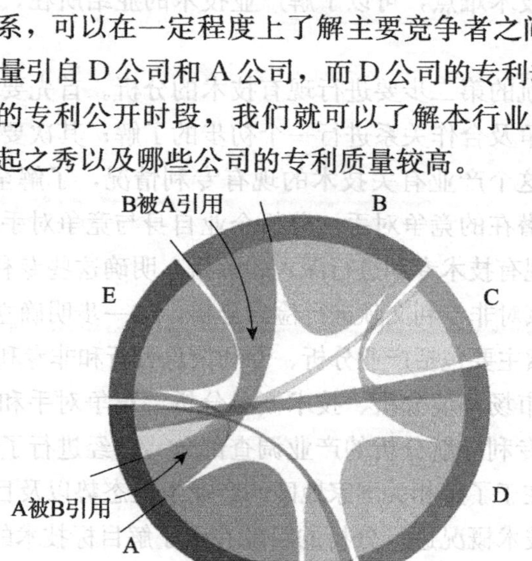

图 5.13　目标技术领域主要申请人专利相互引证关系

表 5.2　目标技术领域主要申请人专利质量评价指标

申请人	专利度	特征度	新颖度	授权专利度	授权特征度	有效率	无效	无效率	申请时段	公开时段	同族度	引用度	被引用度
A	8.2	15.75	50.25	7.76	27.46	96%	3	4%	2007—2016	2008—2017	0.31	0.23	0.93
B	8.58	15.17	54.21	7.37	26.02	97%	2	3%	2007—2014	2008—2015	0.62	0.04	0.91
C	7.73	20.03	29.06	6.38	38.76	89%	6	11%	2012—2016	2012—2017	0.15		0.25
D	6.32	28.36	7.2	6.4	40.4	38%	30	63%	2005—2015	2007—2016	0.16	0.1	1.52
E	8.36	20.23		10	19	91%	2	9%	2015—2017	2016—2017			
F	6.16	18.16	13.66			100%			2011—2014	2012—2014			0.5

图 5.14 展示的是不同公司在不同技术领域的专利布局情况以及这些专利的法律状态分布情况。通过对图表进行解读，并对图表背后所对应的专利进行解析，企业就可以在进行新技术立项的时候了解到相关技术领域的主要专利、主要专利权人，以及在这些专利中有哪些处于有效状态、哪些处于失效状态，又有哪些专利被许可转让给他人以及有哪些专利参与过专利诉讼。

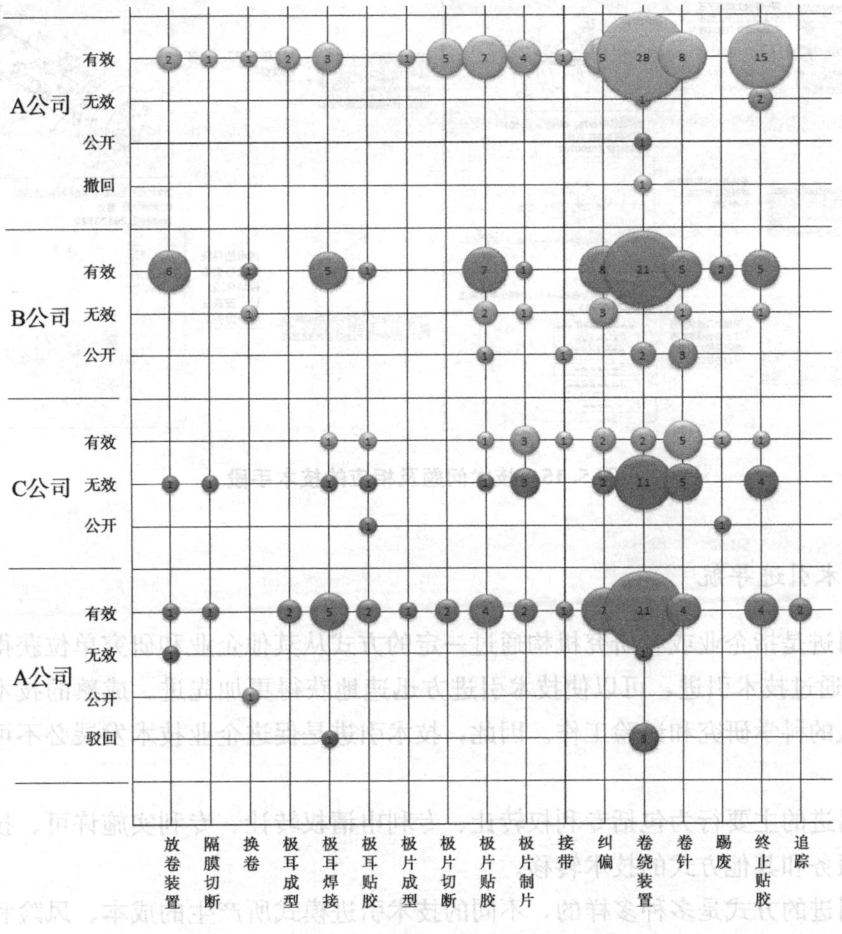

图 5.14　专利布局及相关专利法律状态分布图

新技术立项，当然要对技术内容进行分析。技术人员最希望了解的往往是其他技术人员在相同的研究方向上所做的工作。图 5.15 所示的是对于专利技术所解决的技术问题及所采取的技术手段的分析。图中的深色模块代表的是本领域面临的主要技术问题。分析师在专利解读之后，给出了不同的专利对于相应技术问题的不同的解决手段。例如，对于人工卷绕自动化程度低、生产效率低的问题，某厂商采用了双工位卷绕头实现连续卷绕的技术方案。该技术方案的专利申请获得了授权，而且目前仍然是有效的。

针对该图还可以采用不同的颜色进行多维度的标引，例如对于发生过转让或者诉讼的专利，可以采用不同的颜色进行标记，帮助技术人员更有效地获取技术情报。

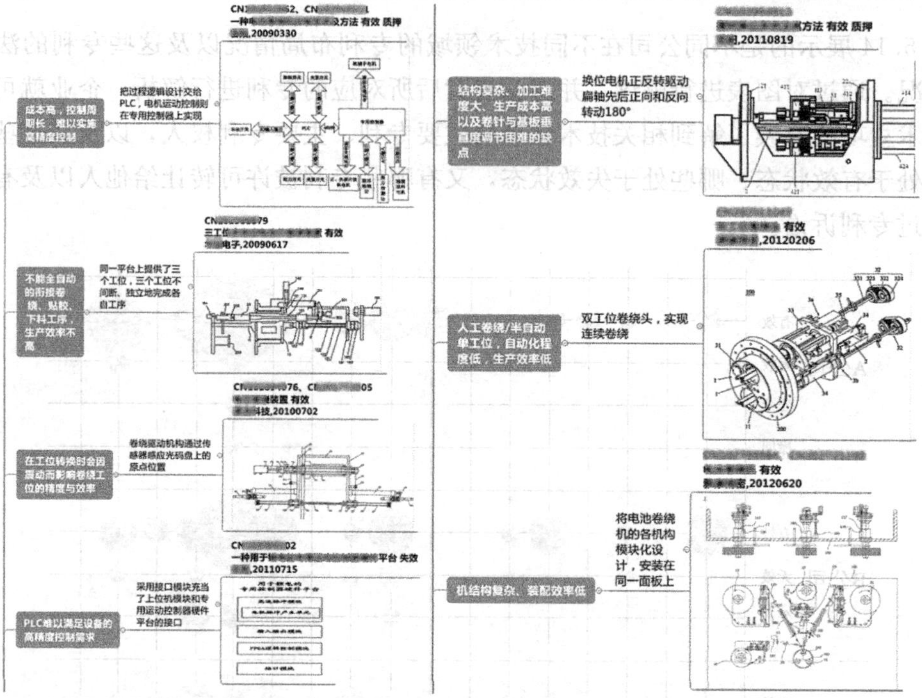

图 5.15 技术问题及相应的技术手段

5.3.2 技术引进导航

技术引进是指企业或者研究机构通过一定的方式从其他企业和研究单位获得先进技术的行为。[①] 通过技术引进，可以使技术引进方迅速地获得更加先进、成熟的技术成果，不必重复前人的科学研究和试验工作。因此，技术引进是促进企业技术发展必不可少的一种途径。

技术引进的主要行为包括专利权转让、专利申请权转让、专利实施许可、技术秘密转让、技术服务和其他方式的技术转移。

技术引进的方式是多种多样的，不同的技术引进模式所产生的成本、风险和收益都有

① 马天旗．专利分析：方法、图表解读与情报挖掘．北京：知识产权出版社，2015：309.

比较大的差异。从目前的研究来看，技术引进的模式主要包括组建合资企业、战略性收购、合作开发、技术许可、技术转让等具体模式。在实际的技术引进过程中，往往将这些技术引进模式交叉使用，根据实际情况来具体选择不同的模式。技术引进的一般流程是：在明确技术引进战略后选择目标技术，选择合适的引进时机，与政府进行沟通，获取政府政策支持，然后实施技术引进。在技术引进之后，实施应用。

企业在进行技术引进专利导航分析时，第一步要进行政策与市场环境分析，需要对引进方所在的国家或地区的相关政策和市场环境进行评估，以免新技术引进之后水土不服，导致无法进行成果转化。关于政策与市场环境分析的具体内容，可以参考产业专利导航分析部分的相关内容。

技术引进导航的第二步，是进行企业现有知识产权分析。在技术引进之前对企业的现有知识产权状况进行分析，了解企业自身的技术和知识产权现状，可以更加明确技术引进的需求，避免盲目的、毫无目的的引进。企业现有知识产权分析，要调查的主要内容是企业现有的专利布局情况以及企业现有知识产权的法律状态和实施许可状态。通过调查企业现有的专利布局，了解企业现有的专利状况，结合当前的市场动态和企业自身发展的现状，来明确企业到底需要引进什么样的技术。

技术引进导航的第三步，是对准备引进的技术进行行业知识产权概况分析，了解行业现有的知识产权整体状况，帮助企业选择适合的备选技术和合作方。这一部分的调查分析，可以参考产业专利导航分析部分的相关内容。

技术引进导航的第四步，是对引进技术进行价值评估。在明确了备选的引进技术之后，需要对备选技术的价值进行深入评估。评估的内容包括：待引进技术的技术价值、法律价值、市场价值。

此外，还要对引进技术与技术受让方的匹配竞合程度以及技术引进后的侵权风险作出合理评估。这样有助于充分了解、客观比较、优中选优，进而确定出最好的技术引进合作方，同时帮助确认最好的技术引进模式，增加与技术引进合作方的谈判筹码。

对技术价值进行评估，主要是了解备选的目标技术与企业自身技术之间的竞合关系以及引进后能否给企业带来预期效果。这一步主要是通过比对目标专利与其他的专利技术布局的差异性来实现。通过技术竞合关系分析，可以判断技术受让方与引进技术之间的融合程度和互补程度。其中，受让方企业与相关目标技术的专利布局相比，重合度越大，则技术上的融合度越高；专利布局的差异性越大，则互补性的可能性就越高。

对专利保护范围进行研究，主要是通过分析授权的权利要求的保护范围、审查档案和无效决定等信息，并结合专利所属地区的司法实践，最终来确定专利的实际保护范围。如果受让的专利难以保护好对应的技术方案，对于技术受让方而言，是非常不利的。

除技术竞合关系和专利保护范围之外，需要调查的内容还有很多，比如，对技术生命周期进行分析，通过产品的市场销售量，进一步结合专利的发明人、申请人，还有申请量变化的趋势，来分析目标技术的市场使用年限，分析目标技术被新技术替代的可能性。

在技术引进导航中，还要利用规避设计分析作为价值估算的参考。如果目标专利的权利要求容易被他人简单规避，则目标专利在未来诉讼中的威胁性和价值就不高；反之，若目标专利难以规避，则专利的技术价值就较大。通过专利检索手段，发现是否存在为了解决相同的技术问题而达到相同或近似的技术效果的其他的技术方案，如果存在其他的技术方案，则表明目标专利的技术可替代性较高。

我们还可以通过专利侵权分析或者 FTO 调查来决定专利技术的实施是否需要获得其他专利的许可。如果待评估的目标专利在其所属的技术领域中属于核心专利或基础专利，那么该专利的依赖性就比较小，技术价值较大；如果在所属的技术领域中属于从属专利，那么该专利的依赖性就比较大，而技术价值较小。

就法律价值而言，通常来说，专利的稳定性越高，专利家族越庞大，专利组合的生命周期越长，其法律价值就越高。

所谓专利稳定性，是指被授权的专利在行使权利的过程中被判为无效或其他无法行使权利的可能性。可以通过专利稳定性分析来判断目标专利被无效的可能性，专利越稳定，其法律价值就越高。

所谓同族专利，指的是同一个优先权文件，通过《巴黎公约》或 PCT 合约，在不同国家经过多次申请而获得的专利组合，也被称为专利家族。当然，如果是基于同一技术，但是未通过《巴黎公约》或 PCT 合约，在不同的国家或地区进行多次申请而获得专利组合，从技术上来讲，它们也可以被归为一个专利家族。通过专利家族分析，来判断目标专利所涉及的技术是否在相应的产品和目标市场进行了完整的布局，进而评估出专利组合的法律价值。对专利家族中各个专利的许可情况进行研究，还可以对目标专利的稳定性进行一个初步的判断。

所谓专利法律生命周期，指的是某项专利所剩余的法定保护年限。基于专利保护的时效性，距离保护期限届满日越久，专利的相对价值越大。

专利的市场价值分析，主要包含了市场覆盖度和专利许可收益。一般来讲，市场覆盖度越广，专利许可收益越高，专利的市场价值越高。市场覆盖度，指的是某个专利的保护范围所涵盖的产业链的位置、产业参与者、产品的型号以及市场占有率等信息。以自拍杆专利为例，虽然从技术上分析，该专利技术难度并不高，但是其覆盖的产品种类多、产品数量大，市场覆盖范围很广。因此，在技术难度并不高的前提下，该专利仍然是一件市场价值非常高的专利。

许可收益，指的是通过专利许可获得的收益。专利实施许可，是指专利权人允许他人在一定时限、一定地区以一定的方式实施其所拥有的专利，并且向他人收取费用的行为。专利实施许可一般包括普通实施许可、排他实施许可和独占实施许可。专利实施许可收益，是专利定价和专利侵权损害赔偿评估的一种重要依据。

最后，还要对引进的技术进行风险评估。在明确了备选的引进技术之后，需要对备选技术的潜在风险进行评估，全面地了解技术出口方所需要承担的相关法律义务，及时调整技术引进的目标、技术引进的合作对象和合作模式。① 同时，可以利用已经掌握的技术出口方的知识产权优势和劣势，将其作为谈判中的价值筹码，可以利用专利导航分析所掌握的有效资讯，结合谈判策略来降低技术引进的成本，选择合适的技术引进模式，帮助企业在技术引进合同中对技术出口方的知识产权作出一个合理的约定，争取最大的利益。

---

① 房华龙，张鹏．技术引进中的专利分析方法探讨．中国发明与专利，2012 (1).

对备选的引进技术的风险进行评估调查，主要包括：知识产权真实性调查、知识产权诉讼纠纷调查、知识产权协议风险分析以及潜在的技术侵权风险分析。

待引进技术的权属关系也是需要重点关注的部分。重点调查目标技术的转让方是否拥有全部的知识产权，是否存在与第三方共有等情况。

同时，要对备选的引进技术在近年的相关诉讼进行调查，仔细了解这些案件的性质和诉讼关系。如果说第三方对于技术出口方的知识产权的所有权和有效性提出过诉讼，则技术引进方就要进一步权衡，一旦结果不利可能会承担的损失。要尽可能在技术引进之前，把这些诉讼纠纷解决掉。技术引进方还要调查，技术出口方的知识产权在申请审查中的过程文件，更好地弄清楚专利的实际保护范围。

技术引进的协议风险分析，主要是分析引进技术与专利组合的全面性，避免技术拥有方没有把密切相关的技术一并转让，由此导致技术引进之后不能实施或者实施存在风险的情况。此外，协议中关于技术的二次开发是否存在制约和权属约定以及在引进技术时是否存在第三方参与竞价的风险也需要重点考虑。另外，还应该重点调查，技术引进时出口方的技术管制风险，尤其是其是否符合技术出口国的管制政策。①

5.3.3 人才引进导航

中国企业“走出去”的步伐正在加快，国家产业升级的需求也在增加，企业对于技术人才，尤其是高端技术人才的需求，正在逐年增加，越来越多的企业需要引进高端技术人才，甚至还要考虑从海外引进高端技术人才。在人才引进的过程中，需要考虑引进谁、如何引进、引进之后是否存在相关风险的问题。

高端技术人才的引进，对于企业的整体经营有较大影响。如果没有处理好上面这些问题，很容易导致企业在人才引进过程中因知识产权问题而产生诉讼纠纷，给企业经营带来不小的困扰。因此，在人才引进之前，需要做好一系列的调查和分析工作。

人才引进的专利导航主要包括人才匹配度、人才创新能力和人才知识产权风险三个部分。企业在引进人才之前，首先就要确定企业发展或者新产品开拓所需要的技术，从而根据企业需要的技术来开展调查，明确相关技术人才的分布情况，初步确定好需要引进的人才群体。

对企业所需技术进行分析的目的是要分析出企业的技术实力情况。技术是企业自有的还是依靠他人的？能否用于量产以及本企业的技术与其他竞争对手的技术相比是否具备竞争力？

此外还应该分析技术的发展趋势，了解现有的市场还能维持多久、新的市场可能存在的机遇、未来可能的发展方向、现有的技术在短期内的淘汰可能性、最新的技术的发展态势、人才引进情况等。

找准了需要引进的技术之后，就需要对相关技术的人才分布进行研究，这一步解决的是企业所需的技术人才从哪里来的问题。这一步可以结合专利和非专利文献调查以及科研实力调查进行共同分析。围绕技术引进需求，通过调查相关技术领域的国内外主要专利权人、发明人和发明团队，可以辅助发现合适的发明人。通过对非专利文献进行检索分析，

① 广东省市场监督管理局（知识产权局）. 广东省知识产权分析评议工作指南 . 2019：24.

可以辅助寻找到本领域的前沿专家。通过分析高校和科研院所的学科实力，也可以辅助寻找企业所需的管理人才和科研人才。

对人才备选对象的知识产权进行进一步分析，可以辅助选择更加合适的引进对象。分析内容包括：人才备选对象的知识产权的数量、质量、稳定性以及专利价值度。可以调查候选人的专利拥有量、专利申请时间点和频率以及研发所涉及的具体技术方向，并评价该候选人的研发能力以及其所研发的技术方向是否与企业的目标相匹配。

调查专利的法律状态，通过专利法律状态判别该候选人所申请的专利能否对目标技术起到很好的保护作用。通过调查目标人员的境外专利拥有量，也就是调查他们的同族专利拥有情况及其法律状态，也可以进一步判断这些技术的重要程度以及这些候选人才的能力。还可以通过调查专利的产出率来评估候选人才的整体研发能力，通过分析申请的时间段分布来判断候选人才是新兴力量还是实战多年的技术骨干。对目标人才的专利稳定性进行分析，也可以进一步佐证技术人才的科研实力。稳定性越强的专利，往往其原创度也越高。

当然，对专利的价值进行分析也很有必要，这一部分与新技术立项的专利价值分析比较接近，可以参考新技术立项部分的内容进行学习。

最后，要重点关注人才引进的知识产权风险。企业在引进专利人才之前，必须考虑引进之后是否会存在技术不能使用、侵犯他人专利的可能性。人才引进的知识产权风险，主要包括协议风险、专利实施的侵权风险和职务发明与专利权属纠纷的风险。

协议风险主要涉及的是劳动合同竞业限制和保密协议方面的规定。要调查候选人才是否违反与原公司所签订的协议中有关服务年限的约定，是否存在合同违约风险。这决定了企业是否可以如期引进该候选人才。候选人才如果与原公司签订了竞业限制协议，那么其在离职后的一段时间之内是不能在竞争对手公司工作的。企业在引进技术人才的时候要避免因签订了竞业限制协议而引起纠纷。候选人才如果与原在职公司签订了保密协议，则候选人在劳动合同存续期间和离职后都应该承担保守商业秘密的义务。企业应该关注候选人才引进之后，会不会在项目开展和相关技术研发上造成限制。

针对专利实施的侵权风险，当然要调查引进人才的技术实施是不是存在风险。对潜在的技术侵权风险进行调查，可以通过防侵权专利检索分析来实现。

企业引进人才之后，应该防范职务发明与专利权属纠纷的风险。我国《专利法》及实施细则规定，离职、退休或者调动工作之后一年内作出的与其在原单位承担的本职工作或者原单位分配的任务有关的发明创造产生的专利申请权归原单位。因此，企业应该关注引进人才的专利提案是否和原就职单位研发的技术方案有关以及离职是否已经满一年，其申请的专利未来是否会导致知识产权的权属纠纷。

5.3.4 企业上市导航

近年来，企业在上市过程中因为知识产权问题而折戟沉沙的现象屡见不鲜。一些公司的招股说明书和申报文件所列的专利情况与实际情况不符，最终被证监会撤销了IPO的许可。究其原因，竟然是公司所拥有的4项外观设计，因为没有交年费而被终止。知识产权管理的一个小小失误，最终酿成了企业的巨大损失。这些年，越来越多的公司在上市前夕被竞争对手狙击，被诉专利侵权而导致 IPO 暂停。[①] 知识产权在企业的经营管理中，正在扮演越来越重要的角色。

企业上市之前，对企业的知识产权状况进行分析，防止上市前发生知识产权风险，已经成为一个越来越重要的课题。企业在准备上市时，首先要对自身所拥有的知识产权进行梳理，要知晓自身拥有哪些知识产权以及这些知识产权的法律状态和保护范围。

自有知识产权资产管理的第一步，是对知识产权资产进行盘点，盘点企业所拥有的知识产权情况，例如知识产权的种类、数量、权属和法律状态。第二步是知识产权的维持管理。企业应该对知识产权资产进行管理，实时监控其法律状态的变化，通过监控专利公报等公开信息保持对知识产权最新法律状态的了解。商标的续展期为 10 年，专利需要按年度缴纳年费，因此要通过有效且系统的缴费管理，来保证企业知识产权法律状态的可控性。

被许多企业忽略的一步，是知识产权与产品的关联度分析。企业应该知晓，自己所拥有的知识产权是否跟自己的产品有足够的关联性，是否能够保护好自己的产品。许多企业在遭遇竞争对手侵权的时候，不知道自己的专利与产品的对应关系，甚至不知道应该用哪些知识产权来作为维权手段。

企业还应该对知识产权风险进行管理。如果企业在准备上市之时，能够及时发现企业存在的或者潜在的知识产权风险，并且采取了有效的应对措施，则可以避免在上市审核时，被突发的情况打得措手不及而不知如何应对。对于知识产权风险的管理，要调查以下三个方面：一是没有完结的知识产权侵权纠纷调查；二是潜在的侵权风险调查；三是商业秘密泄露的风险排查。要调查公司及关联公司是否涉及正在进行中的司法案件，了解目标企业当前已经发生的知识产权风险状况。对潜在的侵权风险进行调查，了解是否存在侵犯他人在先的知识产权的可能性或者与在先权利相冲突的情况。

商业秘密对于企业来说也是至关重要的。要重点调查目标企业是否制定了保密管理制度，是否对涉密资料设备信息等进行了有效的管控，确定企业的商业秘密是否存在因为保密制度不完善而被公开的风险。除对保密措施进行调查之外，还应该对保密人员进行调查，确定对接触商业秘密的人员是否制定了相关的管理制度，例如保密协议、竞业限制协议等，确定企业的商业秘密是否存在因为人员管理不完善而被公开的风险。

对潜在的侵权风险进行调查，可以通过防侵权专利检索分析来实现，有关内容在下一节将进行专题讲解。

最后，应当对企业的持续盈利能力进行分析，上市企业的投资者一般比较看重企业的持续盈利能力。知识产权对企业的盈利能力也是一个重要的影响因素。如果企业赖以发展的核心专利存在被无效的风险，则企业的经营风险巨大。另外，企业的持续创新能力，也是企业保持盈利能力的一个保证。因此，对于企业持续盈利能力的分析，主要是要调查专利的持续产出能力和核心专利的稳定性。

5.3.5　企业并购导航

企业并购，是一项法律性和技术性都非常强的专业投资活动。同时，企业并购也是一

---

① 广东省市场监督管理局（知识产权局）. 广东省专利导航工作指南 . 2019：68.

项高收益和高风险伴生的业务。融资风险、债务风险、经营风险、信息披露风险、违约风险、侵权风险等，都在考验着企业的决策者。

企业并购行为最根本的动机是寻求企业的发展。有时候，企业通过内部扩张的办法壮大自己速度太慢，因此通过并购的办法，使自己迅速壮大就成为一个较优选项。许多跨国并购交易，都是由知识产权来驱动的，甚至就是以获取知识产权资产作为并购的首要目的。越来越多的中国企业也将目标瞄准了海外的知识产权，希望通过并购的方法来获取知识产权资源，突破海外的知识产权壁垒，帮助企业立足国际市场。

一般来说，企业并购要经过并购的前期准备、方案设计、实施并购和并购后的接管四个阶段。企业并购中可能存在的知识产权法律风险主要有以下几种：一是并购对象的技术本身可能存在侵权风险，如果并购这些企业则可能还要承担连带赔偿责任；二是并购对象与其他主体签订了知识产权协议或者技术转移协议，因而存在知识产权风险，可能导致并购之后知识产权无法为我所用；三是并购对象的知识产权估值过高，与实际价值不符；四是并购对象的技术或者知识产权与企业本身的技术或知识产权相容度不高，整合后无法达到 1+1>2 的效果。[①]

实施企业并购，首先需要确定感兴趣的产业领域，进而调查该产业的基本情况和行业的知识产权状况、主要权利人的概况，并制定出知识产权并购战略，然后收集筛选和确定并购对象。在并购策略的制定阶段，要做到知己知彼，选择正确的行业和正确的目标企业。

选择目标企业时，通常从两个角度来考虑：一个是强化产业链的优势，另一个是弥补产业链的优势。比如，本企业在产业链中处于中下游地位，如果能通过并购获得产业链中强势龙头企业的知识产权，那么本企业在产业链中的地位将得到显著提升。再比如，本企业想要加强在产业链中的话语权，希望在产业链的上游和下游都能够有自己的布局，防止被上游的供应商和下游的经销商盘剥，就可以选择能够弥补自己劣势的相关公司，实现上游和下游产业链的整合。

经过比对和综合考量，在初步确定几家备选的目标企业之后，需要对目标企业的知识产权基本状况进行详细的调查。通过对目标企业的知识产权价值和知识产权风险作出分析，进一步确定并购的对象。

对目标企业的知识产权基本情况进行调查，可以根据需要调查的目标企业的基本概况来分析它们的产品和技术，通过专利统计分析和专利解读的办法调查它们的专利技术布局，通过了解技术转让、许可和诉讼情况来了解这些企业的竞争对手与合作方。

对目标企业的知识产权价值进行分析，包括技术价值、法律价值和市场价值，具体的分析内容可以参考本章关于技术引进专利导航的部分。

对目标企业的知识产权风险进行分析，可以从企业的知识产权诉讼纠纷入手，例如，是否存在侵权诉讼纠纷或者知识产权的权属纠纷；还可以从企业的知识产权许可、转让状况和技术进出口管制风险等几个方面入手，进行合理的评估，综合各种信息来筛选、确定购买对象，并对规避措施做好相应的规划。

---

① 广东省市场监督管理局（知识产权局）．广东省专利导航工作指南．2019：73.

值得注意的是，并购目标企业当前不存在专利侵权风险并不代表其未来不存在专利侵权的可能性。一些目标企业可能因为规模比较小，没有被行业巨头看作诉讼的对象，但收购完成之后，由于收购方的财力、物力、影响力，极有可能增加被行业巨头提起诉讼的风险。因此，还有必要对被收购的企业所经营的产品和技术进行知识产权侵权风险调查。

在企业并购过程中，如果涉及目标企业的知识产权权属转移，首先要审查的是这些知识产权的权属问题。如果权属存在瑕疵，则极有可能导致并购的失败。一般来讲，目标企业的知识产权，有可能存在三种所有权形式：一种是企业自己拥有知识产权，另外两种分别是与他人共有和第三方拥有。①

如果目标企业存在与他人共同共有知识产权的情况，需要审查这些知识产权是否需要共同所有人全部同意方可转移，要仔细审查共同所有权的内容，例如各方许可的权限、知识产权转移的条件、对知识产权有效性的维持以及侵权发生时可能的救济方式的约定、知识产权的共有人之间的权利义务等内容。我国遵循约定优先的原则，如果目标企业的知识产权在其他国家，则应该关注其他国家相应的法律规定。

如果专利权为雇员所有，那么企业实际上并不是该项专利的所有权人。此时应该仔细审查在目标企业的劳动合同中，是否约定了有关发明创造的专利权的条款。如果发生权属转移，还要查明是否需要补偿相关的雇员发明人。

同理，如果目标企业所使用的专利技术或者其他知识产权是由独立合同方在帮助企业设计和研发的过程中产出的，在确定知识产权的归属时，应该仔细审查相关的合同是否对研发过程中的知识产权权属进行了约定。如果目标企业在委托开发合同中明确约定了专利权归属于受托人，那么企业也不是该项专利的所有权人。

在企业并购的知识产权尽职调查过程中，要特别注意审核并购协议中的陷阱，以及企业与其他第三方关于知识产权所有权约定中存在的陷阱。例如，并购行为可能会对一些知识产权的权属产生影响，尤其是针对许可协议，甚至可能由于收购而触发一些原始协议中有关控制权变更的条款，从而影响协议的效力，或者根据协议原有的一些条款可能会造成并购企业未来业务经营方面的障碍。

除此之外，在企业并购的专利导航中要注意调查相关国家或地区的反垄断风险。很多国家和地区对于技术的出口还有一套严格的审批流程，国家之间还有可能存在制裁的特殊情况，因而技术进出口可能会受到特殊法律的约束。因此，企业在并购的时候要特别考虑到进出口管制的风险。

在实施并购阶段，要对目标企业与知识产权有关的信息进行确认，要综合各种信息评估目标企业的知识产权价值、并购之后的知识产权风险和抵抗风险的能力，最好还要对关键技术的实施风险进行分析。

企业并购中的专利分析十分重要。通过专利导航分析掌握有效的资讯，可以帮助企业更好地拟定谈判策略，进而大大降低并购成本。

① 广东省市场监督管理局（知识产权局）. 广东省专利导航工作指南，2019：72.

5.4 防侵权检索分析

5.4.1 防侵权检索分析的应用场景

防侵权检索分析，顾名思义，就是为了防止侵犯他人专利权而进行的检索分析。

专利防侵权检索分析是新来者与守成者之间的攻防战。守成者扮演了先来者的角色，往往通过对自身技术创新的专利挖掘和专利布局，形成了自己的专利丛林。而新来者想要进入这个领域，就需要保证自己能够在守成者的专利丛林中自由地穿行。

防侵权检索分析的应用场景非常广泛。在产品研发初期，需要调查项目研发的技术方案是否落入他人的专利保护范围。在产品参展、上市之前，需要对指定的市场区域进行侵权风险排查和评估，防止产品在大规模生产和上市之后，出现专利侵权纠纷。在产品的生命周期中，越往后规避专利侵权的成本就越高，这就需要我们提早进行风险的识别和防范。在技术引进过程中，企业也需要对技术提供方的专利和他人的专利进行检索和风险排查，防止项目仓促上马之后，出现难以应对的知识产权风险。企业 IPO 之前，也是被诉知识产权侵权的关键时刻，通过防侵权检索分析，拟上市企业可以提前准备应对措施。

可以说，企业在进行各种商业活动前都需要对产品是否可能落入他人专利的保护范围进行排查和风险防范，而专利防侵权检索分析是其中的重点和难点。

下面以企业产品上市前的防侵权检索分析为例进行讲解。

企业在产品上市前进行的防侵权检索，有时候也被称为 FTO（freedom to operate），FTO 在美国等西方国家是一个具有法律意义的概念，直译过来叫作技术自由实施的尽职调查。FTO 报告是企业在产品上市前，用来证明自己的产品不侵犯他人专利权的检索分析报告。这份报告可以防止日后被他人起诉故意侵权。美国等国家的专利法规定，对故意侵犯专利权的，会判处惩罚性赔偿。而专利防侵权检索分析能够帮助企业避免被法院认定为故意侵犯他人的专利权，从而规避被课以惩罚性赔偿的风险。我国《专利法》第 71 条中也对惩罚性赔偿进行了规定：对故意侵犯专利权，情节严重的，可以在非故意侵权赔偿数额的一倍以上五倍以下确定赔偿数额。赔偿数额还应当包括权利人为制止侵权行为所支付的合理开支。这给我们的启示是，专利防侵权检索将会成为企业知识产权风险防范的一个重要的手段。一般的专利防侵权检索分析，只需要检索相应区域的有效专利，识别这些专利会否带来侵权风险。而 FTO 的要求则更高，还包括找到失效的专利或者其他公开文献，以证明本企业的产品具有该技术的自由使用权。企业通过执行 FTO，就是希望找出有哪些专利可能成为实施其技术或是将其产品进行行业化的专利侵权风险等法律障碍，以便企业及早做出适当的行动，确保产品在未来可以自由生产、使用、销售和进出口。

防侵权检索分析的关键点和难点是专利检索的全面性。由于专利权利要求的保护范围往往大于实施例中产品特征本身，权利要求在语言描述上也不同于产品技术术语，有时还会出现潜在风险专利在其他相近技术领域的情况，因此容易出现漏检，而漏检就意味着风险专利没有被找到，极有可能达不到风险防范的目的。

5.4.2 防侵权检索分析的前期准备

前期调查是防侵权检索分析的重要环节。在前期准备中，分析人员需要准确理解执行本次项目的各项背景知识，其中涉及的信息非常广泛，比如市场、地域、对手、产品、技术、时间节点等，这些内容将直接影响接下来执行过程中的调查范围、工作周期、工作量和工作难度，因此必须在前期准备环节将这些情况调查清楚。

在具体调查信息的过程中，要多向企业的相关人员提问。以下为常见的六种问题。

第一问，是问地点。分析师要询问企业相关负责人：本次分析的目标产品的制造地、销售地或者参展地在哪里？因为专利有其地域性，想要在对应国家或地区寻求保护，专利技术必须在当地获得授权。而且，不同的国家或者地区，可能会适用不同的法律。对地点的调查，不仅将直接决定专利检索的地域范围，而且决定了分析工作将适用哪里的法律。

第二问，是问对手。分析师需要向企业的市场部门或者研发部门询问：是否见过同类的产品？同类产品是否在市场上销售？在哪里销售？这些同类产品属于哪些竞争对手？本次分析的目标产品模仿了哪些竞争对手的哪些产品？通过询问竞争对手及竞品，可以有效地缩小调查的范围，能够更有针对性地去筛选一些高相关的专利。如果不关注对手和竞品，进行广撒网式的检索，将会面临海量的专利，而没有重点地去筛选这些专利，将会是一个非常大的工作量。

第三问，是问技术。本次分析所要调查的产品，其关键技术点在哪里？技术人员在研发产品的过程中，碰到了哪些技术难点？在这些技术重点或者难点中，有哪些地方是模仿他人或者竞品的？产品中又有哪些是采购的？对于技术难点或者技术重点，分析师就应该在专利检索和分析过程中进行重点的研判。而如果是外购件，则可以建议企业通过合同约定的方式，对供应商专利侵权风险进行防控。

第四问，是问时间。分析师还需要向企业相关负责人询问：本产品将在什么时候上市？与本产品类似的同类产品又是在什么时候上市的？本项目将要在何时启动，何时结题？本产品将在什么时候上市，决定了项目必须在什么时间之前结束。因为产品一旦上市或者参展，就可能会面临侵犯他人专利权的风险。因此专利防侵权检索分析，至少应该在这个时间点之前完成。询问同类产品何时上市，可以帮助分析师更好地锁定专利筛选中的重要时间节点。因为竞争对手在同类产品上市之前，往往会进行专利布局，因此可以在同类产品上市的前后一段时间内，对专利进行重点筛选，防止漏掉相关专利，这样也使得筛选工作更有针对性。项目的启动时间和结题时间，也将直接影响项目的执行周期，影响对工作难度和工作量的评估。

第五问，是问人员。要问清楚分析项目的技术负责人、项目经办人以及成果使用人都是哪些人，这样便于在后续项目执行过程中，向最相关的人员进行询问。此外还应该获得相关负责人的联系方式，以便及时沟通。

第六问，是问资料。专利防侵权检索分析项目资料的详细程度，对于执行项目的效果非常重要。如果能够获取更多的产品资料、技术资料、市场资料，调查的难度将大大地降低。因此要多向相关人员询问与项目分析有关的图纸、网站、视频、论文、期刊、报纸、宣传资料等。

当然，专利防侵权检索分析的执行专业性高、难度大，前期调查只是工作的起点，后续还有专利检索、专利筛选、专利侵权比对、专利侵权风险评估、专利防侵权检索分析报告制作等一系列的工作，这些内容将在本章下文中进行讲解。

5.4.3 防侵权检索分析的检索原则和检索工具

对于专利防侵权检索来说，核心原则就是检全优先，兼顾检准。因为调查对象是客户的产品未来出口、上市或者参展将要面临的风险。如果在调查的时候恰好被漏掉的专利就是风险专利，那么就会造成无法挽回的后果，这样也达不到防范侵权的目的。因此，如何检全，是检索工作中的一个重点和难点。

我们还应该关注非专利文献的检索。非专利文献检索是技术调查的一个重要环节。通过检索非专利文献，可以更好地了解对手信息、技术信息和市场信息。此外，非专利文献的检索还是后续风险应对的一个重要环节。因为如果发现了风险专利，就可能会采用现有技术抗辩或者提出公众意见或者提出专利无效等应对手段，而有的技术方案会被记载在非专利文献中。

实施防侵权专利检索，要重点调查的目标专利究竟是什么呢？第一是授权且有效的专利，第二是公开待审或者正在审查的专利，第三是重点竞争对手的专利。专利必须获得授权且有效才能够行使专利权，因此，应该重点关注有效专利，对于已经撤回或者失效的专利，基本可以排除它们的风险。对于公开待审或者审查中的专利而言，这些专利的权利要求保护范围往往还处于不确定的状态，它们随时可能被授权，而授权之后就有可能对产品构成威胁。因此，公开待审和审查中的专利也应该被纳入筛选的目标对象中。由于专利侵权风险通常发生在有竞争关系的市场主体之间，那么重点竞争对手或者行业内研发实力较强的高校和科研院所的专利可以作为重点调查对象。

对于风险等级高的专利，我们还应该调查它们的审查档案。因为专利审查档案，记载了审查员的审查过程，包括审查员所使用的对比文件、审查意见以及权利人的答复意见。根据专利法有关禁止反悔原则的规定，审查过程中被权利人放弃且这种放弃被审查员接受的那些技术方案，是得不到保护的。所以，通过调查专利的审查档案，可以更加清楚地界定专利权利要求的保护范围。审查过程中的专利的保护范围是不确定的，审查员一般会下发多次审查意见，权利人在答复审查意见的时候，可能已经对权利要求保护的范围进行了限缩或者调整。对于正在审查的专利，通过调查它们的审查档案，可以提前对专利的授权前景和保护范围有一个预期。

在进行专利检索的时候，还应该使用多种检索策略和检索工具。为了防止漏检，推荐多人背靠背地进行检索。

5.4.4 防侵权检索分析的专利检索方法与风险判断

专利检索的主要工作包括分类号调查、关键词调查、检索要素表构建、检索策略构建和检索表达式的构建。

专利文件有许多分类方法，常用的专利分类方法有日本的FI/F-term分类、IPC国际专利分类和CPC合作专利分类等。分类号在专利检索中有着重要的作用。在专利审查过程中，专利审查员会针对根据专利描述的技术信息，按照指定的分类规则赋予这个专利一个或者多个分类号。把要调查的目标产品所属的分类号调查清楚全面，有助于我们更加精准全面地检索到目标专利。在分类号检索的过程中，一定要熟悉专利分类号的分类规则，比如，IPC小组中的点位组规则（见图5.16）。

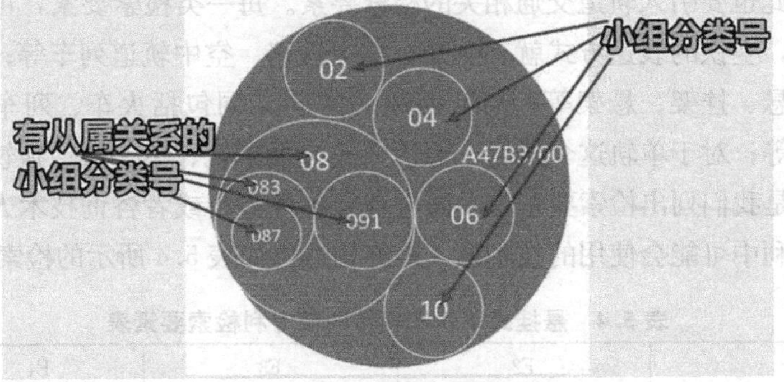

图5.16 IPC小组中的点位组规则

以悬挂式单轨车辆为例，将悬挂式单轨车辆的转向架作为调查对象，关键点包括单轨车辆、悬挂式、转向架。在调查分类号的过程中应该从不同的角度去调查该技术可能会被划入的分类号，如表5.3所示。

表5.3 相关检索分类号

序号	分类号	分类号解释
1	B61B 3/00	作业；运输→铁路→铁路系统；不包含在其他类目中的装置→用悬挂式车辆的高架铁路系统
2	B61B 3/02	作业；运输→铁路→铁路系统；不包含在其他类目中的装置→用悬挂式车辆的高架铁路系统→·用自行推进车辆的
3	B61B 10/02	作业；运输→铁路→铁路系统；不包含在其他类目中的装置→动力和无动力两用系统→·用悬挂式车辆的
4	B61B 13/04	作业；运输→铁路→铁路系统；不包含在其他类目中的装置→其他铁路系统→·单轨系统
5	B61B	作业；运输→铁路→铁路系统；不包含在其他类目中的装置
6	B61F	作业；运输→铁路→铁路车辆的悬架，如底架、转向架或轮轴装置；在不同宽度的轨道上使用的铁路车辆；铁路车辆预防脱轨；铁路车辆护轮罩、障碍物清除器或类似装置
7	B61H	作业；运输→铁路→铁路车辆特有的制动器或其他减速装置；铁路车辆制动器或其他减速装置的安排或配置
8	B60L 13/00	作业；运输→一般车辆电动车辆动力装置→用于单轨车辆的、悬置式车辆或齿轨铁路的电力牵引；车辆磁力悬置或悬浮

其中，第1～3行描述的是悬挂式车辆的分类号，包括作业、运输、铁路运输系统、用悬挂的车辆的高铁、铁路系统、高架铁路系统。第4行的分类号描述单轨铁路。第5行描述的是该技术所属的一个大的领域即铁路系统。第6～8行描述的是悬挂式单轨车辆转

向架的一些零部件所属的分类号。不同的分类号调查策略，会带来不同的检索组合方式。

下一步是关键词的调查。我们应该将要调查的对象拆分成各种检索要素，比如，我们要调查悬挂式单轨车辆转向架，那么它所涉及的检索要素首先包括悬挂的单轨列车，而悬挂式列车也称作空铁，因此在悬挂之外，空铁也是一个检索要素。由于悬挂式单轨车辆也属于轨道交通领域，因此也要引入轨道交通相关的检索要素。每一类检索要素，可以通过一组同义词来表达。例如，空铁的表达方式就有空铁、空中铁路、空中轨道列车等；悬挂类要素就有悬挂、悬吊、吊悬、挂架、悬架等；与铁路相关的同义词包括火车、列车、有轨车辆、轨道、铁轨、铁路等；对于单轨这个要素，表达方式包括单轨、单一轨、独轨、独立轨等。这些关键词，一般是我们列出检索要素之后通过查阅各种资料或者咨询技术人员才找到的。要多思考和发现专利中可能会使用的技术词，最终构造出如表 5.4 所示的检索要素表。

表 5.4　悬挂式单轨车辆转向架专利检索要素表

要素	E1		E2		E3		E4		E5	
	空铁		悬挂		列车		单轨		零部件	
1	空铁	suspension monorail	悬挂	suspension	火车	train	单轨	monorail	电机	
2	空列	schwebebahn	挂悬	hanging	列车		独轨	singlerail	受电弓	
3	空轨	h-bahn	悬吊	吊挂	有轨车辆	rail vehicle*	单一轨		轴承	
4	空中铁路	elevated rail way	吊悬	吊架	轨道	track	单根轨		减震	
5	空中轨道	sky train	挂架	架空	铁轨	rail	独立轨		转向架	bogie
6	空中列车	sky-train	悬架	overhead、elevate*	铁路	railway	独根轨		底盘	
7			悬挂	fly*						

在获取关键词和分类号之后可以首先列出检索策略，因为检索表达式一定是由检索策略来决定的。仍以悬挂式单轨车辆转向架为例，我们调查与空轨铁路直接相关的分类号是一个策略，也可以用悬挂式列车这个要素加上与单轨相关的 IPC 分类号作为第二个策略，同时我们还可以用单轨列车这个关键词的要素加上与悬挂相关的 IPC 分类号作为第三个策略。此外，我们还可以通过重点权利人加关键词或者重点权利人加分类号的办法来获得目标专利。具体检索策略见表 5.5。

表 5.5　悬挂式单轨车辆转向架专利检索策略表

序号	检索策略
1	空轨＋铁路 IPC：A/E1 AND IPC/B61
2	悬挂列车＋单轨 IPC：A/“E2 ADJ/3 E3” AND IPC/B61B 13/04
3	单轨列车＋悬挂 IPC：A/“E4 ADJ/3 E3” AND IPC/(＋B61B 3/00 OR B61B 3/02 OR B61B 10/02)
4	悬挂式单轨列车＋全部 IPC： 4.1：A/E2 AND A/“E4 ADJ/3 E3” AND IPC/(＋B61B 3/00 OR B61B 3/02 OR B61B 10/02 OR B61B 13/04 OR B61B OR B61F OR B61H OR B60L 13/00) 4.2：A/“E2 AND E3” AND A/E4 AND IPC/(＋B61B 3/00 OR B61B 3/02 OR B61B 10/02 OR B61B 13/04 OR B61B OR B61F OR B61H OR B60L 13/00)
5	悬挂式高架列车 IPC：IPC/＋B61B 3/00

续前表

序号	检索策略
6	权利人＋IPC：（AN/PROSE OR AN/南京浦镇 OR AN/青岛四方 OR AN/株洲电力机车 OR AN/资阳机车 OR AN/（西门子 OR SIEMENS） OR AN/（三菱 OR MITSUBISHI）） AND IPC/（＋B61B 3/00 OR B61B 3/02 OR B61B 10/02 OR B61B 13/04）
7	权利人＋关键词：
7	7.1：（AN/PROSE OR AN/南京浦镇 OR AN/青岛四方 OR AN/株洲电力机车 OR AN/资阳机车 OR AN/（西门子 OR SIEMENS） OR AN/（三菱 OR MITSUBISHI）） AND A/E2 AND A/“E4 ADJ/3 E3”
7	7.2：（AN/PROSE OR AN/南京浦镇 OR AN/青岛四方 OR AN/株洲电力机车 OR AN/资阳机车 OR AN/（西门子 OR SIEMENS） OR AN/（三菱 OR MITSUBISHI）） AND A/“E2 AND E3” AND A/E4

制定出检索要素表和检索策略表之后，就可以结合这二者列出检索表达式，如表 5.6 所示。

表 5.6　悬挂式单轨车辆转向架部分专利检索表达式

序号	专利检索式	专利数量
1	A/（空铁 OR 空列 OR 空轨 OR 空中铁路 OR 空中轨道 OR 空中列车） AND IPC/B61	275
2	A/“（悬挂 OR 挂悬 OR 悬吊 OR 吊悬 OR 挂架 OR 悬架 OR 悬空） ADJ/3（火车 OR 列车 OR 有轨车辆 OR 轨道 OR 铁轨 OR 铁路）” AND IPC/B61B 13/04	20
3	A/“（单轨 OR 独轨 OR 单一轨 OR 单根轨 OR 独立轨 OR 独根轨） ADJ/3（火车 OR 列车 OR 有轨车辆 OR 轨道 OR 铁轨 OR 铁路）” AND IPC/（＋B61B 3/00 OR B61B 3/02 OR B61B 10/02）	26
4	4.1：A/（悬挂 OR 挂悬 OR 悬吊 OR 吊悬 OR 挂架 OR 悬架 OR 悬空） AND A/“（单轨 OR 独轨 OR 单一轨 OR 单根轨 OR 独立轨 OR 独根轨） ADJ/3（火车 OR 列车 OR 有轨车辆 OR 轨道 OR 铁轨 OR 铁路）” AND IPC/（＋B61B 3/00 OR B61B 3/02 OR B61B 10/02 OR B61B 13/04 OR B61B OR B61F OR B61H OR B60L 13/00）	57
4	4.2：A/“（悬挂 OR 挂悬 OR 悬吊 OR 吊悬 OR 挂架 OR 悬架 OR 悬空） ADJ/3（火车 OR 列车 OR 有轨车辆 OR 轨道 OR 铁轨 OR 铁路）” AND A/（单轨 OR 独轨 OR 单一轨 OR 单根轨 OR 独立轨 OR 独根轨） AND IPC/（＋B61B 3/00 OR B61B 3/02 OR B61B 10/02 OR B61B 13/04 OR B61B OR B61F OR B61H OR B60L 13/00）	73
5	IPC/＋B61B 3/00	503
6	（AN/PROSE OR AN/南京浦镇 OR AN/青岛四方 OR AN/株洲电力机车 OR AN/资阳机车 OR AN/（西门子 OR SIEMENS） OR AN/（三菱 OR MITSUBISHI）） AND IPC/（＋B61B 3/00 OR B61B 3/02 OR B61B 10/02 OR B61B 13/04）	30
7	7.1：（AN/PROSE OR AN/南京浦镇 OR AN/青岛四方 OR AN/株洲电力机车 OR AN/资阳机车 OR AN/（西门子 OR SIEMENS） OR AN/（三菱 OR MITSUBISHI）） AND A/（悬挂 OR 挂悬 OR 悬吊 OR 吊悬 OR 挂架 OR 悬架 OR 悬空） AND A/“（单轨 OR 独轨 OR 单一轨 OR 单根轨 OR 独立轨 OR 独根轨） ADJ/3（火车 OR 列车 OR 有轨车辆 OR 轨道 OR 铁轨 OR 铁路）”	13
7	7.2：（AN/PROSE OR AN/南京浦镇 OR AN/青岛四方 OR AN/株洲电力机车 OR AN/资阳机车 OR AN/（西门子 OR SIEMENS） OR AN/（三菱 OR MITSUBISHI）） AND A/“（悬挂 OR 挂悬 OR 悬吊 OR 吊悬 OR 挂架 OR 悬架 OR 悬空） ADJ/3（火车 OR 列车 OR 有轨车辆 OR 轨道 OR 铁轨 OR 铁路）” AND A/（单轨 OR 独轨 OR 单一轨 OR 单根轨 OR 独立轨 OR 独根轨）	11

但是在这些分析样本中，尚不知晓哪些专利为高风险专利，因此需要对高相关专利进行筛选和标引，通常由检索员、咨询师、技术人员共同参与高相关专利的筛选和标引。筛选过程需要按照与目标技术方案的相关性给专利进行分级。首先排除掉与本技术不相关的专利，针对与本技术相关的专利需要由分析师或者律师来进行专利侵权判定。

专利侵权判定的原则，主要包括全面覆盖原则、等同原则、禁止反悔原则和捐献原则。对于侵权风险较大的专利，还应该对它们的同族专利情况、优先权情况、许可转让情况、涉及诉讼的情况进行调查，同时还要对这些专利的审查档案进行进一步调查，以便对这些专利可能带来的风险进行一个更加完善的分析。针对高风险专利，要按照专利侵权判定原则制作一个技术特征的比对表，被我们的产品覆盖的特征应当进行标记，未被覆盖的特征则应给出具体的说明，最终得出一个是否存在侵权风险的结论。

5.4.5 防侵权检索分析报告的制作

专利防侵权检索分析报告，是一种实用性和专业性都很强的咨询报告，一般包括以下几部分内容。

（1）免责条款和保密条款。

由于专利防侵权检索分析报告是风险和难度都较大的一种咨询报告，企业往往会根据这一份报告来指导未来产品上市、参展或者进出口的市场决策。咨询机构或者律师事务所，在出具专利防侵权检索分析报告时，往往会被企业寄予厚望甚至承担着项目失败的风险。当然，咨询师务必要做到勤勉工作和严格保密。保密和免责方面的承诺都应该在项目洽谈阶段进行说明，并体现在专利防侵权检索分析报告之中。

（2）背景介绍。

主要用来介绍相关的技术特征，明确需要进行 FTO 分析的技术特征细节。

（3）区域。

主要是产品的生产或销售的区域。

（4）数据库的选择。

列出本次分析使用到的数据库。数据库至少要能收录要进入的国家的专利。

（5）给出专利检索要素表、专利检索策略表和专利检索式。

（6）相关专利的筛选。

按照相关性等级，列出可能相关的专利。

（7）权利要求比对。

对相关性高的专利进行权利要求比对，注意比对需要考虑全面覆盖原则和等同原则，报告中应该给出用于判断的技术特征比对表。

（8）结论。

相应的技术是否为现有技术，相应的技术是否侵犯专利权，侵犯哪些专利权，等等。对于最终判断风险较大的专利，最好给出应对建议。建议主要包括进行专利无效检索、提出公众意见、进行规避设计等。

（9）附录。

附录应该附上项目执行的过程文件，比如分析过程中被排除的那些专利，给出不侵权的理由或者排除的理由。附录最好附上检索分析过程中遇到的现有技术资料，包括专利资料和非专利资料。

对于高风险专利，后续还需要进行持续的监控。正在审查的专利一旦授权，要及时预警，判断侵权风险，并制定相应对策。对于有效专利，还要持续监控它们的法律状态，一旦专利失效，就可以考虑侵权风险的解除。

对于项目管控，应该做好专利防侵权检索分析的过程管控工作，要沟通并明确需要检索的技术方案。在这个过程中需要与技术人员进行反复沟通，明确要检索的技术方案。在项目执行过程中，要提供详尽的工作周报。工作周报要包括工作内容、工作成果以及后续工作计划。在专利检索分析过程中也需要企业技术人员协助进行筛选和判断，分析师要把需要客户协助的内容说清楚，附上需要协助的文件，尽量减少客户的非必要劳动。分析过程中的文件命名也要做到规范化，便于后期查找和管理，分析过程中的文件最好打包加密，提供纸质版和电子版。

第 6 章　商标文献信息检索

6.1　商标检索基础知识

6.1.1　为什么要进行商标检索

我国《商标法》第 30 条规定：“申请注册的商标，凡不符合本法有关规定或者同他人在同一种商品或者类似商品上已经注册的或者初步审定的商标相同或者近似的，由商标局驳回申请，不予公告。”这里的“本法有关规定”主要是《商标法》第 11 条、第 12 条所规定的不得作为商标注册的标志、不得注册的三维标志。如何得知是否“同他人在同一种商品或者类似商品上已经注册的或者初步审定的商标相同或者近似”呢？这就意味着商标检索不可忽略。商标检索是为了避免拟注册的商标与他人在先已申请注册的商标构成冲突，利用商标局相关系统或数据库检索在相同或类似商品或服务上是否已有相同或近似商标存在。当然，企业在商标注册中乃至注册后也要进行动态的商标检索和监控，适时掌握是否有相同/近似商标提出申请乃至授权，从而在法定期限之内提出异议。

我国商标申请注册数量连续 17 年高居世界第一，仅 2018 年我国商标申请注册数量就高达 738.9 万件，在大型综合类商标数据库中，收录的商标数量一般都超过了 3 000 万件。可见，注册新商标时，要与如此多的在先商标进行比对，判断自己拟注册商标的唯一性，并非易事。事实上，高效的商标检索也是一个业界难题。有海量在先商标存在，而汉字、字母等又是有限资源，常用汉字约 3 500 个，不经过专业的商标检索就直接提交的商标注册申请，十有八九会被驳回。所以，商标检索虽然并非商标申请注册过程中的法定程序，却是商标注册申请前的关键步骤，也是整个商标申请阶段最体现专业性的步骤。商标检索的作用可总结为以下四个方面。[①]

（1）有效探明注册障碍，提高注册成功率。

通过商标检索，若发现存在相同或近似的在先注册商标，对拟注册的商标进行修改或

---

① 如何进行有效的商标检索?.（2018 - 12 - 21）[2019 - 03 - 30]. https：//www.sohu.com/a/283437758_445078.

调整，即可有效降低商标注册存在的风险，提高商标注册的成功率，减少时间和金钱成本。

(2) 查清商标能否安全使用，避免商标侵权。

通过查询，对商标注册情况了然于心，可有效避免对他人注册商标构成侵权。相反，若未经过检索便使用拟定的商标名称，十有八九可能侵犯他人商标权。如今企业确定一个合适的可注册商标，比生孩子取个好名字更难，因为孩子的姓名即便与别人重复，还是可以用的，但企业的商标如果与他人在同一种商品或者类似商品上已经注册的或者初步审定的商标相同或者近似，是不会获准注册的，若带有与他人注册商标相同或相似商标的相关商品或服务进入市场则有侵权之虞。

以上关于商标检索的两个作用，相信大家熟悉的“滴滴打车”的商标权人的体会尤为深刻。细心一点的“打车族”发现：2014 年 5 月，自己手机中的“嘀嘀打车”软件，不知为何变成了“滴滴打车”。殊不知，这背后暗藏着一起总额为 8 020 万元的天价商标索赔案。当初大家熟悉的那句广告语“嘀嘀一下，美好出行”的发布者是北京小桔公司。该公司原本用的一款打车 App 软件叫“嘀嘀打车”，用了两年不到，就改名为“滴滴打车”(见图 6.1)。

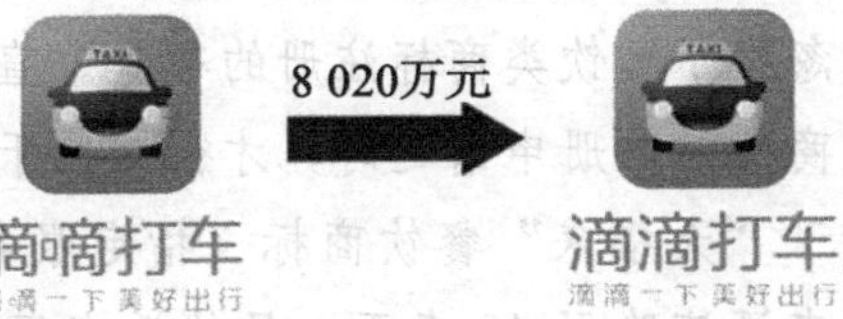

图 6.1　“嘀嘀打车”改名为“滴滴打车”

大家都已经叫惯了，为什么要改名？原来，北京小桔公司遇到了麻烦：宁波妙影公司在 2012 年 5 月 21 日就获得了国家商标局批准核发的“嘀嘀”商标，其核定使用的商标类别包括计算机程序（可下载软件），之后宁波妙影公司把使用权转让给了杭州妙影公司。2014 年 5 月，宁波、杭州两家妙影公司一同起诉北京小桔公司，提出天价赔偿，“嘀嘀打车”因此被迫改名为“滴滴打车”(见图 6.2)。①

图 6.2　修改后的“滴滴打车”商标

事实上，如果北京小桔公司在确定打车产品名称之初，就注重调查拟申请注册商标的保护情况，事先进行商标检索，就会知晓“嘀嘀”已经被注册，就能对准备注册的商标进行修改、调整或放弃提交已有注册商标的申请，换一个商标名称再注册，也就不会发生融资之后被诉商标侵权并提出高额赔偿的麻烦了。

① 黄宏．“嘀嘀”被冒用 索赔八千万．浙江日报，2016-05-30 (16).

（3）减少广告宣传费用，降低经营风险。

未雨绸缪，提前进行商标查询，可减少广告宣传费用损失，降低经营风险。商标是用于区分商品或服务来源的标志，若不事先进行商标检索，就将产品名称作为商标进行宣传，可能会面临在产品投入大量宣传费用并拥有一定的客户后，才得知商标早已被他人注册的问题。这无疑是在为他人作嫁衣，颇具经营风险。

（4）及早发现商标抢注，在公告期内提出异议。

在现实社会生活中，商标抢注是一个普遍现象。通过商标检索，若发现被抢注的商标尚在申请阶段，可密切关注动态并在公告期内提出异议。

案例 1：天津、沈阳“大福来”商标纠纷案

“大福来”是拥有百年历史的中华老字号，同时也是天津著名的锅巴菜品牌。天津大福来公司就曾因未及时发现沈阳大福来酒店抢注“大福来”商标，而让自己陷入“摘牌”窘境。在天津，锅巴菜是与豆浆、老豆腐并称的早点“三大件”，而“大福来”几乎是锅巴菜的代名词。

据传 1757 年就已经有了大福来，1924 年大福来获得了营业执照。20 世纪 90 年代天津大福来注册了食品类商标“大福来”，2002 年被评为“中华老字号”。2004—2006 年期间，天津大福来因为改制而忽略了餐饮类商标注册的事宜。直到 2007 年 1 月 19 日，天津大福来提交“大福来”餐饮商标的注册申请之时，才得知位于沈阳市沈河区的大福来酒店已于 2006 年 12 月 4 日申请了“大福来”餐饮商标（指定服务项目：餐馆）。在申请时间上，天津大福来比沈阳大福来酒店晚了 40 多天。虽然后来天津大福来对沈阳大福来酒店通过初审的商标提出过异议，之后商标评审委员会也进行了复审，但最后沈阳“大福来”的注册被认为并非恶意抢注，故异议不成立，沈阳大福来酒店得以成功注册餐饮“大福来”商标。2018 年 10 月，30 多家天津大福来加盟店的招牌统一进行修改撤换。① 有关“大福来”商标纠纷案的过程如图 6.3 所示。

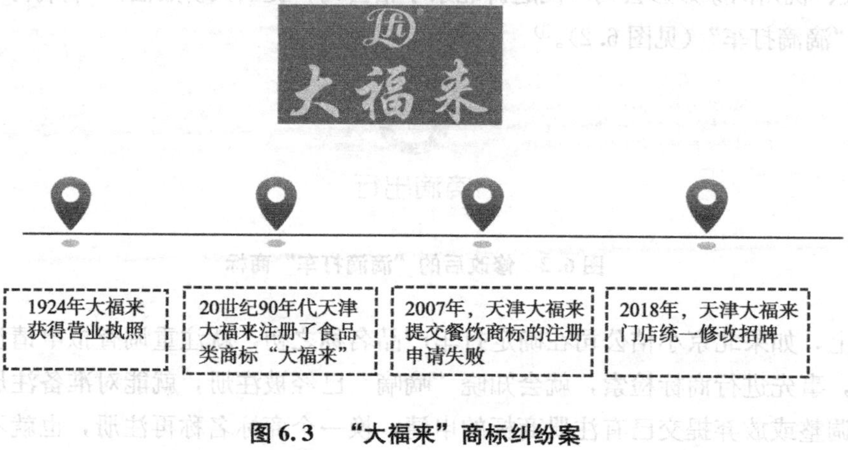

图 6.3 “大福来”商标纠纷案

① 天津著名的锅巴菜品牌“大福来”面临“摘牌”窘境?.（2018-11-08）[2019-11-18]. https://www.sohu.com/a/274063214_120008755.

虽然天津大福来未能异议成功，但在实务中通过商标检索发现恶意抢注而及时提出异议并获得成功的案例并不少见，“湘莲”商标异议案就是其中的典型案例。

案例 2：“湘莲”商标异议案

湖南省湘潭县产的湘莲被誉为“中国第一莲”。湘潭莲子不仅栽培历史悠久，而且产量高、品质优良，中外驰名、饮誉古今，其中尤以“寸三莲”最为有名。因湘潭莲子素有“湘莲甲天下，潭莲冠湖湘”的美誉，湘潭县被冠以“中国湘莲之乡”的称号，湘潭市则获得另一别称——“莲城”。但令人感到十分意外的是，湘莲曾一度被抢注，差点被远在福建的一家企业据为己有。抢注“湘莲”商标的是福建建宁县文鑫莲业有限公司，该公司与湘潭的莲农、莲商曾有业务往来，2003 年前后该公司先后在第 5、30、32 和 35 类注册了“湘莲”商标。湘潭县湘莲协会于 2005 年 4 月 18 日以注册不当为由，向国家商标评审委员会提出商标异议，申请撤销福建文鑫公司的“湘莲 XIANGLIAN”及图商标。湘潭县湘莲协会认为，湘莲具有明显的地理标志特征，从字面含义上看，“湘莲”指的就是湖南生产的莲子，而福建文鑫公司所在地是福建建宁，没有理由注册“湘莲”商标。

2005 年 4 月 18 日，国家商标评审委员会正式受理了这起商标争议案件。国家商标评审委员会经审理认为：湘莲的品质特征源于湘莲所在地区气温、雨量、湿度等自然条件和栽培方式。湘莲这一称谓自我国南北朝时期始，沿用至今，早已形成了与湖南产地相对应的关系，符合《中华人民共和国商标法》第 16 条所规定的地理标志的条件。故裁定湘潭县湘莲协会的商标异议成立，不予福建文鑫公司注册“湘莲”商标。2007 年湘潭县湘莲协会提出了在第 29、30、32 类注册系列“湘莲”商标的申请，于 2009 年底获准注册。[①] 有关“湘莲”商标异议案的过程如图 6.4 所示。

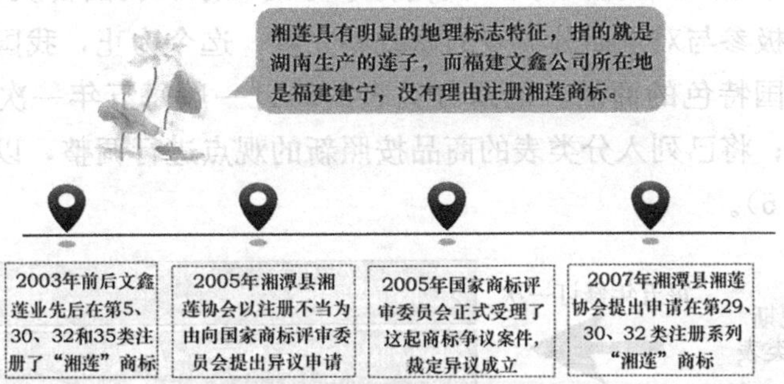

图 6.4 “湘莲”商标异议案

6.1.2 商标分类体系

了解商标分类体系，掌握商标的类别划分，是商标检索的基础工作。事实上，现有的商标分类主要源于《商标注册用商品和服务国际分类尼斯协定》《建立商标图形要素国际分类维也纳协定》这两个国际协定。

① 车兴，喻名才．湘莲回家记．中国工商报，2010-04-01.

1. 商品和服务国际分类体系——尼斯分类表

1957 年 6 月 15 日《商标注册用商品和服务国际分类尼斯协定》（以下简称《尼斯协定》）在法国南部城市尼斯签订，该协定正式生效时间是 1961 年 4 月 8 日。1994 年 8 月 9 日我国加入了尼斯联盟。建立一个共同的商标注册用商品和服务国际分类体系并保证其实施，是《尼斯协定》的宗旨。如图 6.5 所示，目前，尼斯分类表共包括 45 类，其中商品 34 类，服务项目 11 类，共包含一万多个商品和服务项目。申请人所需填报的商品及服务一般说来都在其中了。不仅所有尼斯联盟成员国都使用尼斯分类表，而且非尼斯联盟成员国也可以使用该分类表。所不同的是，尼斯联盟成员国可以参与尼斯分类表的修订，而非成员国则无权参与。目前世界上已有 130 多个国家和地区采用尼斯分类表。①

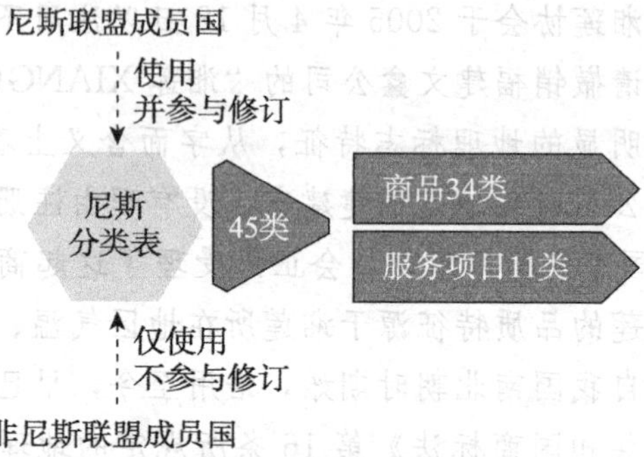

图 6.5　尼斯分类表

我国自 1988 年 11 月 1 日起采用尼斯分类表，这使得商标主管机关的管理更加规范化，也方便了商标申请人，密切了国际间商标事务的联系。我国自从 1994 年加入《尼斯协定》以来，便积极参与对尼斯分类表的修改和完善，迄今为止，我国已促使尼斯分类表中加入了多项有中国特色的商品。尼斯分类表的修订一般每五年一次，修改内容主要在于：增加新的商品；将已列入分类表的商品按照新的观点进行调整，以求商品更具有内在的统一性（见图 6.6）。

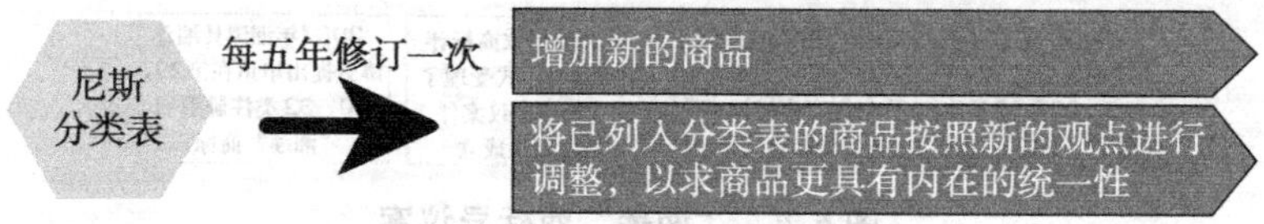

图 6.6　尼斯分类表的修订

我国国家商标局还根据世界知识产权组织提供的尼斯分类表以及我国自 1988 年起采用国际分类表的实践，结合中国国情对商品和服务的类似群组及商品和服务的名称进行了翻译、调整、增补和删减，制定了《类似商品和服务区分表》。根据 WIPO 的要求，尼斯联盟各成员国应自 2019 年 1 月 1 日起正式使用尼斯分类表第 11 版（2019 文本）。我国国家商标局以新版尼斯分类表为基础，对《类似商品和服务区分表》作了相应调整。

① 董保霖．与商标有关的国际条约（一）．中华商标，2001（2）：23－25.

尼斯分类表是按照类别进行排列的，将商品和服务按照 1～45 类的顺序排列。每类有一个类别号和对应的标题，每类的标题概括了本类所包含商品的特征及范围，最后列出了本类包括的所有商品或服务项目，每项商品或服务均有一个顺序号，以便查找（见图 6.7）。另外，每一类还有一个注释，用来说明本类主要包括哪些商品，本类与相关类别的商品如何区别，如何划分边缘商品的类别，这个注释对划分一些易混淆商品的类别大有裨益。

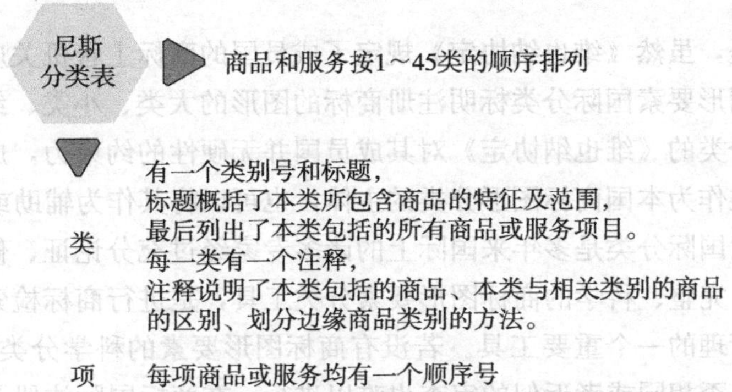

图 6.7 尼斯分类表的结构

需要注意的是，当前大多数国家都采用尼斯分类表，但也有一些国家或地区使用不同的商品或服务分类体系。如美国和韩国都采用本国商标分类法，美国的商品和服务分为 100 多个类别。日本的分类大部分和尼斯分类差不多，但也有个别不同之处。

2. 商标图形要素国际分类体系——维也纳分类体系

1973 年 6 月 12 日在维也纳外交会议上通过了一个政府间国际条约——《建立商标图形要素国际分类维也纳协定》（以下简称《维也纳协定》）。参加《维也纳协定》的成员，必须是《巴黎公约》成员国的政府。《维也纳协定》成员国组成特别联盟，即维也纳联盟。由于《维也纳协定》在商标图形要素分类方面的优越性非常明显，当前除了《维也纳协定》成员国使用这一分类，许多非《维也纳协定》成员国也采用这一分类体系。《维也纳协定》包括法国、荷兰等 19 个缔约国，但现在已有 30 多个国家采用维也纳分类体系，其中非《维也纳协定》成员国有中国、英国、加拿大及美国等（见图 6.8）。我国于 1988 年采用《尼斯协定》商品和服务国际分类，同时还建立了商标图形要素的国际分类的检索系统。

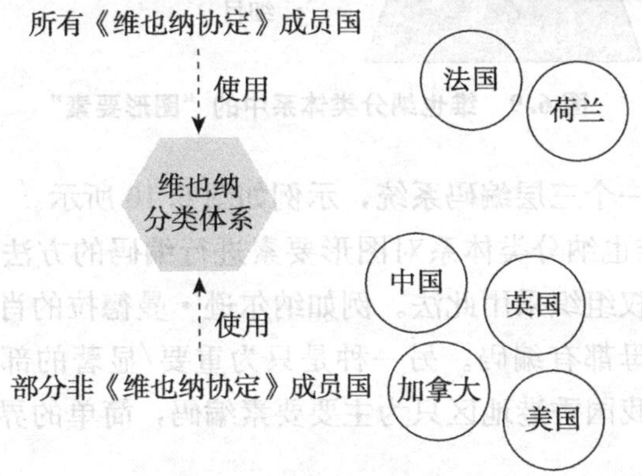

图 6.8 维也纳分类体系

《维也纳协定》的宗旨是建立一个国际通用的商标图形要素的分类体系，以促进国际商标合作，方便对商标进行检索和管理。与《尼斯协定》相比，《维也纳协定》分类所涉及的对象范围要窄很多，因为《维也纳协定》建立的商标图形要素国际分类不涉及使用商品和服务项目，只涉及商标本身的构成要素，且仅仅涉及含图形要素的商标，不包括那些不含图形要素的纯文字商标。但文字组成图形的商标，被视为含有图形要素的商标。[①]

值得注意的是，虽然《维也纳协定》规定了成员国的商标主管机关应当在官方文件和出版物中按商标图形要素国际分类标明注册商标的图形的大类、小类、细目的编号，但商标图形要素国际分类的《维也纳协定》对其成员国并无硬性的约束力，成员国可以将商标图形要素国际分类作为本国商标图形分类的主体，也可以将其作为辅助或补充。

商标图形要素国际分类是多年来国际上的诸多专家经过充分论证、修改、补充而形成的一个比较系统、完整、科学的商标图形要素分类工具，是进行商标检索、商标审查和建立科学商标档案管理的一个重要工具。若没有商标图形要素的科学分类，不但检索困难，而且对图形商标是否相同或者近似的审查也难以进行。在商标国际注册马德里系统中办理商标国际注册所采用的也是维也纳分类体系。

维也纳分类体系中的“图形要素”包括图样、立体形状标记和“特别式样的”文字及字母。该分类法采用级别制度，把图形要素分为 29 个大项、144 个小项及 1 887 个类项，按照所列大类、小类和细目，将商标图形要素划为数码代号，根据数码代号对商标进行排列（见图 6.9）。

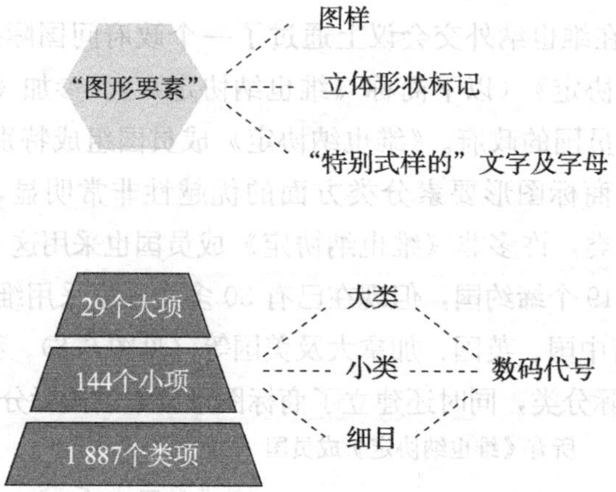

图 6.9 维也纳分类体系中的“图形要素”

维也纳分类体系是一个三层编码系统，示例如图 6.10 所示。

如图 6.11 所示，维也纳分类体系对图形要素进行编码的方法有两种：一种是为所有要素编码，世界知识产权组织采用此法。例如纳尔逊·曼德拉的肖像除为头部和胸部编码之外，标记的圆形和字母都有编码。另一种是只为重要/显著的部分编码，如英国、我国香港地区采用该方法。我国香港地区只为主要要素编码，简单的界线及底线，如圆形及普

① 董保霖．与商标有关的国际条约（五）．中华商标，2001（6）：30.

通字形的文字不予编码。

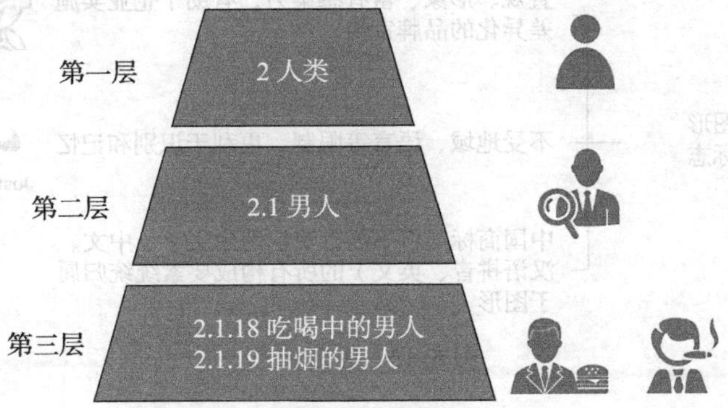

图 6.10 维也纳分类体系示例

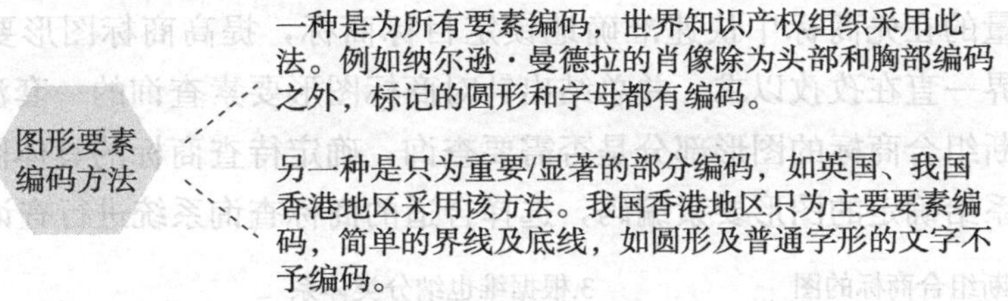

图 6.11 维也纳分类体系图形要素编码方法

6.1.3 商标图形要素查询

根据我国现行《商标法》的规定，可以作为商标注册的标志，有可视性标志、可听性标志，以及可视性+可听性标志。但由于可听性标志纳入商标法保护范围时日尚短，所以从数量上来看，我国已申请注册的商标以可视性标志为主。可视性标志主要有文字、图形、字母、数字、三维标志、颜色组合（见图 6.12）。

图 6.12 可作为商标注册的标志

如图 6.13 所示，图形标志有着直观、形象、富有感染力等优点，有助于企业实施差异化的品牌宣传。尤其是相对于文字而言，图形标志不受地域、语言等限制，更利于识别和记忆，因此图形标志作为商标申请注册的数量呈逐年攀升之势。中国商标局将不能直观识别为文字（中文、汉语拼音、英文）的所有构成要素统统归属于图形，从简单的几何图形到复杂的图案画面，各种脑洞大开的图形商标亦给商标图形要素查询带来了诸多挑战。

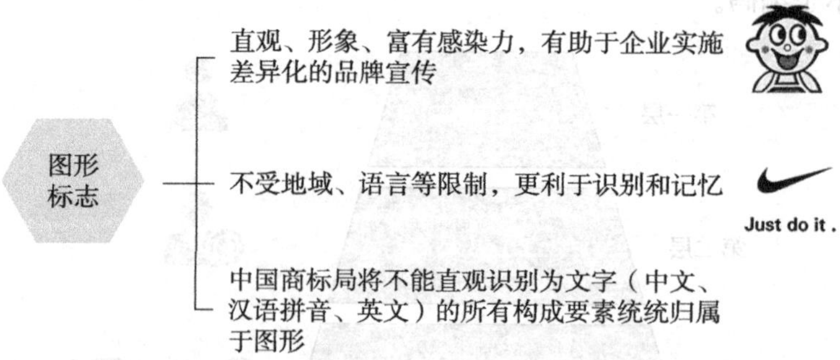

图 6.13 图形标志

目前中国商标局仍先通过《类似商品和服务区分表》对商品进行类目检索，再对图形商标进行辨识，确定图形要素分类，最后遴选出在先图形商标进行相应比对查询。

如何从海量的在先商标中快速准确地锁定目标商标，提高商标图形要素查询的效率呢？商标实务界一直在孜孜以求，并总结出针对商标图形要素查询的一套流程，具体而言分为四步：判断组合商标的图形部分是否需要查询，确定待查商标的具体图形要素，根据维也纳分类体系给确定的图形要素编码，选择合适的商标查询系统进行查询（见图 6.14）。

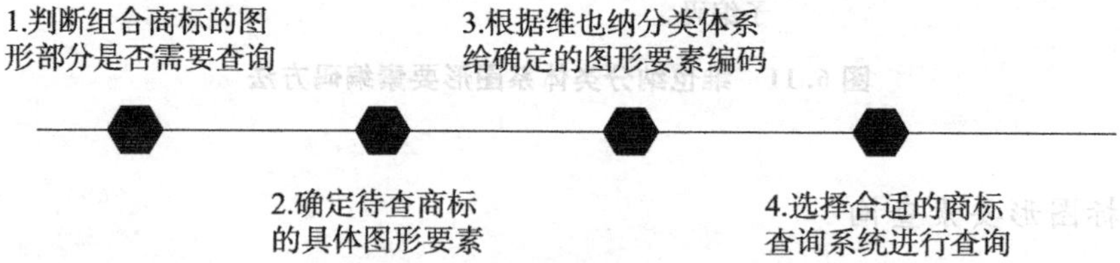

图 6.14 商标图形要素查询流程

1. 判断组合商标的图形部分是否需要查询

商标查询的主要目的有两种：一是商标申请前期的近似查询——排查申请商标在相同/类似商品上是否有在先注册/申请的相同/近似商标，降低注册风险，增加商标注册成功的概率；二是注册商标的监视查询——及时发现在相关联商品上他人可能申请的相同/近似商标，及时提出异议，防止对己方注册商标的淡化及混淆可能（见图 6.15）。

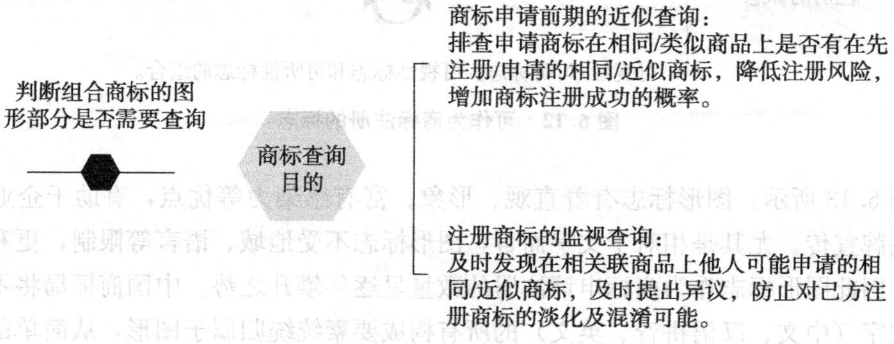

图 6.15 商标查询目的

鉴于很多申请注册的商标都是组合商标，即由若干文字、图形组合在一起（见图6.16），我们首先要确定甄别是否有必要对组合商标中的图形部分进行查询。

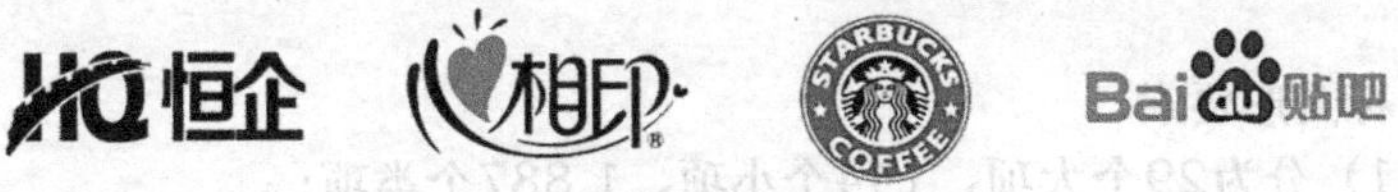

图6.16 文字十图形组合商标

（1）不需要查询图形部分的商标。

如图6.17所示，“恒企 HQ”这个商标含有图形部分，也可以划分出图形要素，即该商标中的“长城”。可以看出，该图形要素在商标中并不是显著的且具有较强独创性/辨识度的部分。因此，对于这个商标的图形部分可以不做图形查询，仅需要做文字部分的查询。

（2）需要查询图形部分的商标。

如图6.17所示，商标“自由之战2”中的图形部分虽然呈现为背景，但是具有较强的独创性，且在整个商标中处于显著的位置，因此应该考虑对该图形部分进行检索。

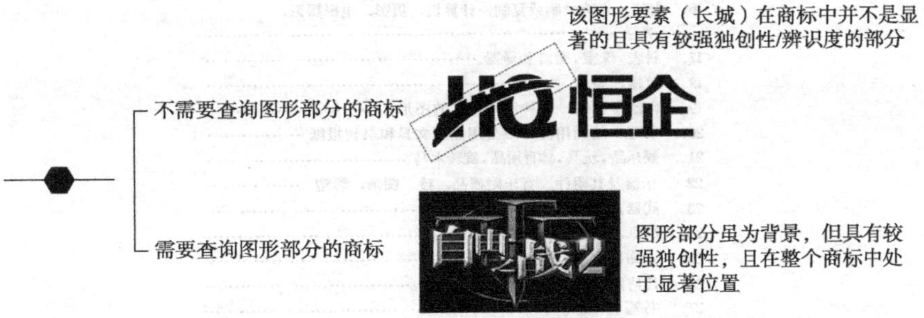

图6.17 是否需要查询图形部分商标示例

故判断是否需要对商标的图形部分进行查询，唯一的标准是该部分是否具有独立的、较强的显著性/独创性。

2. 确定待查商标的图形要素

图形查询的关键点也是难点在于确定商标的图形要素。目前，图形查询分类都依照《维也纳协定》，将使用在商标中的图形要素按照构成类型划分成29个大项、144个小项、1 887个类项。图形要素可分为具象的事物、抽象的几何图形、文字三个集合（见图6.18）。

（1）具象事物图形查询。

具象的事物较容易找出其对应的图形要素，图形要素分类中的第1～25大项都属于具象的事物（见图6.19）。

很多图形，如图6.20所示的4个商标，都包含多个图形要素，如果我们按照其包含的所有图形要素逐个查询，检索结果中会出现大量的无用干扰结果。因此确定图形显著部分，排除干扰部分，是查询的关键——确认图之要点，亦即查之要点。

《建立商标图形要素国际分类维也纳协定》
（简称《维也纳协定》）

商标图形要素：

（1）分为29个大项、144个小项、1 887个类项；

（2）分为“具象的事物、抽象的几何图形、文字”三个集合。

1. 天体，自然现象，地图
2. 人类
3. 动物
4. 超自然的、寓言中的、幻想的或无法辨别的生物
5. 植物
6. 风景
7. 建筑，广告设施，门或栅栏
8. 食品
9. 纺织品，服装，缝纫用配件，帽，鞋
10. 烟草制品，烟具，火柴，旅行用品，扇子，梳妆用具
11. 家庭用具
12. 家具，卫生设备
13. 照明设备，无线电电子管，供暖、炊事或冷藏设备，洗涤机，烘干设备
14. 五金器具，工具，梯子
15. 机器，电动机，发动机
16. 电信，音响录制或复制，计算机，摄影，电影摄影，光学
17. 钟表，珠宝，衡器和量器
18. 运输，畜具
19. 容器和包装，各种混杂产品的图形
20. 书写、绘画用品，办公用品，文具和书刊报纸
21. 娱乐品，玩具，体育用品，旋转木马
22. 乐器及其附件，音乐附属品，铃，图画，雕塑
23. 武器，弹药，盔甲
24. 纹章，硬币，标志，符号
25. 装饰图案，装饰表面或背景
26. 几何图形和立体
27. 书写体，数字
28. 各种文字
29. 颜色

图 6.18 《维也纳协定》商标图形要素分类

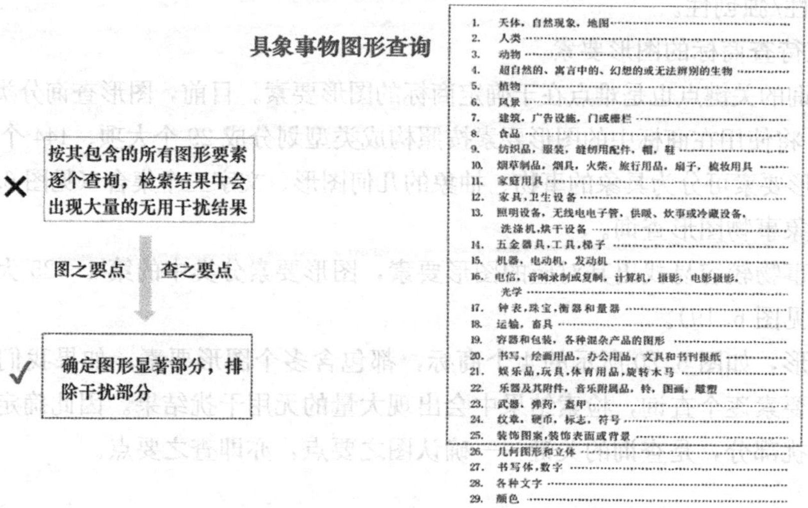

图 6.19 具象事物图形查询

图 6.20 具象事物图形查询示例

商标 1 可以看作一个房子形状的狐狸/狗，可查狐狸。

商标 2 可以看作一个钟表面具的人形，可查钟表图形。

商标 3 可以看作一个含有平面球形的灯泡，可查平面球形图。

商标 4 可以看作一个带有边框的女人剪影，可查女人剪影。

(2) 抽象几何图形查询。

抽象的几何图形划分在第 26 大项。根据图形查询实践中的统计，第 26 大项“几何图形和立体”在申请注册比较多的第 3、7、9、12、25、35 等类中，都是使用率最高的图形要素。尤其是要素 26.1.12a（“一个或多个其他几何图形组成的圆或椭圆”）的查询结果数量（除第 25 类）远远超出了其他图形要素的查询结果。而即便是在第 25 类，也几乎和另一要素 4.2.20（“部分人体和部分动物体的其他生物；* 孙悟空，* 猪八戒，* 米老鼠，* 唐老鸭，* 卡通造型”）的查询结果不相上下（见图 6.21）。

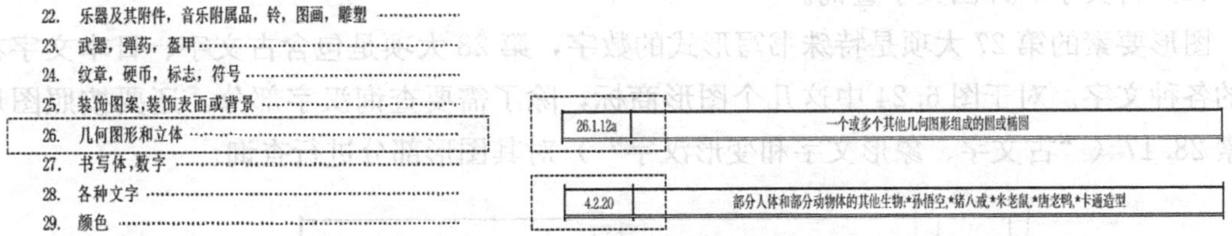

图 6.21 抽象几何图形查询

在划分本大项的图形要素时，亦可根据几何常识进行划分。圆形或椭圆形是第 26 大项里出现最多的小项。很多知名的商标都是由简单的圆形、椭圆形构成的，如奥迪和奔驰商标（见图 6.22）。其虽看似设计简单，但都寓意深刻，代表了品牌背后悠久的历史传承和故事。

值得注意的是，很多充满设计感的图形商标会让人产生美好的联想，但在图形商标查询中，需遵从“从简原则”——不发挥想象力——把图形看作简单的几何元素的组合。举一个简单的例子“∞”，很多人会觉得这是一个躺下的数字“8”，或将其看作数学符号“无穷大”。但在中国商标网查询时，如果按照数字“8”，或者按照要素“无穷大符号”(a24.17.8) 作查询，并不能查询出近似商标。而在另一图形要素 26.1.6 项下，即两个并置或交叉的圆或椭圆，就能引证出较多的近似图形商标（见图 6.23）。这种查询结果说明，中国商标网在最初划分图形要素时，应该是遵从了从简原则。

在划分本大项的图形要素时，亦可根据几何常识进行划分。圆形或椭圆形是第26大项里出现最多的小项。

26	几何图形和立体注:(a)包括人物,动物,植物或物体组成的几何图形和立体(b)不包括组成几何图形的文词(27.1)
26.1	圆，椭圆
26.1.1	圆
26.1.10	包含一个或多个三角形或构成角的线的圆或椭圆
26.1.11	包含一个或多个四边形的圆或椭圆
26.1.12	包含一个或多个其他几何图形的圆或椭圆
26.1.12a	一个或多个其他几何图形组成的圆或椭圆
A26.1.13	包含天体或自然现象的圆或椭圆
A26.1.14	包含人物或人体部分的圆或椭圆
A26.1.15	包含动物,动物体部分或植物的圆或椭圆
A26.1.16	包含其他图形要素的圆或椭圆
A26.1.17	包含一个或多个数字的圆或椭圆
A26.1.18	包含一个或多个字母的圆或椭圆
A26.1.19	圆周外有文词的圆或椭圆
26.1.2	椭圆
A26.1.20	半径或直径上有文词的圆或椭圆
A26.1.21	包含排列成圆或椭圆的文词的圆或椭圆
A26.1.22	包含排列成其他形式的文词的圆或椭圆
A26.1.24	有黑暗表面或部分黑暗表面的圆或椭圆
26.2	圆或椭圆的弧形或扇形
26.3	三角形,构成角的线
26.4	四边形
26.5	其他多边形注:不包括延伸的多边形(25.3.1和A25.3.9)
26.7	并置,连接或交叉的不同几何图形
26.11	线,带注:不包括构成角的线或带(26.3.23)
26.13	其他几何图形,难以确定的图形
26.15	几何立体

图 6.22　抽象几何图形查询示例

图 6.23　图形商标查询示例

（3）古文字、外国文字查询。

图形要素的第 27 大项是特殊书写形式的数字，第 28 大项是包含古文字、日本文字在内的各种文字。对于图 6.24 中这几个图形商标，除了需要查询汉字部分，还要按照图形要素 28.17（“古文字、象形文字和变形汉字”）对其图形部分进行查询。

27		书写体,数字
28		各种文字注:一般地,就某一国家来说,其正常使用的文字,在该国不考虑为图形,此种情况,构成文字商标

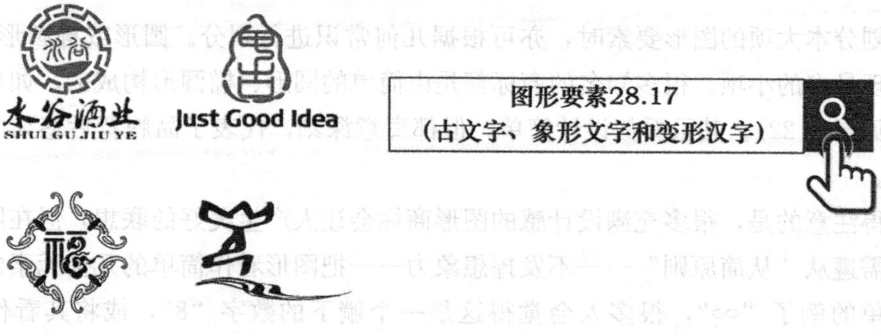

图 6.24　古文字、外国文字查询示例

对于外国文字，中国商标局明确指出，“一般地，就某一国家来说，其正常使用的文字，在该国不考虑为图形，此种情况，构成文字商标”。因此，对于外国文字，还都应当作为文字商标，依照其对应的含义进行查询。

3. 根据维也纳分类体系给确定的图形要素编码

确定需要编码的图形要素之后，即可登录打开维也纳分类表，通过浏览或关键词检索，获得所查询的商标图形要素的编码。譬如图形“狐狸”的编码为“3.1.8 狐狸……”和“3.1.16 系列一中动物的头”（见图 6.25）。

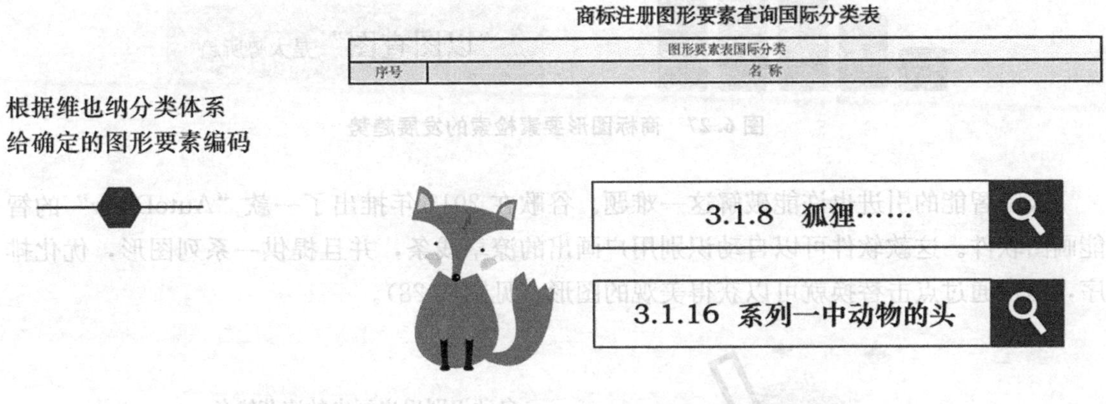

图 6.25 根据维也纳分类体系给确定的图形要素编码示例

4. 选择合适的商标查询系统进行查询

根据商标申请注册的目标区域进行商标查询系统的选择（见图 6.26），如果注册中国商标，则首选中国商标网，该网商标查询系统的商标近似查询栏提供商标图形要素检索。欧盟知识产权局 eSearch plus 数据库商标图形检索功能于 2016 年 12 月正式上线，该功能支持上传的图片格式包括 JPG、PNG、GIF 以及 TIFF。用户可以将需要检索的图片拖入检索框直接进行查询。用户上传待检索的图样后可以自行选定指定查询区域，并选择是否指定颜色。

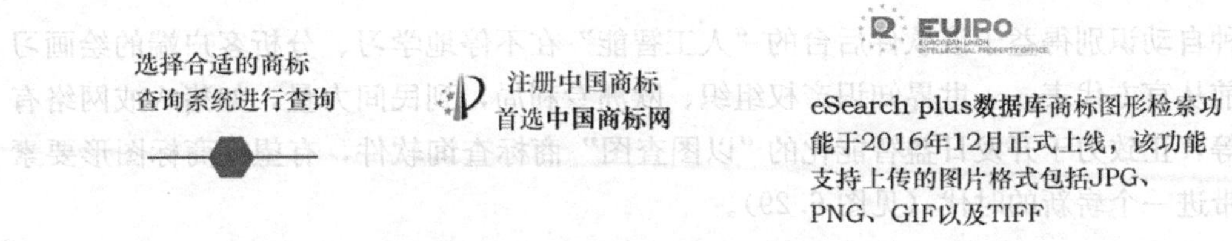

图 6.26 选择合适的商标查询系统

5. 商标图形要素检索的发展趋势

目前数以百万计的有效图形商标（包括纯图形商标和图文组合商标）仅仅划分为 29 个大项，这使图形查询的难度与日俱增。由于图形要素的划分有较强的主观性及非唯一性，只能通过现有查询技术和查询手段尽可能多地找到和目标图形商标近似的图形商标，但难以穷尽查。随着近些年商标申请量逐年爆发式上升，依现有的图形要素划分方法做图形商标查询所耗费的时间必然会越来越多，且结果的准确度也越来越难以保证（见图 6.27）。

“以图查图”将是大势所趋。“以图查图”即通过搜索图像文本或者视觉特征进行检索。但目前的软件大多还只是一种基于图像特征层次的机械匹配，经过使用我们可以发现，几款“以图查图”的查询软件在检索具象事物构成的商标时确有较高的针对性和准确性，但对由几何图形、抽象文字类的图形组成的商标进行查询的结果则不能令人满意。

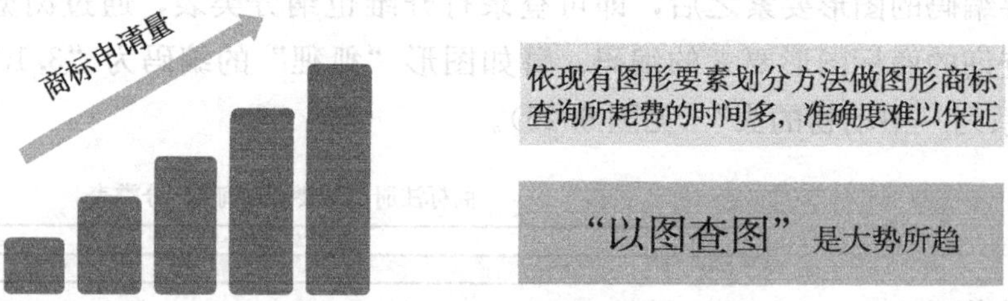

图 6.27 商标图形要素检索的发展趋势

人工智能的引进也许能破解这一难题。谷歌在 2017 年推出了一款“AutoDraw”的智能画图软件。这款软件可以自动识别用户画出的潦草线条，并且提供一系列图形，优化排序，用户通过点击替换就可以获得美观的图形（见图 6.28）。

图 6.28 “AutoDraw”智能画图软件

这种自动识别得益于该软件后台的“人工智能”在不停地学习、分析客户端的绘画习惯。目前从官方代表——世界知识产权组织、欧洲专利局，到民间力量，如猪八戒网络有限公司等，正致力于开发日益智能化的“以图查图”商标查询软件，有望将商标图形要素的查询带进一个崭新的时代（见图 6.29）。

图 6.29 “以图查图”商标查询软件示例

6.1.4　商标检索的基本流程

如图 6.30 所示，商标检索的基本流程可概括为 5 个步骤。①

图 6.30　商标检索的基本流程

（1）确定查询商标及其对应类别。

尼斯分类将商标按用途划分为 45 类，其中商品共 34 类（1～34 类），服务共 11 类（35～45 类），且每年都会有小的修改。指定使用在商品上的商标被称为商品商标，指定使用在服务上的商标被称为服务商标。

（2）查询商标是否具有不良影响。

在商标注册之前，需考虑商标名称是否有不良影响。主要考虑要素包括：是否涉及种族歧视，是否有损道德风尚，等等。如商标“王八蛋”“黑鬼”等就因涉及破坏公序良俗、种族歧视等方面的问题，被国家商标局驳回。

（3）查询是否有在先相同或近似商标。

在设计商品或服务名称时，应该事先做好商标检索的分析工作，考虑商标注册成功的可能性。通过商标检索，发现在相同或类似商品、服务上已有相同或近似商标注册的，申请注册者应根据市场需求考虑更改商品或服务名称。

申请注册图文组合商标时，国家商标局的审查员一般会将图形、中文和英文分开审查。如果文字审查过关，但图形未能审查过关，这个商标注册申请会被驳回；图形审查过关，但文字未能审查过关，也一样会被驳回。根据商标审查原则，商标中不同元素需单独进行审查，其中任何一种元素构成近似，则商标整体会被驳回。因此，如果商标同时包含中文、英文和图形，最好分开注册，这样不但能提升商标注册的成功率，也方便后续商标灵活使用。

图 6.31 中左边是注册申请的图形商标，右边是检索到的在先商标，两个商标显著识别部分都包括图形要素——火焰，因此商标局以他人在相同或类似商品类别上已注册近似商标为由，驳回了该商标的注册申请。

图 6.32 中左边的英文组合商标与右边检索到的引证商标的英文组成完全相同，致使左边的商标注册申请被商标局驳回。

---

① 剑扬知产．商标注册申请前的查询检索业务指南．[2019－08－20] https://zhuanlan.zhihu.com/p/30044749.

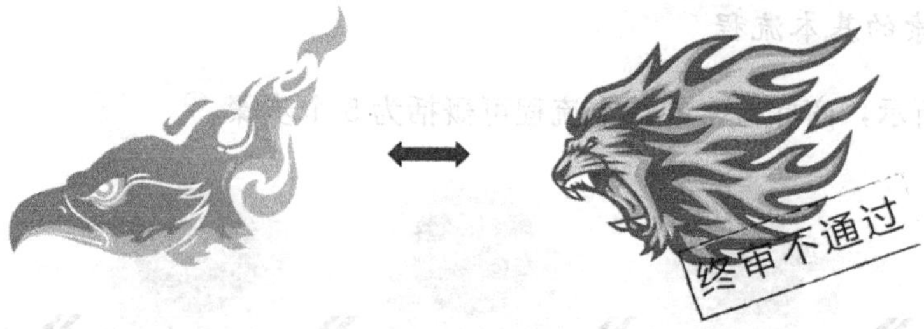

图 6.31　组合商标中的图形要素比对示例

图 6.32　组合商标中的文字要素比对示例

（4）查询商标的显著性。

商标的显著性是指商标应当具备的足以使相关公众区分商品来源的特征。如图 6.33 所示，缺乏显著性的情形主要有三种。

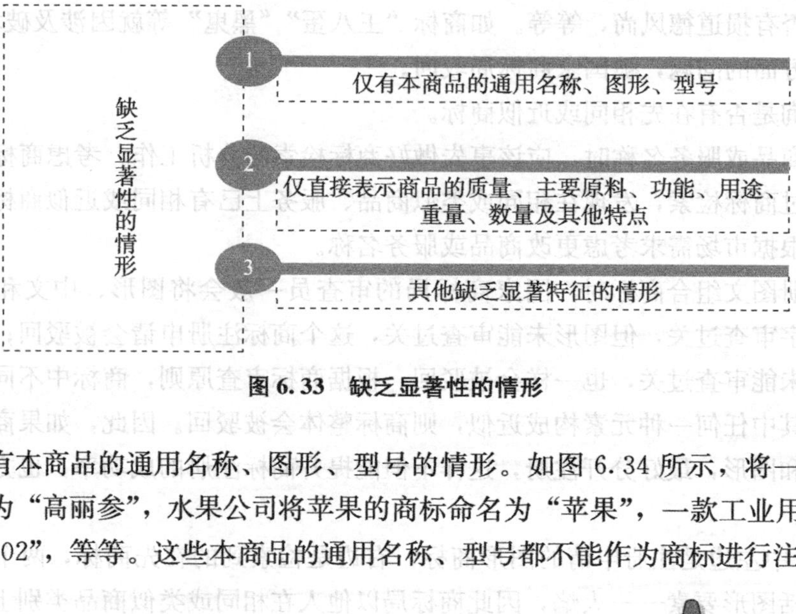

图 6.33　缺乏显著性的情形

一是仅有本商品的通用名称、图形、型号的情形。如图 6.34 所示，将一款人参商品的商标取名为“高丽参”，水果公司将苹果的商标命名为“苹果”，一款工业用黏合剂的商标取名为“502”，等等。这些本商品的通用名称、型号都不能作为商标进行注册。

图 6.34　仅有本商品的通用名称、图形、型号的商标示例

二是仅直接表示商品的质量、主要原料、功能、用途、重量、数量及其他特点的情形。如图 6.35 所示，食用油的商标取名为“纯净”，一种服装的商标直接命名为“彩棉”。这些仅直接表示指定使用商品的质量、原料以及功能的名称都不能注册为商标。

图 6.35　仅直接表示商品的质量、主要原料、功能等特点的商标示例

三是其他缺乏显著特征的情形。除了上述两种情形，还有一些情形，如过于简单的线条、普通的几何图形等都无法注册成为商标。

(5) 查询结果的分析及筛选。

通过“中国商标网”等查询得到的只是一份简单的检索结果，还需要专业代理人对查询结果进行进一步筛选和分析，特别是根据《商标审查指南》对商标相同或近似进行判断，根据尼斯分类表对类别群组相同或近似进行判断，等等，最终确定商标注册申请的具体名称、类别和具体商品（服务）。

6.1.5　商标检索中的风险评估

本章前面的内容说明了为什么要进行商标检索以及如何进行商标检索，但由于拟定商标只有满足法定构成要素以及显著性、区分性等诸多要求，才有可能注册成功和安全使用，因此在选择某个标识作为商标之前，需要对其是否满足商标基本要求、能否注册成功、可否投放市场进行评估。所以商标检索过程不只是一个简单的输入检索内容获得结果的过程，更是一个商标注册与商标使用风险的评估过程，其中关键点在于评估商标注册和使用的可行性。如图 6.36 所示，商标检索结果揭示的，就是商标注册和使用的风险，即商标注册不能的风险和使用不能的风险。商标注册不能的风险是指商标存在被驳回或被异议的风险，最终可能致使商标无法成功注册。商标使用不能的风险则是指商标无法投入使用，或者一旦使用则可能存在侵犯他人合法权利的风险。

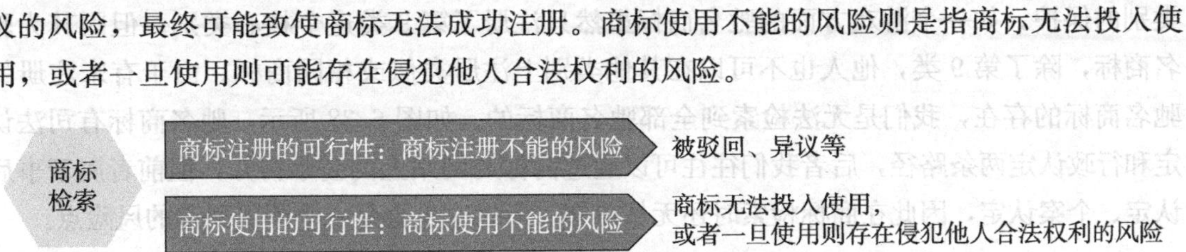

图 6.36　商标检索过程的风险评估

当然，上述两类风险也并非全部能通过商标检索而及时发现，从而被纳入评估范围，其中既有客观的盲期存在、商标信息公布滞后及检索工具存在缺陷的缘由，也存在商标检索人员本身的知识局限如专业性不够、出于成本方面的考虑而时间投入不足等问题。在实践中虽然不能穷尽检索也不可能完全排除风险，但商标检索与风险评估可以使商标注册申请人在尽早得知注册或使用障碍后，获得解决问题的先机，在市场竞争中处于主动（见图 6.37）。

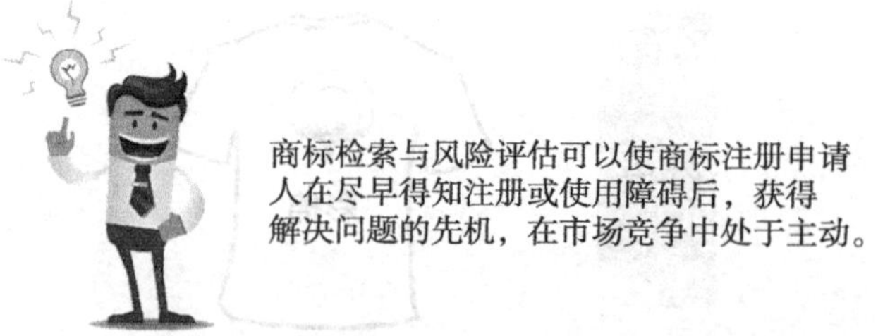

图 6.37　商标检索与风险评估的必要性

在进行商标检索和风险评估的过程中需要着重考虑以下 5 个方面，以期尽量降低和防范商标风险。

（1）客观的检索盲期。

注册商标的各类申请文件递交到国家商标局以后，一般会有 2～3 个月的检索时滞，即最近 2～3 个月注册的商标还检索不到，这一段时间我们一般称之为检索盲期。在这段盲期内的商标信息和动态是通过国家商标局的官方检索平台或商用数据库都无法检索到的。如果在这个时间里提交注册申请的商标与盲期内的在先商标相同或相似，就将产生客观的注册不能的风险。所以在提交商标注册申请后还要密切关注后续的商标公开信息，尽早发现新情况，及时做出应对。

（2）未注册的驰名商标。

我国《商标法》第 13 条第 1、2 款规定："为相关公众所熟知的商标，持有人认为其权利受到侵害时，可以依照本法规定请求驰名商标保护。就相同或者类似商品申请注册的商标是复制、模仿或者翻译他人未在中国注册的驰名商标，容易导致混淆的，不予注册并禁止使用。"可见，我国对未注册的驰名商标予以特别保护。驰名商标在未注册时，是无法通过国家商标局的检索系统或者一般的商用商标数据库检索到的，这就可能导致商标注册申请人因掌握商标信息不全面而影响决策。再者，已在我国注册的驰名商标直接享受跨类别的保护，如一个游戏方面的驰名商标虽然只注册了第 9 类这个核心类别，但因其为驰名商标，除了第 9 类，他人也不可以在其他类别上注册类似或相同商标。由于有未注册的驰名商标的存在，我们是无法检索到全部驰名商标的。如图 6.38 所示，驰名商标有司法认定和行政认定两条路径，后者我们往往可以通过商标局网站上的公示得知，但前者属于事后认定、个案认定，因此在商标检索时还无从得知。所以这也会是一个不可回避的风险点。

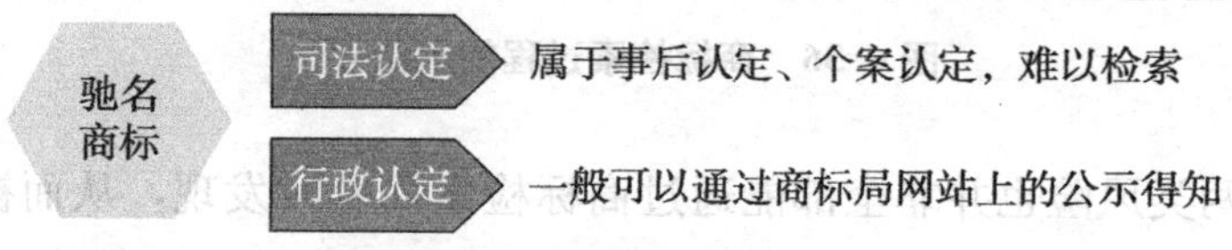

图 6.38　驰名商标的认定方式

(3) 他人在先权利。

我国《商标法》第 32 条规定：“申请商标注册不得损害他人现有的在先权利，也不得以不正当手段抢先注册他人已经使用并有一定影响的商标。”“他人现有的在先权利”是指在商标注册申请人提出商标注册申请之前，他人已经取得的权利，比如外观设计专利权、著作权、企业名称权、姓名权等。在商品社会中，商标权与这些权利的冲突时有发生，如乔丹体育的商标纠纷案，即典型的注册商标侵害在先姓名权的纠纷。

(4) 公告期内的异议。

即使申请人的商标注册申请经商标局的初步审查获得了通过并公告，但在法定的 3 个月的公告期内，任何人均可以依法提出异议，以阻止申请人的商标获得注册，如著名的“国酒茅台”商标申请异议案（见图 6.39）。2012 年 7 月，“国酒茅台”商标通过初审，8 月初，山西汾酒、河南杜康等多家白酒企业纷纷表示反对，特别是早在 1952 年即被评为国家名酒的汾酒，第一个表示强烈反对并提交异议书。此后，五粮液、剑南春、水井坊等多家名酒企业也联合反对“国酒茅台”商标注册。到“国酒茅台”商标申请 3 个月公示期满，国家商标局一共收到相关异议多达 95 件次。“国酒茅台”商标显然也与现行法律规定相悖，“国酒茅台及图”中的“国酒”一词带有“国内最好的酒”“国家级酒”的评价性含义，若由被异议人永久性地独占使用，容易对公平的市场竞争秩序产生负面影响。因此，国家商标局认定被异议商标的申请注册违反了《商标法》第 10 条第 1 款第 8 项“有其他不良影响”的规定，并作出“国酒茅台及图”商标不予注册的决定。①

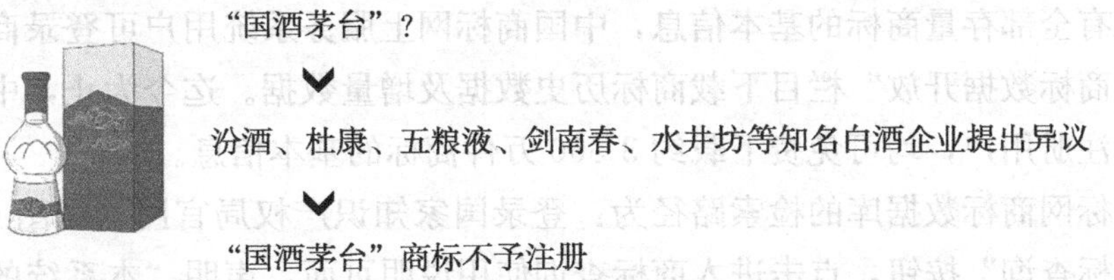

图 6.39 存在公告期内异议的“国酒茅台”商标申请异议案

(5) 不同国家法律制度差异带来的商标风险。

由于不同国家对商标注册要件的规定不尽相同，因此在不同国家进行商标注册的风险各异。若用国内标准或同一标准去判断商标注册风险则可能误判，如在中国、日本、韩国等要求进行在先权利审查的国家，审查员有权引证在先商标来驳回在后申请，那么商标注册风险不仅可能来自商标显著性问题，也可能来自在先注册/申请商标。而在欧盟以及欧盟多数成员国内，由于审查员不会依职权进行在先权利审查，因此商标通过绝对理由审查后，公告期内无人异议的，就可以核准注册。因此，在这些国家中，注册风险来自商标的显著性要求和第三方的异议。

商标使用风险也因各国法律制度的不同而有较大差异。如在美国、加拿大等商标权源于使用的国家，哪怕使用注册商标，也可能会侵犯他人未注册的、因在先使用而产生的商标权。美国的商标注册实行“在先使用”原则，即商标的在先使用者获得法律的保护。虽

---

① 吴学安．“国酒茅台”商标注册申请一波三折的法律意义．上海法治报，2018－08－22（B06）.

然美国也已引入注册制度，但“在先使用”仍然是申请注册的先决条件。1988 年美国《商标法》曾作出修改，允许申请人基于“意图使用”而申请商标，在先使用原则的适用有所松动，但该法规定的基于“意图使用”的注册申请，依然带有浓厚的“使用”色彩，即申请人只有在 36 个月内真实使用后，并且向商标局提交真实使用的证明，才有可能获得商标注册。在“在先使用”原则的基础上，商标可以注册，也可以不注册。不注册商标只要处于使用状态即可获得法律保护。可见如果查询美国商标，诸多他人未注册的、因在先使用而产生的商标权是无法检索到的。如果忽略了国与国之间的制度差异而对商标检索结果进行统一的无差别解读，就会不可避免地出现偏差乃至误读，这在实践中是值得特别注意的。①

可见，由于各国商标法律制度的区别，稍有不慎即有可能带来商标注册和使用的风险，商标注册前的风险评估还需要结合各国商标法律制度来进行。

6.2 商标信息检索工具

6.2.1 中国商标网商标数据库

2018 年 12 月 26 日我国国家知识产权局商标局推出的新版商标数据库正式向社会公众免费公开现有全部存量商标的基本信息，中国商标网上服务系统用户可登录商标网上服务系统中的“商标数据开放”栏目下载商标历史数据及增量数据。迄今为止，中国商标网上服务系统的注册用户，均可免费下载约 3 500 万件商标的基本信息。

中国商标网商标数据库的检索路径为：登录国家知识产权局官网（见图 6.40），首页有一个“商标查询”按钮，点击进入商标查询使用说明页面，声明“本系统的数据信息并非实时更新，有一定滞后性，仅供参考，不具有法律效力”。点击“我接受”进入检索界面，可以看到，有四种商标检索方式（见图 6.41）。“商标公告查询”一般只有在进行商标异议时才会用到。以下详细介绍商标检索的其他三种方式。

图 6.40 国家知识产权局官网商标检索入口

---

① 剑扬知产．商标注册申请前的查询检索业务指南．［2019－08－20］https：//zhuanlan.zhihu.com/p/30044749.

图 6.41　国家知识产权局官网商标检索界面

1. 商标状态查询

对于国际注册商标，应通过“商标状态查询”查看该商标流程，再根据《商标法》的规定综合判断其是否有效。“商标状态查询”用于下发申请号之后的商标查询，目的是查看已申请的商标进度。用户进入系统，选择商标状态查询功能进入操作主界面，在“申请/注册号”检索框内输入需要查询的申请号或注册号，例如输入 15564378，得到“鸿兴安泰”商标记录（见图 6.42）。需要注意的是，此处为必填写内容，否则无法查询。

图 6.42　“鸿兴安泰”商标状态检索示例

点击商标名称“鸿兴安泰”即可查询该商标的流程状态（见图 6.43）。

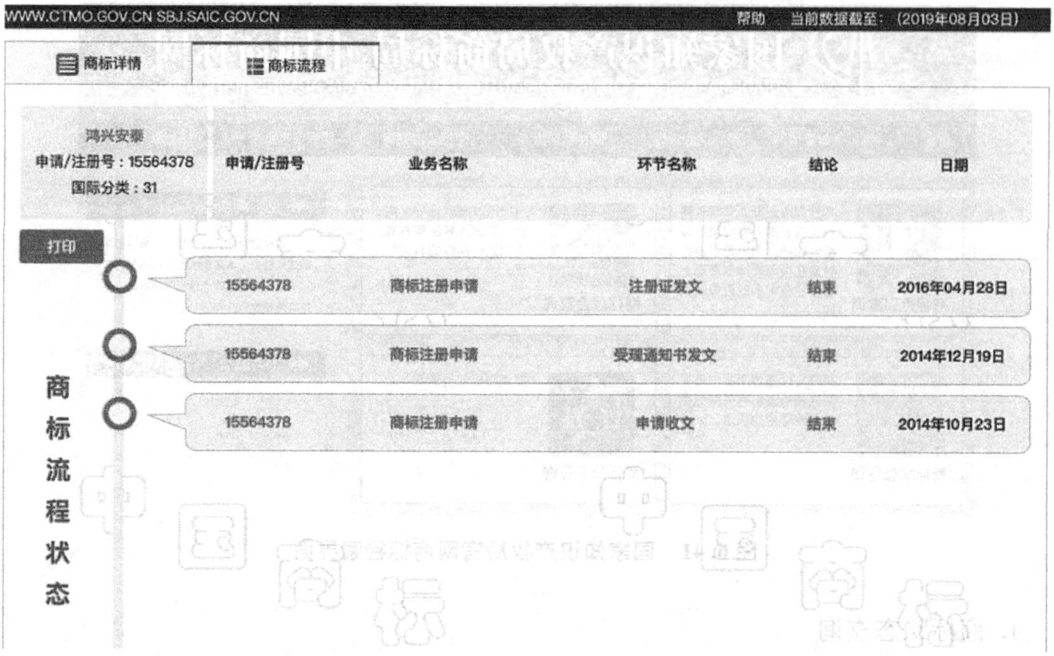

图 6.43 “鸿兴安泰”的商标流程状态

2. 商标综合查询

“商标综合查询”用于查询具体商标的全面信息，或是查询一个商标在 45 个大类中有多少注册。选择商标综合查询功能进入操作主界面（见图 6.44），进行如下操作：

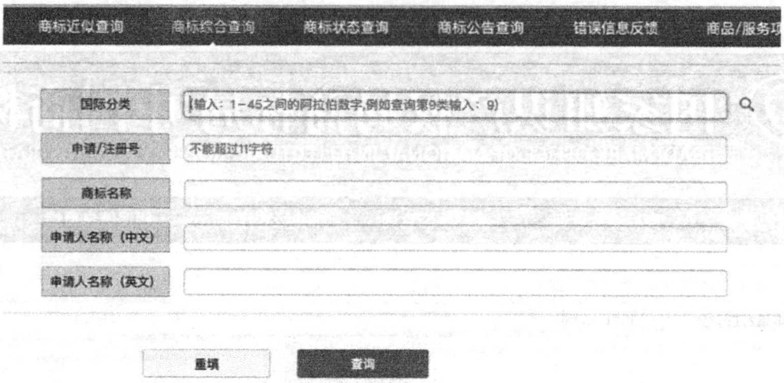

图 6.44 商标综合查询界面

（1）按照《类似商品和服务区分表》填写国际分类号，可以点击“帮助”按钮辅助填写；此处输入 1～45 之间任意的阿拉伯数字。

（2）输入需要查询商标的注册/申请号。

（3）输入需要查询的商标名称，例如输入：“奔驰”。

（4）输入需要查询的商标申请人中文名称，例如输入：“戴姆勒股份公司”。

（5）输入需要查询的商标申请人英文名称。

以上 5 个检索字段都是可选的，可以选择一个或两个以上字段进行组配检索。比如，

"商标名称"输入"奔驰"，"申请人名称（中文）"输入"戴姆勒股份公司"，点击"查询"后如图 6.45 所示，共有 1 179 条记录。商标名称呈现蓝色，表示可点击查询详情，点击即可进入商标详情界面，该商标的所有信息如图 6.46 左图所示。商标详情界面与商标流程界面可灵活切换（见图 6.46）。

序号	申请/注册号	国际分类	申请日期	商标名称	申请人名称
1	39544835	12	2019年07月10日	德奔	戴姆勒股份公司
2	39485785	12	2019年07月08日	EQS	戴姆勒股份公司
3	39352189	12	2019年07月02日	暗夜特别版	戴姆勒股份公司
4	38990857	1	2019年06月20日	MERCEDES-BENZ	戴姆勒股份公司
5	38990856	1	2019年06月20日	梅赛德斯-奔驰	戴姆勒股份公司
6	38929425	12	2019年06月18日	电动，从此奔驰	戴姆勒股份公司
7	38929424	12	2019年06月18日	ELECTRIC NOW HAS S MERC EDES	戴姆勒股份公司
8	38541968	12	2019年05月30日	梅赛德斯-奔驰 型·格	戴姆勒股份公司
9	38530898	39	2019年05月29日	势配 PARTSGOAL	戴姆勒股份公司
10	38530898	41	2019年05月29日	势配 PARTSGOAL	戴姆勒股份公司
11	38530898	9	2019年05月29日	势配 PARTSGOAL	戴姆勒股份公司
12	38530898	35	2019年05月29日	势配 PARTSGOAL	戴姆勒股份公司
13	38530898	1	2019年05月29日	势配 PARTSGOAL	戴姆勒股份公司
14	38530898	4	2019年05月29日	势配 PARTSGOAL	戴姆勒股份公司
15	38032036	42	2019年05月08日	PIONEERING.SPACE	戴姆勒股份公司
16	38032036	9	2019年05月08日	PIONEERING.SPACE	戴姆勒股份公司
17	38032036	41	2019年05月08日	PIONEERING.SPACE	戴姆勒股份公司
18	37849194	12	2019年04月28日	MAYBACH	戴姆勒股份公司
19	37849194	21	2019年04月28日	MAYBACH	戴姆勒股份公司
20	37849194	34	2019年04月28日	MAYBACH	戴姆勒股份公司
21	37849194	3	2019年04月28日	MAYBACH	戴姆勒股份公司
22	37849194	25	2019年04月28日	MAYBACH	戴姆勒股份公司

图 6.45　组配检索示例

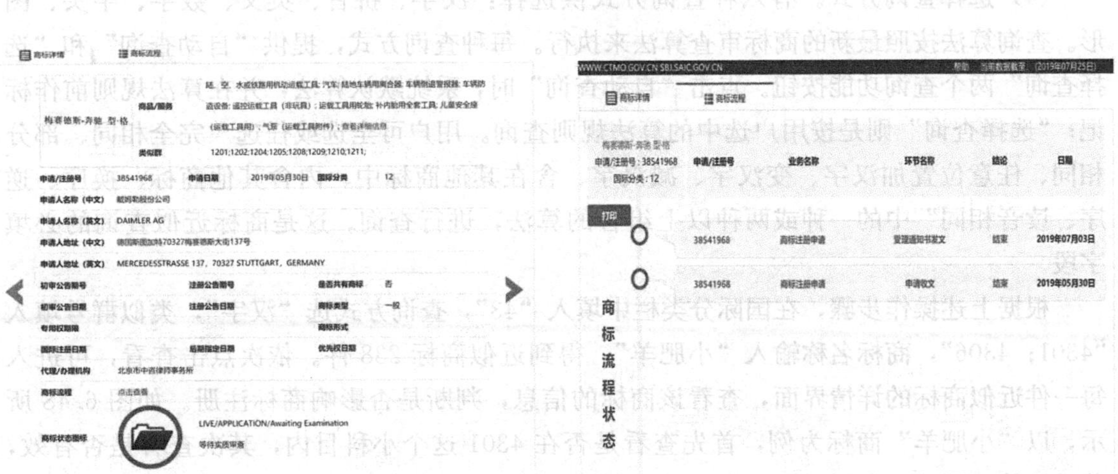

图 6.46　示例商标详情界面与流程界面

3. 商标近似查询

通常在商标注册之前必须进行商标近似查询，以检索其注册成功率。若在同一类别中存在他人对近似商标的在先注册，商标就无法成功注册。当然，也可以通过增减字等其他方式避免与他人注册商标相近似。

商标近似查询是针对已知道具体注册类别的商标，商标近似查询的输入条件包括：

(1) 国际分类号。按照《类似商品和服务区分表》填写，也可以点击“帮助”按钮辅助填写；在检索框中输入 1～45 之间任意的阿拉伯数字。如图 6.47 所示查询饭店商标，其主类别属于第 43 类“提供食物和饮料服务；临时住宿”，则输入 43。这是商标近似查询的必填字段。

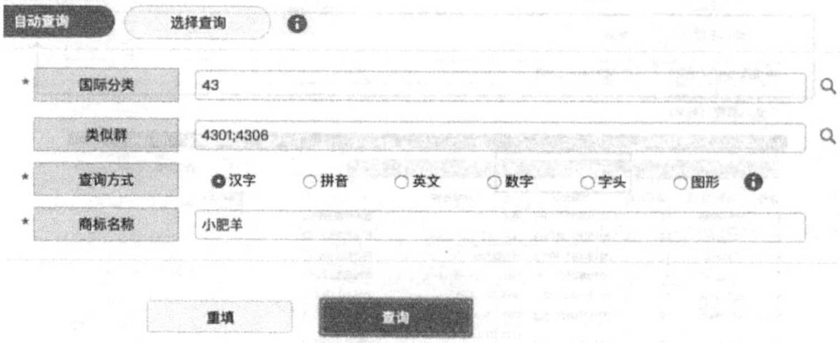

图 6.47　商标近似查询示例

(2) 类似群号。在《类似商品和服务区分表》中选择商品的类似群号输入检索框，如输入“4301；4306”(以半角分号分隔)。这是商标近似查询的可选字段。

(3) 查询内容。输入需要查询的内容，例如输入“小肥羊”。查询内容要根据具体的查询方式来填写，例如查询内容输入“小肥羊”后，则查询方式必须选择“汉字”。这是商标近似查询的必填字段。

(4) 选择查询方式。有六种查询方式供选择：汉字、拼音、英文、数字、字头、图形。查询算法按照最新的商标审查算法来执行。每种查询方式，提供“自动查询”和“选择查询”两个查询功能按钮。点击“自动查询”时，系统默认算法，并在算法规则前作标记；“选择查询”则是按用户选中的算法规则查询。用户可全选或任选“完全相同、部分相同、任意位置加汉字、变汉字、减汉字、含在其他商标中、内含其他商标、换序、逆序、读音相同”中的一种或两种以上组合的算法，进行查询。这是商标近似查询的必填字段。

根据上述操作步骤，在国际分类栏中填入“43”，查询方式选“汉字”，类似群号填入“4301；4306”，商标名称输入“小肥羊”，得到近似商标 238 件。依次点击查看，可进入每一件近似商标的详情界面，查看该商标的信息，判断是否影响商标注册。如图 6.48 所示，以“小肥羊”商标为例，首先查看是否在 4301 这个小科目内，其次查看是否有效，若满足其一则无法注册汉字“小肥羊”商标。

如果不知道国际分类号，可以点击“国际分类”栏后的“帮助”按钮，则可浏览《类似商品和服务区分表》，选择需要的类别，或通过左上方的分类搜索框，输入关键词获得想要的国际分类号(见图 6.49)。此处的类别关键词是指大类别总称里的字，在输入后点击检索无结果时，建议先明确要注册哪个类别。拼音近似查询和汉字近似查询是同样的步骤。

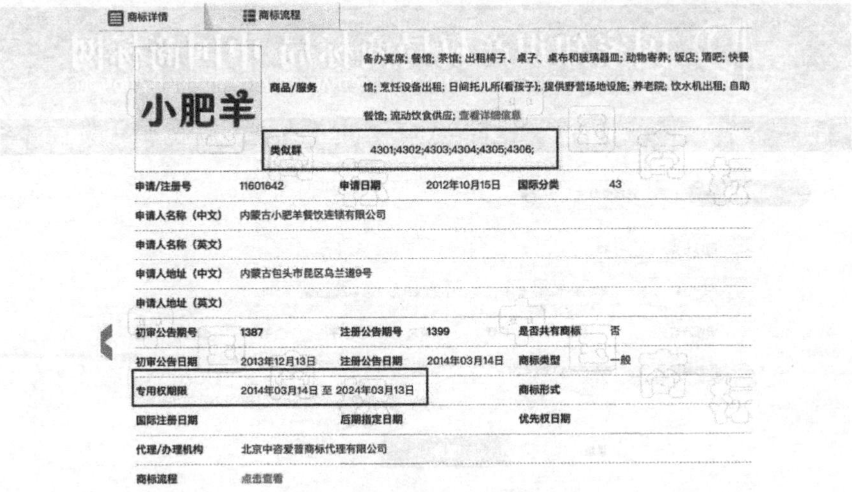

图 6.48 “小肥羊”商标详情界面

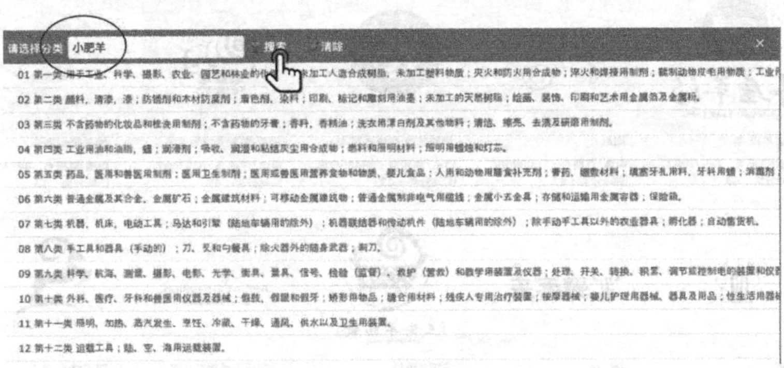

图 6.49 分类搜索示例

如需要查询图形，可以选择“帮助”按钮，会弹出图形要素编码的辅助窗口，选择相应的图形要素编码，或者直接输入图形要素编码。以检索“小肥羊”的图形商标为例，在国际分类栏中填入“43”，查询方式选“图形”，如果不知道图形编码，可点击图形编码栏后的“帮助”按钮，则可浏览选择所需要的编码。羊是四足动物，所以找四足动物系列，依次查看得知“羊”所在的系列——“3.4.11 山羊，绵羊”、“3.4.13 系列四中有角动物的头”和“3.4.24 系列四中风格化的动物”符合要检索的内容。勾选 3.4.11、3.4.13 和 3.4.24，点击“加入检索”按钮，然后回到查询界面，点击“查询”按钮，检索到羊的图形商标超过了 1 万条记录（见图 6.50）。选择图形查询方式，查询内容只能输入维也纳分类体系的图形要素编码，否则无法进行查询。最多可以输入 5 个图形编码，编码间以半角分号（;）分隔。

需要注意的是，商标注册审查主要依据《商标法》第 10 条和第 11 条，商标查询并不能完全预测和避免商标注册的风险。在商标查询之前应当先考虑在通用名称、显著性等方面排除商标注册的绝对风险。在近似查询时，国际分类号、查询内容以及查询方式为必填写内容，否则无法查询。

图 6.50　图形检索示例

6.2.2 全球品牌数据库

世界知识产权组织的全球品牌数据库（Global Brand Database），是一个由世界各国知识产权局参与的商标信息共享的免费在线检索工具。全球品牌数据库自 2011 年 3 月推出，整个数据库包括两大部分：第一部分是 WIPO 的自有数据，包括马德里体系国际商标注册数据，根据里斯本体系注册的原产地名称，纹章、旗帜和国徽，以及根据《巴黎公约》第 6 条之三受保护的国际组织的名称、缩写及徽章；第二部分是各国数据库，提供方有澳大利亚、加拿大、欧盟、瑞士、阿联酋及美国等 55 个国家（地区），数据库中已收录 3 800 多万条商标记录。全球品牌数据库现可搜索如表 6.1 所示的国家/知识产权组织的商标数据库。在判断国外商标注册风险时，全球品牌数据库是一个检索有无相同或者近似商标的便捷、高效的在线检索工具，可以进行先期检索。

表6.1 全球品牌数据库收录范围

来源	记录数	收录时间范围
WIPO国际商标（马德里体系）	1 066 639	1946年8月30日—2019年7月25日
WIPO标志（《巴黎公约》第6条之三）	3 583	N/A
WIPO原产地名称（里斯本体系）	1 130	1967年11月23日—2018年12月31日
世界卫生组织药用物质国际非专利名称（INN）	9 946	N/A
越南商标	222 939	1999年12月1日—2016年7月27日
乌拉圭商标	267 019	1901年1月2日—2019年8月3日
美国商标	9 866 120	1823年3月7日—2019年8月1日
阿拉伯联合酋长国商标	166 752	1993年2月7日—2018年12月17日
突尼斯商标	91 489	1961年11月11日—2017年9月30日
津巴布韦商标	74 464	1898年2月26日—2018年8月6日
韩国商标	3 652 265	1950年3月21日—2019年8月3日
北马其顿商标	34 555	1990年6月25日—2019年7月26日
纳米比亚商标	67 185	1924年1月3日—2018年4月6日
莫桑比克商标	45 944	1998年1月4日—2018年7月6日
马拉维商标	25 779	1885年6月11日—2018年8月9日
肯尼亚商标	95 165	1913年3月1日—2018年4月28日
加纳商标	31 225	1863年3月14日—2018年2月2日
博茨瓦纳商标	38 034	1876年3月5日—2018年4月25日
汤加商标	3 355	1886年11月3日—2018年2月27日
泰国商标	959 749	1931年1月27日—2019年7月10日
瑞士商标	423 615	1973年3月7日—2019年8月6日
苏丹商标	23 762	1931年1月2日—2016年8月25日
西班牙商标	944 229	1890年5月8日—2019年8月4日
新加坡商标	714 918	1939年1月2日—2019年8月4日
萨摩亚商标	7 554	1973年1月11日—2019年7月30日
菲律宾商标	474 147	1900年1月2日—2019年7月31日
巴布亚新几内亚商标	32 180	1975年1月17日—2019年6月22日
阿曼商标	75 008	1988年8月3日—2019年4月18日
新西兰商标	674 084	1868年2月2日—2019年8月6日
摩洛哥商标	174 473	1986年1月3日—2018年12月19日
蒙古国商标	73 088	1900年11月7日—2019年7月26日
摩尔多瓦商标	42 349	1990年1月23日—2019年7月27日

续前表

来源	记录数	收录时间范围
墨西哥商标	1 558 009	1905年1月31日—2019年8月3日
马来西亚商标	859 604	1913年3月30日—2019年6月21日
老挝商标	47 585	1991年1月19日—2019年7月17日
科威特商标	33 213	1975年10月23日—2017年8月9日
约旦标志	155 030	1900年1月2日—2018年9月17日
日本商标	2 207 375	1898年2月17日—2019年4月28日
意大利商标	1 192 534	1989年10月3日—2019年5月1日
以色列商标	285 023	1920年1月2日—2019年8月2日
印度尼西亚商标	1 005 200	1990年1月21日—2019年7月9日
冰岛商标	108 881	1905年1月2日—2019年8月2日
德国商标	2 084 326	1875年5月2日—2019年7月23日
格鲁吉亚商标	42 616	1992年5月15日—2019年8月4日
冈比亚商标	8 707	1900年1月27日—2018年3月29日
法国商标	2 800 277	1961年1月8日—2019年7月15日
欧盟知识产权局商标	1 712 444	1996年4月2日—2019年8月5日
斯威士兰商标	20 541	1924年3月28日—2017年3月22日
爱沙尼亚商标	60 530	1992年10月2日—2019年7月26日
埃及商标	124 660	1900年1月2日—2018年4月30日
丹麦商标	292 420	1880年11月19日—2019年8月3日
哥斯达黎加商标	330 530	1800年1月2日—2019年8月5日
智利商标	602 514	2001年1月4日—2018年8月29日
加拿大商标	1 655 978	1872年12月15日—2019年7月30日
柬埔寨商标	95 887	1991年1月10日—2019年8月6日
文莱商标	47 607	1886年9月10日—2019年8月1日
巴林商标	51 668	1900年1月2日—2017年9月28日
澳大利亚商标	1 706 192	1906年7月3日—2019年8月2日
阿尔及利亚商标	35 806	1966年9月21日—2018年10月4日

尽管全球品牌数据库涵盖若干个大型商标信息库，但它并不包括直接向某些缔约方（也就是马德里体系之外）申请的商标。为保险起见，最好也对国家/地区知识产权局的注册簿进行检索。

如图6.51所示，全球品牌数据库主界面分为“搜索”（SEARCH BY）、“筛选”（FILTER BY）和搜索结果显示3个主要的功能区。

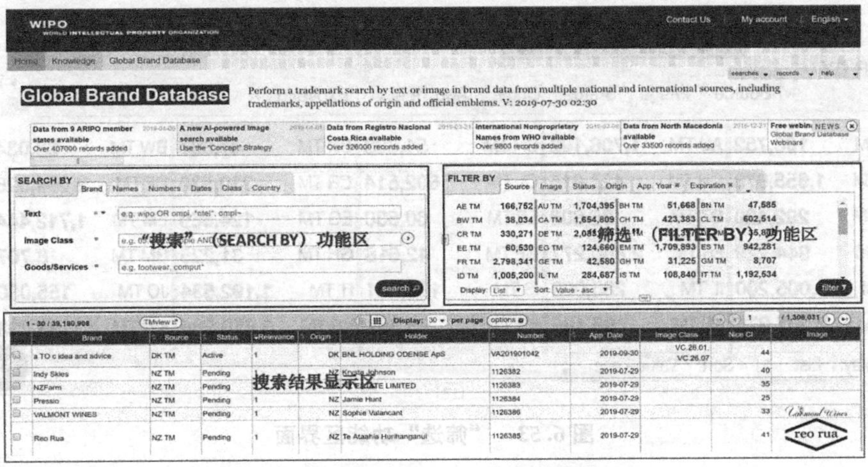

图 6.51　全球品牌数据库主界面

第一，在“搜索”功能区，可以进行品牌（Brand）、名称（Names）、数字（Numbers）、日期（Dates）、类别（Class）和国家（Country）检索（见图 6.52）。

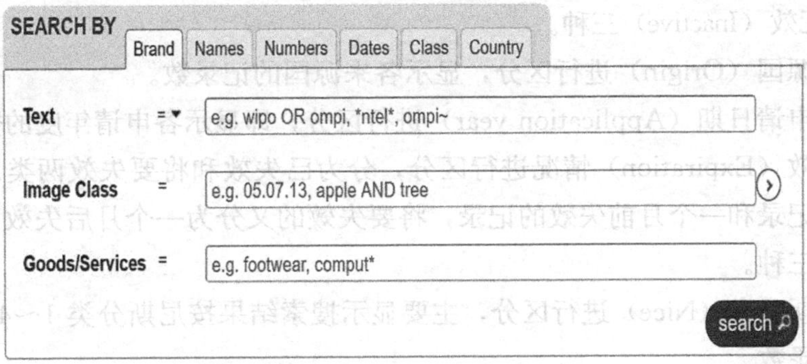

图 6.52　“搜索”功能区界面

（1）品牌（Brand）检索，即输入文本（Text）、图形类号（Image Class）或者商品或服务名（Goods/Services）进行查询。

（2）名称（Names）检索，即输入品牌持有人或代理人的名称进行查询。

（3）数字（Numbers）检索，即输入申请号和注册号即能查询。

（4）日期（Dates）检索，即输入申请日期、注册日期或失效日期进行查询。

（5）类别（Class）检索，即输入图形类号编码、商品服务类号进行查询。

（6）国家（Country）检索，即输入来源国、指定国进行查询。

以上选项，尤其是品牌检索和名称检索支持包括布尔检索、邻近检索、词干检索、发音检索以及模糊检索在内的各种检索技术，以方便找到近似或相同的文字商标，利用图形检索功能查找近似或相同的图形商标。

第二，在“筛选”功能区，将符合当前搜索要求的记录数，按照选定的条件进行归集，也就是将搜索结果进行细分（见图 6.53）。“筛选”功能区有 11 个选项。

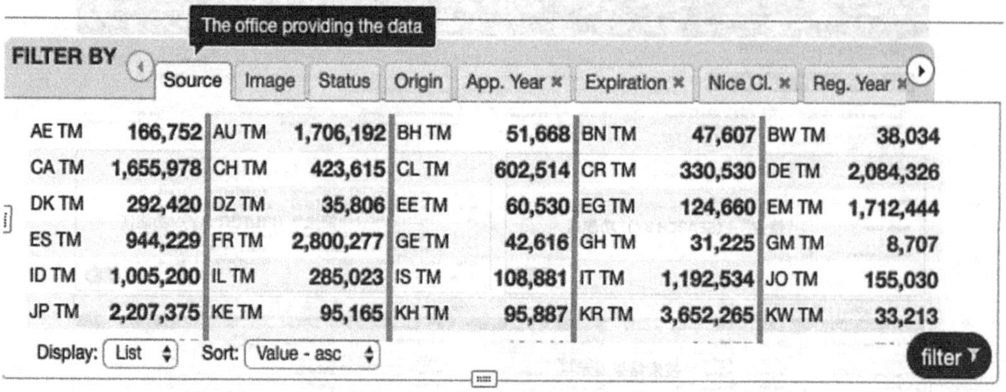

图 6.53　“筛选”功能区界面

（1）根据数据来源（Source）进行区分，即对不同国家或国际组织的数据进行区分。

（2）根据图形（Image）进行区分，可上传或拖入图片，或用概念、颜色、形状或颜色形状组合来定义图形，对搜索结果进行归类，或按图形类型进行细分。

（3）统计不同的法律状态（Status）的记录数，此处法律状态包括有效（Active）、在审（Pending）和无效（Inactive）三种。

（4）按来源国（Origin）进行区分，显示各来源国的记录数。

（5）根据申请日期（Application year）进行区分，即显示各申请年度的数量分布。

（6）按失效（Expiration）情况进行区分，分为已失效和将要失效两类。已经失效的又分为失效总记录和一个月前失效的记录，将要失效的又分为一个月后失效、半年后失效和一年后失效三种。

（7）按尼斯分类（Nice）进行区分，主要显示搜索结果按尼斯分类 1～45 类进行区分之后各类的记录数。

（8）按注册年度（Registration）进行区分，显示搜索结果的年度注册量分布。

（9）按图形类号（Image Class）情况进行筛选。将搜索结果按维也纳图形类号进行区分，显示每类图形的数量。

（10）按持有者（Holder）进行区分，显示搜索结果中各持有人拥有的数量。

（11）根据指定国（Designation）进行区分，显示搜索结果中各指定国的商标数量。

以搜索“猫”的商标为例，在“搜索”功能区选择品牌检索，在文本栏输入“cat”，再点击图形类号栏后的“帮助”按钮，打开图形类号检索框，输入“cat”搜索其对应的图形类号，选择 VC. 03. 01. 06 和 US. 03. 01. 04 这两个类号，点击“search”进行搜索，得到符合条件的记录 2 874 条（截至 2019 年 8 月 7 日，见图 6. 54）。

在对这些记录逐一进行上述 11 个选项的细分后，我们对于“猫”的商标的布局就十分明了了，包括其商标数据的来源，图形商标的类别分布，有效、在审和无效各自的数量，各来源国的注册数量，申请年度的数量分布，已失效以及将要失效的商标数量分布，在各类商品或服务上的数量分布，年度注册量分布，各类图形要素的数量分布，各持有人拥有的商标数量，以及各个指定国的商标数量（见图 6. 55）。

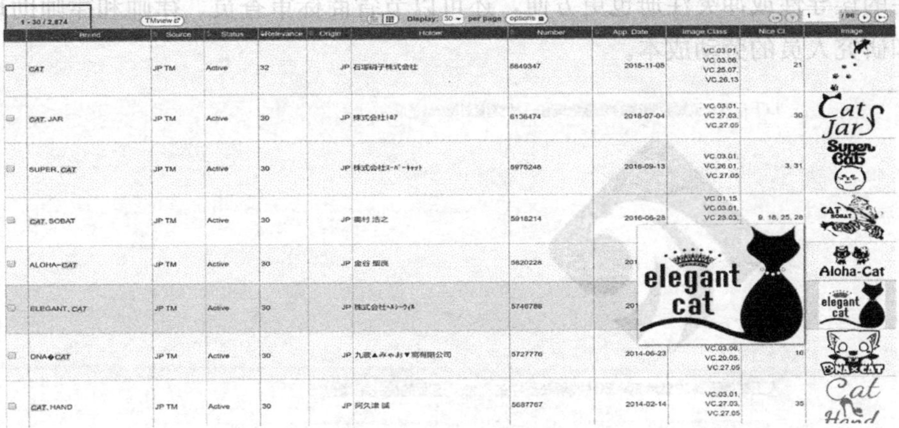

图 6.54　搜索结果示例

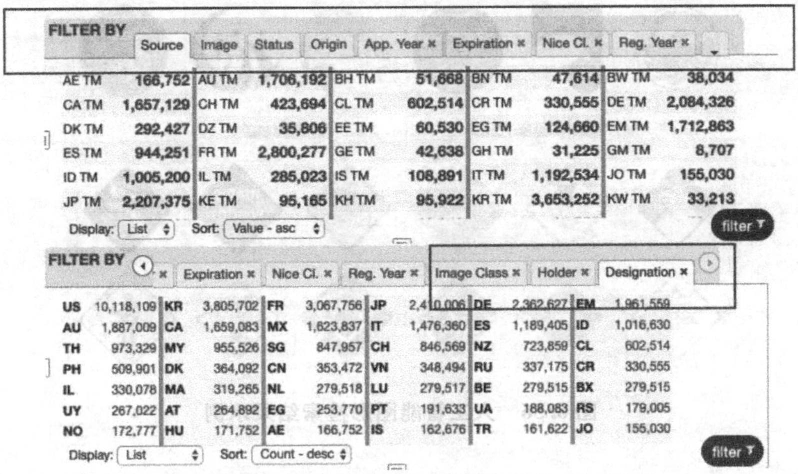

图 6.55　筛选结果示例

第三，在搜索结果显示区将与当前搜索条件匹配的记录显示出来。在此可以浏览结果集、更改排列顺序或更改显示参数。单击单个结果将切换到“记录查看”。结果显示有两种方式可选，可以选列表显示，也可以选网格显示。每页可以显示 10、30、60、100 条记录，也可以选择筛选区中的任意选项进行排序。

全球品牌数据库网站目前只提供英文、法文和西班牙文页面，未包括中文。全球品牌数据库十分便捷，用户可以通过各种各样的搜索条件进行检索，例如国家局、法律状态、权利人、代理人、申请号、日期、尼斯分类等等。

2019 年 4 月，WIPO 在该数据库推出了基于人工智能的图形检索技术，有助于更快速、容易地确定商标在目标市场的独特性。

早期的图形检索工具主要是通过识别商标的形状和颜色来确定商标图形的相似性。WIPO 利用人工智能改进了这项技术，利用深度机器学习来识别图形中的概念组合，例如苹果、老鹰、树、皇冠、汽车、星星等，以发现已注册的类似商标（见图 6.56）。这项新技术将让针对潜在近似商标的查找结果更精确，使人们在设计新的图形商标时更有把握，监测潜在的误导性或冲突注册也更方便，还可以节省商标审查员、律师和律师助理、行业从业者和研究人员的劳动成本。

图 6.56　人工智能图形检索结果示例

WIPO 推出的新人工智能检索技术利用了深度神经网络和来自国际商标注册马德里体系及几大商标局的图形元素分类数据。目前，所有用户都可以免费访问 WIPO 的全球品牌数据库搜索引擎。

值得一提的是，WIPO 不以任何方式存储用户所提交的图像的副本。一旦完成对图像的分析，关于它的所有记录都将从服务器上删除，WIPO 承诺不保留用户检索图像的任何记录。

6.2.3　白兔商标检索系统

白兔商标检索系统是济南白兔商标软件有限公司开发的，该系统是同步收录中国商标网动态发布的商标信息的检索系统。作为一款收费的商标检索工具，白兔商标检索系统以收录商标信息的全面性、检索分析功能的专业性和智能性而受到业界认可。

1. 系统功能

白兔商标检索系统主要有商标名称查询、图形查询、商标监测、续展监测、公告、统计、报表打印、商标购买等功能。

使用商标名称查询时，可以按照中文、英文、拼音或数字进行相同查询或者近似查询。

相同查询结果中只包含完全一样的商标信息，而近似查询的结果会按照近似程度进行排序。

图形查询的关键是确定图形要素编码，本功能可以直接在列表中选择图形要素，也可以根据图形要素名称快速查询其对应的图形要素编码。

当然，除商标名称与图形查询两种主要检索方式外，白兔商标检索系统还提供注册号、注册人、注册地址、商品/服务项目、代理/办理机构、公告期号、备注信息、驰名商标、声音商标、立体商标、颜色商标等查询方式，还能结合申请日期、初审日期、注册日期、截止日期、驳回日期、优先权日期、国际注册日期等进行范围限制检索。

商标监测功能，即系统将与用户预设条件对应的自动监测结果以电子邮件的方式发送到客户和代理人邮箱，目的是方便他们及时掌握商标信息的动态变化，对商标信息的初审、变更、转让、异议和驳回等进行全面监测。续展监测功能能够定期监测在续展期内或进入续展期的商标，以便商标申请人或相关人员采取措施。

对查询的商标信息，系统提供“报表打印”服务，所需信息可以以 Word 格式导出，也可以通过“信息共享”按钮将内容以二维码或者邮件形式分享给需求方。

2. 检索示例

除上述功能外，系统还含有一系列子功能及辅助功能。系统页面的顶端有一行盲区时间，该日期随新申请的数据一起更新，不过有时滞。

如图 6.57 所示，页面左上是商标类别，当选择单个类别时，可以将查询范围细化，例如，可以在第 37 类下使用商标名称功能查询“熊猫”。点击相同查询，会在左下方查询结果显示区显示第 37 类中与“熊猫”相同的商标信息；点击近似查询，会在左下方查询结果显示区显示第 37 类中与“熊猫”相同、包含以及倒序关系的商标信息。点击任何一个商标时，可以在下方看到其详细信息。在搜索框下方的“中文查询选项”区域还能进行拼音、同音字、形似字、英文同义的商标查询。不仅如此，商标名称搜索栏右侧的“含义”，可以将查询的商标名称链接到百度或者必应搜索引擎，方便审查人员理解名称的含义。

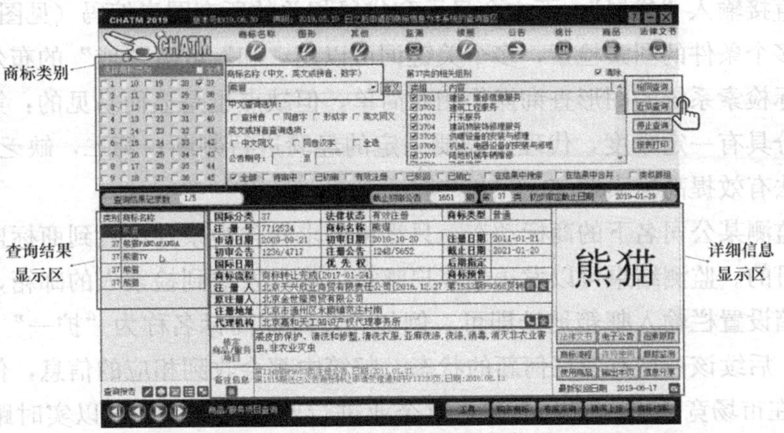

图 6.57　“熊猫”商标检索示例

如果忘记了商标名称只记得商标的大致图案，可以使用图形查询功能进行检索。例如，要在第 45 类中查询一个“穿戴盔甲的男人”的商标，可以勾选第 45 类，然后在界面下方图素编码提示栏内选择第 2 大组人类“2.1.2 武装的男人或穿盔甲、军服的男人”，点击图形查询，系统会以每页 20 个图形样稿的形式进行展示，此时可以浏览并选择目标商标，样稿中背景为绿色的图形表示该商标已无效（见图 6.58）。

图 6.58　图形查询结果示例

当然也可以不通过图素编码列表，而是直接输入关键词进行图素检索。例如在“图素名称”框内直接输入“袋鼠”，下方会显示和袋鼠相关的所有图素编码（见图 6.59）。图形查询还支持多个条件的图素检索，多个关键词可以用“和”或者“或”的布尔逻辑进行关联。白兔商标检索系统的图形查询操作相对简单，但缺点也是显而易见的：第一，对图形要素进行划分具有一定难度，代理人需要一定的经验进行判断；第二，缺乏“以图查图”的功能，无法有效提高检索效率。

如果想监测某公司名下的商标动态，只需将需求转化为条件设置到商标监测功能系统中就能实现目的。监测结果可以发送到客户邮箱也可以发送到检索人的邮箱，分别在客户邮箱以及邮箱设置栏输入邮箱地址即可。例如，要跟踪商标名称为“护一”的初审数据，设置完成后，后续该商标有了任何新的状态，邮箱中都会收到相应的信息，信息模板如图 6.60 所示。在市场竞争中，有时会需要对企业进行监测，例如，可以实时跟踪申请人为腾讯科技（深圳）有限公司的通过初审的商标名册（见图 6.61）。以同样的原理，还可以设置图形要素等条件进行商标监测，数据量大时，系统发送至邮箱的内容将以表格形式呈现。这一功能通过最直接、有效的方式将动态信息呈现，节省了大量的检索时间。

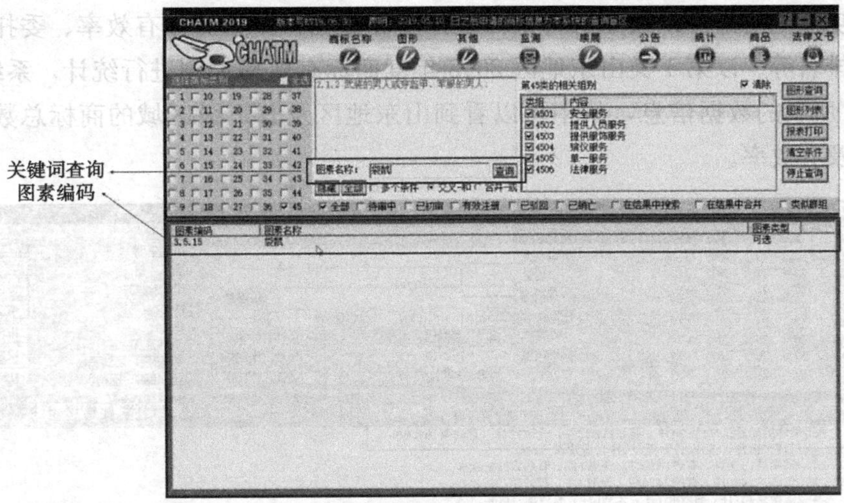

图 6.59　关键词图素检索示例

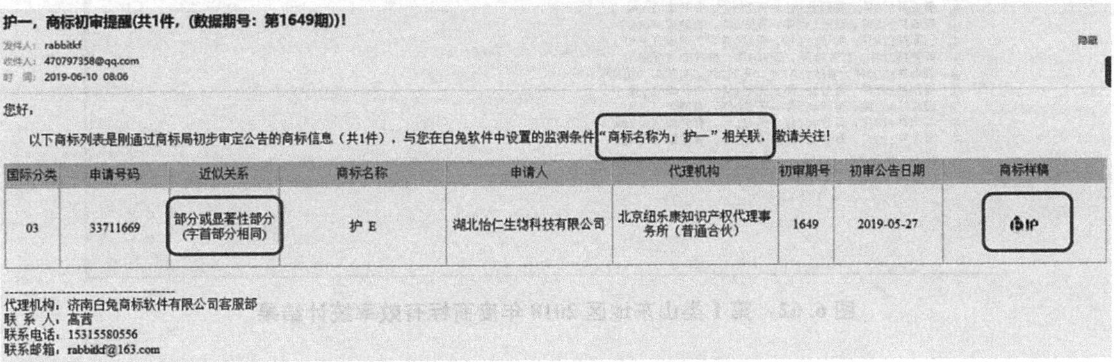

护一，商标初审提醒(共1件，(数据期号：第1649期))!

发件人：rabbitkf
收件人：470797358@qq.com
时　间：2019-06-10 08:06

您好，

以下商标列表是刚通过商标局初步审定公告的商标信息（共1件），与您在白兔软件中设置的监测条件“商标名称为：护一”相关联，敬请关注!

国际分类	申请号码	近似关系	商标名称	申请人	代理机构	初审期号	初审公告日期	商标样稿
03	33711669	部分或显著性部分(字首部分相同)	护 E	湖北怡仁生物科技有限公司	北京纽乐康知识产权代理事务所（普通合伙）	1649	2019-05-27	

代理机构：济南白兔商标软件有限公司客服部
联 系 人：高茜
联系电话：15315580556
联系邮箱：rabbitkf@163.com

图 6.60　商标监测信息示例

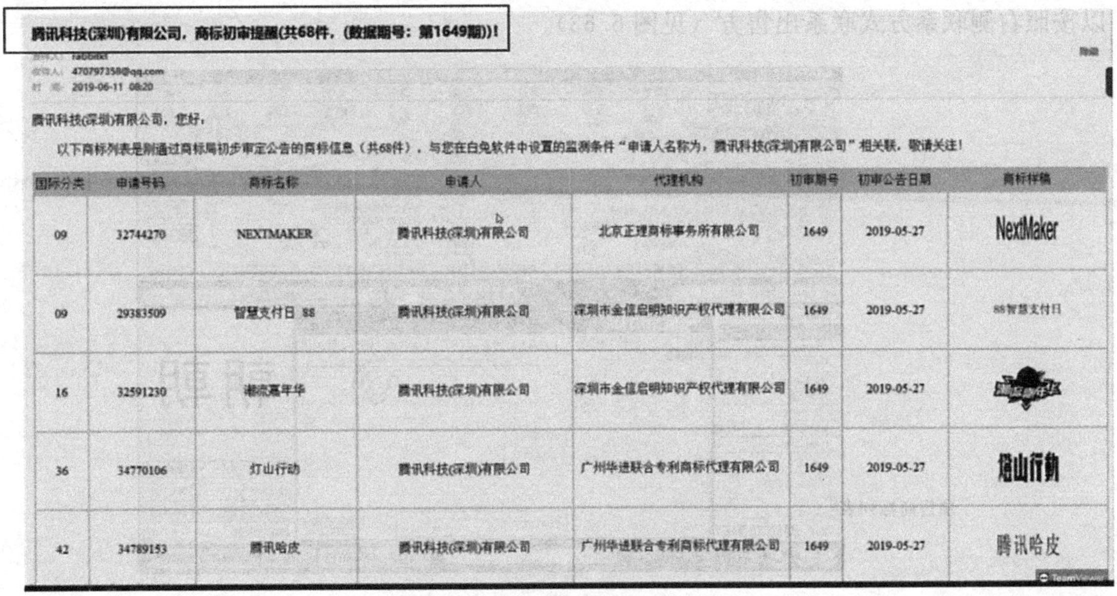

腾讯科技(深圳)有限公司，商标初审提醒(共68件，(数据期号：第1649期))!

收件人：470797358@qq.com
时　间：2019-06-11 08:20

腾讯科技(深圳)有限公司，您好，

以下商标列表是刚通过商标局初步审定公告的商标信息（共68件），与您在白兔软件中设置的监测条件“申请人名称为，腾讯科技(深圳)有限公司”相关联，敬请关注!

国际分类	申请号码	商标名称	申请人	代理机构	初审期号	初审公告日期	商标样稿
09	32744270	NEXTMAKER	腾讯科技(深圳)有限公司	北京正理商标事务所有限公司	1649	2019-05-27	NextMaker
09	29383509	智慧支付日 88	腾讯科技(深圳)有限公司	深圳市金信启明知识产权代理有限公司	1649	2019-05-27	88智慧支付日
16	32591230	潮流嘉年华	腾讯科技(深圳)有限公司	深圳市金信启明知识产权代理有限公司	1649	2019-05-27	
36	34770106	灯山行动	腾讯科技(深圳)有限公司	广州华进联合专利商标代理有限公司	1649	2019-05-27	燈山行動
42	34789153	腾讯哈皮	腾讯科技(深圳)有限公司	广州华进联合专利商标代理有限公司	1649	2019-05-27	腾讯哈皮

图 6.61　申请人监测信息示例

统计功能主要是可以按照各种条件统计商标数据，例如商标有效率、委托代理比率、代理机构排名等。以第 1 类山东地区 2018 年度商标有效率为例进行统计，系统可以提供如图 6.62 所示的数据信息，从中可以看到山东地区及其下级区域的商标总数、有效数、无效数以及有效率。

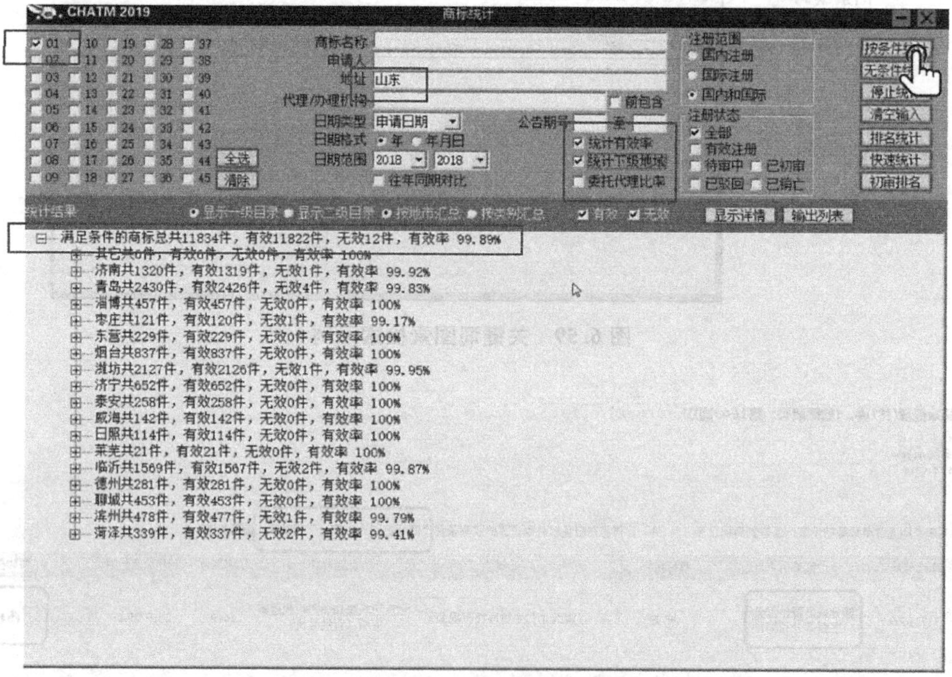

图 6.62　第 1 类山东地区 2018 年度商标有效率统计结果

该平台还有一个商业化的功能——商标购买。例如在系统中查询“朝朝”，再点击预售商标列表，可见这个商标是可供购买的且单价为 2 万元。如果有人想要购买该商标，可以按照右侧联系方式联系出售方（见图 6.63）。

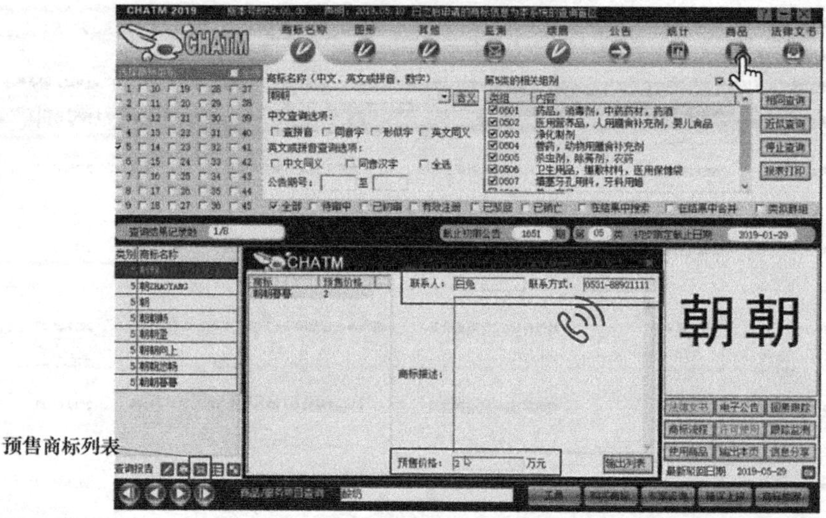

图 6.63　商标购买示例

该系统商标查询支持单类、多类或全类查询。针对商标名称的查询结果，系统按照近似程度进行自动排序，能够提高代理人员的商标近似判断效率。同时，商标的动态监测也能使用户及时跟踪商标信息，查询信息以 Word 和 Excel 格式输出，也使得后续操作更加简便。

第 7 章　版权信息检索

7.1　版权信息的分类

不管是使用百度、谷歌等搜索引擎检索，还是登录中国知网、Web of Science 等专业数据库，我们都会进入一个版权信息的海洋。与前 6 章讲述过的专利信息和商标信息相比，版权信息似乎离我们更近，因为我们每个人从来到这个世界，就开始吸取版权信息的养料。我们读过的书、看过的电影、玩过的游戏、唱过的歌，大多是版权作品。但一直陪伴我们、滋养我们的版权作品的真面目，却似被云雾缭绕，因为著作权与经官方审查授权的专利权和商标权相比，并不需要国家公权力机关的审查和授予。目前大多数国家的著作权法几乎都规定，作品一经产生即自动获得著作权，因此作品不会像专利文献和商标文献那样，印有确定的类别代码、申请授权日期、权利人、明确的法律状态和保护范围等。作品数据库也不可能像专利数据库和商标数据库那样标明“有效”或者“无效”，权利产生与终结的时间和空间范围并非一眼就能看清，有些作品甚至不署名或者署假名，因此在浩瀚无边的版权信息海洋面前，要正确识别版权信息的类别、法律状态、权利边界、权利归属、保护范围与期限等，并非易事。

面对海量的版权信息，首先需要解决的一个问题，是对版权信息进行分类，不同类别的作品决定了我们能否自由使用，以及如何使用。根据我国著作权法的规定，以能否自由使用为衡量标准，可把版权信息分为两大类：一类是已进入公有领域的信息，可以自由使用；另一类是著作权人虽享有专有权，但有法律明文规定，未经著作权人许可也可以利用版权作品的情形（见图 7.1）。

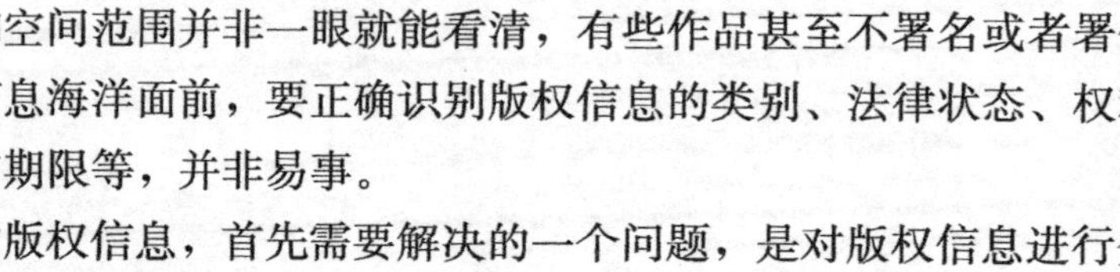

图 7.1　版权信息的分类

7.1.1 进入公有领域可以自由使用的信息

公有领域的信息又可以分为两类：一是未被纳入著作权法保护范围的信息，二是著作权法虽予以保护但已过了保护期的信息。

未被纳入著作权法保护范围的信息包括三种：(1) 法律、法规，国家机关的决议、决定、命令和其他具有立法、行政、司法性质的文件，及其官方正式译文。(2) 单纯事实消息。注意："单纯事实消息"是事实本身，而不是对事实的报道。(3) 历法、通用数表、通用表格和公式。

已过了著作权法保护期的版权作品进入公有领域后，版权作品的财产权保护期限届满，未经著作权人许可可以自由使用，但作者的精神权利，如署名权、修改权等仍受法律保护。根据作品性质和著作权主体的不同，其保护期规定有所不同：

(1) 作者为自然人的作品保护期为作者终生及其死亡后50年，截止于作者死亡后第50年的12月31日；如果是合作作品，截止于最后死亡的作者死亡后第50年的12月31日。(2) 作者为法人或者非法人组织的作品保护期为50年，截止于作品首次发表后第50年的12月31日；但作品自创作完成后50年内未发表的，著作权法不再保护。(3) 作者身份不明的作品的保护期为50年，截止于作品首次发表后第50年的12月31日。作者"身份不明"，多指作品因以假名、笔名、化名或匿名发表，难以确定作者身份的情况。如在50年内确定了作者身份，则其著作权的保护期按其作者类别和作品性质而定。(4) 著作权法对特殊作品的保护期的规定不同于一般作品，主要指视听作品，保护期为50年，截止于作品首次发表后第50年的12月31日；但作品自创作完成后50年内未发表的，著作权法不再保护。

7.1.2 著作权人虽享有专有权，但未经许可也可利用的法定情形

1. 合理使用的情形

我国《著作权法》第24条规定了合理使用的情形，符合这些情形时，使用者可以不经著作权人许可，不向其支付报酬使用版权作品，但应指明作者姓名或者名称、作品名称，并且不得影响该作品的正常使用，也不得不合理地损害著作权人的合法权益。合理使用的情形具体如下：

(1) 为个人学习、研究或者欣赏，使用他人已经发表的作品；

(2) 为介绍、评论某一作品或者说明某一问题，在作品中适当引用他人已经发表的作品；

(3) 为报道新闻，在报纸、期刊、广播电台、电视台等媒体中不可避免地再现或者引用已经发表的作品；

(4) 报纸、期刊、广播电台、电视台等媒体刊登或者播放其他报纸、期刊、广播电台、电视台等媒体已经发表的关于政治、经济、宗教问题的时事性文章，但著作权人声明不许刊登、播放的除外；

(5) 报纸、期刊、广播电台、电视台等媒体刊登或者播放在公众集会上发表的讲话，但作者声明不许刊登、播放的除外；

(6) 为学校课堂教学或者科学研究，翻译、改编、汇编、播放或者少量复制已经发表的作品，供教学或者科研人员使用，但不得出版发行；

(7) 国家机关为执行公务在合理范围内使用已经发表的作品；

(8) 图书馆、档案馆、纪念馆、博物馆、美术馆、文化馆等为陈列或者保存版本的需要，复制本馆收藏的作品；

(9) 免费表演已经发表的作品，该表演未向公众收取费用，也未向表演者支付报酬，且不以营利为目的；

(10) 对设置或者陈列在公共场所的艺术作品进行临摹、绘画、摄影、录像；

(11) 将中国公民、法人或者非法人组织已经发表的以国家通用语言文字创作的作品翻译成少数民族语言文字作品在国内出版发行；

(12) 以阅读障碍者能够感知的无障碍方式向其提供已经发表的作品；

(13) 法律、行政法规规定的其他情形。

2. 法定许可的情形

我国《著作权法》第 25 条规定了法定许可的情形，即为实施义务教育和国家教育规划而编写出版教科书，可以不经著作权人许可，在教科书中汇编已经发表的作品片段或者短小的文字作品、音乐作品或者单幅的美术作品、摄影作品、图形作品，但应当按照规定向著作权人支付报酬，指明作者姓名或者名称、作品名称，并且不得侵犯著作权人依照本法享有的其他权利。

第 24 条规定的合理使用情形与第 25 条规定的法定许可情形也适用于对与著作权有关的权利的限制。

虽然合理使用和法定许可是法定的豁免情形，但必须明白，合理使用和法定许可往往是针对特定的目的、场景或主体的一种制度安排，所以在利用版权作品之前要谨慎判断，尤其是涉及商业开发和利用时，最好能对版权状况进行调查，对利用方案进行专业的论证。

需要注意的是，不管是进入公有领域的版权信息，还是合理使用或法定许可情形，都不会在版权作品或数据库中明确标示出来，这就需要结合上述著作权法的有关规定来进行归类和甄别。

7.2 版权登记

现代意义上的版权登记源于 1709 年英国的《安娜女王法》，该法规定，所有图书版权受保护的前提是履行相关手续，即“在同业公会进行书名的注册登记，以及将该书存放 9 份”。美国吸收了英国版权法的这一规定，在 1790 年颁布第一部联邦版权法时就规定了版权登记制度——对图书予以保护的前提是必须履行版权登记手续，其后美国版权法虽经多次修改但一直保留版权登记制度，直到 1989 年美国正式加入《伯尔尼公约》之后，版权登记才从强制性变为自愿性。①

① 黄先蓉，刘玲武．美国版权登记制度的复兴及对我国的启示．现代出版，2017 (1)：62－66.

与大多数国家著作权法的规定和《伯尔尼公约》的要求一样，我国著作权法对著作权也实行自动保护原则，即作品创作完成后即享有著作权，不需要履行任何登记手续。我国1990年颁布的《著作权法》以及2001年、2010年修正的《著作权法》中，都没有版权登记的条文，直至2020年《著作权法》第三次修正时，才增加了版权登记的一般性规定，即《著作权法》第12条第2款规定了“作者等著作权人可以向国家著作权主管部门认定的登记机构办理作品登记”。根据该规定，著作权人“可以”而非“应当”进行作品登记，这意味着，在我国作品一旦完成，无论是否发表，不论是否登记，作者或其他著作权人依法取得著作权。因此，版权登记不是取得版权的前提条件，但近年来随着版权纠纷尤其是网络版权纠纷的快速增长，越来越多的作者和其他著作权人自愿进行版权登记。[①]

1. 为什么要进行版权登记

版权登记的实质是记载、反映有关作品权利原始状态的某些事项。这些事项具体体现在版权登记证书上，包括作品名称、作品类别、作者姓名、著作权人姓名或名称、作品是否发表、作品创作完成时间、作品首次发表时间以及登记日期等。具体说来，进行版权登记的原因主要有以下四个。

（1）版权登记证书是著作权人启动反盗版维权行动的前提条件。版权登记证明文件是登记事项的一种初步证明，可以作为主张权利或者提出权利纠纷行政处理或诉讼的证明文件。因此，在维权实践中，除非有其他足以推翻版权登记证书内容的相反证据，否则，持有登记证书的一方将被司法机关或行政机关认定是作品的著作权权利人。

（2）在版权授权许可等版权贸易中，版权登记证书是权利人所有权展现的标志，也是权利人申请对作品著作权价值进行评估时，应当向评估机构提交的必备证明文件之一。

（3）在版权质押融资环节，版权登记证书是提供质押担保的有效依据。

（4）版权登记证书还是个人自我价值的体现、企业创新实力的表现。权利人可据此向国家有关部门申请享受相关优惠与鼓励政策。[②]

此外，根据《作品自愿登记试行办法》第12条的规定，作品登记应实行计算机数据库管理，并对公众开放，查阅作品应填写查阅登记表。所以版权登记除上述作用之外，也为公众获取版权作品信息提供了一个重要平台。

2. 负责版权登记的部门有哪些

在我国，负责版权登记的部门有中国版权保护中心和各省级版权登记部门。《作品自愿登记试行办法》第3条规定：各省、自治区、直辖市版权局负责本辖区的作者或其他著作权人的作品登记工作。国家版权局负责外国以及我国台湾、香港和澳门地区的作者或其他著作权人的作品登记工作。《计算机软件著作权登记办法》第6条规定：国家版权局主管全国软件著作权登记管理工作。国家版权局认定中国版权保护中心为软件登记机构。经国家版权局批准，中国版权保护中心可以在地方设立软件登记办事机构。

可见，计算机软件由中国版权保护中心及其在各地设立的软件登记办事机构负责登

---

① 关晓海．著作权登记证书的证明力有多大?．中国知识产权报，2019-05-20.

② 版权登记的重要性及作用!．（2018-11-22）[2019-11-18]．https：//www.sohu.com/a/277217711_99923930.

记；其他具有独创性的作品，如文字、美术、摄影、电影、音乐、建筑作品及工程设计图等，可由其作者或其他著作权人在其所在省级版权登记部门进行登记。

3. 如何进行版权登记

以在中国版权保护中心登记版权为例，我们登录中国版权保护中心官网，可以看到有“我要登记”、“登记指南”和“登记公告”三个栏目，“我要登记”栏目中有软件登记、作品登记和DCI登记三个选项（见图7.2）。

图 7.2　中国版权保护中心版权登记页面

点击“软件登记”按钮，进入软件登记界面，如需了解相关流程和所需提交的材料，可以先阅读登记指南，根据登记指南进行登记。譬如，软件著作权登记需要提交申请表、软件的鉴别材料、申请人身份证明、联系人身份证明和相关的证明文件。软件以外的其他作品登记流程与软件登记流程相同，但提交的材料有异，其作者应出示身份证明并提供表明作品权利归属的证明（如封面及版权页的复印件、部分手稿的复印件及照片、样本等），填写作品登记表。其他著作权人申请作品登记还应出示表明著作权人身份的证明（如继承人应出示继承人身份证明，委托作品的委托人应出示委托合同）。专有权所有人应出示证明其享有专有权的合同。

需要特别关注的是DCI登记。DCI是数字版权标识的英文 digital copyright identifier 的缩写，DCI体系是中国版权保护中心在2010年正式提出的数字版权公共服务新模式。在DCI体系下，数字版权内容在完成版权登记后，可获得DCI码、DCI标和作品登记证书（电子版）。每一个版权作品，都可以获得一个唯一、永久的DCI码。而作品登记证书（电子版）则采用了加密技术与电子签名技术，将权利人、作品名称、版权信息及DCI码等内容封装进版权证书内，以满足后续的版权查验需求。此外，DCI体系还提供了版权费用结算认证、监测取证快速维权等服务，以满足版权人更多的使用需求。在数字时代推出DCI登记可谓恰逢其时，与传统版权作品相比，数字版权作品复制成本极低，而针对数字版权侵权行为的检测、取证与维权行为，成本极高。近年来网络版权侵权遍网、纠纷频发，但维权却举步维艰。中国版权协会数据显示，2017年因观看盗版视频而没有为正版视频服务付费的用户给整个行业带来了高达136.4亿元的损失。DCI登记通过对静态的版权归属状况以及动态的版权流转（如许可和转让等）状况的登记，实现对版权信息的记载，为数字版权提供终生唯一的“身份标识”①。加上区块链等新技术的应用、版权领域新生态

① 中国版权保护中心．DCI体系．[2019-08-18]. http://www.ccopyright.com.cn/mobile/index.php?optionid=1599.

的形成、版权产业链的打造，尤其是数字版权的确权、授权、维权以及全版权运营带来的深刻影响，预示着版权新时代正在向我们走来。

7.3 版权标识

版权标记是通过标注相应的符号，告知他人此作品已受版权保护并注明权利人的一种方式。加注版权标识，并不是法律的强制性规定，而是权利人宣示权利的一种方式。

版权标记的规定来自美国版权法，从 1802 年开始，美国版权法就要求作者或版权人在已经出版或公开发行的作品上加注版权标识，并且以此作为获得版权的前提。按照 1909 年的美国版权法，如果作者或版权人没有使用版权标识或没有正确使用版权标识，作品会自动进入公有领域，人人都可以使用，作者或出版者也会因此丧失权利。[①] 在 1989 年 3 月 1 日美国正式加入《伯尔尼公约》之前，要在美国获得版权保护必须在发表作品的复制件上载有版权标识。美国加入《伯尔尼公约》后，废除了强制性版权标识的要求。

虽然目前大多数国家不以版权标识为取得版权保护的条件，但现在通行的国际惯例是标注版权标识，这样可以清楚表明作品受版权保护，也可以使他人明确版权所有人。在中国，虽然作品问世即可得到版权保护，并不需要声明，但在图书、唱片、软件等作品上一般都能看到版权标识，目的是提醒他人，该作品是受版权保护的。

如图 7.3 所示，在生活中经常可以在书籍、电影或者其他地方，看到版权标识©，其含义是“保留所有权利”（all rights reserved）。在唱片上，通常都有©与Ⓟ符号，©表示该作品是受著作权法保护的作品，Ⓟ是 phonogram 的缩写，标示的是录音版权拥有者，也就是母带权利的归属。以上两个版权标识都有保留所有版权的含义。但不同的作者对于作品的诉求不同，有的作者希望自己的作品能够广为流传，愿意让渡著作权中的财产权，此时，最简单的方法就是声明放弃版权，使作品进入公共领域。但是这样做存在弊端，无法防止别人对作品进行加工，然后变为他人的私有财产，进行出售。所以，仅有一个人放弃版权是不够的，必须保证之后所有使用者都不会将其据为己有。

图 7.3 版权标识

① 版权所有符号. [2019-09-18]. https://www.cqkdtui.com/bq/30305.html.

因此，自由软件基金会（FSF）创始人理查德·斯托曼（Richard Stallman）设计出了copyleft，即为作品附上一个许可证，如果你对采用copyleft许可证的作品进行修改后再发布，那么你也必须使用同样的许可证。所以，只要一个作品被copyleft了，那么此后基于它的所有作品都会被copyleft。copyleft这个词，是对copyright的戏谑，故意与copyright对立，copyright的标志是©，copyleft的标志是🄯。不过，有一点需要注意，虽然copyleft与copyright对立，但copyleft的作品也是有版权的。

理查德·斯托曼主要提出了两个copyleft许可证：GPL许可证（GNU General Public License）和GFDL许可证（GNU Free Documentation License）。前者主要用于软件作品，后者主要用于文字作品。GPL许可证的核心含义是，允许任何人观看、修改，并散播程序软件里的原始程序码，条件是发布修改后的版本需一并公布源代码。采用GPL许可证的软件就被称为自由软件。自由软件震惊了全世界并得到了软件界的积极响应，越来越多的程序员加入了自由软件运动。以Linux为代表的一个完整的开源操作系统已经形成，在性能上完全可以与微软的Windows系统媲美。一旦一个文字作品采用了GFDL许可证，那么他人就可以自由使用这个作品，包括用于商业用途，唯一的条件是所有衍生作品也必须采用GFDL许可证。目前，世界上最著名、最成功的采用GFDL许可证的项目是维基百科（Wikipedia）。

创作共用许可证（Creative Commons Licenses，CC）是由美国Creative Commons基金会在2002年12月16日提出的。作者使用CC协议，可以且只能选择保留以下4种权利：

（1）署名（Attribution）：必须提到原作者。

（2）非商业用途（Noncommercial）：不得用于营利性目的。

（3）禁止演绎（No Derivative Works）：不得修改原作品。

（4）相同方式共享（Share Alike）：如果允许修改原作品，那么必须使用相同的许可证发布。

以上4种权利可以有16种排列组合，但是要注意以下两点：一是不能同时选择禁止演绎与相同方式共享；二是不能同时放弃4种权利。所以，就有了最常见到的6种排列组合：

（1）署名（by license）

（2）署名—非商业用途（by-nc license）

（3）署名—禁止演绎（by-nd license）

（4）署名—非商业用途—禁止演绎（by-nc-nd license）

（5）署名—非商业用途—相同方式共享（by-nc-sa license）

（6）署名—相同方式共享（by-sa license）

需要注意的是，对应不同的司法管辖区，创作共用许可证有不同的地区版本。另外，创作共用许可证一直在修订，最新的是 4.0 版，但是一部分地区还在使用 3.0 版。

看到上述自由软件许可证或创作共用许可证的标识，使用者就可以快速辨识作者或其他著作权人放弃了哪些权利，保留了哪些权利。对于使用者来说，这是一种福利。目前采用这两类许可证的软件和作品日益增多，尤其在学术领域，开放存取运动的开展，使得越来越多的学术作者采纳了创作共用许可证，目前开放期刊系统如 DOAJ（见图 7.4）和开放学术仓储系统如 DOAR（见图 7.5）收录了大量的开放资源。截至 2020 年 3 月 31 日，DOAJ 已经收录了 14 446 种学术期刊，其中有全部开放、部分开放和延时开放三类学术期刊①；DOAR 则收录了 5 309 个学术机构的学术成果库。② 虽然这类堪称海量的开放资源多是版权作品，但作者让渡了部分或全部著作财产权，使用者可以免费使用。这无疑是一类十分宝贵的信息资源。

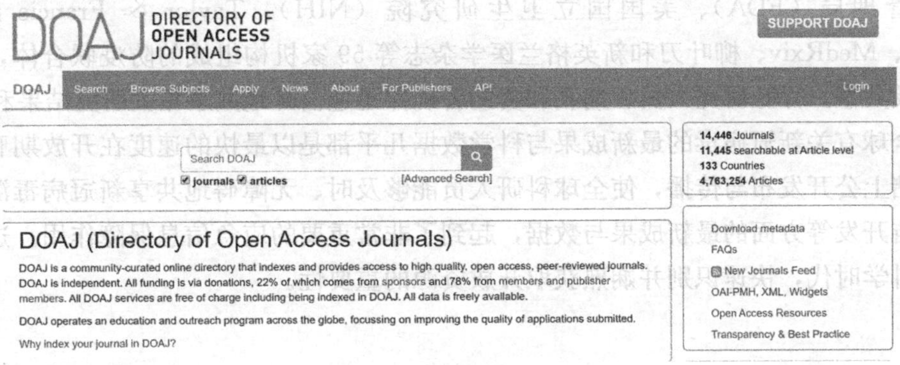

图 7.4　开放期刊系统 DOAJ

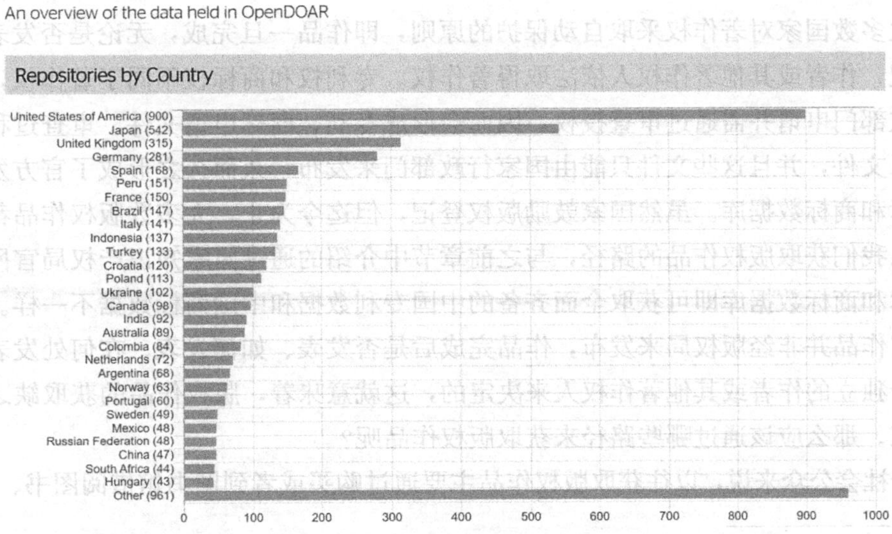

图 7.5　开放学术仓储系统 DOAR

① Directory of Open Access Journals. [2020－03－31]. https: //doaj. org.

② Directory of Open Access Repositories. [2020－03－31]. http: //v2. sherpa. ac. uk/opendoar.

作为一种新的科学研究范式，以高度协作、开放获取、数据共享、研究透明为特征的开放科学正在全球兴起。[①] 近二十年来国际学术界一直致力于科学数据的开放、集成与整合，实现科学数据共享与互操作。由于比其他领域在科学数据共享方面的需求更为迫切，公共卫生领域科学数据的开放获取步伐迈得更快，2016 年 2 月，英国医学杂志（BMJ）、柳叶刀、*Science*、*eLife*、英国医学科学院、美国国立卫生研究院（NIH）、NSF、英国惠康基金会、比尔和梅林达·盖茨基金会、英国生物技术与生物科学研究理事会（BBSRC）等 30 余家学术期刊、非政府组织、研究资助机构等针对寨卡（Zika）病毒危机，签署了《突发公共卫生事件下数据共享协议》，承诺与寨卡病毒以及未来突发公共卫生相关的数据和成果都尽可能地开放。[②] 为了应对新型冠状病毒（2019-nCoV）感染的肺炎疫情暴发对全球健康构成的重大而紧迫的威胁，2020 年 2 月底，中国疾病预防控制中心、美国食品药品监督管理局（FDA）、美国国立卫生研究院（NIH）、Taylor & Francis 出版社、BioRxiv、MedRxiv、柳叶刀和新英格兰医学杂志等 59 家机构组成的防疫联合体，呼吁数据公开及共享，呼吁研究人员、期刊和资助者确保迅速公开地共享相关研究结果和数据。[③] 此后，全球有关新冠病毒的最新成果与科学数据几乎都是以最快的速度在开放期刊或开放学术仓储上公开发布与传播，使全球科研人员能够及时、无障碍地共享新冠病毒溯源、药品和疫苗开发等方面的最新成果与数据，起到了非常重要的应急信息保障作用。这也说明在开放科学时代，快速识别并娴熟获取开放资源的重要性。

7.4 版权信息检索路径

绝大多数国家对著作权采取自动保护的原则，即作品一旦完成，无论是否发表，不论是否登记，作者或其他著作权人依法取得著作权。专利权和商标权不同于著作权，需要向国家行政部门申请并需通过审查授权，因而会形成专利、商标申请文件、审查过程文件和审查结果文件，并且这些文件只能由国家行政部门来发布，久而久之形成了官方发布的专利数据库和商标数据库。虽然国家鼓励版权登记，但迄今为止，大多数版权作品都未经登记，所以我们获取版权作品的路径，与之前章节中介绍的通过国家知识产权局官网进入专利数据库和商标数据库即可获取全面齐备的中国专利数据和中国商标数据不一样。绝大多数的版权作品并非经版权局来发布，作品完成后是否发表、如何发表、在何处发表，都是由一个个独立的作者或其他著作权人来决定的，这就意味着，版权作品的获取缺乏权威的官方渠道。那么应该通过哪些路径来获取版权作品呢？

对于社会公众来说，以往获取版权作品主要通过购买或者到图书馆借阅图书、期刊等，

① 陈传夫，李秋实．数据开放获取使科学惠及更广：中国开放科学与科学数据开放获取的进展与前瞻．信息资源管理学报，2020（1）：4－13.

② 陈雪飞．国外动态：全球突发公共卫生事件数据实现开放共享．（2016－03－18）[2020－03－13]．http：//blog.sciencenet.cn/blog-1035376－963447.html.

③ 中国疾病预防控制中心、柳叶刀等 59 家机构，呼吁数据公开及共享（2020－02－23）[2020－03－30]．https：//new.qq.com/omn/20200223/20200223A0H3XZ00.html.

渠道十分有限。互联网横空出世以来，获取作品的渠道变得多样起来，传统的获取路径尽管可行，但网络获取更为简单快捷，尤其是创作方式和作品形式也受到数字技术的深刻影响，年轻一代已经习惯了数字化生存，所以获取版权作品的路径主要是互联网（见图 7.6）。接下来重点介绍搜索引擎和收录版权作品的专门数据库这两种最常用的版权信息检索路径。

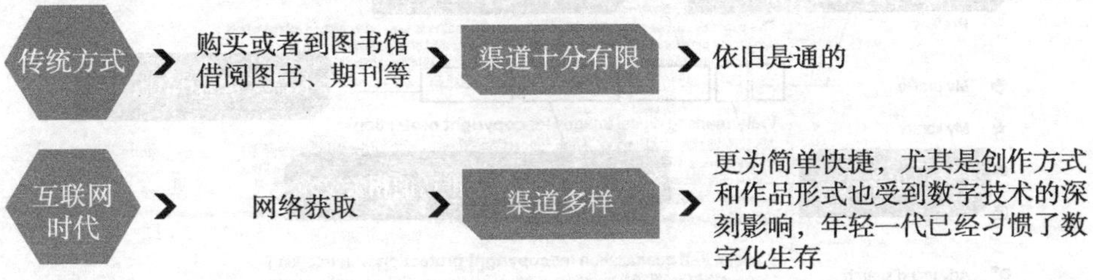

图 7.6　获取版权作品的路径

1. 搜索引擎

搜索引擎（search engine）是伴随着互联网的发展而诞生并逐渐发展的。在互联网发展初期，网站相对较少，信息查找比较容易。然而随着互联网爆炸式发展，普通网络用户想找到所需的资料简直如同大海捞针，这时为满足大众信息检索需求的专业搜索网站便应运而生了。目前搜索引擎是最为重要的获取互联网上版权作品的入口。其中最为有名的谷歌和百度几乎已经成为搜索引擎的代名词，甚至这两个搜索引擎的提供商已经开始担心自己的产品名称会变成“检索”“查询”的通用名称。谷歌、百度已经成了当今社会公众获取各种信息的重要入口，这两个搜索引擎也往往是我们获取版权作品尤其是免费的版权作品的首选渠道。

（1）谷歌（Google）。

谷歌公司创建于 1998 年 9 月，创始人为斯坦福大学的两位博士生（Larry Page 和 Sergey Brin），他们开发的谷歌搜索引擎技术诞生于斯坦福大学的一个学生宿舍，然后迅速传播到全球。谷歌目前被公认为全球最大的搜索引擎，它提供了简单易用的免费服务，用户可以在瞬间返回相关的搜索结果。就版权作品的提供而言，在谷歌诸多在线服务中最值得关注的是谷歌学术。谷歌学术是谷歌与众多科学研究机构合作的结果，是面向科学家和研究人员推出的包括学术论文、图书、摘要以及技术报告等在内的搜索服务，对全球学术作者来说都是十分重要的信息来源。虽然部分信息在谷歌搜索和谷歌学术中都能搜索到，但后者能提供更加专指的搜索结果。

进入谷歌学术（Google Scholar）主界面，选择 Articles，点击检索，进入谷歌学术的检索结果界面（见图 7.7）。检索结果可按左边的选项，进行时间排列，或者按相关度排列。还可以对检索结果选择包括专利（include patents）或包括引文（include citations）。在检索结果中会列明文章名称、著者和摘要，在文章右边有 PDF/HTML 标识的意味着有全文链接。值得关注的是摘要之下的一排标识，以检索结果的第一篇文献为例，点击星号可添加至“我的图书馆”，第二个标识（”）是对引用格式的选择，第三个标识是被引用文献的数量，第四个标识是谷歌学术根据算法推送的相关文章，第五个标识是本篇文章的版本数，这是得到全文的另一个方法。作者有可能把自己的文章在网络上公布，当然，需要注意的是，不是所有的文章都能够链接全文。

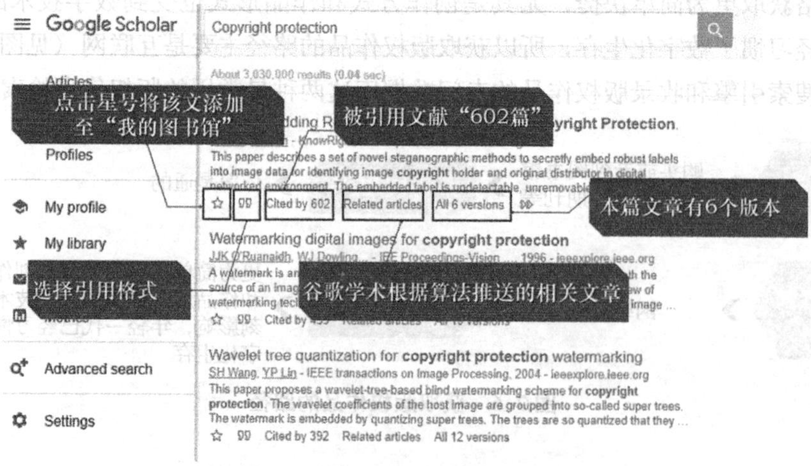

图 7.7　谷歌学术的检索结果界面

谷歌学术也提供高级检索。点击检索结果界面的“Advanced search”，出现高级检索框（见图 7.8）。第一个框要求检索结果包含输入该框的每一个词；第二个框精确匹配，要求检索结果出现的表达与输入的检索词完全一样；第三个框要求检索结果中至少包含输入的多个检索词中的一个；第四个框是输入要排除的选项；其后分别是对检索词在文章中出现的位置、文章作者、来源文献和文章日期进行限定。

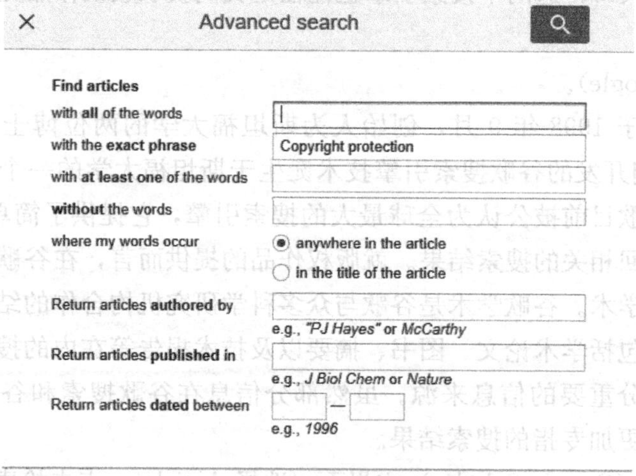

图 7.8　谷歌学术的高级检索界面

谷歌学术还提供检索结果的设置功能。如图 7.9 所示，点击“Settings”，可进行三类设置：一是可设置检索结果的呈现方式；二是可设置检索结果的语言；三是可设置图书馆链接，即将检索限定在你想检索的图书馆内，如哈佛大学图书馆，这可能需要账号。

谷歌图书检索可以搜索书的全文，并告诉用户哪里可以购买或者借阅该书（见图 7.10）。输入图书的名称，点击搜索即可得到想要的图书列表，这里的搜索结果涉及三类图书：第一类是受版权保护的再版图书，启用预览或购买模式，有的书没有预览，有的

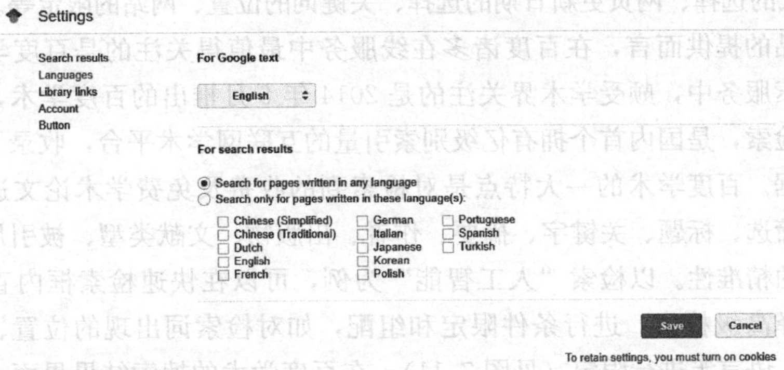

图 7.9　谷歌学术的检索结果设置功能

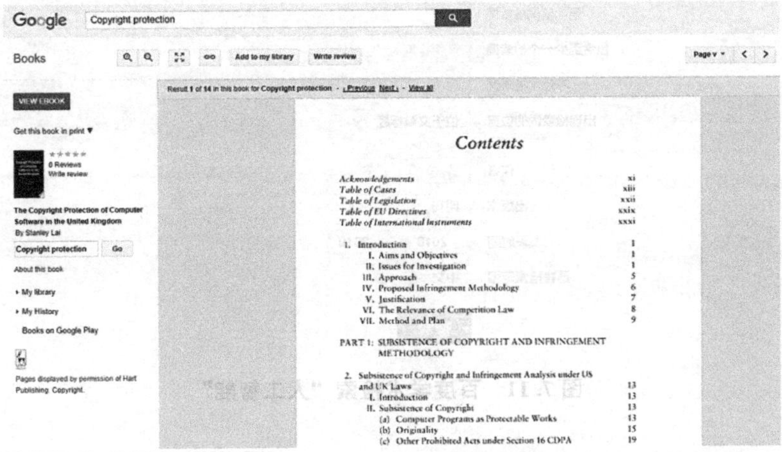

图 7.10　谷歌图书检索

书是有限预览，即部分页码跳过；第二类是受版权保护，但已经绝版的图书，显示几个文本小片段；第三类是不受版权保护的图书，用户可以阅读和下载整本图书。结果列表中有些图书是有限预览（preview），有些是全书预览（full view 或 read），有些则没有预览，显示的是摘录视图。

（2）百度。

2000 年 1 月 1 日，百度公司创立。同年 10 月，百度搜索引擎正式发布，从此开创了中文搜索引擎的新时代。“百度”二字源于宋朝词人辛弃疾的名句：“众里寻他千百度”，象征着百度对中文信息检索技术的执着追求。百度目前拥有全球最大的中文网页库，这些网页的数量每天都在快速增长。用户只需要在搜索框内输入需要查询的“关键词”，敲击回车键，或者用鼠标点击搜索框右侧的“百度一下”按钮，就可完成网页检索。输入多个词语（不同词语之间用一个空格隔开），可以获得更精确的搜索结果。如需要对搜索条件进行限定，可以使用操作符，百度的操作符与谷歌的基本相同，有所不同的是百度中的“逻辑或”用“|”表示。如果对百度的各种查询语法不熟悉，也可以使用百度集成的高级搜索界面，高级搜索可以方便用户做各种搜索查询。百度提供的高级检索功能包括对关键词内容的

限制、文件格式的选择、网页更新日期的选择、关键词的位置、网站的限定等。

就版权作品的提供而言，在百度诸多在线服务中最值得关注的是百度学术和百度文库。在百度搜索服务中，颇受学术界关注的是2014年6月推出的百度学术，它提供海量的中英文文献检索，是国内首个拥有亿级别索引量的互联网学术平台，收录了诸多中外数据库的索引数据。百度学术的一大特点是对检索到的收费及免费学术论文进行结构化提取，通过时间筛选、标题、关键字、摘要、作者、出版物、文献类型、被引用次数等细化指标提高检索的精准性。以检索“人工智能”为例，可以在快速检索框内直接输入检索词，也可以选择高级检索，进行条件限定和组配，如对检索词出现的位置、作者、出版物、发表时间、语言等进行限定（见图7.11）。在百度学术的搜索结果界面，有论文（著作）名称、摘要、被引次数、出版年、来源等，用户可以点击进行收藏、引用和下载。

图7.11 百度学术检索“人工智能”

2009年11月12日，百度公司推出的百度文库是一个供网友在线分享文档的平台（见图7.12）。百度文库的文档由百度用户上传，需要经过百度的审核才能发布，但百度并不编辑或修改用户上传的文档内容。网友可以在线阅读和下载这些文档。百度文库的文档包括教学资料、考试题库、专业资料、公文写作、法律文件等多个领域的资料。百度用户上传文档可以得到一定的积分，下载有标价的文档则需要消耗积分。当前平台支持主流的doc（docx）、ppt（pptx）、pdf、txt等多种文件格式。由于缺乏严格的审核，投诉响应也欠及时，文库中的信息资源良莠不齐，版权问题也为人所诟病。

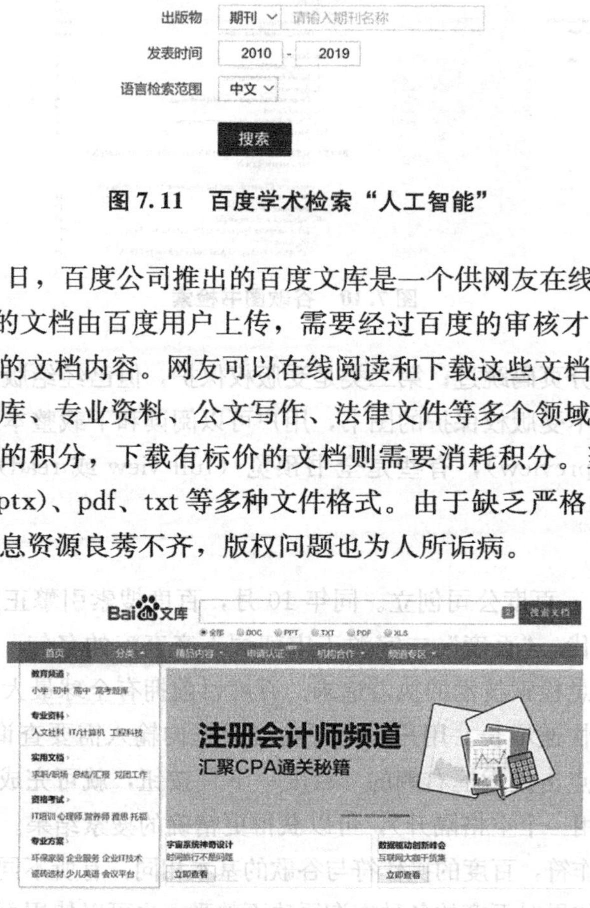

图7.12 百度文库检索

2. 专门数据库

检索版权作品的另一个重要路径是专业数据库，每一个高校图书馆都订有丰富的专门数据库，如中文数据库中国知网（CNKI）系列数据库、万方数据库、维普资讯等，外文数据库 Web of Science、Science Direct、SpringerLink 等。根据不同的分类标准，专业数据库有不同的类别。如图 7.13 所示，根据收录的文献种类，即收录一次文献还是二次文献，专业数据库可分为全文数据库和参考型数据库，如中国知网系列数据库就是全文数据库，Web of Science 平台收录的三大检索工具 SCI/SSCI/A&HCI 就是典型的参考型数据库。检索全文数据库，能直接得到版权作品本身，检索参考型数据库，得到的一般是获取版权作品的线索，即描述版权作品的著录项目。参考型数据库是对全文数据库的描述和揭示，由于版权作品数量过于庞大，通过检索一个又一个全文数据库，达到检全检准目的几乎不大可能，这种检索路径往往费时费力，还容易漏检。因此，在检索参考型数据库获得了作品的线索之后，再去检索全文数据库，就能省时省力，还能达到检全检准的效果。数据库的具体检索将在下一节进行说明。

图 7.13　专业数据库分类（以收录的文献种类为标准）

事实上，不少门户网站，如视频网站提供电视电影作品的播放服务，博客平台提供多种数字作品，随着移动网络的迅猛发展，诸多的作品也通过 App 进行传播。目前，今日头条、微信公众号等应用都已经成为获取版权作品的新途径。

7.5　版权信息检索示例

1. 中文全文数据库——中国知网（CNKI）系列数据库

（1）收录范围。

中国知识资源总库是中国知识基础设施工程的成果，简称“中国知网”或 CNKI（见图 7.14）。这是我国应用范围最广的一个综合性大型数据库，覆盖了几乎所有的学科范围。CNKI 事实上是一个中文系列数据库，其中主要的数据库有如下 4 个（见图 7.15）。

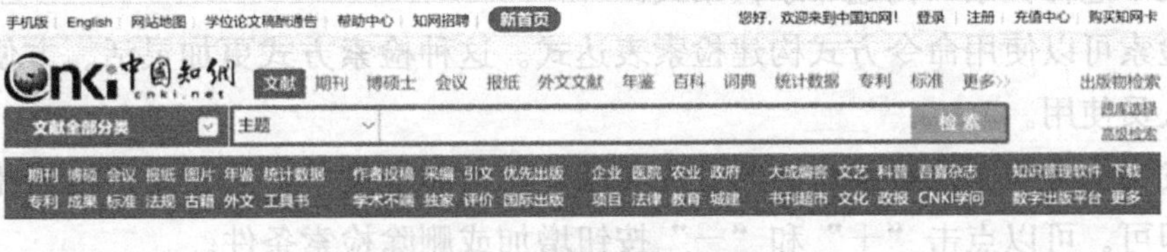

图 7.14　中国知网（CNKI）

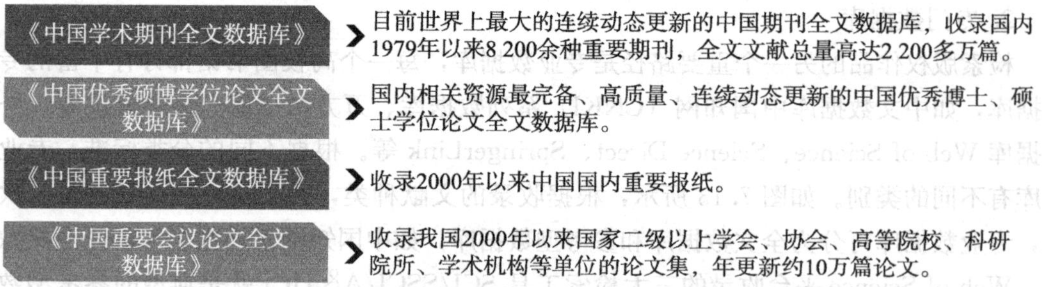

图 7.15　中国知网主要数据库的收录范围

1）《中国学术期刊全文数据库》，这是目前世界上最大的连续动态更新的中国期刊全文数据库，收录国内 1979 年以来 8 200 余种重要期刊，全文文献总量高达 2 200 多万篇。

2）《中国优秀硕博学位论文全文数据库》（1999 年至今），这是国内最完备的连续动态更新的中国优秀博士、硕士学位论文全文数据库。

3）《中国重要报纸全文数据库》，该数据库收录了 2000 年以来中国国内的重要报纸。

4）《中国重要会议论文全文数据库》，该数据库收录我国 2000 年以来国家二级以上学会、协会、高等院校、科研院所、学术机构等单位的论文集，年更新约 10 万篇论文。

从收录作品产生的时间来看，上述数据库中的作品都还在版权保护期内。

（2）检索方式选择。

CNKI 目前提供的文献检索方式有高级检索、专业检索、作者发文检索、句子检索和一框式检索五种（见图 7.16）。

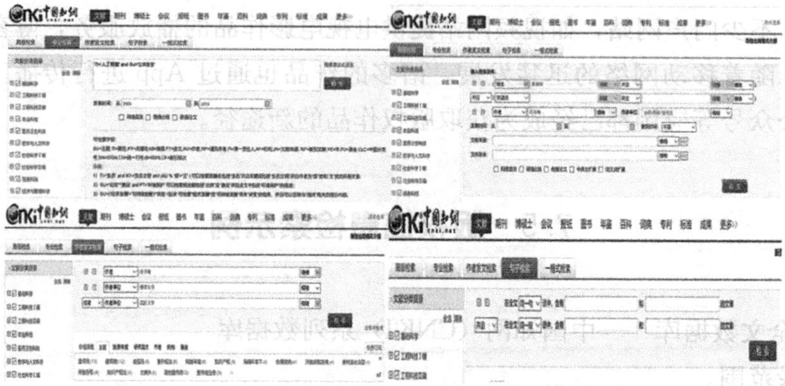

图 7.16　中国知网几种检索方式

高级检索可以在多个检索框内输入检索词、选择检索字段进行检索。高级检索可以在所有的字段中进行检索，构建布尔检索式。

专业检索可以使用命令方式构建检索表达式。这种检索方式更加灵活、方便，适合于专业检索人员使用。

作者发文检索用于检索某作者的发表文献，检索非常简单，只要用户输入相应作者姓名、单位即可。可以点击“＋”和“－”按钮增加或删除检索条件。

句子检索用来检索文献正文中所包含的某一句话或者某一个词组，可以点击“＋”和

“—”按钮，在同一句或者同一段中检索。

一框式检索，即用户只需在文本框中直接输入自然语言（或多个检索短语）即可检索，简单方便。一框式检索默认为检索“文献”。文献检索属于跨库检索，包含文献类数据库产品期刊、博硕士、会议、报纸和年鉴等数据库。

此外，还可在 CNKI 首页点击“出版物检索”进入出版来源导航与检索页面，在该页面中有出版来源导航和学科导航。也可在检索框内输入与来源名称、主办单位、出版者、ISSN、CN 或 ISBN 这些选项对应的检索词，进行出版来源检索。

CNKI 对由各种检索途径得到的检索结果都提供检索结果浏览、标记记录等处理。对检索结果可按相关度、发表时间、被引、下载 4 种方式进行排列，对检索结果还可以进行下载、在线阅读和收藏等。检索结果全文的输出格式可以是 CAJ、PDF 格式。

最新版的 CNKI 检索平台的智能推荐功能进一步加强，除同义扩展词之外，还新增了对机构、年鉴、期刊及图片等的智能推荐，主要有以下三类智能提示。

第一，能识别大小写拼音字母，譬如输入“人工智能”的拼音，智能提示的效果如图 7.17 所示。

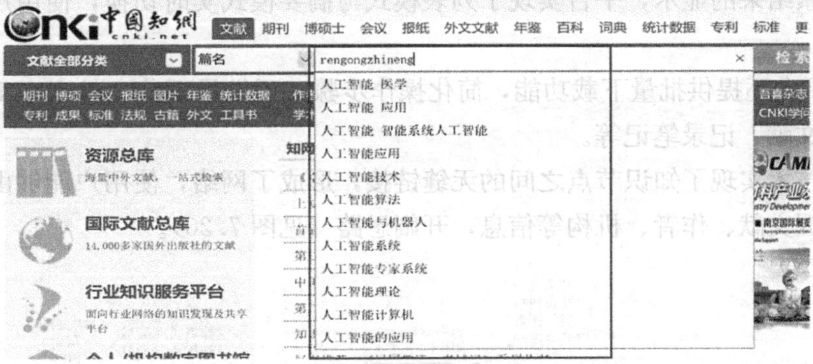

图 7.17　中国知网检索示例——人工智能

第二，能提示与选取的检索项相关的词，以检索项“单位”为例，当输入“湘潭”关键词时，系统提示的均为以湘潭为开头的单位（见图 7.18）。

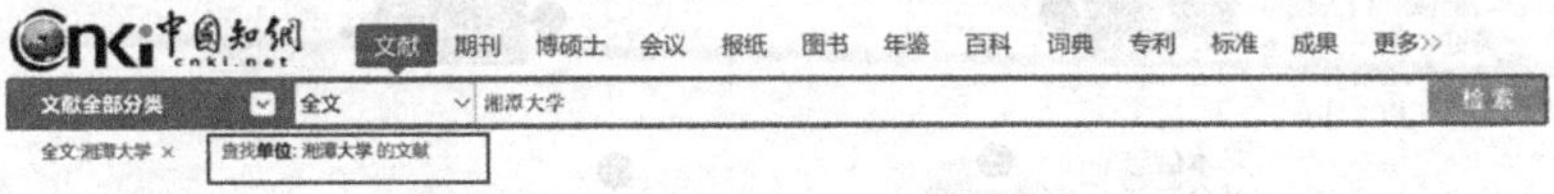

图 7.18　中国知网检索示例——湘潭

第三，系统还具有理解关键词类别的功能，当检索项类型与系统理解的关键词类型不一致时，系统给出相应建议。例如，在“全文”下检索“湘潭大学”，检索结果可能不令人满意，系统自动根据输入的检索词和检索项进行提示。一次输入多个检索词，系统会根据输入词自动进行匹配，使之符合常规检索习惯。如图 7.19 所示，文本框内输入的三个词用空格间隔，表达的就是要查找全文中包含“著作权”，且作者单位是“中国政法大学”、作者是“冯晓青”的文献。

图 7.19 检索示例

CNKI 平台还实现了中英文统一融合检索，大大节省了检索文献的时间，提高了读者获取文献信息的效率。

针对检索结果的显示，平台实现了列表模式与摘要模式实时切换，使用户能快速了解文献内容。

CNKI 平台还提供批量下载功能，简化操作步骤。可批量下载文献到 CNKI 的知网研学，以管理文献、记录笔记等。

知网节技术实现了知识节点之间的无缝链接，形成了网络，使用户能够由点及面，全面、精准掌握文献、作者、机构等信息，开阔思路（见图 7.20）。

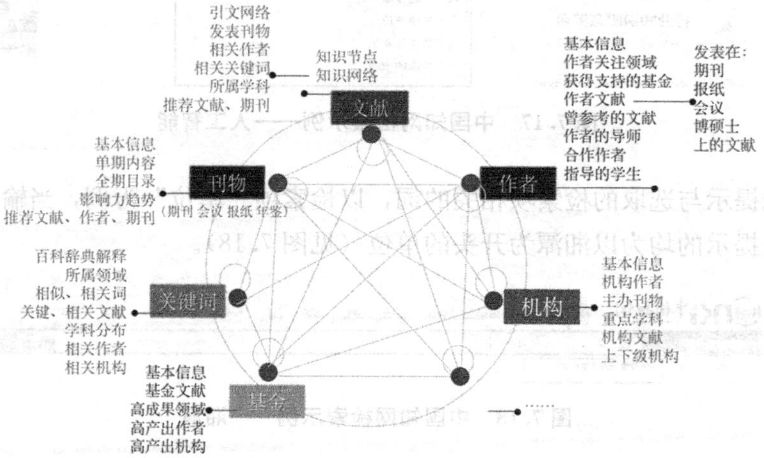

图 7.20 知网节技术

CNKI 平台还可对用户选取的文献进行可视化分析。例如输入检索词“数据挖掘”，选择检索结果中被引频次大于 50 的文献，进行可视化分析。可依次进行总体趋势、文献互引、关键词共现、作者合作和文献分布 5 个方面的可视化分析（见图 7.21、图 7.22、图 7.23、图 7.24、图 7.25）。

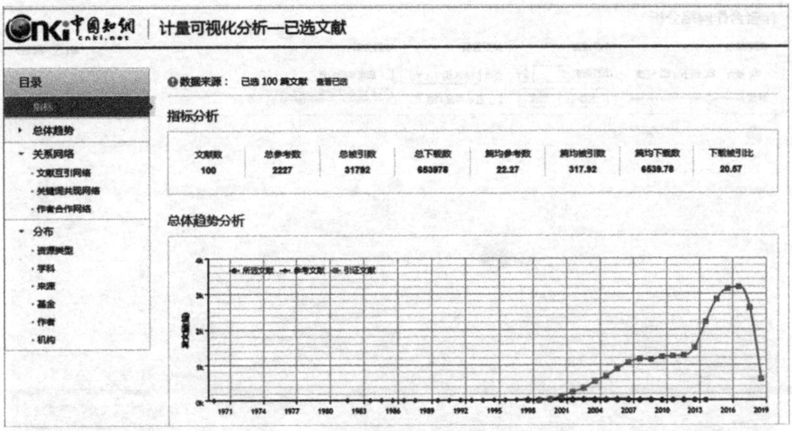

图 7.21　总体趋势可视化分析

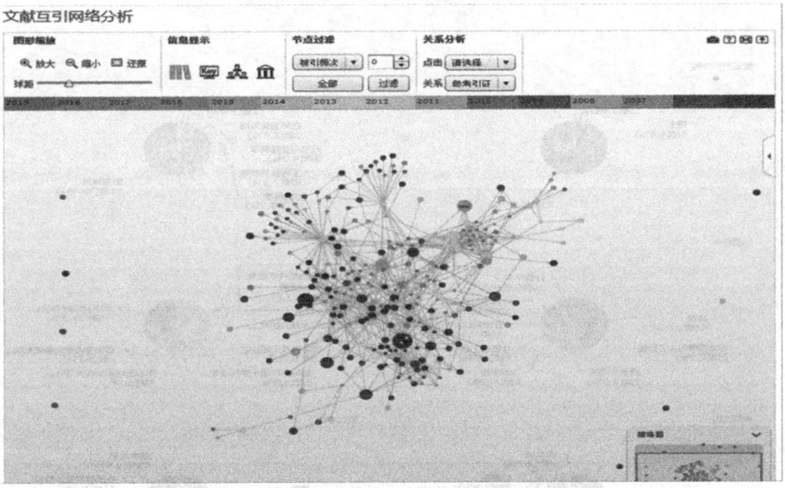

图 7.22　文献互引可视化分析

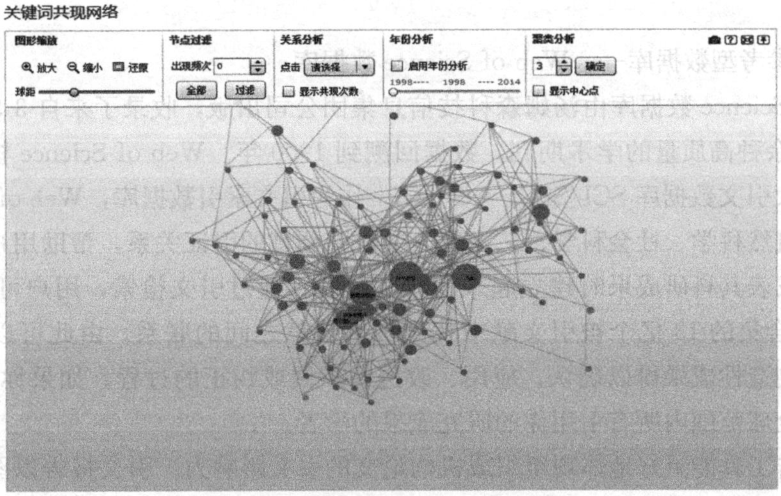

图 7.23　关键词共现可视化分析

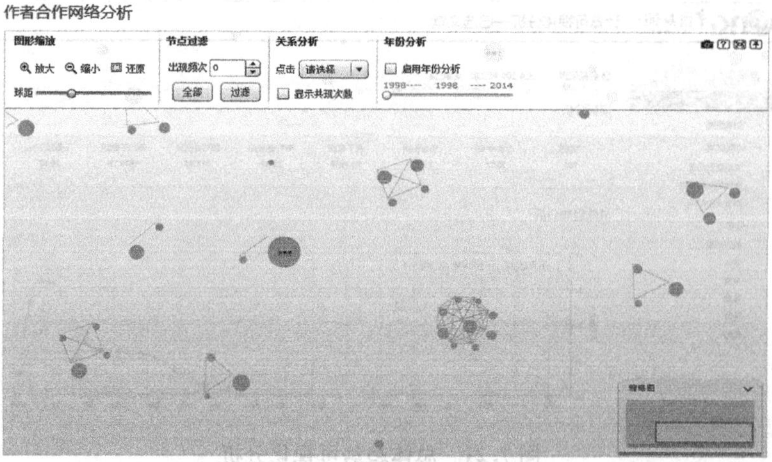

图 7.24 作者合作可视化分析

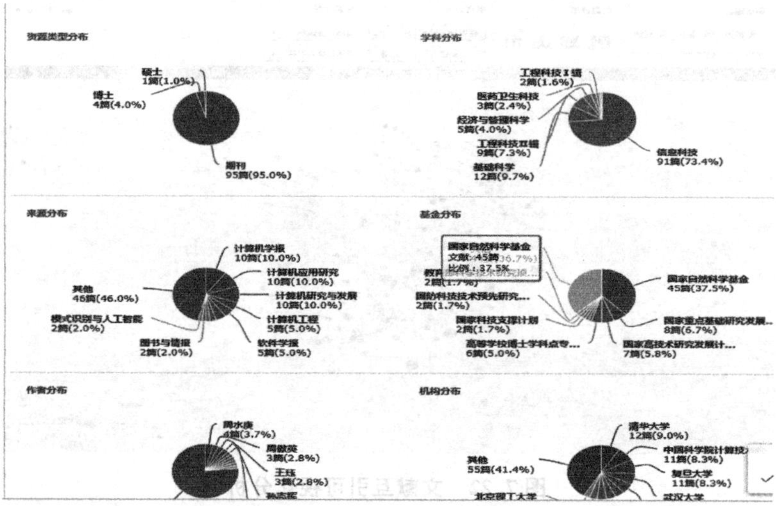

图 7.25 文献分布可视化分析

2. 外文参考型数据库——Web of Science 数据库

Web of Science 数据库由汤姆森科技信息集团公司出版，收录了来自 3 300 家出版单位的 20 000 余种高质量的学术期刊，数据回溯到 1900 年。Web of Science 核心合集中包括全球的三大引文数据库 SCI/SSCI/A&HCI。作为引文索引数据库，Web of Science 核心合集揭示了自然科学、社会科学、艺术和人文研究领域的引证关系，帮助用户发现研究人员在撰写和发表其科研成果时建立起来的相互关联。通过引文检索，用户可以从 Web of Science 核心合集的 13 亿个被引文献中找到被引文献之间的联系，由此可以追踪新的想法、创新或创造性成果得以确认、应用、改进、扩展或纠正的过程。如果你是学术作者，你还能了解全球范围内所有引用你的研究成果的学者。

引文报告工具能更好地体现组织或机构论文的引文影响力。引文报告以图表的形式展现论文年度发表量和引用数据，并提供总被引次数、平均被引次数以及 h 指数，便于评估和比较论文的引文影响力（见图 7.26）。通过基金资助信息索引，Web of Science 核心合集可以方便用户了解谁在为世界上最具影响力的研究提供资助。

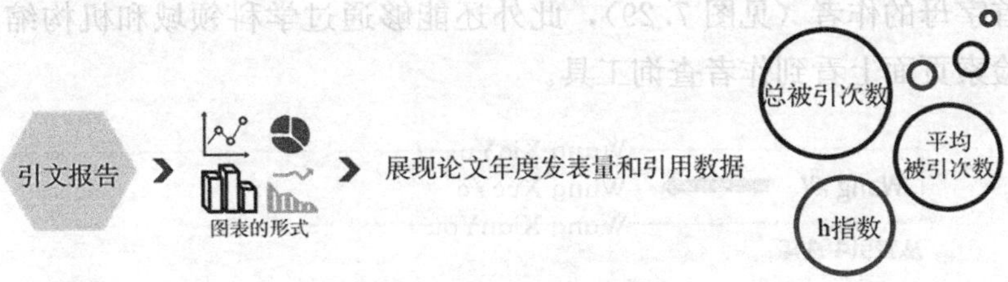

图 7.26　引文报告工具

（1）基本检索。

第一步，选择数据库。可在主界面直接点击“Web of Science”，也可以选择“选择一个数据库”进入，再选择 Web of Science 数据库。

第二步，选择检索功能。从基本检索、被引参考文献检索、高级检索几个选项中选择“基本检索”（见图 7.27）。

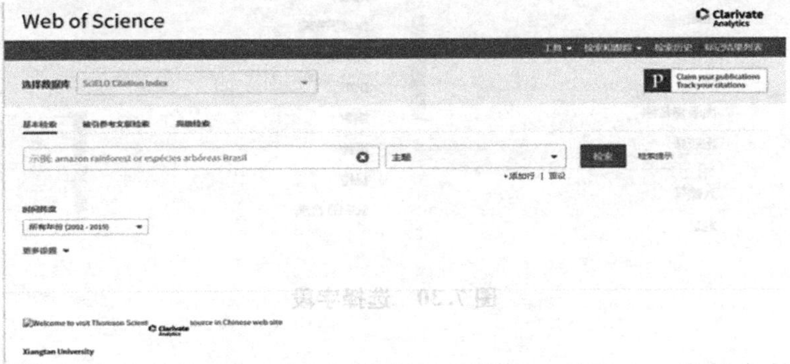

图 7.27　选择数据库、检索功能

第三步，输入检索词（见图 7.28）。如果编写复杂的检索式，一定要注意检索算符的用法，了解每一个检索算符的意义。

图 7.28　输入检索词

第四步，作者甄别。在查找特定作者发表的文章时，系统能够帮助用户区分具有相同姓氏和名字首字母的作者（见图 7.29），此外还能够通过学科领域和机构缩小查找范围。可以在基本检索页面上看到作者查询工具。

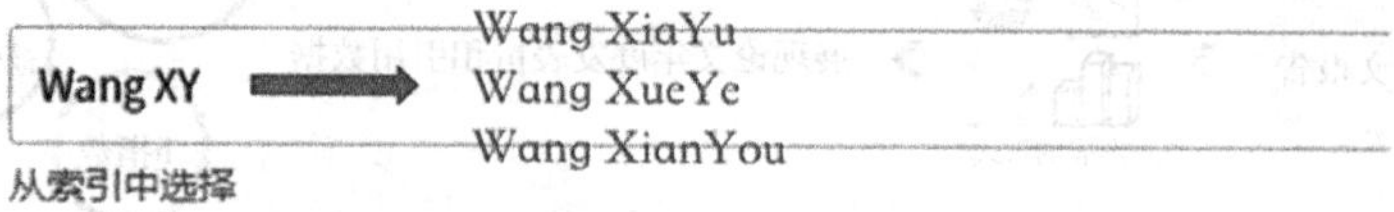

图 7.29 作者甄别

第五步，用逻辑算符将检索词连接。

第六步，选择字段。数据库提供了 14 个字段，如图 7.30 所示。

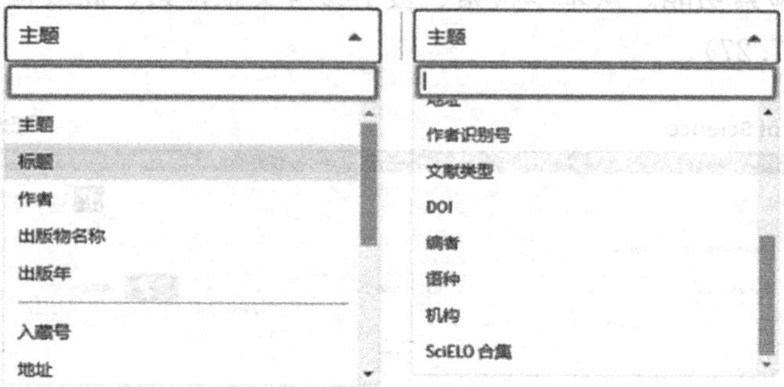

图 7.30 选择字段

第七步，检索限定。如图 7.31 所示，可选择出版年和具体的某个数据库进行限定，这样既可以精确检索，又可以节省检索时间。

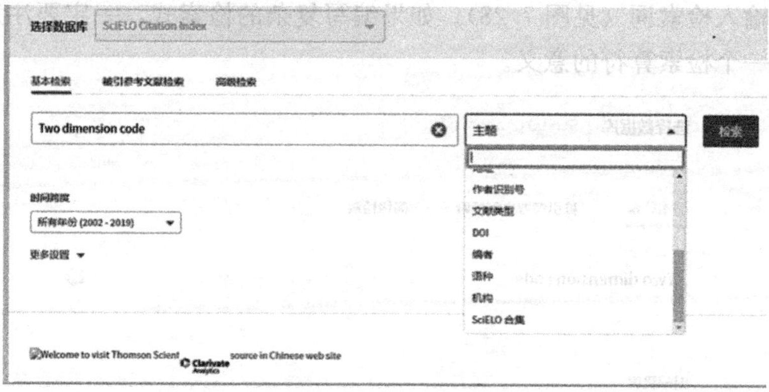

图 7.31 检索限定

第八步，点击“检索”按钮，得到检索结果（见图 7.32）。

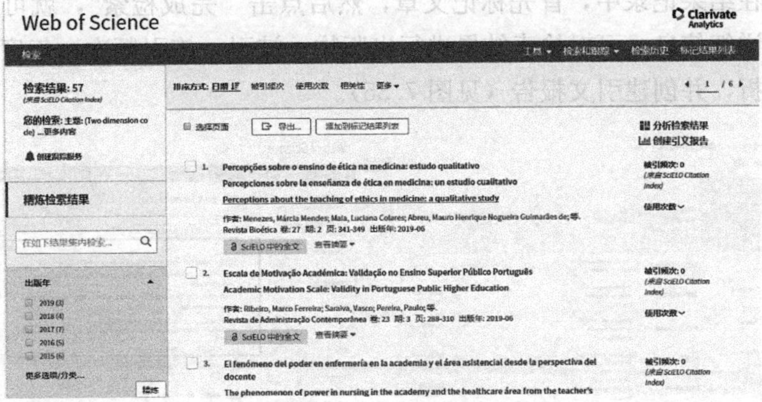

图 7.32　检索结果

（2）被引参考文献检索。

第一步，选择“被引参考文献检索”。

第二步，可以从三个途径进行检索：被引作者（cited author）、被引著作（cited work）、被引年份（cited year）（见图 7.33）。

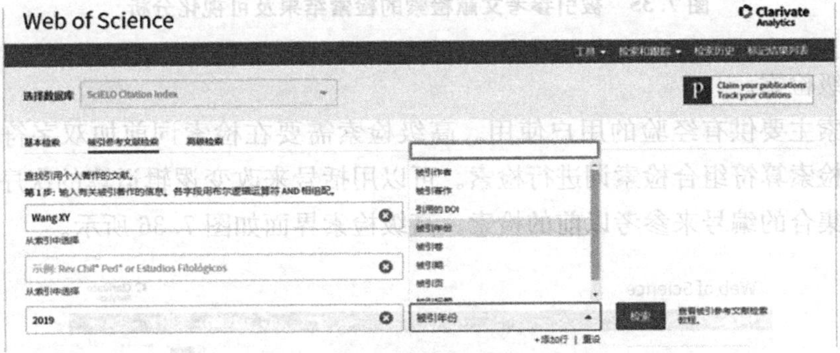

图 7.33　被引参考文献检索的检索途径

第三步，限定检索时间和数据库（见图 7.34）。

第四步，点击“检索”按钮，得到检索结果。

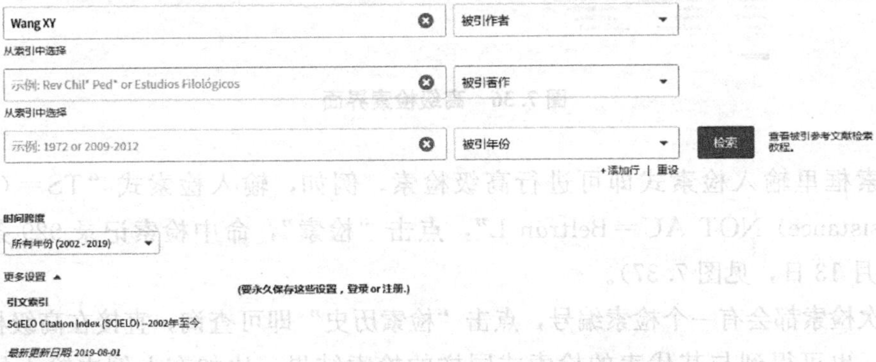

图 7.34　被引参考文献检索的时间限定

第五步，在结果记录中，首先标记文章，然后点击“完成检索”，就可查看选中文章的引用文献的详细信息。可对检索结果进行出版物、被引、施引频次、年度分布等多个选项的可视化分析，并创建引文报告（见图 7.35）。

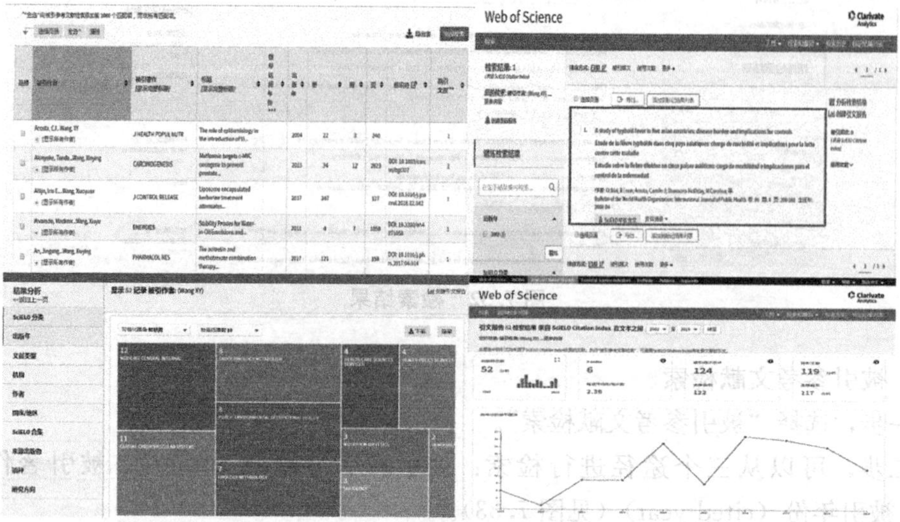

图 7.35　被引参考文献检索的检索结果及可视化分析

（3）高级检索。

高级检索主要供有经验的用户使用。高级检索需要在检索词前加双字符的字段标识符，并利用检索算符组合检索词进行检索。可以用括号来改变逻辑运算的次序，还可以通过检索结果集合的编号来参考以前的检索。高级检索界面如图 7.36 所示。

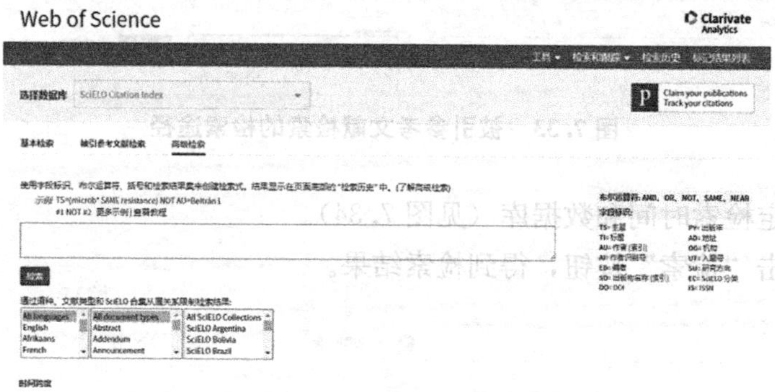

图 7.36　高级检索界面

在检索框里输入检索式即可进行高级检索。例如，输入检索式“TS=(microb* SAME resistance) NOT AU=Beltrán L”，点击“检索”，命中检索记录 929 条（截至 2019 年 8 月 13 日，见图 7.37）。

每一次检索都会有一个检索编号，点击“检索历史”即可查询；直接在高级检索框里输入编号，也可得到与其代表的检索式同样的检索结果。比如在上例中输入的检索式“TS=(microb* SAME resistance) NOT AU=Beltrán L”在检索历史中的编号是“#5”，那么在高级检索框中只要输入“＃5”即可（见图 7.38）。

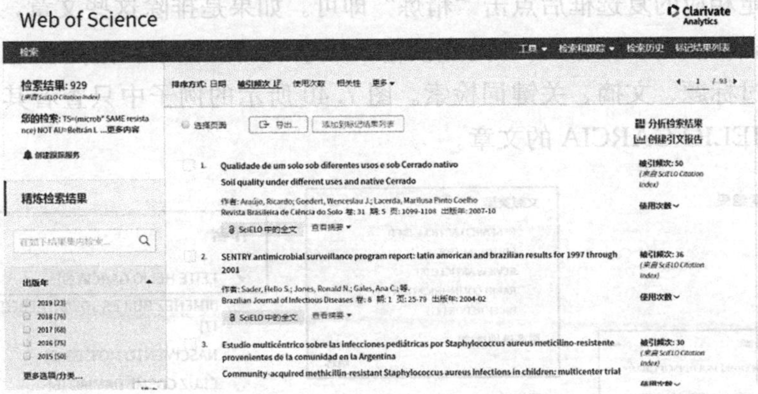

图 7.37　输入检索式进行高级检索

图 7.38　输入检索编号进行高级检索

字段标识符和逻辑算符显示，供读者编写检索式时参考。譬如在上面的检索式里，“TS”代表主题（topic）字段。

（4）检索实例。

如果要查询 2002—2019 年发表的人工智能方面的文章，具体步骤如下：

第一步，登录 ISI web of knowledge 检索平台，点击进入数据库 Web of Science，选择基本检索（search），输入检索词“artificial intelligence”，共得到 365 条记录（见图 7.39）。

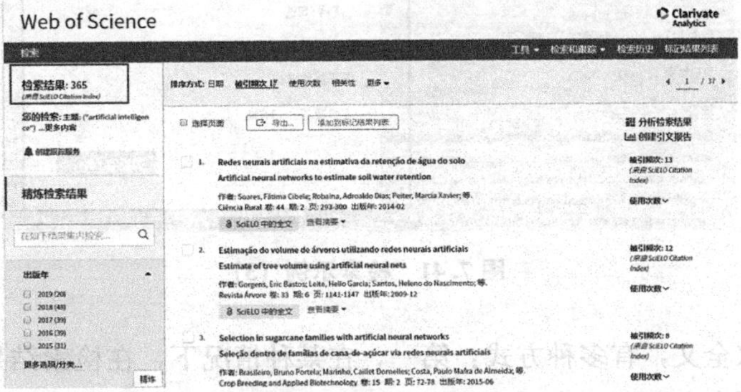

图 7.39　检索示例（1）

第二步，精炼检索结果。有两种方法：一是直接选定某作者、某研究机构或某学科领域的文章，选定相应的复选框后点击“精炼”即可。如果是排除这些文章，那么点击“更多选项/分类”，再点击“排除”。二是直接输入检索词，但检索词限定在主题字段进行检索，即只能通过标题、文摘、关键词检索。图 7.40 所示的例子中只查看其中发文最多的作者 LEITE HELIO GARCIA 的文章。

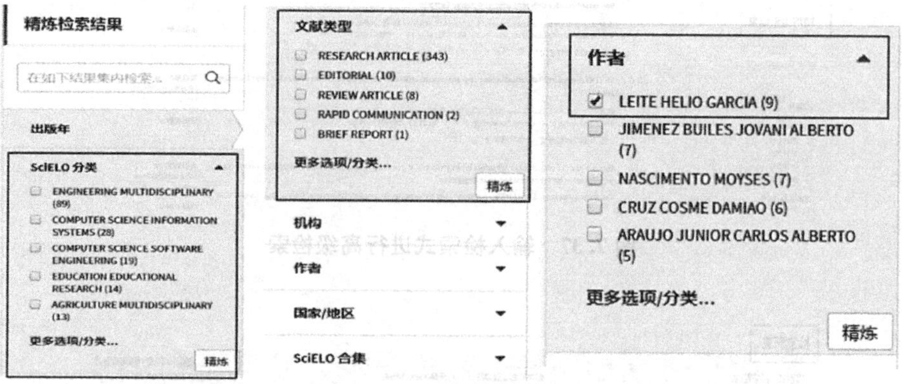

图 7.40　检索示例（2）

第三步，选择该作者的一篇文章，点击题名进入单条记录的详细信息界面。单条记录的详细信息可采取多种方式输出：打印发送至 E-mail，添加到标记列表，保存到 EndNote 等文献管理软件或本地磁盘。可选择所有的信息，也可选择主要信息输出。图 7.41 所示例子中选择将主要信息（作者、篇名、来源刊）通过 E-mail 方式保存。点击“E-mail”，将电子邮箱地址输入相应框内，点击“发送电子邮件”即可。

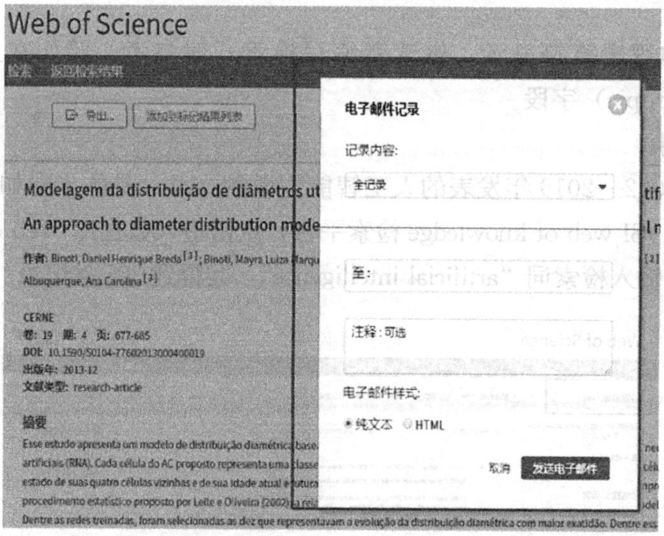

图 7.41　检索示例（3）

如果需要获取全文，有多种方式：第一，在某种情况下，在检索结果列表或全记录详细信息界面点击“全文”即可查看全文（见图 7.42）。这种情况必须同时满足两个条件：

一是此条记录必须有“全文”按钮，二是用户必须拥有收录此篇文章的全文数据库的账号（单位或个人账号）。只有满足这两个条件才能通过“全文”链接查看全文。第二，每条记录里都有作者的通信地址和电子邮箱，可以向作者直接获取原文。第三，可通过图书馆文献传递获取全文。

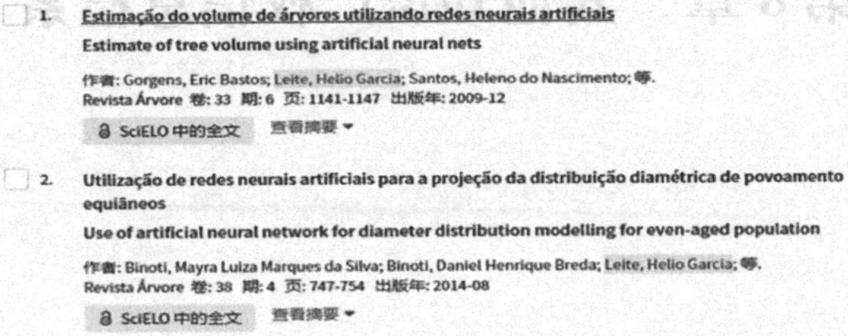
1. Estimação do volume de árvores utilizando redes neurais artificiais

Estimate of tree volume using artificial neural nets

作者: Gorgens, Eric Bastos; Leite, Helio Garcia; Santos, Heleno do Nascimento; 等.
Revista Árvore 卷: 33 期: 6 页: 1141-1147 出版年: 2009-12

SciELO 中的全文　查看摘要

2. Utilização de redes neurais artificiais para a projeção da distribuição diamétrica de povoamento equiâneos

Use of artificial neural network for diameter distribution modelling for even-aged population

作者: Binoti, Mayra Luiza Marques da Silva; Binoti, Daniel Henrique Breda; Leite, Helio Garcia; 等.
Revista Árvore 卷: 38 期: 4 页: 747-754 出版年: 2014-08

SciELO 中的全文　查看摘要

图 7.42　检索示例（4）

第 8 章　其他知识产权信息检索

8.1　集成电路布图设计信息检索

集成电路是微电子技术的核心，随着世界进入新技术革命时代，集成电路成为当今发展最为迅速的新兴技术领域之一，成为世界各国经济发展的基础性支撑条件和国际贸易关注的焦点，集成电路的发展水平和规模成了衡量一个国家技术进步和现代化发展水平的重要标志。[①] 智能卡、固定和无线网络、消费电子、家电所用芯片，以及 PC 机外围芯片、多媒体、通信卡等产品领域都需要用到集成电路。我国集成电路的设计和制造还处在起步发展阶段，集成电路主要靠进口满足巨大的市场需求，是中国大额逆差产业。2014—2019 年，我国集成电路年进口额分别为 2 176 亿美元、2 299 亿美元、2 270 亿美元、2 601 亿美元、3 120 亿美元、3 055 亿美元。2014—2017 年我国集成电路的出口额数值介于 600 亿美元到 700 亿美元之间，2018 年增至 846.36 亿美元，到 2019 年再创新高，达到 1 015.8 亿美元。[②]

1. 布图设计专有权的产生方式与保护期限

我国《集成电路布图设计保护条例》（以下简称《条例》）第 2 条第 2 项规定，“集成电路布图设计（以下简称布图设计），是指集成电路中至少有一个是有源元件的两个以上元件和部分或者全部互连线路的三维配置，或者为制造集成电路而准备的上述三维配置”。《条例》第 8 条规定：“布图设计专有权经国务院知识产权行政部门登记产生。未经登记的布图设计不受本条例保护”。与商标、专利保护一般以申请日为权利起算日不同，布图设计专有权的保护期为 10 年，自布图设计登记申请之日或者在世界任何地方首次投入商业利用之日起计算，以较前日期为准。但是，无论是否登记或者投入商业利用，布图设计自创作完成之日起 15 年后，不再受法律保护。国务院知识产权行政部门负责布图设计登记工作，受理布图设计登记申请。

对布图设计专有权的产生方式与保护期限的规定，国际上各国做法不一。日本与我国

---

① 牛丽丽，张隐波．论集成电路设计专有权的保护的现状及前景展望．知识经济，2012（9）：26.

② 我国集成电路进口额首次突破 3 000 亿美元．［2020－03－31］．https：//www.21ic.com/embed/news/industry/201901/88706.html

做法大致相同，布图设计专有权经登记产生，保护期 10 年，以登记确认日期计算[①]；英国、比利时、瑞典等国不将登记作为保护的条件；美国、法国、俄罗斯则以首次商业实施日期或申请登记日期先者为准计算保护期。[②]

2. 集成电路布图设计的登记与查阅

集成电路布图设计登记后，将在《中国知识产权报》和国家知识产权局官网（www.cnipa.gov.cn）上予以公告（见图 8.1），公众可通过上述途径对布图设计专有权进行查询，

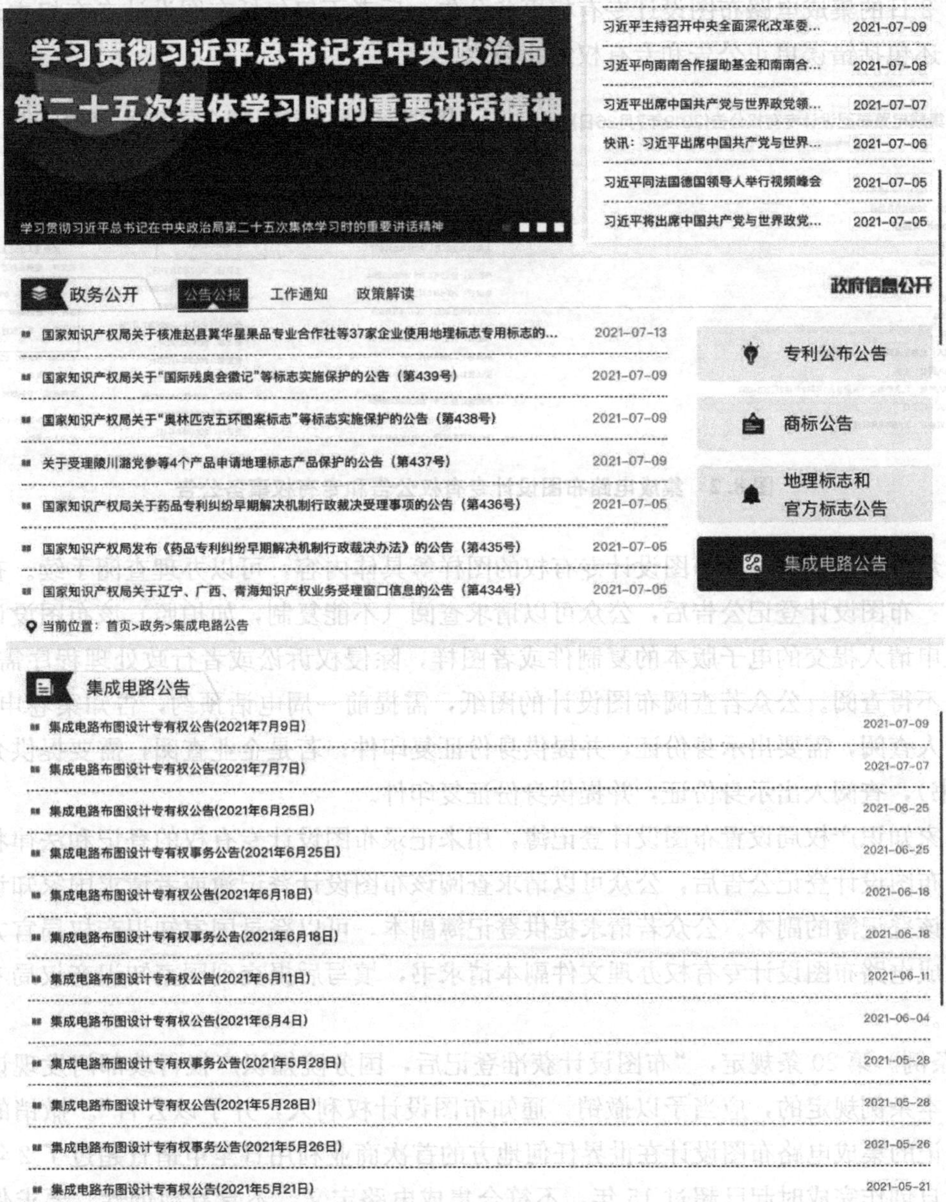

图 8.1　国家知识产权局官网及集成电路公告

---

① 刘志华．试论我国集成电路布图设计的知识产权保护．科学·经济·社会，2006（2）：92－96.

② 高卢麟．论集成电路布图设计知识产权保护的国际立法．工业产权，1989（3）：1－6.

但上述公告内容仅包括布图设计专有权的相关著录项目信息。以通过国家知识产权局官网查询布图设计为例，先登录国家知识产权局官网主界面，点击“集成电路公告”即进入集成电路公告栏。公告记录按时间顺序排列，由近及远。点击任意一条公告记录，都能看到若干个布图设计专有权的相关著录项目信息。当然集成电路公告栏不仅公告通过布图设计登记取得专有权的信息，也公告布图设计的放弃、更正和终止等方面的信息。

图 8.2 是 2019 年 7 月 26 日通过登记取得专有权的布图设计专有权公告，以及 2019 年 8 月 2 日的集成电路布图设计专有权事务公告，后者不仅包括布图设计专有权主动放弃公告，还包括错误更正公告和专有权终止公告。

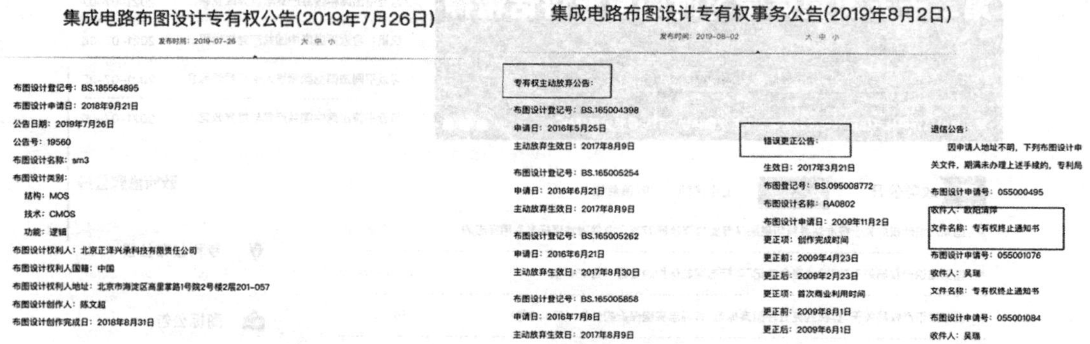
集成电路布图设计专有权公告(2019年7月26日)
发布时间：2019-07-26 大 中 小
布图设计登记号：BS.185564895
布图设计申请日：2018年9月21日
公告日期：2019年7月26日
公告号：19560
布图设计名称：sm3
布图设计类别：
结构：MOS
技术：CMOS
功能：逻辑
布图设计权利人：北京正泽兴承科技有限责任公司
布图设计权利人国籍：中国
布图设计权利人地址：北京市海淀区高里掌路1号院2号楼2层201-057
布图设计创作人：陈文超
布图设计创作完成日：2018年8月31日

集成电路布图设计专有权事务公告(2019年8月2日)
发布时间：2019-08-02 大 中 小
专有权主动放弃公告：
布图设计登记号：BS.165004398
申请日：2016年5月25日
主动放弃生效日：2017年8月9日
布图设计登记号：BS.165005254
申请日：2016年6月21日
主动放弃生效日：2017年8月9日
布图设计登记号：BS.165005262
申请日：2016年6月21日
主动放弃生效日：2017年8月30日
布图设计登记号：BS.165005858
申请日：2016年7月8日
主动放弃生效日：2017年8月9日
错误更正公告：
生效日：2017年3月21日
布图登记号：BS.095008772
布图设计名称：RA0802
布图设计申请日：2009年11月2日
更正项：创作完成时间
更正前：2009年4月23日
更正后：2009年2月23日
更正项：首次商业利用时间
更正前：2009年8月1日
更正后：2009年6月1日
退信公告：
因申请人地址不明，下列布图设计申关文件，期满未办理上述手续的，专利局
布图设计申请号：055000495
收件人：欧阳清萍
文件名称：专有权终止通知书
布图设计申请号：055001076
收件人：吴瑞
文件名称：专有权终止通知书
布图设计申请号：055001084
收件人：吴瑞

图 8.2 集成电路布图设计专有权公告和专有权事务公告

公众若希望了解某项布图设计专有权的图样等具体内容，可以办理查阅手续。查阅手续如下：布图设计登记公告后，公众可以请求查阅（不能复制，如拍照）该布图设计的图纸，但申请人提交的电子版本的复制件或者图样，除侵权诉讼或者行政处理程序需要外，任何人不得查阅。公众若查阅布图设计的图纸，需提前一周电话预约，告知案卷申请号。若是个人查阅，需要出示身份证，并提供身份证复印件；若是企业查阅，需要提供介绍信(委托书)，查阅人出示身份证，并提供身份证复印件。

国家知识产权局设置布图设计登记簿，用来记录布图设计专有权的登记和法律状态的变更。布图设计登记公告后，公众可以请求查阅该布图设计登记簿或者请求国家知识产权局提供该登记簿的副本。公众若请求提供登记簿副本，可以登录国家知识产权局官方网站下载集成电路布图设计专有权办理文件副本请求书，填写后提交到国家知识产权局专利局受理处。

《条例》第 20 条规定，“布图设计获准登记后，国务院知识产权行政部门发现该登记不符合本条例规定的，应当予以撤销，通知布图设计权利人，并予以公告”。撤销的理由有：登记的集成电路布图设计在世界任何地方的首次商业利用日至申请日超过了 2 年，布图设计自创作完成时起已超过 15 年，不符合集成电路定义，不具有独创性，要求保护延伸至方法、思想，外国是非国际条约参加国，等等。

在广东省知识产权保护中心推出的广东省知识产权公共信息综合服务平台（见图 8.3），点击菜单栏的“在线查询”，可选择进入“集成电路布图设计在线查询”系统。通过表格检索方式，可分别实现对布图设计名称、申请日、公告号、生效日等内容的检索。

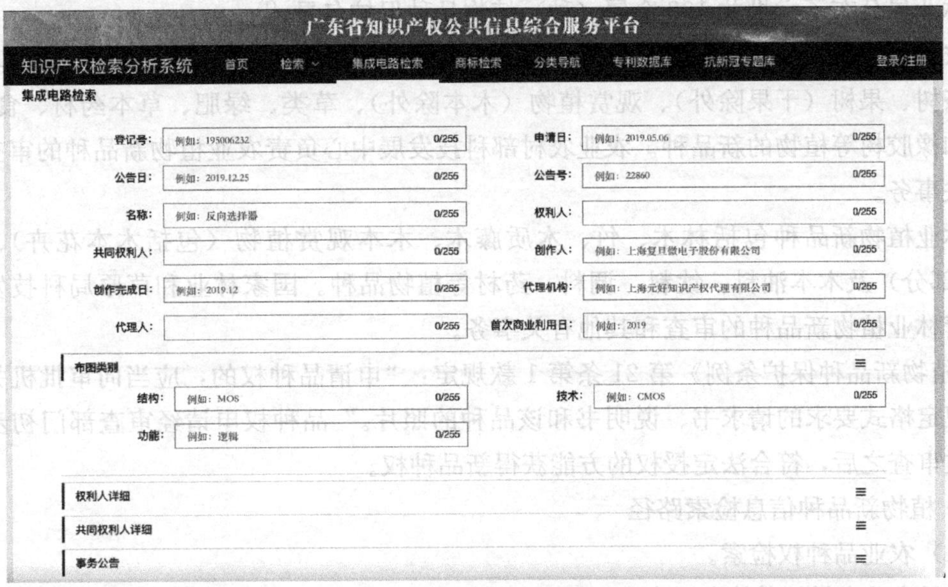

图 8.3 广东省知识产权公共信息综合服务平台

8.2 植物新品种信息检索

1997 年颁布、2014 年修订的《中华人民共和国植物新品种保护条例》(以下简称《植物新品种保护条例》）规定，植物新品种是指经过人工培育的或者对发现的野生植物加以开发，具备新颖性、特异性、一致性和稳定性并有适当命名的植物品种。自 1997 年《植物新品种保护条例》颁布实施以来，我国植物新品种保护取得了令世人瞩目的成就。从 1999 年起我国品种权的申请量和授权量快速增加，尤其近几年更是突飞猛进。截至 2019 年 1 月，我国受理农业植物新品种权累计申请量达到 2.6 万件，授权近 1.2 万件，其中 2018 年我国农业植物新品种权申请量达到 4 800 多件，相当于前 10 年的申请总量，2017 年、2018 年的申请量连续位居世界第一。①

1. 我国植物新品种权的取得方式与授予部门

《植物新品种保护条例》第 13 条规定："申请品种权的植物新品种应当属于国家植物品种保护名录中列举的植物的属或者种。植物品种保护名录由审批机关确定和公布。"我国植物新品种保护工作是由农业农村部和国家林业和草原局两个部门来负责的。截至 2019 年 2 月，农业农村部已公布了十一批共 189 个属（种）的保护名录②；截至 2016 年 11 月，

---

① 董峻．我国农业植物新品种权年申请量居世界第一．(2019 - 04 - 23) [2020 - 03 - 31]. https://baijiahao.baidu.com/s?id=1631601426173484609&wfr=spider&for=pc.

② 农业农村部新闻办公室．农业农村部发布第十一批农业植物品种保护名录．(2019 - 02 - 27) [2020 - 03 - 31]. http://www.moa.gov.cn/xw/zwdt/201902/t20190227_6172905.htm.

国家林业局公布了六批共 198 个属（种）植物品种保护名录。①

农业植物新品种包括粮食、棉花、油料、麻类、糖料、蔬菜（含西甜瓜）、烟草、桑树、茶树、果树（干果除外）、观赏植物（木本除外）、草类、绿肥、草本药材、食用菌、藻类和橡胶树等植物的新品种。农业农村部科技发展中心负责农业植物新品种的审查和其他有关事务。

林业植物新品种包括林木、竹、木质藤木、木本观赏植物（包括木本花卉）、果树（干果部分）及木本油料、饮料、调料、药材等植物品种。国家林业和草原局科技发展中心负责林业植物新品种的审查和其他有关事务。

《植物新品种保护条例》第 21 条第 1 款规定："申请品种权的，应当向审批机关提交符合规定格式要求的请求书、说明书和该品种的照片。"品种权申请经审查部门初步审查和实质审查之后，符合法定授权的方能获得新品种权。

2. 植物新品种信息检索路径

(1) 农业品种权检索。

登录农业农村部科技发展中心网站（www. nybkjfzzx. cn），在主菜单中点击"品种保护"后，网页左上角为"品种权公告"，此处除不定期发布品种权申请公告、授权公告外，还发布品种权事务公告和综合信息公告（见图 8. 4）。查询品种权申请公告，可以获得品种名称、申请日、申请号、公告日、公告号、培育人、申请人、申请人地址、共同申请人和申请日前销售情况等信息；查询品种权授权公告，可以获得品种名称、申请日、申请号、授权日、品种权号、公告日、公告号、培育人、品种权人和品种权人地址等信息。品种权事务公告则包含品种权申请的驳回、撤回、视为撤回、视为未提出、视为未要求优先权、著录项目变更以及品种权的强制许可、品种名称更名、品种申请权或者品种权的中止、品种权的视为放弃、品种权的终止、品种权的无效宣告、品种申请权或者品种权的转让、权利的恢复、通信地址不详通知及其他有关事项等方面的信息。综合信息公告则以公布更正信息为主（见图 8. 5）。

图 8. 4　农业农村部科技发展中心网站"品种权公告"栏目

① 国家林业局. 中华人民共和国植物新品种保护名录（林业部分）（第六批）.（2016 - 11 - 15）[2020 - 03 - 31]. http: //www. gov. cn/xinwen/2016 - 11/15/content _ 5132600. htm.

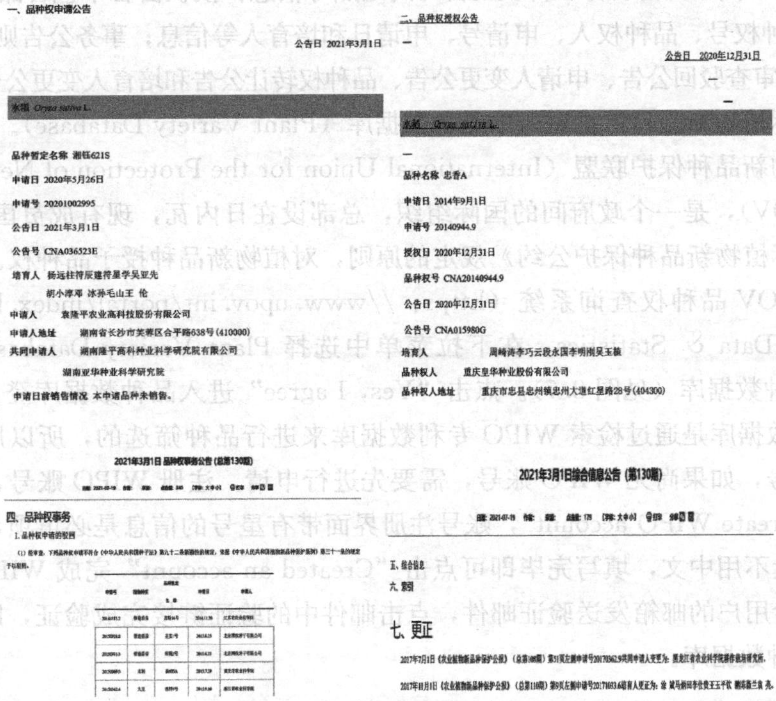

图 8.5　各类农业品种权公告

(2) 林业品种权查询。

国家林业和草原局科技发展中心（国家林业和草原局植物新品种保护办公室）的“林草植物新品种保护”网（http://www.cnpvp.net/）提供各类林草植物新品种公告（见图 8.6）。林草植物新品种公告包括申请公告、授权公告、事务公告、综合管理公告、提前终止公告和视为撤回公告。申请公告中包括品种申请号、申请日、申请人、培育人、暂定名

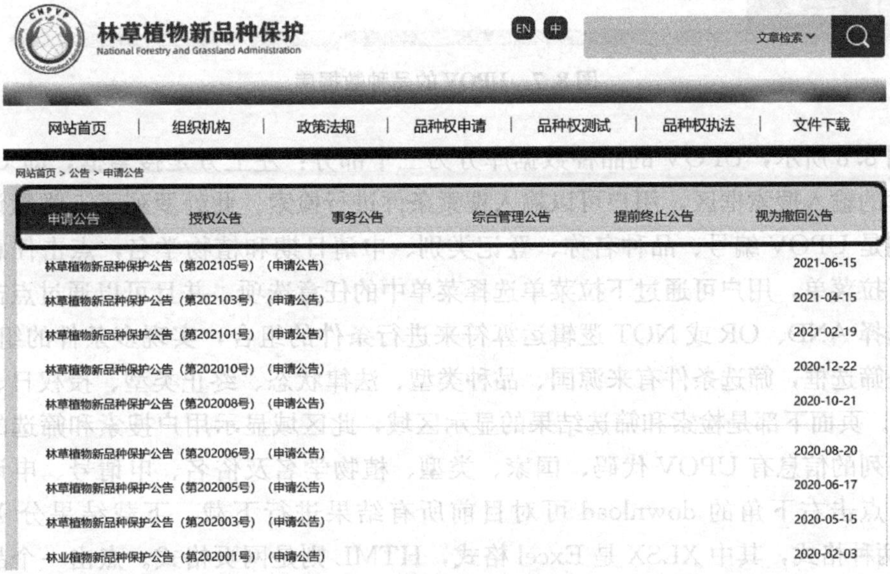

图 8.6　林草植物新品种公告

称、所属种属、代理机构名称和首次销售时间地点等信息；授权公告中包含品种名称、所属属（种）、品种权号、品种权人、申请号、申请日和培育人等信息；事务公告则由品种名称变更公告、实质审查驳回公告、申请人变更公告、品种权转让公告和培育人变更公告等组成。

（3）国际植物新品种保护联盟的品种数据库（Plant Variety Database）。

国际植物新品种保护联盟（International Union for the Protection of New Varieties of Plants，UPOV），是一个政府间的国际组织，总部设在日内瓦，现有成员国 74 个。成员国根据《国际植物新品种保护公约》规定的原则，对植物新品种授予品种权。

登录 UPOV 品种权查询系统（https：//www. upov. int/portal/index. html. en），首先选择 PVP Data & Statistics，在下拉菜单中选择 Plant Variety Database，即可进入 UPOV 的品种数据库（见图 8.7）。点击“Yes，I agree”进入品种数据库登入界面。由于 UPOV 品种数据库是通过检索 WIPO 专利数据库来进行品种筛选的，所以用户需要先登录 WIPO 账号，如果尚无 WIPO 账号，需要先进行申请。注册 WIPO 账号，先选择左侧菜单中的“Create WIPO account”，账号注册界面带有星号的信息是必填项，建议都以英文填写，尽量不用中文，填写完毕即可点击“Created an account”完成 WIPO 账户创建。随后系统会给用户的邮箱发送验证邮件，点击邮件中的验证链接完成验证，即可登录进入 UPOV 的品种数据库。

图 8.7　UPOV 的品种数据库

如图 8.8 所示，UPOV 的品种数据库分为三个部分：左上方是搜索框，即 UPOV 品种数据库的输入搜索框区，用户可以输入搜索条件进行检索。此处罗列了 5 类默认搜索条件，分别是 UPOV 编号、品种名称、登记类别、申请日期和植物学名，点击任意条件后会出现下拉菜单，用户可通过下拉菜单选择菜单中的任意选项，并且可以通过点击左侧的加号，选择 AND、OR 或 NOT 逻辑运算符来进行条件的组合，实现多条件的组配检索。右上方是筛选框，筛选条件有来源国、品种类型、法律状态、终止类型、授权日、终止日 6 个选项。页面下部是检索和筛选结果的显示区域，此区域显示用户搜索和筛选的最后结果。每一列的信息有 UPOV 代码、国家、类型、植物学名及俗名、申请号、申请日、授权日等。点击右下角的 download 可对目前所有结果进行下载，下载结果分 XLSX 和 HTML 两种格式，其中 XLSX 是 Excel 格式，HTML 则是网页格式。点击一个品种，会进入该品种的详细信息页面。

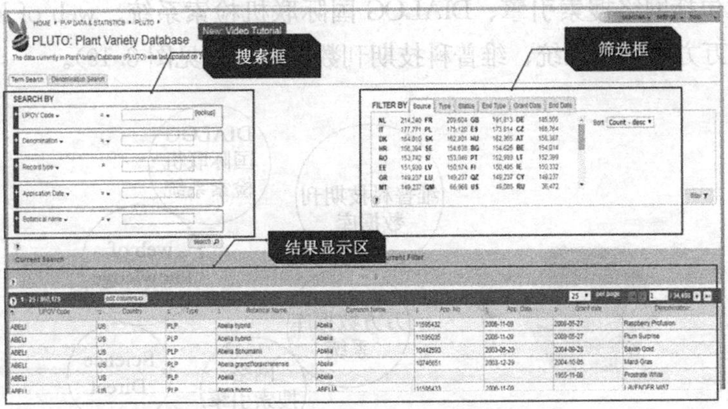

图 8.8　UPOV 品种数据库的搜索界面

8.3　与商业秘密相关的信息检索与分析

在实务中，与商业秘密相关的信息检索与分析主要有两类：一类是商业秘密纠纷中技术信息“非公知性”检索，另一类是合法获取商业秘密的信息检索与分析。

1. 商业秘密纠纷中技术信息“非公知性”检索

如图 8.9 所示，在商业秘密纠纷案件中，公安机关在立案前，一般需要权利人提交“非公知性”鉴定意见。即首先要对技术信息是否不为公众所知悉进行鉴定，其中涉及一个核心环节就是委托查新机构进行技术查新。

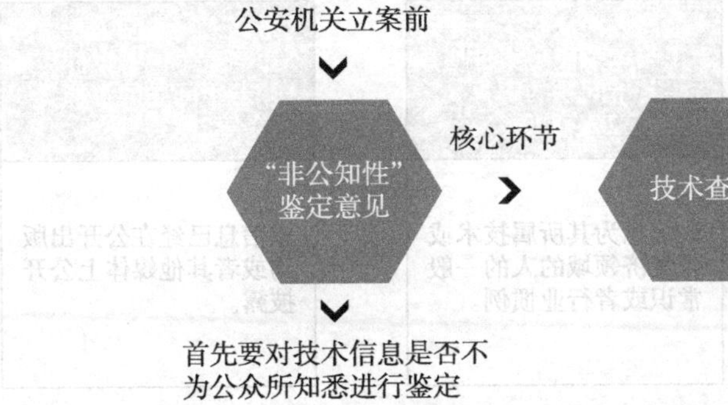

图 8.9　商业秘密纠纷中技术信息“非公知性”检索

权利人自己主张拥有秘密性的技术信息，一般称为“权利人自述技术秘点”，如果其主要涉及的是产品的形状、结构和外观设计，那么在技术查新时，首先可查询相关产品是否在涉案技术秘密产生的时间点之前已经在市场上出现过。如果在市场上已经出现过即可认定不具备“非公知性”，不构成商业秘密；如果未出现过，再进行相关文献检索。

目前技术查新的文献范围，既包括专利文献，也包括非专利文献。专利文献的范围在前述章节已阐述，非专利文献从数量与覆盖面上来讲，比专利文献更为广博。目前常用的非专利文献检索工具包括网络搜索引擎、DIALOG 国际联机检索系统、web of knowledge、中国知网（CNKI）、万方数据库系统、维普科技期刊数据库等（见图 8.10）。

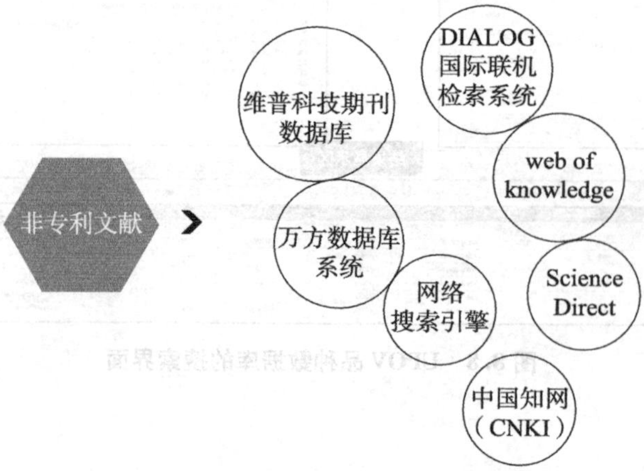

图 8.10　常用的非专利文献检索工具

根据“权利人自述技术秘点”，检索相关技术信息的对比文件，用最接近的对比文件与“权利人自述技术秘点”进行比对，并据此判断“权利人自述技术秘点”是否符合《最高人民法院关于审理不正当竞争民事案件应用法律若干问题的解释》第 9 条第 2 款第 1 项和第 3 项的规定，即“该信息为其所属技术或者经济领域的人的一般常识或者行业惯例”或“该信息已经在公开出版物或者其他媒体上公开披露”。如果答案是肯定的，那么权利人所主张的技术秘密就不具备“非公知性”，不构成商业秘密；如果答案是否定的，那么权利人所主张的技术秘密就具备“非公知性”，可能构成商业秘密（见图 8.11）。

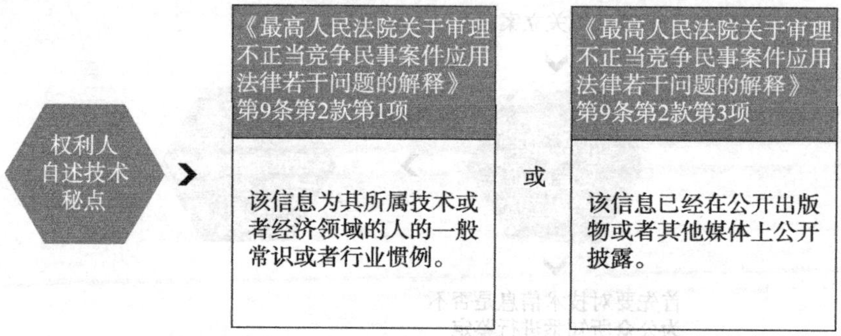

图 8.11　判断“权利人自述技术秘点”的法律依据

在我国鉴定意见只是证据的一种，是否采信这种证据，在侦查、起诉阶段需要公安机关、检察院进行审查，在法院审理阶段需要经过法庭质证等程序。

在技术查新乃至司法机关审查时需要特别注意的是：对商业秘密中具有秘密性的技术信息的判断标准，与专利申请和确权过程中对新颖性、创造性的判断标准是有区别的。商业秘密中对技术信息创造性的判断标准比专利申请和确权中对创造性的判断标准要低。因此商业秘密案中的技术查新，主要是针对新颖性进行检索。

2. 通过信息检索分析合法获取商业秘密

如图 8.12 所示，合法获取商业秘密的方法主要有 7 种。[1]

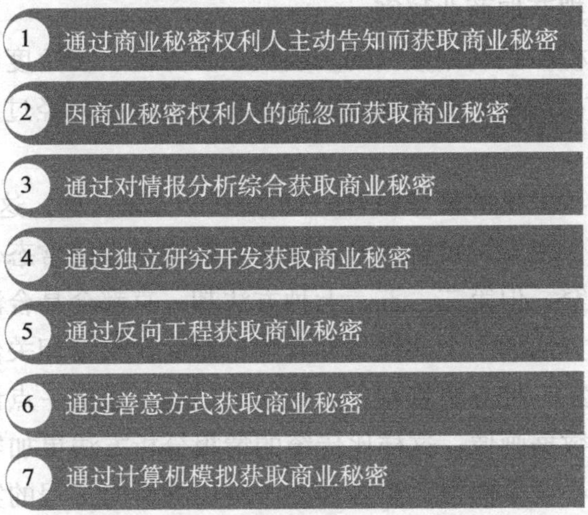

图 8.12　合法获取商业秘密的 7 种方法

（1）通过商业秘密权利人主动告知而获取商业秘密。

商业秘密权利人有时因故主动透露商业秘密，商业秘密从而被其他主体获取。此时其他主体掌握商业秘密的行为并无不当。

（2）因商业秘密权利人的疏忽而获取商业秘密。

即商业秘密权利人（如研发人员）在并未声明保密的情况下泄露其商业秘密，如在网络媒体上有意或无意披露商业秘密，使他人发现从而掌握该商业秘密。此时他人掌握商业秘密的行为并非侵权行为。

（3）通过对情报分析综合获取商业秘密。

对搜集来的情报进行分析和综合是获取商业秘密的重要方法。这种方法对获取经营秘密信息尤为有效。企业通过长期、持续的跟踪、调查、搜集和积累，运用科学的分析、综合方法，可以勾勒出竞争对手商业秘密的轮廓，揭示出商业秘密的核心内容。

（4）通过独立研究开发获取商业秘密。

某一主体商业秘密的取得并不能排除另外的主体以相同或相近的研究开发途径获取同样的商业秘密，尤其是技术秘密。独立研究开发商业秘密，同样是获取商业秘密的重要途径。

（5）通过反向工程获取商业秘密。

反向工程是对从合法渠道取得的产品进行解剖分析，从而获知产品技术秘密的一种方法。值得注意的是，实施反向工程的必要前提是产品获得的途径必须合法。一般要求产品的来源要合法，供货合同、产品发票要规范和齐备，并需对实施过程中的详细文字记载及影像资料等进行存档保留。

（6）通过善意方式获取商业秘密。

第三人在不知情的情况下，从侵犯商业秘密的行为人处获取、使用商业秘密的行为不

① 谢根成．浅谈企业合法获取商业秘密的主要途径．现代企业，2002（5）．

构成侵权。因为第三人是善意的，没有主观上的过错，但是善意第三人对权利人商业秘密的使用，要支付合理使用费并承担保密义务。

（7）通过计算机模拟获取商业秘密。

商业秘密的计算机模拟是利用数据的多层次、多方位、多角度的模拟，对企业的商业秘密进行解密。如在产品的生产工艺中，对技术参数的选择，经过计算机模拟，往往能获取相关的技术秘密。

上述7种方法中有些发生的概率极低，如第一、二和六种，这三种方法具有偶然性、被动性，随着权利人的保密意识日益提升以及企业合规管理的常态化，这三种合法获取商业秘密的路径将越来越窄。但第三、五、七种方法却一直都会是合法获取竞争对手商业秘密的常用方法，这三种方法的一个共性是都有赖于对商业秘密相关信息的检索与分析。随着大数据技术的运用，第三种方法将有更大的用武之地。通俗一点说，可以通过全面收集竞争对手的数据，进行数据画像，这样比传统的情报分析方法更加容易接近和解读竞争对手的商业秘密，获取核心竞争情报。第五种方法所用的反向工程的实施全过程，事实上都伴随着对相关技术信息的检索和分析。对产品进行解剖分析的过程，就是一个由结果推导过程、解读技术诀窍、还原技术方案的过程，因此需要大量的相关技术信息的支撑。随着人工智能和机器深度学习技术的发展，第七种方法将被越来越多的企业更频繁地采用，通过检索获取更全面的、与竞争对手相关的历史数据，能有效提升机器学习的效果和准确度，精准判断和预测竞争对手的研发进度、研发路线甚至采取的具体方案。

参考文献

一、图书

1. 韩秀成，盛小列，郑浩峻．企业专利信息利用：下．北京：科学普及出版社，2016.

2. 毛金生，冯小兵，陈燕．专利分析和预警操作实务．北京：清华大学出版社，2009.

3. 国家知识产权局专利局专利文献部．专利文献与信息检索．北京：知识产权出版社，2013.

4. 马天旗．专利分析：方法、图表解读与情报挖掘．北京：知识产权出版社，2015.

5. 杨铁军．专利分析实务手册．北京：知识产权出版社，2012.

6. 中华人民共和国国家知识产权局．专利审查指南 2010. 北京：知识产权出版社，2017.

7. 崔国斌．专利法：原理与案例．2 版．北京：北京大学出版社，2016.

8. 田力普．发明专利审查基础教程：检索分册．修订版．北京：知识产权出版社，2012.

二、报刊论文

1. 侯筱蓉，赵德春，胡虹．专利引证类型可视化分析．科技管理研究，2011（17).

2. 蒋凌，钟永恒，刘佳．我国专利信息平台分析与增值服务对比研究．情报杂志，2013（9).

3. 邱洪华，彭文波．基于技术—功效的专利信息分析范式：以中国矿用风机为例．情报理论与实践，2015（4).

4. 房华龙，张鹏．技术引进中的专利分析方法探讨．中国发明与专利，2012（1).

5. 董保霖．与商标有关的国际条约（一). 中华商标，2001（2).

6. 董保霖．与商标有关的国际条约（五). 中华商标，2001（6).

7. 车兴，喻名才．湘莲回家记．中国工商报，2010－04－01.

8. 吴学安．“国酒茅台”商标注册申请一波三折的法律意义．上海法治报，2018－08－22（B06).

9. 谢根成．浅谈企业合法获取商业秘密的主要途径．现代企业，2002（5).

10. 肖冬梅，陈颖．专利审查员引文的特征与价值．图书情报工作，2015（19).

11. 汤才祥．正确理解“专利号”．电子知识产权，2004（7).

12. 高卢麟．论集成电路布图设计知识产权保护的国际立法．工业产权，1989（3）.

13. 刘志华．试论我国集成电路布图设计的知识产权保护．科学·经济·社会，2006（2）.

14. 黄宏．“嘀嘀”被冒用 索赔八千万．浙江日报，2016-05-30（16）.

三、学位论文

侯筱蓉．基于引文路径分析的专利技术演进图研究．重庆：重庆大学，2008.

四、网络文献

1. 王培华．中国专利文献编号体系．（2016-11-18）[2020-03-31]. http://www.izhiliao.com.cn/event/eventshowinfo.aspx?rid=evtd91493227364b6a5a434559b7f10cc37.

2. 中华人民共和国国家知识产权局．专利文献著录项目与情报分析．[2020-03-31]. http://www.docin.com/p-16420244.html.

3. 汤才祥．中国专利文献的编号体系．[2020-03-31]. http://www.360doc.com/content/11/0729/13/206294_136518668.shtml.

4. 李超凡．各种分类体系在专利文献检索中的应用．[2020-03-18]. https://www.docin.com/p-1837464470.html.

5. Directory of Open Access Repositories. [2020-03-31]. http://v2.sherpa.ac.uk/opendoar.

6. Directory of Open Access Journals. [2020-03-31]. https://doaj.org.

7. 我国集成电路进口额首次突破 3 000 亿美元．[2020-03-31]. https://www.21ic.com/embed/news/industry/201901/88706.html.

8. 农业农村部新闻办公室．农业农村部发布第十一批农业植物品种保护名录．（2019-02-27）[2020-03-31]. http://www.moa.gov.cn/xw/zwdt/201902/t20190227_6172905.htm.

9. 董峻．我国农业植物新品种权年申请量居世界第一．（2019-04-23）[2020-03-31]. https://baijiahao.baidu.com/s?id=1631601426173484609&wfr=spider&for=pc.

10. 国家林业局．中华人民共和国植物新品种保护名录（林业部分）（第六批）.（2016-11-15）[2020-03-31]. http://www.gov.cn/xinwen/2016-11/15/content_5132600.htm.

11. 中国版权保护中心．DCI 体系．[2019-08-18]. http://www.ccopyright.com.cn/mobile/index.php?optionid=1599.

12. 版权所有符号．[2019-09-18]. https://www.cqkdtui.com/bq/30305.html.

图书在版编目（CIP）数据

知识产权信息检索与利用/肖冬梅主编. --北京：中国人民大学出版社，2021.9
普通高等学校知识产权专业系列教材/吴汉东总主编
ISBN 978-7-300-29782-8

Ⅰ.①知… Ⅱ.①肖… Ⅲ.①知识产权—信息检索—高等学校—教材 Ⅳ.①D913.4 ②G254.9

中国版本图书馆 CIP 数据核字（2021）第 168804 号

普通高等学校知识产权专业系列教材
总主编　吴汉东
知识产权信息检索与利用
主　编　肖冬梅
副主编　方舟之　隆　瑾　彭文波　刘　妍
Zhishichanquan Xinxi Jiansuo yu Liyong

出版发行	中国人民大学出版社		
社　　址	北京中关村大街 31 号	**邮政编码**	100080
电　　话	010－62511242（总编室）		010－62511770（质管部）
	010－82501766（邮购部）		010－62514148（门市部）
	010－62515195（发行公司）		010－62515275（盗版举报）
网　　址	http://www.crup.com.cn		
经　　销	新华书店		
印　　刷	北京捷迅佳彩印刷有限公司		
开　　本	787 mm×1092 mm　1/16	**版　　次**	2021 年 9 月第 1 版
印　　张	18.25　插页 1	**印　　次**	2025 年 2 月第 4 次印刷
字　　数	424 000	**定　　价**	55.00 元

《　　　　　　》※任课教师调查问卷

为了能更好地为您提供优秀的教材及良好的服务，也为了进一步提高我社法学教材出版的质量，希望您能协助我们完成本次小问卷，完成后您可以在我社网站中选择与您教学相关的1本教材作为今后的备选教材，我们会及时为您邮寄送达！如果您不方便邮寄，也可以申请加入我社的**法学教师QQ群：83961183（申请时请注明法学教师）**，然后下载本问卷填写，并发往我们指定的邮箱（cruplaw@163.com）。

邮寄地址：北京市海淀区中关村大街31号中国人民大学出版社806室收

邮　　编：100080

再次感谢您在百忙中抽出时间为我们填写这份调查问卷，您的举手之劳，将使我们获益匪浅！

基本信息及联系方式：※

姓名：__________　性别：__________　课程：________________

任教学校：____________________　院系（所）：____________

邮寄地址：____________________　邮编：____________

电话（办公）：__________　手机：__________　电子邮件：__________

调查问卷：※

1. 您认为图书的哪类特性对您选用教材最有影响力？（　　）（可多选，按重要性排序）

   A. 各级规划教材、获奖教材　　B. 知名作者教材

   C. 完善的配套资源　　D. 自编教材

   E. 行政命令

2. 在教材配套资源中，您最需要哪些？（　　）（可多选，按重要性排序）

   A. 电子教案　　B. 教学案例

   C. 教学视频　　D. 配套习题、模拟试卷

3. 您对于本书的评价如何？（　　）

   A. 该书目前仍符合教学要求，表现不错将继续采用

   B. 该书的配套资源需要改进，才会继续使用

   C. 该书需要在内容或实例更新再版后才能满足我的教学，才会继续使用

   D. 该书与同类教材差距很大，不准备继续采用了

4. 从您的教学出发，谈谈对本书的改进建议：________________

____

____

选题征集：如果您有好的选题或出版需求，欢迎您联系我们：

联系人：黄　强　宁丹丽　联系电话：010-62515955/5536

索取样书：书名：________________________

书号：______________________________

备注：※为必填项。